근본설일체유부백일갈마 외

根本說一切有部百一羯磨 外

옮긴이 | 釋 普雲

대한불교조계종 제2교구 본사 용주사에서 출가
중앙승가대학교 문학박사
현재 대한불교조계종 제2교구 본사 용주사 성보박물관장, 수원사 거사림회 지도법사
중앙승가대학교 불교학과 계율학 강사

논저 |

논문으로 『한국의 관음신앙에 관한 연구』(박사학위논문) 등 다수
번역서로 『근본설일체유부필추니비나야』 20권, 『십송율』 61권, 율장의 주석서인
『살바다부비니마득륵가』 10권, 『살바다비니비바사』 9권, 『안락집』(상·하) 등이 있다.

근본설일체유부백일갈마 외 根本說一切有部百一羯磨 外
三藏法師 義淨 漢譯 | 釋 普雲 國譯

2015년 4월 15일 초판 1쇄 발행

펴낸이 · 오일주
펴낸곳 · 도서출판 혜안
등록번호 · 제22-471호
등록일자 · 1993년 7월 30일

주 소 · ⑦ 121-836 서울시 마포구 서교동 326-26번지 102호
전 화 · 3141-3711~2 / 팩시밀리 · 3141-3710
E-Mail · hyeanpub@hanmail.net

ISBN 978-89-8494-528-9 93220

값 32,000 원

근본설일체유부백일갈마 외

根本說一切有部百一羯磨 外

三藏法師 義淨 漢譯 ｜ 釋 普雲 國譯

혜안

역자의 말

보운

삶을 살아가는 유정들이 머무르며 생활하는 모든 부류(部類)에는 서로의 이익과 화합을 위한 일정한 규칙이 흐르게 된다. 부처님의 가르침에서는 이러한 구체적 행위를 시간적으로나 공간적으로 한정하여 지역적인 한계 (限界)를 정하고 교단의 모든 공식적인 의사 결정의 방법을 현전승가에 부여하고 있다.

다른 측면에서 시간적으로나 공간적으로 확대된 승가로서 불교 교단 전체를 포함하는 사방승가(四方僧伽)도 존재하므로 이것은 율장의 범위에 서 전체적인 내용을 규정하고 있으나, 각각의 지역에 따른 환경적 특성과 기술 혁신에 의한 물질적 발달을 전혀 무시할 수 없는 현실도 존재한다.

이러한 전체적이고도 개별적인 내용을 총괄하여 실천하는 불교 교단의 의사(意思) 결정을 위한 행위를 승가갈마(僧伽羯磨)라고 하고, 간단히 갈마 라고도 한다. 갈마는 포살(布薩)이나 자자(自恣)와 같은 승가의 규칙적인 행위와 새로운 결정, 논쟁(論諍) 등이 발생하였을 경우에 승가들의 의견을 확인하기 위하여 행하는 모든 회의를 포함하고 있어 항상 일정한 기준에 의하여 운영되어야 할 필요성이 있다.

근본불교의 다양한 교파 중에서도 늦은 시기에 발생한 밀교에서는 우주와 인생을 형성하는 본체를 육대(六大)로 파악하고, 육대의 연기(緣起) 에 의하여 생성된 모든 존재의 모습을 다시 대만다라(大曼茶羅), 삼마야만 다라(三摩耶曼茶羅), 갈마만다라(羯磨曼茶羅), 법만다라(法曼茶羅) 등으로 분류하였다.

그중 갈마만다라는 일체의 존재와 사물의 활동작용, 독립된 개체가

자기의 특수한 활동작용에 따라 나타내는 언어·문자상징 등을 말하며,
나아가 모든 부처님과 보살이 중생구제를 위하여 행하는 일체의 활동을
의미한다고 설명하고 있다. 즉 승가의 하나하나의 행위가 부처님의 법을
현실적으로 해석하고 실천하는 모습을 상징화 하고 있는 것이다.

부처님의 법과 율에 타당하다는 것은 시대와 지역의 경계를 넘어 보편적
이고 변화가 없으며, 전통적인 방식을 벗어나서는 안 된다.『근본설일체유
부백일갈마』를 포함하여 본 율장은 비록 성립에서부터 시간이 많이 흘렀
지만 중국 당나라 때 의정(義淨) 스님은 적어도 여러 광율을 모두 섭렵하고,
그 기초 위에 직접 현장을 체험하고 돌아와 한어(漢語)로 번역한 것으로
판단된다.

본 율장을 번역하면서 당시의 역사적 사실들이 현재 눈앞에 있는 것과
같이 머릿속의 영상으로 스치며 마치 고대 인도에 있는 것 같은 착각을
불러일으켰다. 물론 인도 근본불교에서부터 많은 시간이 흐른 탓에 대승적
율장의 요소가 많이 가미되어 있다. 그렇지만 의정 스님은 나란타사와
왕사성을 직접 걸으며 거리를 측정한 부분 등과 수계계단 등의 모습을
자세히 살펴보고 기록하였고, 구법을 마치고 인도에서 중국으로 돌아오는
여행의 과정을 상세히 서술하였다. 이것은 이 책의 가장 큰 특징이기도
하다. 특히 역자는 인생의 끝자락에서 당부의 글을 전하는 부분에서는
말로 표현하기 힘든 벅찬 감동을 느끼면서 번역하였다.

현재 우리나라에서는『사분율』이 중심이 되어 갈마부분을 이해하고
있으나 많은 부분이 생략되었고 관념적 추상적으로 번역되어 왔기에,
초기불교의 업감연기설과 대승사상이 조화된 본 율장을 통하여 부처님
당시의 갈마에 대한 이해가 심화되기를 기대하여 본다.

불기 2559년(2015) 2월

龍珠寺 曼殊利室에서 沙門 普雲 삼가 적다

차 례

8

10

일러두기

1. 이 책의 저본(底本)은 고려대장경(高麗大藏經) 37권 『근본설일체유부백일갈마』 등이다.
2. 원문은 19권으로 구성되어 있으나 이 책에서는 각 권수를 표시하되 한 책으로 번역하였다.
3. 번역의 정밀함을 기하기 위해 여러 시대와 왕조에서 각각 결집된 북전대장경과 남전대장경을 대조 비교하며 번역하였다.
4. 원문 속 의정 스님의 주석은 [ ]으로 표시하였다. 또 원문에는 없으나 독자의 이해를 위해 번역자의 주석이 필요한 경우 본문에서 ( ) 안에 표시했다.
5. 원문에 나오는 '필추', '필추니'는 각각 현재 보편적으로 '비구', '비구니'라고 부르지만, 이 책에서는 원의를 최대한 살리는 뜻에서 원문 그대로 '필추', '필추니'로 썼다.
6. 원문에서의 '속가(俗家)'는 '재가(在家)'로, '속인(俗人)'은 '재가인(在家人)'으로 번역하였다.
7. 원문의 한자 음(音)과 현재 불교용어로 사용되는 음이 다른 경우 현재 용어의 발음으로 번역하였다.
   예) 파일저가법(波逸底迦法) → 바일저가법
8. 원문에서 사용한 용어 중에 현재는 뜻이 통하지 않는 것이 상당수 있다. 원문의 뜻을 최대한 살려 번역하였으나 현저하게 의미가 달라진 용어의 경우 현재 사용하는 단어 및 용어로 바꾸어 번역하였다.

해 제

1. 개요

갈마는 범어 karma의 음사로서 갈마(羯磨)라고 음역되고, 행위(行爲)·소작(所作)·신심(身心)의 활동을 의미하며, 신(身)·어(語)·의(意)의 삼업(三業)으로 이루어져 있다. 승가의 구성원들의 실제적인 하나하나의 요소들이 모두 갈마의 범주(範疇) 안에 포함되고 있으며, 공식적인 작법은 현전승가를 기초로 이루어진다.

세존께서 제정하신 것과 같이 승가의 모든 행위는 갈마에 해당되므로 법과 율에 정확하게 일치하여야 하고, 모든 행위가 위의를 갖추어야 한다. 이러한 필수 조건으로 율장에 맞는 구체적인 행동 지침을 기록으로 남겨 후학들이 기준으로 삼아 나아가게 하는 것이다.

본 번역서는 의정 스님이 가장 늦게 번역한 것으로 보이는『근본설일체유부백일갈마』10권을 첫째로 번역하였고, 출가와 기타의 작법을 뒤에 배치하는 형식을 갖추었다. 둘째는 출가에 관한 건도로서의『근본설일체유부비나야출가사』4권을 번역하였고, 셋째는 안거에 관한 건도로서『근본설일체유부비나야안거사』1권을 번역하였으며, 넷째는 안거를 마치면서 짓는 수의에 관한『근본설일체유부비나야수의사』1권을 번역하였고, 다섯째는 옷과 신발에 관한 건도로서『근본설일체유부비나야피혁사』2권을 번역하였으며, 마지막으로 유행할 때 입는 옷에 관한 건도로서『근본설일체유부비나야갈치나의사』1권을 모아서 한권으로 번역하였다.

2. 근본설일체유부백일갈마

갈마(karma)는 현전승가에서 지으며, 최소한 네 명 이상으로 구성되고, 같은 현전승가에 속하는 필추니들은 갈마에 출석해야 하는 의무가 있다. 또한 포살이나 자자와 같은 승가의 정기적인 작법과 새로운 결정해야 하는 사항이나 논쟁 등이 발생하였을 때 승가의 의견을 확인하기 위하여 행하는 모든 행위를 포함한다.

그 진행 형식에 따라서 단백갈마·백이갈마·백사갈마의 세 가지로 분류된다. 단백갈마는 단순히 알리는 것으로 이미 정해져 있는 승가의 행사에 앞서 현전승가의 구성원 전원에게 집합을 알리는 것이고 백(白)만으로 성립하는 갈마이기 때문에 단백갈마라고 한다. 백이갈마는 백을 한 번 알린 뒤에 가부(可否)를 묻는 방법으로 행해지는 갈마이다. 백사갈마는 백을 알린 뒤에 가부를 세 번 반복해서 묻는 형식의 갈마이다. 포살이나 자자와 같은 승가의 중요한 행사나, 구족계 등과 같은 중대한 사안을 결정할 때 주로 사용되는 갈마의 형식이다.

『근본설일체유부백일갈마』는 제1권과 2권에서는 출가의 건도인 삼귀의계, 사미·사미니 십계, 식차마나계, 필추·필추니계의 작법을 설하고 있고, 제3권에서는 문도에 대한 내용과 결계에 관하여 설하고 있다. 제4권에서는 포살과 의복에 대한 건도를 설하고 있으며, 제5권에서는 파승가와 가람의 조성 등에 대한 내용을 설하고 있으며, 제6권에서는 음행에 대한 내용을 설하고 있고, 제7권에서는 필추니 승가에 대한 내용을 설하고 있다. 제8권에서는 승가 대중의 화합과 장정에 대한 내용을 설하고 있고, 제9권에서는 멸쟁법에 대한 내용을 설하고 있으며, 제10권에서는 전체적인 갈마를 요약하였고, 율장의 번역의 과정과 당부의 글을 설하고 있다.

3. 근본설일체유부비나야출가사

출가사는 그 당시의 역사적 사실과 세존의 탄생과 사리불과 목건련 등의 제자들의 출가와 전법의 과정을 업감연기설에 의하여 설하고 있다.

제1권에서는 영승왕의 출생과 세존과의 인연담을 설하고 있고, 사리불과 목련의 출생과 계급과 가문과 출가과정을 설하고 있으며, 육사외도와의 만남과 이별의 과정을 설하고 있다.

제2권에서는 사리불과 목련을 제도하는 인연을 설하고 있고, 제3권에서는 출가와 관련된 여러 가지의 내용을 설하고 있다.

제4권에서는 승호 필추의 인연을 통하여 파계의 과보를 설하고 있고, 오악죄를 저지른 뒤에도 출가의 인연으로 제도를 받는 과정을 설하고 있다.

4. 근본설일체유부비나야안거사 및 수의사

안거사는 우안거의 인연과 안거방법, 갈마법과 안거를 할 때에 발생하는 일에 대한 대처의 방법을 설하고 있다. 또한 안거하면서 결계를 벗어나는 인연과 기간 등도 구체적으로 설하고 있다.

수의사는 안거를 마치고 짓는 수의에 관한 내용을 설하고 있고, 수의 중에 발생하는 인연에 따른 욕(欲)에 관하여 설하고 있으며, 오부 대중의 좌차에 따른 수위 방법을 설하고 있다.

5. 근본설일체유부비나야피혁사 및 갈치나의사

피혁사는 상·하의 두 권으로 구성되어 있다. 상권에서는 억이 존자의 출생과 출가를 설하고 있고, 재가인이 계율을 어겼을 때 받는 과보를 설하고 있다. 하권에서는 억이 존자를 통하여 지역적인 특성에 알맞게 가죽을 사용하고 신발을 짓는 것을 설하고 있다.

갈치나의사는 안거를 마치고 유행하면서 간편하게 입는 옷인 갈치나의를 짓는 법과 버리는 법과 보관하는 법을 설하고 있다.

근본설일체유부백일갈마
根本說一切有部百一羯磨

근본설일체유부백일갈마 제1권

어느 때 박가범(薄伽梵)1)께서는 실라벌성(室羅伐城) 서다림(逝多林)의 급고독원에 머무르셨으며, 여러 필추(苾芻)들에게 알려 말씀하셨다.

"지금부터 그대들 여러 필추들은 일상적으로 하여왔듯이 법과 율을 잘 설하고, 마음으로 즐거이 출가하며, 또한 구족계2)를 받고서 아차리야(阿遮利耶)와 오바타야(鄔波駄耶)를 구하여 마땅히 출가시키고 구족계를 받도록 하라."

이때 여러 필추들이 아차리야가 몇 명이 있어야 하고, 오바타야가 몇 명이 있어야 하는가를 알지 못하였다. 세존께서 말씀하셨다.

"다섯 종류의 아차리야가 있고, 두 종류의 오바타야가 있다. 누구를 다섯 종류의 아차리야라고 말하는가? 첫째는 10계(戒) 아차리야이고, 둘째는 병교(屛敎) 아차리야이며, 셋째는 갈마(羯磨) 아차리야이고, 넷째는 일숙의지(一宿依止) 아차리야이며, 다섯째는 교독(敎讀) 아차리야이다.

무엇을 10계 아차리야라고 말하는가? 3귀의(歸依)와 10학처(學處)를 말해주는 필추를 말한다. 무엇을 병교 아차리야라고 말하는가? 가려진 처소에서 장법(障法)3)을 검사하고 묻는 필추를 말한다. 무엇을 갈마 아차리야라고 말하는가? 백사갈마(白四羯磨)4)를 짓는 필추를 말한다. 무엇을 하루를 머무는 일숙의지 아차리야라고 말하는가? 아래로는 하룻밤을

---

1) 산스크리트어 bhagavat의 음사로서 유덕(有德)·중우(衆祐)·세존(世尊)이라 번역되며, 세존을 가리키는 말이다.
2) 원문에는 '근원(近圓)'으로 기록되어 있으며, 수계(受戒)·수구(受具)·수구족(受具足)으로 번역되며 지혜와 공덕을 빠짐없이 충분히 갖추어져 있다는 뜻이다.
3) 세존의 법을 가로막는 행위를 가리킨다.
4) 대중 가운데에서 갈마를 할 때 먼저 그 일의 자세한 경위를 한 번 아뢰고[白] 세 번 그 내용을 묻고서 결정하는 것이다.

의지하여 머무르는 필추를 말한다. 무엇을 교독 아차리야라고 말하는가? 경전의 독송과 나아가 4구(句) 가타(伽他)를 가르치는 필추를 말한다.

무엇을 두 종류의 오바타야라고 말하는가? 첫째는 그에게 체발(剃髮)[5] 하여 주고 출가시켜 10계의 학처를 주는 필추를 말하고, 둘째는 구족계를 주는 필추를 말한다."

세존께서 말씀하신 것과 같이 '그 친교사(親敎師)[6] 등은 마땅히 출가시켜 계를 주고, 나아가 구족계를 주어야 한다.'고 하셨으나, 여러 필추들이 어떻게 마땅히 출가시키고 구족계를 주는가를 알지 못하였다. 세존께서 말씀하셨다.

"무릇 출가하고자 하는 사람이 그의 마음을 따라서 한 스승의 처소에 나아가면, 스승은 곧 마땅히 가지고 있는 장애하는 법을 물어야 한다. 만약 두루 청정한 사람이라면, 생각에 따라서 섭수(攝受)한다. 이미 섭수하였으면 삼귀의와 아울러 5학처를 주어서 오바색가(鄔波索迦)의 율의(律儀)를 이루어 지키도록 하라."

[이것의 '지킨다(護)'는 말은 범어(梵語)로는 '삼발라(三跋羅)'이고 옹호 (擁護)한다'로 번역된다. 3귀의(歸依)와 5계(戒)를 받은 까닭으로 옹호하여 3악도에 떨어지지 않게 하는 것이다. 구역(舊譯)에서 '율의(律義)'라고 말한 것은 곧 당의(當義)[7]이고, 번역하면 이것은 율법(律法)·의식(儀式)이다. 만약 다만 '지킨다(護)'라고 말하면, 배우는 사람이 내용을 상세히 알지 못하는 것을 두려워한 까닭으로 율의(律義)와 '호(護)'의 두 가지를 갖추어 남겨 명료하게 논(論)하는 것이다. '호(護)'라고 번역한 것은 이것이 곧 계체(戒體)[8]이며, 표면적으로 모양이 없기 때문이다.]

---

5) 삭발(削髮)·낙발(落髮)이라고 부르며, 머리를 깎고 사문이 되는 것을 가리킨다.
6) 산스크리트어 upādhyāya의 음사로서 가르침을 베풀거나 계(戒)를 주는 스승. 화상(和尙) 또는 친교사(親敎師)는 제자를 기를 자격이 있는 사람을 말하고, 아사리 (阿闍梨)는 궤범사(軌範師)라고 하여 교단에서 제자를 받아들일 때의 스승이 되는 사람이다.
7) '당연한 이치'를 가리킨다.
8) 잘못된 일을 막고 나쁜 짓을 그치게 하는 힘을 지닌 계(戒)의 본체를 이른다.

이와 같이 마땅히 계를 주는 때는 먼저 출가를 구하는 사람에게 예로써 공경하도록 하고서, 본사(本師)9) 앞에 합장하고 꿇어앉아 이렇게 말하도록 가르쳐라.

"아차리야시여. 항상 생각하여 주십시오. 나 누구는 오늘부터 목숨이 남아 있을 때까지 양족중존(兩足中尊)10)이신 세존께 귀의하옵고, 이욕중존(離欲中尊)11)이신 법에 귀의하오며, 모든 제중중존(諸衆中尊)12)이신 승가에 귀의하옵나이다."

이와 같이 세 번을 말한다. 스승은 말한다.

"오비가(奧箄迦)!"

['좋다(好)'는 말이다. 혹은 '그렇다'고 말한다. "이러한 방편의 이치에서 이러한 성인의 가르침을 까닭으로 좋은 방편으로서 능히 나아가 열반의 안은(安隱)한 처소로 이를 수 있느니라."라고 번역된다.]

답하여 말한다.

"바도(婆度)."

['바도'는 '좋습니다'라고 번역된다. 무릇 이 작법(作法)을 확실히 알았을 때와 때에 따라서 아뢰는 일은 모두 이렇게 짓는다. 만약 이렇게 말하지 않는 사람은 월법죄를 얻는다. 인도와 중국에서 제멋대로 설명하고 있으나, 아래의 모든 문장에서는 다만 '좋습니다(好)'·'잘하겠습니다(善)'라고 하였으니, 모두 이것에 의거하라. 혹은 뒤의 말도 앞의 말과 같아야 한다.]

다음은 5학처(學處)를 준다. 처소에서 가르쳐 말한다.

"그대는 나의 말을 따라야 하리라. 성인의 가르침에 의거하고, 또한 이어받으며, 아울러 스승이 설하여 주는 계는 모두 말없이 따르라."

스승은 설하고 나서 곧 묻는다.

---

9) 처음으로 계를 주는 화상을 가리킨다.
10) 세존은 지혜와 복덕을 갖추신 사람 중에서 가장 존귀한 분이라는 뜻이다.
11) 세존의 법은 모든 욕망을 떠나서 세상에서 가장 존귀하다는 뜻이다.
12) 세존의 제자들이 모든 대중 가운데에서 가장 존중받을 수 있다는 뜻이다.

"할 수 있겠는가? 계율의 일은 가벼운 일이 아니고, 꾸며 만드는 일은 허락되지 않느니라."

"아차리야시여. 항상 생각하여 주십시오. 모두 성자이신 아라한과 같을 것이고, 나아가 목숨이 남아있을 때까지 살생을 하지 아니하며, 훔치지 아니하고, 음욕(婬欲)으로 삿된 행위를 하지 아니하며, 거짓되고 헛된 말을 하지 아니하고 모든 술을 마시지 않겠습니다. 나 누구는 오늘부터 나아가 목숨이 남아있을 때까지 살생을 하지 아니하며, 훔치지 아니하고, 음욕으로 삿된 행위를 하지 아니하며, 거짓되고 헛된 말을 하지 아니하고, 모든 술을 마시지 않겠습니다. 또한 이와 같이 하는 것은 곧 제가 배울 다섯 가지의 학처이며, 이것은 모든 성자와 아라한의 학처입니다. 나도 마땅히 따라 배우고, 따라 행하며, 따라 지키겠습니다."

이와 같이 세 번을 말한다.

"원하건대 아차리야시여. 증명하시고 아십시오. 제가 이렇게 오바색가로서 삼보에 귀의하고 5계의 학처를 받았습니다."

스승이 말한다.

"좋다."

대답하여 말한다.

"잘 지키겠습니다."

다음으로 오바타야(鄔波馱耶)를 청한다.

[번역하면 '오바타야'는 '친교사(親敎師)'이다. '화상(和上)'이라고 말한 것은 곧 인도의 한 풍속을 따른 말이며, 경전의 말은 아니다. 그러므로 모든 경전과 율장의 범어본에는 모두 '오바타야'라고 말한다.]

(수계자에게) 가르쳐 말하도록 한다.

"아차리야시여.[번역하면 '궤범사(軌範師)'이다.] 항상 생각하여 주십시오. 나 누구는 아차리야께서 오바타야가 되어 주시기를 청하옵니다. 원하건대 아차리야시여. 나를 위하여 나의 오바타야가 되어 주십시오. 아차리야께서 오바타야가 되어 주시는 까닭으로 나는 마땅히 출가하겠습니다."

이와 같이 세 번을 말하며, 그 다음의 말은 앞에서와 같다.

세 번째에 이르면 마땅히 말하게 하라.

"오바타야께서[타(馱)는 정(亭)과 야(夜)의 반절(反切)[13]이다.] 오바타야가 되어 주시는 까닭입니다."[오로지 스승과 가까워지기 위하여 거듭해서 말하는 것이다.]

다음은 대중에게 아뢸 한 필추를 청한다. 그 필추는 마땅히 본사(本師)에게 물어야 한다.

"법을 장애하는 것이 있는가를 모두 이미 물어보셨습니까?"

대답하여 말한다.

"이미 물어보았습니다."

"만약 이미 물어보셨으면 좋은 것이고, 만약 묻지 않고 알렸으면 월법죄(越法罪)를 얻습니다."

다음은 대중들에게 아뢴다.

"모든 승가는 모이십시오."

마땅히 모두 모이게 하고, 혹은 방사(房舍)를 다니면서 알려야 한다. 다음은 대중 가운데에 예경(禮敬)을 마치고, 상좌(上座) 앞에서 꿇어앉아 합장하고 이와 같이 말한다.

"대덕(大德) 승가는 들으십시오. 이 누구는 필추 누구를 따라서 출가하는 것을 간절히 구(求)하고 있습니다. 재가에서 백의(白衣)[14]의 수염과 머리카락을 아직 깎지 않았으나 법과 율의 선설(善說)에 출가하여 구족계를 받는 것을 원하고 있습니다. 만약 이 누구는 수염과 머리를 깎고 법복을 입고서 바른 믿음의 마음이 일어나 집을 떠나 집이 아닌 곳으로 나아가면, 누가 오바타야가 될 것입니다. 승가에서는 이 누구에게 출가를 허락하여

---

13) 반음(反音)·번절(翻切)이라고도 한다. 어떤 글자 A의 독음을 표시하기 위하여 A와 성모(聲母)가 같은 한 글자 B를 취하고, 다시 A와 운모(韻母)가 같은 또 다른 한 글자 C를 취하여 'A BC反' 혹은 'A BC切'과 같이 표시하였던 방법을 가리킨다.

14) 아직 출가하지 않은 '재가인'을 다르게 부르는 말이다.

주시겠습니까?"

[이것은 다만 말로써 알리는 것이고, 갈마 때의 단백(單白)갈마는 아니다.]

대중들이 함께 말한다.

"만약 두루 청정하다면 마땅히 출가를 허락합니다. 모든 것을 물어보았으면 좋으나, 만약 물어보지 않았으면 월법죄를 얻습니다."

다음은 머리를 잘라주는 필추를 청한다. 곧 그의 머리를 자를 때 그 사람이 후회하면, 세존께서는 "마땅히 정수리 위의 머리카락을 조금 남겨 두어라."고 말씀하셨다. 물어 말한다.

"이 정수리 위의 머리카락을 자르겠습니까?"

만약 "아닙니다."고 말하면, 마땅히 "그의 뜻에 따르겠소. 가시오."라고 말하고, "자르십시오."라고 말하면, 마땅히 잘라준다.

다음은 몸을 씻고 목욕을 하도록 한다. 만약 날씨가 추우면 데워서 더운물을 찬물과 함께 준다. 다음은 아래에 입는 옷을 주면서 마땅히 몸을 검사하여 '남근(男根)이 없는가?' '두 가지의 근(根)15)인가?' '근이 불완전한가?' 등이 두려우므로 자세히 살펴야 한다.

어느 때 어느 필추가 알몸으로 검사하고 살폈으나, 그가 부끄러움과 수치심을 일으켰다. 세존께서 말씀하셨다.

"마땅히 몸을 노출시키지 않으며 검사하고 살펴야 한다. 그가 아래의 옷을 입을 때 마땅히 조심스럽게 살펴보며, 그가 깨닫지 못하게 하라."

다음은 만조(縵條)16)를 주면서 그에게 머리 위로 손을 올려 받고, 옷을 입도록 가르쳐라. 스승은 마땅히 필추를 청하여 구적(求寂)이 받아 지켜야 하는 율의를 주고, 예경하는 것을 가르친다. 마땅히 두 스승 앞에 꿇어앉아 합장하고 이와 같이 말하도록 가르친다.

[이때 두 스승은 서로 가까이 앉아서 제자에게 친교사(親敎師)의 가사 끝을 잡게 한다. 스스로 살펴보니 인도17)의 행법(行法)18)은 이와 같았다.]

---

15) '남근(男根)'과 '여근(女根)'을 함께 갖춘 사람을 가리킨다.
16) 일반적으로 '만의(縵衣)'라고 부르며 조(條)가 없는 옷을 가리킨다.

"아차리야시여. 항상 생각하여 주십시오. 나 누구는 오늘부터 목숨이 남아 있을 때까지 양족중존(兩足中尊)이신 세존께 귀의하옵고, 이욕중존(離欲中尊)이신 법에 귀의하오며, 모든 제중중존(諸衆中尊)이신 승가에 귀의하옵나이다. 저 박가범(薄伽梵)이신 석가모니(釋迦牟尼)·석가사자(釋迦師子)19)·석가대왕(釋迦大王)20)께서 아시는 것은 마땅히 정등각(正等覺)과 같으십니다. 그분께서 이미 출가하셨으니, 나도 마땅히 따라서 출가하겠습니다. 나는 재가에 있었던 모습과 위의를 이미 버렸고 출가자의 모습이 되었습니다. 나는 지금 (계율을) 수지하였고, 나는 일을 인연하여 이르렀으므로 친교사의 법명(法名)을 말하겠습니다. 친교사의 법명은 누구입니다."

이와 같이 세 번을 말한다.

스승은 말한다.

"좋다."

대답하여 말한다.

"잘 지니겠습니다."

다음은 10학처를 주면서 가르쳐 말한다.

"그대는 나의 말을 따라서 하라."

"아차리야시여. 항상 생각하여 주십시오. 모두 성자이신 아라한과 같을 것이고, 나아가 목숨이 남아있을 때까지 살생을 하지 아니하며, 훔치지 아니하고, 음욕으로 삿된 행위를 하지 아니하며, 거짓되고 헛된 말을 하지 아니하고, 모든 술을 마시지 아니하며, 노래하고 춤추는 것을 즐기지 아니하고, 향과 꽃을 몸에 바르고 색깔을 내지 아니하며, 높고 큰 평상에 앉지 아니하고, 때 아닌 때에 음식을 먹지 아니하며, 금·은·보석을 받아 저축하지 않겠습니다.

나 누구도 오늘부터 목숨이 남아있을 때까지 살생을 하지 아니하며,

---

17) 원문에는 '서방(西方)'으로 표기되어 있다.
18) 갈마를 진행하는 구체적 방법을 가리키는 말이다.
19) 세존께서 사자왕과 같은 위엄을 지닌 것을 비유한 표현이다.
20) 세존께서 전륜성왕과 같은 위엄을 지닌 것을 비유한 표현이다.

훔치지 아니하고, 음욕으로 삿된 행위를 하지 아니하며, 거짓되고 헛된 말을 하지 아니하고, 모든 술을 마시지 아니하며, 노래하고 춤추는 것을 즐기지 아니하고, 향과 꽃을 몸에 바르고 색깔을 내지 아니하며, 높고 큰 평상에 앉지 아니하고, 때 아닌 때에 음식을 먹지 아니하며, 금·은·보석을 받아 저축하지 않겠습니다.

이것은 곧 나의 열 가지의 학처이고, 이것은 모든 성자와 아라한의 학처이니, 나도 마땅히 따라서 배우고, 따라서 지으며, 따라서 지니겠습니다."

이와 같이 세 번을 말한다.

"원하건대 아차리야시여. 증명하시고 아십시오. 나는 구적입니다. 나는 일을 인연하여 이르렀으므로 친교사의 법명(法名)을 말하겠습니다. 친교사의 법명은 누구입니다."

스승은 말한다.

"좋다."

대답하여 말한다.

"잘 지니겠습니다."

"그대는 이미 10학처의 경계를 잘 받았다. 마땅히 삼보에 공경하고, 두 스승과 친근하여야 하며, 송경(誦經)을 배우고 물으며, 삼업(三業)을 부지런히 닦고, 방일(放逸)하지 말라."

만약 나이가 스무 살이 되면 구족계(具足戒)를 줄 수 있다. 스승은 마땅히 세 가지의 옷과 발우·물병·와구(臥具)·부구(敷具) 등을 구하고, 갈마사(羯磨師)와 병교사(屛敎師)[21]를 청하여 함께 계단(戒壇)의 장소에 들어간다. 모든 필추대중이 이미 화합하고 모이게 되면, 혹은 다섯 사람, 또는 열 사람이 된다. 계를 받는 사람은 오른쪽 어깨를 드러나게 하고, 가죽 신발을 벗고서 한 사람·한 사람에게 반드시 세 번의 예경을 한다.

그리고 예경에는 두 가지가 있다. 하나는 5륜(輪)이 땅에 닿도록 하는

---

21) 가려진 장소에서 갈마를 하는 필추를 가리킨다.

것이고, [이것은 이마와 양쪽 손바닥과 양쪽 무릎을 말한다.] 두 번째는 두 손으로 스승의 발등을 잡고 예경하는 것이 있으므로, 이 가운데에서 어느 하나로서 한다. 예경을 마치면 마땅히 오바타야를 청하여야 한다. 만약 앞에서의 오바타야가 혹은 아차리야이면 때에 따라서 호칭을 부를 수 있으나, 만약 이전의 두 스승이 아니면 마땅히 '대덕(大德)'이라고 말하고, 혹은 '존자(尊者)'라고 말해야 한다. 만약 궤범사를 청할 때에도 마땅히 이렇게 한다.

마땅히 위의를 갖추고 이와 같이 말한다.

"오바타야시여. 항상 생각하여 주십시오. 나 누구는 지금 오바타야를 청하여 오바타야로 삼고자 하옵니다. 원하건대 오바타야시여. 나를 위하여 오바타야가 되어 주십시오. 오바타야께서 오바타야가 되어 주시는 까닭으로 마땅히 구족계를 받을 것입니다."[이것은 이전의 10계를 주었던 친교사가 말했던 것이다.]

이와 같이 세 번을 말한다. 뒤에서 말하는 것은 앞에서와 같다.

곧 대중 가운데에 있는 친교사(親敎師) 앞에 간다. 스승은 간직하여야 할 세 가지의 옷을 주고서 마땅히 이렇게 가르쳐야 한다.

"오바타야시여. 항상 생각하여 주십시오. 나 누구는 이 승가지(僧伽胝)를 [번역하면 복의(複衣)이다.] 지금부터 스스로 지키고 간직하며, 이것을 수용(受用)하겠습니다."

이와 같이 세 번을 말한다. 나머지는 앞에서와 같다.

"오바타야시여. 항상 생각하여 주십시오. 나 누구는 이 올달라승가(嗢怛羅僧伽)를[번역하면 상의(上衣)이다.] 지금부터 스스로 지키고 간직하며, 이것을 수용하겠습니다."

이와 같이 세 번 말한다. 뒤의 말은 앞에서와 같다.

"오바타야시여. 항상 생각하여 주십시오. 나 누구는 이 안달바사(安怛婆娑)를[번역하면 내의(內衣)이다.] 지금부터 스스로 지키고 간직하며, 이것을 수용하겠습니다."

이와 같이 세 번 말한다. 뒤의 말은 앞에서와 같다.

만약 이것이 아직 빨아서 물들이지 아니하였고, 잘라서 꿰매지 아니하였으며, 만약 명주(絹)이고, 만약 무명(布)이며, 임시적으로 필요에 충당된 옷이면 마땅히 이와 같이 지키고 간직하여야 한다.

"오바타야시여. 항상 생각하여 주십시오. 나 누구는 이 옷을 지금부터 지키고 간직하면서 마땅히 9조(條)의 승가지를 지으면서 한쪽은 길고 다른 한쪽은 짧게 하겠습니다. 만약 장애와 어려움이 없으면 나는 마땅히 빨고, 물들이며, 자르고, 바늘로 꿰매어 이곳에서 수용하겠습니다."

이와 같이 세 번 말한다. 뒤의 말은 앞에서와 같다. 나머지 옷은 이것에 의거한다.[옷을 지니고 입는 법식(法式)은 아래의 '오의(五衣)' 중에서 구체적으로 설명하겠다.]

다음은 발우를 받들어 모든 모습을 대중들에게 보여야 한다. 발우가 지나치게 작고, 지나치게 크며, 또는 하얀 빛깔 등이 두렵기 때문이다. 만약 이것이 좋으면 대중들은 함께 "좋은 발우이다."고 말한다. 만약 말하지 않으면 월법죄(越法罪)를 얻는다. 그리고 다음은 지키고 간직해야 하며, 마땅히 왼손 위에 발우를 놓고 오른손으로 펼쳐 발우 위를 덮고서 가르쳐 말한다.

"오바타야시여. 항상 생각하여 주십시오. 나 누구의 이 바달라(波怛羅)는 대선(大仙)의 그릇이고, 이것은 걸식(乞食)하는 그릇이며, 제가 지금부터 지키고 간직하는 것은 항상 음식을 먹을 때 사용하는 까닭입니다."

이와 같이 세 번 말한다. 뒤의 말은 앞에서와 같다.

다음은 마땅히 잘 보이는 곳과 소리가 들리는 곳에서 떨어진 장소에서, 그에게 한마음(一心)으로 합장하고 대중을 향하여 경건하고 정성스럽게 서 있도록 한다. 그 갈마사(羯磨師)는 마땅히 대중들 가운데서 누가 먼저 청을 받아들여 가려진 곳에서 "누구를 가르쳐 보이시겠습니까?"라고 물어야 한다. 그 청을 받아들인 필추는 대답하여 말한다.

"나 누구입니다."

다음은 묻는다.

"그대 누구는 능히 가려진 장소에서 누구를 가르쳐 보이고, 누구의 오바타야가 되어주시겠습니까?"

그는 마땅히 대답하여 말한다.

"나는 할 수 있습니다."

다음은 갈마사가 단백갈마(單白羯磨)[22]를 지어 아뢴다.

"대덕 승가는 들으십시오. 이 필추 누구를 능히 가려진 장소에서 누구를 가르쳐 보였습니다. 누구는 오바타야가 되었습니다. 만약 승가께서 때가 이르렀음을 승인하시면 승가는 허락하십시오. 승가시여. 지금 필추 누구를 병교사(屛教師)로 뽑아서 마땅히 가려진 장소에서 누구를 가르쳐 보이도록 하여 주십시오. 누구가 오바타야가 되었습니다. 이와 같이 아룁니다."

다음은 병교사가 가려진 장소에 이르러 예경을 가르쳐 마치고 꿇어앉아 합장하게 하고 이와 같이 말한다.

"구수(具壽)[23]여. 그대는 들으라. 이것은 그대가 진실하고 정성스러울 때이고, 사실대로 말할 때이다. 나는 지금 그대에게 사소한 것을 물을 것이다. 그대는 마땅히 두려운 마음이 없어야 한다. 만약 있었으면 있었다고 말하고, 없었으면 없었다고 말해야 하며, 헛되고 거짓말을 하여서는 아니된다."

"그대는 장부(丈夫)인가?"

대답하여 말한다.

"그렇습니다."

"그대는 만(滿) 스무 살이 되었는가?"

대답하여 말한다.

"만 스무 살이 되었습니다."

"그대는 세 가지 옷과 발우를 갖추었는가?"

대답하여 말한다.

"그렇습니다."

---

22) 한 번을 아뢰는 것으로 성립되는 갈마를 가리킨다.
23) 산스크리트어 āyuṣmat의 음사로서 수행과 지혜가 뛰어난 수행자를 높여 부르는 말이다.

"그대는 부모가 계시는가? 만약 살아계시는가? 그대의 출가를 허락하셨는가?"

대답하여 말한다.

"허락하셨습니다."

만약 "돌아가셨습니다."라고 대답하면, 다시 물을 필요가 없다.

"그대는 노비가 아닌가? 그대는 왕의 신하가 아닌가? 그대는 왕가(王家)에 해독(害毒)을 끼친 사람이 아닌가? 그대는 도둑이 아닌가? 그대는 황문(黃門)24)이 아닌가? 그대는 필추니를 더럽히지 아니하였는가? 그대는 아버지를 죽이지 아니하였는가? 그대는 어머니를 죽이지 아니하였는가? 그대는 아라한을 죽이지 아니하였는가? 그대는 화합승가를 깨트리지 아니하였는가? 그대는 악심(惡心)으로 부처님의 몸에 피를 흘리게 하지 아니하였는가? 그대는 외도가 아닌가?[현재 외도인 사람이다.] 그대는 외도의 길을 가려는 사람이 아닌가?(과거에 출가하였으나, 환속하여 외도로서 다시 되돌아온 사람이다.) 그대는 적주(賊住)25)가 아닌가? 그대는 별주(別住)26)가 아닌가? 그대는 함께 불공주(不共住)27)가 아닌가?[이전에 중죄를 범한 사람이다.] 그대는 화인(化人)28)이 아닌가? 그대는 빚을 진 사람이 아닌가?"

이때 만약 빚이 있다고 말하면, 마땅히 물어야 한다.

"그대는 구족계를 받고서 그 빚을 갚을 수 있겠는가?"

능히 "갚을 수 있습니다."라고 말하면 좋으나, 만약 갚을 수 없다고 말하면 "그대는 채권자에게 물어보고 그가 허락하면 그때에 오라."고 말한다.

"그대는 이전에 출가한 것이 있는가?"고 물어서 만약 없다고 대답하면

---

24) 남자로서 남근(男根)을 갖추지 않았거나, 또는 남근이 불완전한 자를 가리킨다.
25) 외도(外道)로서 불법을 훔쳐 배우기 위하여 필추의 모습으로 승가에 머무는 것이다.
26) 계율을 어겨 승가에서 별도의 처소에서 머무는 필추를 가리킨다.
27) 4바라이의 계율을 범하여 승가에서 추방된 사람을 말한다.
28) 귀신·짐승 따위가 인간의 모습으로 나타나는 것을 말한다.

좋으나, "나는 일찍이 출가하였습니다."고 말하면 "그대는 네 가지의
타승죄(他勝罪)²⁹) 가운데서 범한 것이 있는가? 그대는 재가로 돌아갈
때 계율을 잘 버렸는가?"라고 묻는다. 대답하기를 "무거운 죄를 범하였습
니다."라고 하면, "그대의 마음대로 떠나가라."라고 말한다.

만약 "범하지 않았습니다."고 말하면, "좋다." 물어 말한다.

"그대의 이름은 무엇인가?"

"나의 이름은 누구입니다."

"그대의 오바타야의 이름은 무엇인가?"

대답하여 말한다.

"나는 이 일을 인연하여 오바타야의 이름을 말씀드립니다. 나의 오바타
야의 이름은 누구이십니다."

"또한 그대는 마땅히 들으라. 그대는 장부의 몸 가운데 이와 같은
병이 있는가? 이를테면, 문둥병·영병(瘿病)³⁰)·선개(癬疥)³¹)·천연두(皰瘡)·
피백(皮白)³²)·절름발이·중풍·완전한 대머리·고름이 아래로 흘러내리는
병·여러   수종(水腫)³³)·기침(欬嗽)·천식(喘氣)·당뇨병·암풍(暗風)³⁴)·간질
병·몸에 혈색이 없는 병·목이 막히고 구역질이 나는 병·여러 치질·마비증·
다리의   종기·토혈(吐血)·옹좌(癰痤)³⁵)·설사병·열협통(熱脅痛)³⁶)·골절번
동(骨節煩疼),³⁷) 나아가 여러 학질(瘧疾)³⁸)·풍병·담석(痰瘀) 등이며, 모두

---

29) 4바라이의 계율을 다르게 부르는 말이다.
30) 목에서 말이 나오지 않는 병으로 석영(石瘿)·이영(泥瘿)·노영(勞瘿)·우영(憂瘿)·기
    영(氣瘿)의 5가지가 있다.
31) 풍독(風毒)의 기운이 피부 깊은 곳에 있는 것을 선(癬)이라고 하고, 풍독(風毒)의
    사기가 피부 얕은 데에 있는 것을 개(疥)라고 말한다.
32) 피부가 하얗게 변하는 병이다.
33) 몸 안에 물(水)이 고여서 얼굴·눈·팔다리·가슴·배 등의 온몸이 붓는 병을 가리킨다.
34) 머리가 빙빙 도는 것 같고 눈앞이 캄캄해서 방향을 잘 분간하지 못하는 병을
    가리킨다.
35) 다리에 부스럼이 생기는 병을 가리킨다.
36) 열이 많아서 옆구리에 고통이 있는 병을 가리킨다.
37) 모든 뼈마디가 고통스러운 병을 가리킨다.
38) 말라리아 모기에게 물려서 감염(感染)되는 병으로 일정한 시간을 사이에 두고

세 가지의 병으로 모을 수 있다. 항상 열이 있는 병·귀신병·귀머거리·장님·벙어리·난쟁이·절름발이·골절의 장애인 등이다. 그대는 이와 같은 모든 병과 나아가 다른 병이 있는가?"

대답하였다.

"없습니다."

"그대 누구는 들으라. 내가 지금 가려진 곳에서 그대에게 물은 것과 같이 다시 여러 필추의 대중 가운데서 또한 마땅히 그대에게 물을 것이니, 그는 그곳에서 두려움이 없도록 하라. 만약 있으면 있다고 말하고, 없으면 없다고 말하며, 돌이켜 마땅히 진실하게 대답하라. 그대는 잠깐 이곳에 머무르며, 부르지 않으면 오지 말라."

그 스승은 이전에 왔던 길을 반절을 와서 대중을 향하여 서있으며 마땅히 이와 같이 말하라.

"대덕 승가께서는 들으십시오. 이 필추 누구를 능히 가려진 장소에서 누구를 가르쳐 보였고, 그 장애하는 법을 물어보았으며, 아무개가 오바타야입니다. 그를 오게 하는 것을 허락하시겠습니까?"

화합대중들은 함께 말한다.

"만약 두루 청정한 사람이면 마땅히 불러오십시오."

모두 말하면 좋으나, 말하지 않으면 월법죄를 범한다.

[오천축국(五天竺國)의 계단(戒壇)의 장소는 절 안에 있고, 한적한 곳은 다만 오직 사방이 1장(丈)이며, 네 가장자리는 벽돌을 쌓았다. 가장 높은 것은 이척(二尺)[39]이고, 내부 가장자리의 바닥에는 높이 오촌(五寸)의 벽돌을 쌓고 스님은 그 위에 앉는다. 중간에 작게 바닥을 깎은 곳이 있는데, 높이는 사람 키와 같았다. 옆에 작은 문이 열려 있고, 출입이 허용되고 있으며, 계를 받고자 하는 사람은 계단 밖에 서 있다. 그때 병교사는 가려진 곳에서 물어보며 대중들이 보지 못하게 하였다. 이 지방에서는

오한전율(惡寒戰慄)과 발열(發熱)이 번갈아 주기적으로 발작하는 병을 가리킨다.
39) 1척(尺)은 1치(寸)의 10배이고, 당(唐)나라 때는 24.5cm 정도로 되었으며, 이보다 5cm 정도 긴 것도 사용되었다고 한다.

모두가 계를 주는 장소 안에 있도록 하여 대중들이 함께 이 모습을 눈으로 보게 하였으니, 이것은 곧 완전히 숨기고 가린다는 뜻과는 어긋난다. 올바른 가르침은 그 사람을 별도로 계단 밖에 서 있게 하고, 절반을 걸어가서 계를 주는 장소에서 멀리 대중에게 아뢴다. 이것은 아뢰어 말하는 것이니, 완전한 갈마가 아니다. 서방(西方)에서 스스로 보았고, 그 일을 들은 것이니, 의심하여 생각하지 말라.]

마땅히 멀리서 불러 오도록 하고 대중 가운데 이르면 상좌 앞에 꿇어앉아 합장하고 예경하고 구족계를 주는 것을 애원하며 이렇게 말하게 하라.

"대덕 승가께서는 들으십시오. 나 누구는 지금 이 일을 인연하여 오바타야의 법명을 말씀드리는 것에 이르렀습니다. 나는 오바타야이신 누구를 따라 구족계를 받고자 합니다. 나 누구는 지금 승가를 좇아 구족계 받기를 애원합니다. 나는 이 일을 인연하여 오바타야의 법명을 말씀드리오니, 누구께서 오바타야이십니다. 원하건대 대덕승가께서는 나에게 구족계를 주시고, 나를 섭수(攝受)하시어 고난에서 구제하시고, 나를 애민(哀愍)하게 생각하시어 가르침을 보여 주십시오. 내가 이렇게 능히 애민한 것은 애민하게 원하는 까닭입니다."

이와 같이 세 번을 말한다. 다음은 갈마사 앞에 이르게 한다. 만약 기와나 혹은 물건을 풀이나 짚으로 덮고 두 발의 발꿈치와 열 개의 발가락을 땅에 꿇고서 합장한다. 그 갈마사는 그의 장애하는 법(法)을 묻고서, 마땅히 단백갈마(單白羯磨)를 짓는다.

"대덕 승가께서는 들으십시오. 이 누구는 오바타야 누구를 따라 구족계 받는 것을 구하였고, 이 누구는 지금 승가로부터 구족계를 받는 것을 애원하고 있으며, 누구께서 그의 오바타야입니다. 만약 승가가 때에 이르렀음을 인정하시면, 승가께서는 마땅히 허락하십시오. 나는 대중 가운데의 누구를 가지고 있는 장애하는 법을 검사(撿問)하겠습니다. 누구께서 오바타야입니다. 이와 같이 아룁니다."

다음의 장애하는 법(法)을 묻는 일은 앞에서와 같음을 마땅히 알지니라.

다음은 백사갈마(白四羯磨)를 짓는다.

"대덕 승가께서는 들으십시오. 이 누구는 오바타야인 누구로부터 구족계를 받는 것을 구하였고, 이 장부의 나이는 만 20세가 되었습니다. 3의(衣)와 발우를 갖추었고, 누구는 스스로를 '두루 청정하고 장애하는 법이 없다.'라고 말하였습니다. 이 누구는 지금 승가로부터 구족계를 받는 것을 애원하고 있으며, 누구께서 오바타야입니다. 만약 승가께서 때에 이르렀음을 인정하시면, 승가께서는 마땅히 허락하십시오. 승가시여. 지금 누구에게 구족계를 주고자 하며, 누구께서 오바타야입니다. 이와 같이 아룁니다."

다음은 갈마를 짓는다.

"대덕 승가께서는 들으십시오. 이 누구는 오바타야인 누구를 따라서 구족계를 받는 것을 구하였습니다. '이 장부는 나이가 만 20세이고, 3의와 발우를 갖추었으며, 이 누구는 스스로를 두루 청정하고 장애하는 법이 없다.'라고 말하였습니다. 이 누구는 지금 승가로부터 구족계를 받는 것을 애원하고 있으며, 누구께서 오바타야입니다. 승가시여. 지금 누구에게 구족계를 주도록 하겠으며, 누구께서 오바타야입니다. 만약 모든 구수들께서 누구가 구족계를 받는 일과 누구께서 오바타야가 되는 것을 인정하시면 묵연(默然)히 계시고, 만약 허락하지 않으시면 말씀하십시오."

이것이 첫 번째 갈마이다. 이와 같이 세 번을 말한다.

"승가께서는 이미 누구가 구족계를 받는 것과 누구께서 오바타야가 되는 일을 마쳤습니다. 승가께서는 이미 인정하시고 허락하신 것은 묵연히 계셨기 때문입니다. 나는 지금부터 이와 같이 지니겠습니다."

작법(作法)을 마쳤을 때에는 곧 마땅히 그림자를 헤아려 필추는 발로 그 그림자를 넘어 지나간다.

세존께서 말씀하셨다.

"마땅히 상인들의 상구(商矩)40)를 지어 그것을 건너가라."

그 필추들은 모두 상구가 무엇을 말하는지 알지 못하였다. 세존께서

---

40) 상인들이 사용하는 수량의 단위를 측정하는 법도(法度)나 법칙(法則)을 가리킨다.

말씀하셨다.

"얇은 산가지의 길이가 두 척(尺)인 것을 취하여 윗부분을 꺾어 손가락 네 마디의 길이로 하고, 햇볕 가운데에 세워서 그림자의 길고 짧은 것을 헤아려 본다. 이것을 상구라고 말하느니라."

이 하나하나의 상구의 그림자의 크기를 헤아려서 이 그림자가 비로소 길어져 손가락 네 마디와 가지런하게 되었을 때에 자신(自身)의 그림자를 보면 자신의 모습과 비슷하다. 만약 늘어나고 줄어듦이 있으면 이것에 의거하여 마땅히 생각하라.[이러한 까닭으로 『승기율(僧祇律)』에 말하기를 한 사람·두 사람의 그림자는 오는 사람을 비유하였으나 모두 알지 못한다.]

그림자 헤아리는 것을 마쳤을 때는 마땅히 그에게 알려주어야 한다. "그대는 밥을 먹기 전에 구족계를 받아라." 혹은 "그대는 밥을 먹은 후에 받아라."

그림자의 길이가 늘어나서 만약 1마디(指)·2마디, 1사람(人)·반사람(半人), 2사람·3사람 등을 헤아려서 밤에 구족계를 주거나, 혹은 낮에 햇볕이 없어 그늘이 졌을 때는 곧 기준에 의거하여 선택하여 준다. 그것을 '그대는 초경(初更)에', '그대는 한밤중에', '그대는 새벽에' 등으로 시간을 알려주어야 한다.

다음은 마땅히 시절(時節)의 차별(差別)을 알려주려고 하였으나, 필추들이 모두 몇 가지의 시절인가를 알지 못하였다. 세존께서 말씀하셨다.

"다섯 가지 시절의 차별이 있다. 첫째는 겨울이고, 두 번째는 봄이며, 세 번째는 우기(雨期)이고, 네 번째는 종시(終時)이며, 다섯 번째는 장시(長時)이다. 겨울이라고 말하는 것은 이곳에서는 네 달이 있다. 이를테면, 9월 16일에서 1월 15일까지를 말한다. 봄이라고 말하는 것도 역시 네 달이 있다. 이를테면, 1월 16일에서 5월 15일을 말한다. 우기라고 말하는 것은 한 달이 있다. 이를테면, 5월 16일에서 6월 15일을 말한다. 종시라고 말하는 것은 6월 16일의 하루 낮과 하룻밤을 말한다. 장시라고 말하는 것은 세 달에 하루가 부족한 것이다. 이를테면, 6월 17일부터 9월 15일까지가 여기에 해당한다."

[이것은 인도의 승가대중의 중요한 법(要法)이다. 만약 이것을 이해하지 못하는 사람은 곧 필추가 아니다. 다만 근래에 비교하여 번역하지 못하였다. 이것을 듣고도 깨닫지 못하는 사람은 이것이 불가(佛家)의 비밀한 가르침으로 재가와는 다른 점이 있다고 생각하고 있다. 만약 인도(印度)에 가서 다른 사람에게 물어 알지 못하면, 모든 사람들이 보고서 웃을 것이다. 다만 지나(支那)⁴¹)에서는 달(月)을 다르게 기록하고 있다.]

다음은 마땅히 4의법(依法)⁴²)을 설해야 한다.

"그대 누구는 들으라. 이 4의법은 모든 세존께서 여실(如實)하게 아시고, 감응하시는 것이며, 정등각(正等覺)을 이루어 아시고 밝힌 법이며, 모든 필추와 구족계를 받는 사람들을 위하여 이 4의법을 말씀하셨다. 이를테면, 이것에 의거하여 법과 계율을 선설(善說)하고, 출가하여 구족계를 받고서 필추의 성품을 이루는 것이다. 무엇이 네 가지인가?

그대 누구는 들으라. 첫째는 분소의(糞掃衣)이다. 이것은 청정한 물건이니 구하면 쉽게 얻을 수 있다. 필추는 이 옷에 의지하여 선(善)한 법과 계율에 출가하여 구족계를 받고 필추의 성품을 이루는 것이다. 그대 누구는 오늘부터 시작하여 나아가 목숨이 남아 있는 날까지 분소의를 수용(收用)하면서 스스로를 지탱하고 중생을 제도하는 일을 흔쾌(欣快)히 즐거워하겠는가?"

대답하여 말한다.

"흔쾌하게 즐거워하겠습니다."

"만약 더 많은 이양물(利養物)⁴³)인 비단(緋)·명주(絹)·줄무늬 있는 옷감(縵條)·작은 배자(小帔)·큰 배자(大帔)⁴⁴)·얇은 비단(輕紗)·모시(紵)·무명(布)이나, 혹은 여러 옷감이 섞인 물건 등을 얻었고, 다시 청정한 옷을 대중으로

---

41) 중국(中國)의 다른 명칭으로 진(秦)나라를 이름. 옛날 인도에서 진(秦)을 음사(音辭)하여 부르던 말이다.
42) 네 가지의 수행의의 기초가 되는 물건에 대한 법을 가리킨다.
43) 산스크리트어 lābha의 음사로서 이익·이득·재물 등을 가리킨다.
44) 부녀자들이 저고리 위에 덧입는 소매 없는 옷으로 조끼에 해당되는 옷이다.

부터 얻었으며, 다른 사람으로부터 얻게 되었으면, 그대는 이와 같이 옳은 것을 따라서 받을 것이며, 헤아려 수용하겠는가?"

대답하여 말한다.

"수용하겠습니다."

"그대 누구는 들으라. 둘째는 항상 걸식하는 것이다. 이것은 청정한 음식이니, 구하면 쉽게 얻을 수 있다. 필추는 이 음식에 의지하여 선한 법과 계율에 출가하여 구족계를 받고 필추의 성품을 이루는 것이다. 그대 누구는 오늘부터 시작하여 나아가 목숨이 남아 있는 날까지 항상 걸식하면서 스스로를 지탱하고 중생을 제도하는 일을 흔쾌히 즐거워하겠는가?"

대답하여 말한다.

"흔쾌하게 즐거워하겠습니다."

"만약 더 많은 이양물인 밥·죽·마실 것 등을 승가에서 차례에 따라 초청되어 먹게 되고, 별도로 초청되어 먹게 되며, 승가에서 항상 먹게 되고, 항상 별도로 보시받아 먹게 되며,[범어(梵語)로 '니득(泥得)'을 '상시(常施)'라고 번역한다. 특별한 시주(施主)가 있어서 승가에 금전이나 물건을 베풀어 음식이 끊어지지 아니하고 매일 차례로 좋은 음식으로 한 사람에게 공양하고, 나아가 몇 날, 몇 달 동안 끊어지는 것을 허락하지 아니하는 곳도 있다. 인도(西方)의 사찰에는 이 나라의 사람도 많이 있으나, 알지도 못하고 듣지도 못하여 마치 음식과 우유 공양을 또한 알맞게 하지 못한다.] 8일·14일·15일에 음식과 다시 청정한 음식을 얻었고, 대중에게서 얻었으며, 다른 사람으로부터 얻었다면 그대는 이러한 음식을 이렇게 옳은 것을 따라서 받을 것이며, 헤아려 수용하겠는가?"

대답하여 말한다.

"수용하겠습니다."

"그대 누구는 들으라. 셋째는 나무 아래에서 부구(敷具)를 갖추는 것이다. 이것은 청정한 물건이니, 구하면 쉽게 얻을 수 있다. 필추는 이 물건에 의지하여 선한 법과 계율에 출가하여 구족계를 받고 필추의 성품을 이루는 것이다. 그대 누구는 오늘부터 시작하여 나아가 목숨이 남아 있는 날까지 항상 나무 아래에 부구를 갖추고 스스로를 지탱하고 중생을 제도하는 일을 흔쾌하게 즐거워하겠는가?"

대답하여 말한다.

"흔쾌하게 즐거워하겠습니다."

"만약 더 많은 이양물인 방사(房舍)·누각, 혹은 거처하는 움푹한 굴(窟)·명석이나 나무판으로 위를 덮은 집을 얻고서 경행(經行)⁴⁵⁾을 할 수 있게 있으며, 다시 청정한 처소를 대중에게서 얻었고, 다른 사람으로부터 얻었다면 그대는 이러한 거처를 이렇게 옳은 것을 따라서 받을 것이며, 헤아려 수용하겠는가?"

대답하여 말한다.

"수용하겠습니다."

"그대 누구는 들으라. 넷째는 진기약(陳棄藥)⁴⁶⁾을 지녀야 한다. 이것은 청정한 물건이니, 구하면 쉽게 얻을 수 있다. 필추는 이 물건에 의지하여 선(善)한 법과 계율에 출가하여 구족계를 받고 필추의 성품을 이루는 것이다. 그대 누구는 오늘부터 시작하여 나아가 목숨이 남아 있는 날까지 항상 진기약을 지니고 스스로를 지탱하고 중생을 제도하는 일을 흔쾌하게 즐거워하겠는가?"

대답하여 말한다.

"흔쾌히 즐거워하겠습니다."

"만약 더욱 많은 이양물인 소(酥)·낙(酪)·기름·사탕·꿀·뿌리·줄기·잎·꽃·열매 등의 약을 얻었을 때와 또한 다시 칠일약과 목숨이 마칠 때까지의 약을 얻었으며, 다시 청정한 약을 얻었고, 대중으로부터 얻었으며, 다른 사람으로부터 얻었으면, 그대는 이러한 약 등을 옳은 것을 따라서 받을

---

45) 좌선하면서 졸음이 왔거나, 또는 병을 치료하기 위하여 일정한 구역을 경을 외우면서 걷는 것을 가리킨다.

46) 부란약(腐爛藥)이라고도 하며, 『마하승기율(摩訶僧祇律)』에서는 대소변이라 하고, 『유부율(有部律)』에서는 사람의 대변을 약으로 사용한다고 한다.

것이며, 헤아려 수용하겠는가?"

대답하여 말한다.

"수용하겠습니다."

다음은 네 가지의 타락법(墮落法)을 설해야 한다.

"그대 누구는 들으라. 이것에는 네 가지의 법이 있다. 모든 세존께서 여실하게 아시고, 감응하시는 것이며, 정등각을 이루어 아시고 밝힌 법이며, 모든 필추와 구족계를 받는 사람들을 위하여 타락하는 법을 말씀하셨다. 필추가 이 네 가지의 가운데에서 하나하나의 일을 쫓아서 만약 범한 것이 있거나, 마땅히 때를 따라서 범한다면, 곧 그는 필추가 아니고, 사문도 아니며, 석가모니불의 제자도 아니고, 필추의 성품을 잃는다. 이것은 곧 지옥에 떨어져 잘려지고 빠지는 윤회를 하고, 다른 죄보다 더욱 무거워 거두어들일 수 없는 것이다. 비유하면 다라수(多羅樹)나무의 새싹을 자르면 다시 자라나서 높게 클 수 없는 것과 같이 필추 또한 그러하느니라.

무엇이 네 가지의 타락하는 법인가? 그대 누구는 들으라. 이 법은 여실하게 아시고, 감응하시는 것이며, 정등각을 이루어 아시고 밝힌 법이고, 헤아릴 수 없는 문(門)으로 모든 욕망의 법을 무너트렸느니라. '욕망은 물들여진 것이고, 욕망은 윤택(潤澤)한 것이며, 욕망은 애착하는 것이고, 욕망은 재가에 거주하는 것이며, 욕망은 기반(羈絆)[47]이고, 욕망은 탐하고 즐기는 것이니, 이것은 끊어 제거할 것이고, 모두 토해내야 할 것이며, 싫어하고 멈추며 없애야 할 것이고, 어두운 일과 같다.'고 설하셨느니라.

그대 누구는 오늘부터 마땅히 곧 염심(染心)으로 모든 여인들을 보아서는 아니된다. 하물며 어떻게 함께 부정한 행동과 일을 행하겠는가? 구수여. 세존께서 설하시기를 "만약 다시 필추로서 여러 필추들과 함께 학처(學處)를 얻고서, 계율을 버리지 아니하였으나 지계(持戒)의 힘이 약해진 것을 스스로 말하지 않고서 부정을 행하고, 함께 교회(交會)[48]를 하였으며,

---

47) 말의 굴레에 감는 천을 가리키는 말이었으나, 비유하여 여행의 동반자를 뜻한다.
48) 서로 만나서 부정한 행위를 저지르는 것을 가리킨다.

나아가 방생(傍生)과 함께 이르기까지 이와 같은 일을 필추로서 범(犯)하면
마땅히 지은 때를 따라서 곧 필추가 아니고, 사문도 아니며, 석가모니불의
제자도 아니고, 필추의 성품을 잃는다. 이것은 곧 지옥에 떨어져 잘려지고
빠지는 윤회를 하고, 다른 죄보다 더욱 무거워 거두어들일 수 없는 것이다."
라고 하셨느니라.

　"그대는 오늘부터 욕망의 법에서 마땅히 고의적으로 범하여서는 아니
되고, 마땅히 그것을 싫어하며, 벗어나고, 은근(慇懃)하고 소중하게 막고
보호하며, 무섭고 두려운 마음으로 자세하게 살피고 부지런히 수행하며,
방일하게 짓지 말라. 그대는 이러한 일을 능히 짓지 아니하겠는가?"
　대답하여 말한다.

　"짓지 아니하겠습니다."

　"그대 누구는 들으라. 이 법은 여실하게 아시고 감응하시는 것이며,
정등각을 이루어 아시고 밝힌 법이며, 헤아릴 수 없는 문으로 불여취(不與
取)[49]를 무너트리셨고, 불여취에서 벗어난 것을 칭찬하시고, 찬탄하셨으
며, 이것을 승묘(勝妙)[50]한 일이라고 하셨다. 그대는 오늘부터 시작하여
나아가 삼씨(麻)와 쌀겨(糠)에 이르기까지 다른 사람이 주지 않는 물건을
도둑질할 마음이 아닐지라도 고의적으로 훔쳐서는 아니된다. 하물며
어떻게 5마쇄(磨灑)[51]에 이르겠는가? 만약 5마쇄를 초과한다면, [인도의
여러 부(部)의 율장을 살펴보니 모두 이 이름과 같으며, 중죄(重罪)로 판단한
다. 5전(錢)이라고 말하지 않으며, 이것은 패치(貝齒)[52]이니, 계산하여 보면
80패치를 1마쇄(磨灑)라고 이름한다. 대략 숫자로 합하면 4백 패치가 되며,
한꺼번에 장소에서 옮기면 곧 도둑질을 범하는 것이다. 원래 돈(錢)에
의거하지 않으니, 만약 5전이라고 번역하면 완전히 본문(本文)에 어긋난다.
그러므로 범어로 남겨두어야 하며, 통하고 막힘은 다른 곳에서 자세히

---

49) 남이 주지 않은 물건을 강제로 취하는 것을 가리킨다.
50) 뛰어나게 기묘(奇妙)한 것을 가리킨다.
51) 고대 인도의 화폐 단위이다.
52) 바다에 사는 조개류 가운데서 제일 작으며, 맛은 짜며, 독이 있다. 물고기 이빨같이
　　희기 때문에 일명 패치라고도 부른다.

설명한 것과 같다.]

구수여. 세존께서 설하신 것과 같이, 만약 다시 필추가 마을 안에 있으며, 텅비고 한적한 곳에서 다른 사람이 주지 아니한 물건을 훔치려는 마음으로 취하면서, 이와 같이 훔칠 때에 왕이나 대신에게 잡히고, 죽음을 당하며, 묶이고 쫓겨나며, 꾸중하고 책임을 물으면서, '아(㕦)! 어리석은 자여. 그대는 도둑이고, 바보이며, 아는 것이 없어 이렇게 훔치었구나!'라고 말하였다.

이와 같은 일을 필추로서 범한 사람은 따라서 마땅히 지었을 때는 마땅히 지은 때를 따라 곧 필추가 아니고, 사문도 아니며, 석가모니불의 제자도 아니고, 필추의 성품을 잃는다. 이것은 곧 지옥에 떨어져 잘려지고 빠지는 윤회를 하고, 다른 죄보다 더욱 무거워 거두어들일 수 없는 것이다. 그대는 오늘부터 이 훔치는 법에서 고의적으로 범하여서는 아니되고, 마땅히 싫어하는 마음을 일으키고 떠나며, 은근하고 소중하게 막아 보호하고, 무섭고 두려워하는 마음을 일으키며, 자세하게 살피고 부지런히 닦으며, 방일하지 않아야 하느니라. 그대는 이러한 일을 능히 짓지 아니하겠는가?"

대답하여 말한다.

"짓지 아니하겠습니다."

"그대 누구는 들으라. 이 법은 여실하게 아시고 감응하시는 것이며, 정등각을 이루어 아시고 밝힌 법이며, 헤아릴 수 없는 법문으로 목숨을 해치는 것을 무너트렸고, 목숨을 해치는 것을 벗어남을 칭찬하고 찬탄하며, 이것을 승묘한 일이라고 하셨다. 그대 누구는 오늘부터 모기나 개미에 이르기까지 마땅히 고의적으로 그 목숨을 끊어서는 아니된다. 하물며 사람과 사람의 태아(人胎)는 이를 말이겠는가?

구수여. 세존께서 설하신 것과 같이, 만약 다시 필추로서 사람이나 사람의 태아(胎兒)를 고의적으로 자신의 손으로 그 목숨을 끊고, 혹은 칼을 지니고 있다가 건네주며, 혹은 자신이 칼을 지니고 있고, 혹은 칼을 지닌 사람을 구하면서, 혹은 죽음을 권유하고 죽음을 칭찬하면서 '아!

어리석은 자여. 어찌 이러한 죄가 쌓인 것을 수용하여 부정(不淨)하고 악(惡)한 생활을 하는가? 그대는 지금 오히려 죽어라. 죽는 것이 사는 것보다 낫다.'고 말한다. 자기 마음에 따라서 생각하고, 다른 말로 권유하고 찬탄하여 죽도록 하여, 그가 이것을 인연하여 죽었으며, 이러한 일을 필추로써 범하였다면, 마땅히 지은 때를 따라 곧 필추가 아니고, 사문도 아니며, 석가모니불의 제자도 아니고, 필추의 성품을 잃는다. 이것은 곧 지옥에 떨어져 잘려지고 빠지는 윤회를 하고, 다른 죄보다 더욱 무거워 거두어들일 수 없는 것이다. 그대는 오늘부터 살생법을 고의적으로 범하여서는 아니된다. 마땅히 싫어하는 마음을 일으키고 떠나며, 은근하고 소중하게 막아 보호하고, 무섭고 두려워하는 마음을 일으키며, 자세하게 살피고 부지런히 닦으며, 방일하지 않아야 하느니라. 그대는 이러한 일을 능히 짓지 아니하겠는가?"

대답하여 말한다.

"짓지 아니하겠습니다."

"그대 누구는 들으라. 이 법은 여실하게 아시고 감응하시는 것이며, 정등각을 이루어 아시고 밝힌 법이며, 헤아릴 수 없는 법문으로 망어(妄語)하는 것을 무너트렸고, 망어를 벗어남을 칭찬하고 찬탄하며, 이것을 승묘한 일이라고 하셨다. 그대 누구는 오늘부터 나아가 희롱하고 웃으며, 마땅히 고의적으로 망어를 하여서는 아니된다. 하물며 진실한 상인법(上人法)53)이 없음을 말하겠는가?

구수여. 세존께서 설하신 것과 같이, 만약 다시 필추로서 진실로 아는 것이 없고, 넓은 지식이 없으며, 스스로가 상인법과 적정(寂靜)·성자의 수승한 깨달음(證悟)·지견(知見)·안락하게 머무름 등을 얻지 못한 것을 알았다. 그러나 '나는 안다.', '나는 보았다.'고 말하였으나, 그가 뒤의 다른 때에 누가 물었거나, 묻지 않아도 스스로가 청정(淸淨)하려는 까닭으로 이와 같이 말하였다.

---

53) 진리를 체득한 법을 가리킨다.

'나는 진실로 알지도 못하였고, 보지도 못하였으나, 알았다고 말하였고 보았다고 말하였다.'는 것은 증상만(增上慢)54)을 제외하고는 헛된 거짓말로 사람을 속인 것이다. 혹은 '나는 4제(諦)의 이치를 증득(證得)하였다.', 혹은 '나에게는 천룡(天龍)과 귀신들이 와서 나와 함께 이야기를 한다.', '무상(無常) 등의 생각을 얻었다.', '4선(禪)·4공(空)·6신통(神通)·8해탈(解脫)을 얻었고 4성과(聖果)를 증득하였다.'

이러한 일을 필추로써 범하였다면, 마땅히 지은 때를 따라 곧 필추가 아니고, 사문도 아니며, 석가모니불의 제자도 아니고, 필추의 성품을 잃는다. 이것은 곧 지옥에 떨어져 잘려지고 빠지는 윤회를 하고, 다른 죄보다 더욱 무거워 거두어들일 수 없는 것이다. 그대는 오늘부터 망어법을 고의적으로 범하여서는 아니된다. 마땅히 싫어하는 마음을 일으키고 떠나며, 은근하고 소중하게 막아 보호하고, 무섭고 두려워하는 마음을 일으키며, 자세하게 살피고 부지런히 닦으며, 방일하지 않아야 하느니라. 그대는 이러한 일을 능히 짓지 아니하겠는가?"

대답하여 말한다.

"짓지 아니하겠습니다."

다음은 사문으로서 마땅히 짓는 법을 설한다.

"그대 누구는 들으라. 이 법은 여실하게 아시고 감응하시는 것이며, 정등각을 이루어 아시고 밝힌 법이며, 모든 필추로서 구족계를 받은 자를 위하여 설한 사문이 마땅히 지어야 하는 네 종류의 법이다. 무엇이 네 가지인가?

그대 누구는 들으라. 그대는 오늘부터 만약 다른 사람이 욕하여도 돌이켜 욕하여서는 아니되고, 다른 사람이 화나게 하여도 돌이켜 화를 내어서는 아니되며, 다른 사람이 비웃어도 돌이켜 비웃어서는 아니되며, 다른 사람이 때려도 돌이켜 때려서는 아니된다. 이와 같은 일 등이 있어 괴롭고 산란함이 일어날 때에 그대는 능히 마음을 섭수하여 돌이켜 갚지

---

54) 최상의 교법과 깨달음을 얻지 못하고서 얻었다고 생각하는 아만을 가리킨다.

않겠는가?”

대답하여 말한다.

“갚지 아니하겠습니다.”

“그대 누구는 들으라. 그대는 먼저 마음으로 손짓하고 희망을 가지면서 이렇게 생각하라.

‘나는 마땅히 어느 때를 얻었고, 세존의 법과 율을 선설(善說)하는 것에 출가하여 구족계를 받았으며, 필추의 성품을 이루었다.’

그대는 이미 출가하여 지금 구족계를 받았고, 좋고 여법(如法)한 친교사(親敎師)와 궤범사(軌範師) 등을 얻었으며, 화합한 승가에서는 백사갈마를 행하여 문장에 차이와 틀리는 것이 없었으므로, 매우 좋게 안주(安住)하였다. 다른 필추와 같이 비록 백 년을 배워야 하는 것을 또한 마땅히 배워야 한다. 그대가 역시 수학(修學)한 것은 그대가 배워야 하는 것이고, 그들도 역시 같이 그렇게 하였으니, 모두 학처를 얻었고, 모두가 계경(戒經)을 설하고 있다.

그대는 오늘부터 마땅히 이 처소에서 공경하고 받드는 마음을 일으키고, 마땅히 싫어하여 벗어나지 말라. 친교사는 마땅히 아버지와 같이 생각하면, 스승도 그대를 자식과 같이는 생각할 것이다. 나아가 목숨이 남아 있을 때까지 모시고, 봉양하며, 병을 살피고, 함께 간호하고 물으며, 자애하고 애민한 마음을 일으켜, 늙어 죽을 때까지 이르러야 한다. 또한 함께 범행(梵行)하는 처소에서 상·중·하의 좌차(座次)에 항상 공경하고, 존중하며, 수순(隨順)하고, 공손하고 부지런히 하라. 함께 머무르고, 송경(誦經)하며, 선사(禪思)하고, 여러 가지 선업(善業)을 닦아 온(蘊)·처(處)·계(界)·12연(緣)·10력(力) 등의 법을 마땅히 이해하고 증득하기를 구하라.

좋은 멍에(軛)를 버리지 않고, 모든 게으름에서 벗어나며, 아직 얻지 못한 것을 구하여 얻고, 아직 이해하지 못한 것은 구하여 이해하며, 증득하지 못한 것은 구하여 증득하고, 나아가 아라한(阿羅漢)의 과(果)를 얻고 구경열반(究竟涅槃)을 얻으라.

나는 지금 그대를 위하여 요점을 간략한 일로서 그 대강(大綱)을 말하였을 뿐이다. 나머지 아직 알지 못하는 것은 마땅히 두 스승과 함께 배우는 친한 도반들에게 마땅히 자세하게 물어라. 또한 매월 보름날에 계경을 설할 때 스스로 마땅히 듣고 받아서 가르침에 의거하여 부지런히 닦으라.

그대를 위하여 게송을 말하노라.

그대는 가장 뛰어난 가르침에서
시라(尸羅)[55]를 구족하였으니
지극한 마음으로 받들고 지켜라.
장애가 없는 몸은 얻기 어려우니

단정(端正)한 사람들이 출가하고
청정한 사람들이 원만함을 갖춘다고
진실한 말을 하신 분이 설하셨으니,
정각(正覺)의 지혜이로다.

그대 누구는 이미 구족계를 받는 것을 마쳤느니라. 방일하지 않을 것이며, 마땅히 삼가하며 받들어 행하고 항상 눈앞에서 물러남이 없으라.”

---

55) 산스크리트어 śīla의 음사로서 ‘계(戒)’라고 번역된다.

근본설일체유부백일갈마 제2권

이때 구수(具壽) 오파리가 세존께 청하여 아뢰었다.

"대덕이시여. 세존께서는 '대세주(大世主) 교답미(喬答彌)는 8경법(敬法)을 사랑하고 즐거워한 까닭으로 곧 출가하였고, 구족계를 받고 필추니의 성품을 이루었다.'라고 설하셨습니다. 대덕이시여. 나머지의 필추니 대중을 쫓아내고자 하면 어떻게 해야 합니까?"

세존께서 오파리에게 말씀하셨다.

"다른 필추니들이 만약 이전에 출가하였으나 아직 구족계를 받지 못하였으면, 차례(次第)에 따라서 일상과 같이 마땅히 지어야 한다. 만약 재가에 있는 여인이 발심하여 출가를 구하면, 그의 마음을 따라서 한 스승의 처소에 나아가게 한다. 스승은 곧 마땅히 가지고 있는 장애하는 법을 물어야 하고, 만약 두루 청정한 사람이면, 생각에 따라서 섭수(攝受)한다. 이미 섭수하였으면 삼귀의와 아울러 5학처를 주고서 오바사가(鄔波斯迦)의 율의(律儀)를 이루어 지키도록 한다."

[이것의 '지킨다(護).'는 말은 범어(梵語)로는 '삼발라(三跋羅)'이고 '옹호(擁護)한다.'로 번역된다. 3귀의(歸依)와 5계(戒)를 받은 까닭으로 옹호하여 3악도에 떨어지지 않게 하는 것이다. 구역(舊譯)에서 '율의(律義)'라고 말한 것은 곧 당의(當義)[1]이고, 번역하면 이것은 율법(律法)·의식(儀式)이다. 만약 다만 '지킨다(護)'고 말하면, 배우는 사람이 내용을 상세히 알지 못하는 것을 두려워한 까닭으로 율의(律義)와 '호(護)'의 두 가지를 갖추어 남겨 명료하게 논(論)하는 것이다.]

이와 같이 마땅히 주어야 하고, 먼저 출가를 구하는 사람을 가르쳐

---

1) '당연한 이치'를 가리킨다.

예경을 올리게 하라. 정해진 스승(本師) 앞에서 두 무릎을 땅에 붙이며, 머리를 숙여 합장하고 이렇게 말을 하도록 가르친다.

"아차리야시여. 항상 생각하여 주십시오. 나 누구는 오늘부터 목숨이 남아 있을 때까지 양족중존(兩足中尊)이신 세존께 귀의하옵고, 이욕중존(離欲中尊)이신 법에 귀의하오며, 모든 제중중존(諸衆中尊)이신 승가에 귀의하옵나이다.

이와 같이 세 번을 말한다. 스승은 말한다.

"오비가(奧箄迦)."['좋다(好).'는 말이다.]

대답하여 말한다.

"바도(婆度)."[번역하면 '잘 지키겠습니다.'이고, 아울러 이미 앞에서 설명한 것과 같다.]

다음은 5학처를 준다. 가르쳐서 "그대는 나의 말을 따라서 하라."고 말한다.

"아차리야시여. 항상 생각하여 주십시오. 모든 성자와 아라한처럼 나아가 목숨을 마칠 때까지 살생하지 아니하고, 훔치지 아니하며, 음욕의 삿된 행(行)을 하지 아니하고, 거짓으로 속이는 말을 하지 아니하고, 모든 술을 마시지 아니하겠습니다. 나 누구도 오늘부터 목숨을 마칠 때까지 살생하지 아니하고, 도둑질하지 아니하며, 음욕의 삿된 행을 하지 아니하고, 거짓말로 사람을 속이지 아니하며, 모든 술을 마시지 아니하는 것을 또한 이렇게 하겠으며, 이것이 곧 나의 다섯 가지 학처입니다. 이것은 모든 성자와 아라한의 학처이며, 나도 마땅히 따라서 배우고, 따라서 지으며, 따라서 지키겠습니다."

이와 같이 세 번을 말한다.

"원하건대, 아차리야시여. 증명하시고 아십시오. 나는 오바사가로서 삼보에 귀의하옵고 5학처를 받겠습니다."

스승은 말한다.

"좋다."

대답하여 말한다.

"잘 지키겠습니다."

다음은 오바타야(鄔波馱耶)를 청한다.[오바타야는 번역하면 '친교사(親教師)'이다. '화상(和上)'이라고 말하는 것은 인도[2]의 당시 재가인의 말로써 경전의 말이 아니다. 그러나 모든 경과 율의 범본(梵本)에는 모두 '오바타야'라고 말하고 있다.]

가르쳐서 말하도록 한다.

"아차리야(阿遮利耶)시여.[번역하면 궤범사(軌範師)이다.] 항상 생각하여 주십시오. 나 누구는 지금 아차리야께서 오바타야가 되어주시기를 청하옵니다. 원하건대, 아차리야시여. 나의 오바타야가 되어 주십시오. 아차리야께서 오바타야가 되어주시는 까닭으로 나는 마땅히 출가할 수 있습니다."

이와 같이 세 번 말하고, 뒤의 말은 앞에서와 같다.

세 번째 말할 때는 마땅히 "오바타야께서 오바타야가 되어주시는 까닭입니다."라고 말한다.[친근한 스승의 자리인 까닭으로 거듭 말하는 것이다.]

다음은 한 명의 필추니를 청하여 대중에게 아뢰는 사람으로 삼아서 그 필추니가 본래의 스승에게 묻도록 한다.

"그녀가 가지고 있는 장애하는 법에 대해서 이미 물었습니까?"

대답하여 말한다.

"이미 물었습니다."

만약 물었으면 좋으나, 만약 묻지 않고서 대중에게 알리면 월법죄(越法罪)를 얻는다.

다음은 대중들에게 알리고, 모든 승가는 마땅히 모여야 하며, 혹은 방을 다니면서 알려야 한다. 다음은 곧 대중 가운데 이르러 예경을 마치고, 상좌 앞에서 양쪽 무릎을 땅에 붙이고 머리를 숙여 합장하고 이렇게 말한다.

---

2) 원문에는 '서방(西方)'으로 기록되어 있다.

"필추니 승가께서는 들으십시오. 나 누구는 누구의 필추니를 따라서 출가를 간절히 구하고 있으나, 재가에 머무르고 재가의 옷을 입었으며, 아직 머리를 깎지 아니하였습니다. 원하건대, 선설(善說)하는 법과 율에게 출가하여 구족계를 받아 필추니의 성품을 이루고자 합니다. 이 누구는 머리를 깎고, 법복을 입고서 올바른 신심을 일으켜 재가의 집을 버리고 집이 아닌 곳에 나아가 누구를 오바타야로 삼고자 합니다. 필추니 승가께서는 누구를 출가시키겠습니까?"[이것은 다만 이러한 말로써 알리는 것이고, 단백(單白)의 갈마는 아니다.]

화합대중이 함께 말한다.

"두루 청정한 사람이라면 마땅히 출가를 허락합니다."

갖추어 물어보면 좋으나, 묻지 않으면 월법죄를 얻는다.

다음은 머리를 깎아 주는 필추니를 청한다. 곧 모든 머리를 자르면서 상대방이 후회하면, 세존께서는 "마땅히 정수리 위에 조금 머리카락을 남겨 두어라."고 말씀하셨다. 물어 말하기를 "그대의 정수리 위의 머리카락도 잘라도 되겠는가?" 만약 "아닙니다."라고 말하면, 마땅히 "그대의 뜻에 따라 떠나거라."라고 말한다. 만약 "자르십시오."라고 말하면 마땅히 모두 잘라서 제거한다.

다음은 몸을 씻고 목욕하게 한다. 만약 날씨가 추우면 데워서 더운물과 찬물을 함께 준다. 다음은 군의(裙衣)[3]를 입힌다. 반드시 검사하여 '근(根)이 없는가?', '근이 두 가지인가?', '근이 불완전한가?' 등을 자세히 살펴야 한다. 이때 필추니가 알몸으로 검사하고 살폈으나, 그녀가 부끄러움과 수치심을 일으켰다. 세존께서 말씀하셨다.

"마땅히 몸을 노출시키지 않으며 검사하고 살펴야 한다. 군의를 입을 때 마땅히 조심스럽게 살펴보며, 그가 깨닫지 못하게 하라."

다음은 만조(縵條)를 주어 그녀에게 머리 위로 손을 올려 받고, 옷을 입도록 가르쳐라. 스승은 마땅히 필추를 청하여 구적(求寂)이 받는 지켜야

---

3) 산스크리트어 nivāsana의 음사로서 허리에 둘러입는 치마 같은 옷으로 안달바사를 가리킨다.

하는 율의를 주고, 예경하는 것을 가르친다. 마땅히 두 스승 앞에 꿇어앉아 합장하고 이와 같이 말하도록 가르친다.[이때 두 스승은 서로 가까이 앉아서 제자에게 친교사(親敎師)의 가사 끝을 잡게 한다. 스스로 살펴보니 인도의 행법(行法)은 이와 같았다.]

"아차리야시여. 항상 생각하여 주십시오. 나 누구는 오늘부터 목숨이 남아 있을 때까지 양족중존이신 세존께 귀의하옵고, 이욕중존이신 법에 귀의하오며, 모든 제중중존이신 승가에 귀의하옵나이다. 저 박가범(薄伽梵)이신 석가모니(釋迦牟尼)·석가사자(釋迦師子)·석가대왕(釋迦大王)께서 아시는 것은 마땅히 정등각(正等覺)과 같으십니다. 그분께서 이미 출가하셨으니, 나도 마땅히 따라서 출가하겠습니다. 나는 재가에 있었던 모습과 위의를 이미 버렸고 출가자의 모습이 되었습니다. 나는 지금 (계율을) 수지하였고, 나는 일을 인연하여 이르렀으므로 친교사의 법명(法名)을 말하겠습니다. 친교사의 법명은 누구입니다."

이와 같이 세 번을 말한다.

스승은 말한다.

"좋다."

대답하여 말한다.

"잘 지니겠습니다."

다음은 10학처를 주면서 가르쳐 말한다.

"그대는 나의 말을 따라서 하라."

"아차리야시여. 항상 생각하여 주십시오. 모두 성자이신 아라한과 같을 것이고, 나아가 목숨이 남아있을 때까지 살생을 하지 아니하며, 훔치지 아니하고, 음욕으로 삿된 행위를 하지 아니하며, 거짓되고 헛된 말을 하지 아니하고, 모든 술을 마시지 않으며, 노래하고 춤추는 것을 즐기지 않고, 향과 꽃을 몸에 바르고 색깔을 내지 않으며, 높고 큰 평상에 앉지 않고, 때 아닌 때에 음식을 먹지 않으며, 금·은·보석을 받아 저축하지 아니하겠습니다.

나 누구도 오늘부터 목숨이 남아있을 때까지 살생을 하지 아니하며,

훔치지 아니하고, 음욕으로 삿된 행위를 하지 아니하며, 거짓되고 헛된
말을 하지 아니하고, 모든 술을 마시지 아니하며, 노래하고 춤추는 것을
즐기지 아니하고, 향과 꽃을 몸에 바르고 색깔을 내지 아니하며, 높고
큰 평상에 앉지 아니하고, 때 아닌 때에 음식을 먹지 아니하며, 금·은·보석
을 받아 저축하지 않겠습니다.

　이것은 곧 나의 열 가지의 학처이고, 이것은 모든 성자와 아라한의
학처이니, 나도 마땅히 따라서 배우고, 따라서 지으며, 따라서 지니겠습니
다.”

　이와 같이 세 번을 말한다.

　“원하건대 아차리야시여. 증명하시고 아십시오. 나는 구적녀입니다.
나는 일을 인연으로 이르렀으므로 친교사의 법명을 말하겠습니다. 친교사
의 법명은 누구입니다.”

　스승은 말한다.

　“좋다.”

　대답하여 말한다.

　“잘 지니겠습니다.”

　“그대는 이미 10학처의 경계를 잘 받았다. 마땅히 삼보에 공하고, 두
스승과 친근하여야 하며, 송경(誦經)을 배우고 물으며, 삼업(三業)을 부지런
히 닦고, 방일(放逸)하지 말라.”

　만약 이 사람이 일찍이 시집간 여인으로서 만 12년이 되었고, 만약
동녀(童女)로서 만 18년이 되었으면, [마땅히 일에 따라서는 임시로 설할
수 있으며, 나머지는 모두 이것에 의거한다.] 마땅히 6법(法)과 또 6수법(隨
法)을 주어 2년 동안 배우도록 한다. 마땅히 이와 같이 주는 것은 먼저
좌복을 펼치고 건치(犍稚)4)를 울리며, 알려 말하고, 다시 필추니 승가에
알려서 마땅히 모두 모이게 한다. 반드시 최소한 열두 사람을 넘어야
한다.

---

4) 절에서 시간을 알리기 위해 사용하는 기구.

계단(戒壇)의 가운데에서 이르러 예경을 마치고, 상좌 앞에서 양쪽 무릎을 땅에 붙이고 머리를 숙여 합장하고 이렇게 말한다.

"대덕 필추니 승가께서는 들으십시오. 나 구적녀 누구는 나이가 만 18세가 되었습니다. 나는 일을 인연으로 친교사의 법명을 말하는 것에 이르렀습니다. 나의 오바타야이신 누구를 따라서 2년 동안에 6법과 6수법을 배우게 하여 주시기를 간청합니다. 나 누구는 지금 필추니 승가로부터 2년 동안 6법과 6수법을 배우게 하여 주시기를 간청합니다. 나는 일을 인연하여 친교사의 법명을 말하는 것에 이르렀습니다. 누구께서 오바타야이십니다. 원하건대, 필추니 승가께서 나에게 2년 동안에 6법과 6수법을 배우게 하여 주시고, 나를 섭수하여 주시며, 나를 제도하여 주시고, 나를 가르쳐 보여주시며, 애민(哀愍)하게 생각하여 주십시오. 내가 이렇게 능히 애민한 것은 애민하게 원하는 까닭입니다."

이와 같이 세 번을 말한다.

다음은 한 필추니가 백이갈마(白二羯磨)를 행한다.

"대덕 필추니 승가께서는 들으십시오. 이 구적녀는 나이가 만 18세가 되었고, 누구를 오바타야로 삼았으며, 지금부터 필추니 승가를 따라 2년 동안에 6법과 6수법을 배우고자 간청하고 있습니다. 만약 필추니 승가께서는 때에 이르렀음을 인정하시면, 필추니 승가께서는 허락하십시오. 필추니 승가시여. 지금 구적녀 누구의 나이가 만 18세가 되었으며, 2년 동안에 6법과 6수법을 배우고자 합니다. 누구께서 오바타야입니다. 이와 같이 아룁니다."

다음은 갈마를 짓는다.

"대덕 필추니 승가께서는 들으십시오. 이 구적녀는 나이가 만 18세가 되었고, 누구를 오바타야로 삼았으며, 지금부터 필추니 승가를 따라 2년 동안에 6법과 6수법을 배우고자 간청하고 있고, 누구께서 오바타야입니다. 필추니 승가시여. 지금 구적녀 누구의 나이가 만 18세가 되었으므로 2년 동안에 6법과 6수법을 배우도록 하겠으며, 누구께서 오바타야입니다. 만약 여러 구수들께서 구적녀 누구의 나이가 만 18세가 되었으므로 2년 동안에 6법과 6수법을 배우는 것을 인정하시는 분들께서는 묵연히 계시고, 만약 허락하지 않으시면 말씀하십시오. 필추니 승가시여. 이미 구적녀 누구는 만 18세가 되었고, 누구를 오바타야로 삼아 2년 동안 6법과 6수법을 배우기로 하는 것을 마쳤습니다. 필추니 승가가 이미 인정하고 허락하신 것은 묵연히 계셨기 때문입니다. 나는 지금부터 이와 같이 지니겠습니다."

다음은 마땅히 알려 말한다.

"그대 누구는 들으라. 오늘부터 처음을 좇아 마땅히 6법(法)을 배워야 한다. 첫째는 혼자 길을 다녀서는 아니된다. 둘째는 혼자서 강물을 건너가면 아니된다. 셋째는 장부(丈夫)의 몸과 접촉해서는 아니된다. 넷째는 남자와 함께 잠을 자면 아니된다. 다섯째는 사음(邪淫)을 부추겨서는 아니된다. 여섯째는 다른 필추니의 무거운 죄를 덮어 주어서는 아니된다."

섭수하여 게송으로 말하겠다.

혼자 길을 다니지 아니하고
혼자 강을 건너지 아니하며
고의로 남자와 접촉하지 아니하고
남자와 함께 잠을 자지 아니하며
사음(邪淫)을 부추기지 아니하고
필추니의 중죄를 덮어 주지 않아야 한다.

다시 말한다.

"그대 누구는 들으라. 그대는 오늘부터 처음을 좇아 마땅히 6수법(隨法)을 배워야 한다. 첫째는 몸에 금은보화를 지녀서는 아니된다. 둘째는 은밀한 곳의 털을 깎아서는 아니된다. 셋째는 생지(生地)⁵⁾를 무너뜨리고 파내서는 아니된다. 넷째는 고의로 살아 있는 풀과 나무를 잘라서는 아니된다. 다섯째는 받지 아니한 음식을 먹어서는 아니된다. 여섯째는 이미 만졌던 음식을 먹어서는 아니된다."

---

5) 사람들의 손이 닿지 않은 토지로 황무지나 농지 등을 말한다.

섭수하여 게송으로 말하겠다.

　금 등을 만지지 아니하고
　은밀한 곳의 털을 깎지 아니하며
　땅을 파내지 아니하고
　살아 있는 풀과 나무를 자르지 아니하며
　받지 아니한 음식을 먹지 아니하고
　이미 만졌던 음식을 먹어서는 아니된다.

　만약 2년 동안에 6법과 6수법을 이미 닦고 배우는 것을 마치면 구족계를 줄 수 있다. 마땅히 다섯 가지의 옷·발우·물을 거르는 그릇·와구(臥具)·부구(敷具)를 갖추어 주고, 갈마사(羯磨師)와 병교사(屛敎師)를 청하여 함께 계단(戒壇)의 장소에 들어간다. 모든 필추니 대중이 이미 화합하고 모이게 되면, 최소한 열두 사람을 넘어야 한다. 모든 필추니는 먼저 그녀의 청정행과 근본법이 구족계를 받는 것이 옳은가를 살펴보고, 모두 세 차례의 예경을 하도록 한다.
　그리고 예경에는 두 가지가 있다. 하나는 5륜(輪)이 땅에 닿도록 하는 것이고,[이것은 이마와 양쪽 손바닥과 양쪽 무릎을 말한다.] 두 번째는 두 손으로 스승의 발등을 잡고 예경하는 것이 있으므로, 이 가운데에서 어느 하나로서 한다. 예경을 마치면 마땅히 오바타야를 청하여야 한다. 만약 앞에서의 오바타야가 혹은 아차리야이면 때에 따라서 호칭을 부를 수 있으나, 만약 이전의 두 스승이 아니면 마땅히 '대덕(大德)'이라고 말하고, 혹은 '존자(尊者)'라고 말해야 한다. 만약 궤범사를 청할 때에도 마땅히 이렇게 한다.
　마땅히 위의를 갖추고 이와 같이 말한다.
　"오바타야시여. 항상 생각하여 주십시오. 나 누구는 지금 오바타야를 청하여 오바타야로 삼고자 하옵니다. 원하건대 오바타야시여. 나를 위하여 오바타야가 되어 주십시오. 오바타야께서 오바타야가 되어 주시는

까닭으로 마땅히 구족계를 받을 것입니다."[이것은 이전의 10계를 주었던 친교사가 말한 것이다.]

이와 같이 세 번을 말한다. 뒤에서 말하는 것은 앞에서와 같다.

곧 대중 가운데에 있는 친교사 앞으로 간다. 스승은 간직하여야 할 다섯 가지의 옷을 주고서 마땅히 이렇게 가르쳐야 한다.

"오바타야시여. 항상 생각하여 주십시오. 나 누구는 이 승가지(僧伽胝)를 [번역하면 복의(複衣)이다.] 지금부터 스스로 지키고 간직하며, 이것을 수용(受用)하겠습니다."

이와 같이 세 번을 말한다. 나머지는 앞에서와 같다. 아래 네 가지의 옷도 모두 별도로 지니게 하며, 마땅히 이것에 의거하여 설해야 한다.

네 가지의 옷은 올달라승가(嗢怛羅僧伽)[번역하면 상의(上衣)이다.], 안달사바(安怛娑婆)[번역하면 내의(內衣)이다.], 궐소락가(厥蘇洛迦)[번역하면 아래의 통치마이다.], 승각기(僧脚崎)[겨드랑이를 덮는 속옷이다.] 등이다. 만약 이것이 아직 빨아서 물들이지 아니하였고, 잘라서 꿰매지 아니하였으며, 만약 명주(絹)이고, 만약 무명(布)이며, 임시로 필요에 충당된 옷이면, 마땅히 이와 같이 지키고 간직하여야 한다.

"오바타야시여. 항상 생각하여 주십시오. 나 누구는 이 옷을 지금부터 지키고 간직하면서 마땅히 9조(條)의 승가지를 지으면서 한쪽은 길고 다른 한쪽은 짧게 하겠습니다. 만약 장애와 어려움이 없으면 나는 마땅히 빨고, 물들이며, 자르고, 바늘로 꿰매어 이곳에서 수용하겠습니다."

이와 같이 세 번 말한다. 뒤의 말은 앞에서와 같다. 나머지 옷은 이것에 의거한다.

[이 다섯 가지의 옷은 필추니가 수용하는 것에 필요한 것이고, 세 가지의 옷은 앞에서와 같다. 나머지 두 가지를 반드시 논한다면 '궐소락가(厥蘇洛迦)'를 정확하게 번역하면 천(篿)[6]이라는 뜻이다. 그것을 세워놓은 것을 눈으로 본 모양으로, 곧 필추니의 아래치마[下裙]이며, 길이는 4주(肘)

6) 중국의 농가(農家)에서 곡식을 담을 때 사용하는 대나무나 짚으로 만든 둥글고 큰 그릇을 가리킨다.

이고, 너비는 2주이며, 양쪽 위쪽을 꿰매어 가운데를 들어 올려서 말아 위쪽으로 집어넣는다. 가지런하게 뒤쪽을 감추고, 허리에 끈이 있으며, 발의 복사뼈 위로 손가락 두 마디의 위에 닿게 한다. 이것은 인도의 필추니 대중들이 치마를 입은 위의이며, 오로지 이 한 가지의 치마를 입으며, 다른 옷은 없다. 이것은 따뜻한 지방에서는 충족될지라도, 길이가 같지 않으며, 추운 나라에서는 반드시 여러 숫자가 있어야 할 것이다. 이전에 '궐수라(厥修羅)' 혹은 '기수라(祇修羅)'라고 말한 것들은 모두 와전 (訛傳)된 것이다.

승각기(僧脚崎)라는 것은 인도에서는 어깨를 덮는 옷이며, 또한 길이가 1주이고, 그 양에 마땅히 해당된다. 어깨와 겨드랑이를 덮도록 세존께서 제정하신 것은 세 가지의 옷을 더럽히는 것을 두려워하신 것이다. 먼저 양쪽의 어깨를 덮고, 그리고 그 위에 법복(法服)을 공통적으로 입고 목을 감싸며, 가느다란 끈으로 어깨 위에 단단히 묶거나 느슨하게 묶으며, 그 끈을 위의 옷과 비슷하게 한다. 옷은 전체적으로 몸을 덮도록 하고 근본적으로 어깨를 드러내서는 아니된다. 양쪽의 손은 아래로 나오게 하고, 가슴 앞에 포개어 마치 아육왕(阿育王)[7]의 상(像)과 같게 한다. 삼보에 예경하고 나아가 대계(大戒)를 받는 일과 음식을 먹는 위의에 이르기까지 필추니에게는 일찍이 가슴과 어깨를 드러내는 것을 허락하지 않으셨다. 필추니가 절에 머무르는 때의 법은 모두 이와 같으며, 필추도 역시 이것과 같다.

그러나 음식을 먹거나 예배를 올릴 때에 필추는 곧 어깨를 드러내야 한다. 오천축국(五天竺國)에서는 모두 이렇게 하며, 필추니들이 어깨를 덮고 있는 것은 보지 못하였다. 만약 절 안에 머무르는 때는 허리띠와

---

7) 산스크리트어 aśoka의 음사로서 무우(無憂)라고 번역된다. 마우리야 왕조의 제3대 왕으로, 인도 남단부를 제외한 전 인도를 통일하였고, 즉위 8년에 동부 해안에 있던 칼링가국(kaliṅga國)을 정복하는 과정에서 빚어진 살육의 참상에 양심의 가책을 느껴 무력 정복을 포기하고 비폭력과 정의에 기초한 법(dharma)에 의한 통일을 시도하였으며, 불교에 귀의하여 수많은 탑과 사원을 세우고, 수많은 사절들을 인도 전역에 파견하여 불교를 전파하였다.

가느다란 끈으로 옷을 묶는 법이 없으니, 모시와 무명의 옷감이 가볍고 거칠어 겨드랑이의 아래로 떨어지지 않기 때문이다. 이곳 중국에서는 명주 옷감이 부드러워 가슴 앞에 허리띠를 묶는데, 이것은 일가(一家)에서 허용되는 위의(威儀)이며, 전체적인 것은 아니다.

세존께서 제정한 것은 아니며, 다만 먼저 번역되어 전해오는 말을 사용한 것이고 근본적인 뜻은 아니다. '승기지(僧祇支)'라고 말하는 것은 뒤에 '부견의(覆肩衣)'라고 불렸다. 그러나 부견의는 곧 '승각기'인데, '승기지'라고 부르고 있는 것이다. 이것은 전하는 말이 올바르지 않은 것이고, 이 두 가지는 원래 한 물건이나 억지로 다시 두 가지의 이름으로 부르고 있는 것이다.

'기지(祇支)'는 허리띠와 비슷한 것으로 본래의 소리는 '부견(覆肩)'이며, 율장에는 이러한 조목이 없다. 또 인도의 이전의 '기지'도 본래의 모양이 아니므로, 이것은 '궐소락가(厥蘇洛迦)'가 합당하며, 무늬가 없는 옷감 하나로서 펼쳐져 있으니 마땅히 아래치마이다. 이렇듯이 합당하지 않은 명칭은 몇 가지의 차이가 있고, 그 옷을 입는 것에도 역시 아직 그 규정이 맞지 아니한다. 몇 가지를 간략하게 주석한 것이며, 자세히 설명한 것은 나머지와 같다.

스스로 인도에 가서 보지 않았으면 누가 다시 그 근원과 까닭을 정확하게 설명할 수 있겠는가? 인도에 가서 보았더라도 고쳐야 한다고 알려주는 사람은 만 명 중에서 한 사람이 있을 것이므로, "3의(衣)의 종류이다."고 말하고 있는 것이다. 이미 뇌동(雷同)[8]하고, 이전의 번역에 집착하여 새로운 번역을 따르지 않는다. 이것을 마침내 알고서도 고의적으로 가르침을 어기어 허물이 있으니, 누가 대신하여 바로잡겠는가?]

다음은 발우를 받들어 올려서 모든 대중들에게 보도록 하는데, 지나치게 작거나, 지나치게 크거나, 또는 흰 색깔 등이 있을까 염려하기 때문이다. 만약 이것이 좋으면 대중들은 함께 "좋은 발우이다."라고 말한다. 말하지

---

8) '우레 소리에 맞춰 함께 한다.'는 뜻으로, 자기자신의 뚜렷한 신념이 없이 남이 하는 것을 따라가는 것을 의미한다.

않으면 월법죄를 얻는다.

그리고 다음은 지키고 간직해야 하며, 마땅히 왼손 위에 발우를 놓고 오른손으로 펼쳐 발우 위를 덮고서 가르쳐 말한다.

"오바타야시여. 항상 생각하여 주십시오. 나 누구의 이 바달라(波怛羅)는 대선(大仙)의 그릇이고, 이것은 걸식(乞食)하는 그릇이며, 제가 지금부터 지키고 간직하는 것은 항상 음식을 먹을 때 사용하는 까닭입니다."

이와 같이 세 번 말한다. 뒤의 말은 앞에서와 같다.

다음은 마땅히 잘 보이는 곳과 소리가 들리는 곳에서 떨어진 장소에서, 그에게 한마음(一心)으로 합장하고 대중을 향하여 경건하고 정성스럽게 서 있도록 한다. 그 갈마사(羯磨師)는 마땅히 대중들 가운데서 누가 먼저 청을 받아들여 가려진 곳에서 "누구를 가르쳐 보이시겠습니까?"라고 물어야 한다. 그 청을 받아들인 필추는 대답하여 말한다.

"나 누구입니다."

다음은 묻는다.

"그대 누구는 능히 가려진 장소에서 누구를 가르쳐 보이고, 누구의 오바타야가 되어주시겠습니까?"

그는 마땅히 대답하여 말한다.

"나는 되어주겠습니다."

다음은 갈마사가 단백갈마를 지어 아뢴다.

"대덕 필추니 승가는 들으십시오. 이 필추 누구는 능히 가려진 장소에서 누구를 가르쳐 보였습니다. 누구께 오바타야가 되었습니다. 만약 승가께서 때가 이르렀음을 승인하시면 승가는 허락하십시오. 승가께서는 지금 필추니 누구를 병교사(屛敎師)로 뽑아서 마땅히 가려진 장소에서 누구를 가르치도록 하여 주십시오. 누구께서 오바타야가 되었습니다. 이와 같이 아룁니다."

다음은 병교사가 가려진 장소에 이르러 예경을 가르쳐 마치고 꿇어앉아 합장하게 하고 이와 같이 말한다.

"그대 누구는 들으라. 이것은 그대가 진실하고 정성스러울 때이고,

사실대로 말할 때이다. 나는 지금 그대에게 사소한 것을 물을 것이다. 그대는 마땅히 두려운 마음이 없어야 한다. 만약 있었으면 있었다고 말하고, 없었으면 없었다고 말해야 하며, 헛되고 거짓말을 하여서는 아니 된다."

"그대는 여인인가?"

대답하여 말한다.

"그렇습니다."

"그대는 만(滿) 스무 살이 되었는가?"[만약 일찍이 시집을 갔던 여인이라면 "그대의 나이가 만 열네 살이 되었는가?"]

대답하여 말한다.

"만 스무 살이 되었습니다."

"그대는 다섯 가지 옷과 발우를 갖추었는가?"

대답하여 말한다.

"그렇습니다."

"그대는 부모가 계시는가? 만약 살아 계시는가? 그대의 출가를 허락하셨는가?"

대답하여 말한다.

"허락하셨습니다."

만약 "돌아가셨습니다."라고 대답하면, 다시 물을 필요가 없다.

"그대는 남편이 있는가?"

만약 있거나, 만약 없으면, 때에 따라서 대답하게 가르친다.

"그대는 노비가 아닌가? 그대는 궁중(宮中)의 사람이 아닌가?"

만약 "그렇습니다."고 말하면, 마땅히 물어야 한다.

"왕이 그대에게 허락하였는가? 그대는 왕가(王家)에 해독(害毒)을 끼친 사람이 아닌가? 그대는 도둑이 아닌가? 그대는 근심과 걱정으로 마음이 손상되었는가? 그대는 소도(小道),9) 무도(無道),10) 2도(道),11) 합도(合道)12)

---

9) 여근의 구멍이 작은 것을 가리킨다.
10) 여근의 구멍이 없는 것을 가리킨다.

가 아닌가? 그대는 항상 몸에서 월경이 있거나 월경이 없는가? 그대는
황문이 아닌가? 그대는 필추를 더럽히지 아니하였는가? 그대는 아버지를
죽이지 아니하였는가? 그대는 어머니를 죽이지 아니하였는가? 그대는
아라한을 죽이지 아니하였는가? 그대는 화합승가를 깨트리지 아니하였는
가? 그대는 악심(惡心)으로 부처님의 몸에 피를 흘리게 하지 아니하였는가?
그대는 외도가 아닌가?[현재 외도인 사람이다.] 그대는 외도의 길을 가려
는 사람이 아닌가?[과거에 출가하였으나, 환속하여 외도로서 다시 되돌아
온 사람이다.] 그대는 적주(賊住)가 아닌가? 그대는 별주(別住)가 아닌가?
그대는 함께 불공주(不共住)가 아닌가?[이전에 중죄를 범한 사람이다.]
그대는 화인(化人)¹³⁾이 아닌가? 그대는 빚을 진 사람이 아닌가?”

이때 만약 빚이 있다고 말하면, 마땅히 물어야 한다.

“그대는 구족계를 받고서 그 빚을 갚을 수 있겠는가?”

능히 “갚을 수 있습니다.”라고 말하면 좋으나, 만약 갚을 수 없다고
말하면 “그대는 채권자에게 물어보고 그가 허락하면 그때에 오라.”고
말한다.

“그대는 이전에 출가한 사람이 아닌가?”

만약 없다고 대답하면 좋으나, “나는 일찍이 출가하였습니다.”고 말하
면 “필추니는 재가로 환속하면 출가하는 것이 다시 허락되지 않으니
그대는 떠나가라.”라고 대답한다.

“그대의 이름은 무엇인가?”

대답하여 말한다.

“나의 이름은 누구입니다.”

“그대의 오바타야의 이름은 무엇인가?”

대답하여 말한다.

“나는 이 일을 인연하여 오바타야의 이름을 말씀드립니다. 누구께서

---

11) 여근의 구멍이 두 가지인 것을 가리킨다.
12) 여근의 구멍인 소변도(小便道)와 생식도(性交道)가 합쳐진 것을 가리킨다.
13) ‘용’이나 ‘아수라’들이 사람의 모습으로 변화된 것을 가리킨다.

나의 오바타야십니다.”

“또한 그대는 마땅히 들으라. 그대는 여인의 몸 가운데 이와 같은
병이 있는가? 이를테면, 문둥병·영병(癭病)·선기(癬疥)·천연두(皰瘡)·피백
(皮白)·절름발이·중풍·완전한 대머리·고름이 아래로 흘러내리는 병·여러
수종(水腫)·기침(欬嗽)·천식(喘氣)·당뇨병·암풍(暗風)·간질병·몸에 혈색이
없는 병·목이 막히고 구역질이 나는 병·여러 치질·마비증·다리의 종기·토
혈(吐血)·옹좌(癰痤)·설사병·열협통(熱脅痛)·골절번동(骨節煩疼), 나아가
여러 학질(瘧疾)·풍병·담석(黃痰) 등이며, 모두 세 가지의 병으로 모을
수 있다. 항상 열이 있는 병·귀신병·귀머거리·장님·벙어리·난쟁이·절름발
이·골절의 장애인 등이다. 그대는 이와 같은 모든 병과 나아가 다른 병이
있는가?”

대답하여 말한다.

“없습니다.”

“그대 누구는 들으라. 내가 지금 가려진 곳에서 그대에게 물은 것과
같이 다시 여러 필추니의 대중 가운데서 또한 마땅히 그대에게 물을
것이니, 그대는 그곳에서 두려움이 없도록 하라. 만약 있으면 있다고
말하고, 없으면 없다고 말하며, 돌이켜 마땅히 진실하게 대답하라. 그대는
잠깐 이곳에 머무르며, 부르지 않으면 오지 말라.”

다음에 병교사는 이전에 왔던 길의 반절을 와서 대중을 향하여 서있으며
마땅히 이와 같이 말하라.

“대덕 필추니 승가께서는 들으십시오. 이 필추니 누구는 능히 가려진
장소에서 누구에게 가르쳐 보였고, 그 장애하는 법을 물어보았으며, 누구
께서 오바타야입니다. (그녀를) 오게 하는 것을 허락하시겠습니까?”

화합대중들은 함께 말한다.

“만약 두루 청정한 사람이면 마땅히 불러오십시오.”

모두 말하면 좋으나, 말하지 않으면 월법죄를 범한다.[그때 계단의
장소·법식·나아가고 멈추는 위의는 아울러 대필추의 갈마에서 이미 논하
였으니, 자세히 살피고 마땅하게 지어라.]

마땅히 멀리서 불러 오도록 하고 대중 가운데서 이르면 상좌 앞에서 앞에서의 위의와 같이 청정행의 근본법(根本法)을 주는 것을 애원하며 이렇게 말하도록 가르쳐라.

"대덕 필추니 승가께서는 들으십시오. 나 누구는 지금 이 일을 인연하여 오바타야의 법명을 말씀드리는 것에 이르렀습니다. 나는 오바타야이신 누구를 따라 구족계를 받고자 합니다. 나 누구는 지금 필추니 승가를 좇아 정행의 근본법을 받는 것을 애원합니다. 나 누구는 지금 이 일을 인연하여 오바타야의 법명을 말씀드리는 것에 이르렀습니다. 누구께서 나의 오바타야십니다.

원하건대 필추니 승시여. 나에게 청정행의 근본법을 주시고, 나를 섭수(攝受)하시어 고난에서 구제하시며, 나를 애민하게 생각하시어 가르침을 보여 주십시오. 내가 이렇게 능히 애민한 것은 애민하게 원하는 까닭입니다."

이와 같이 세 번을 말한다.

다음은 갈마사 앞에 이르러 양쪽 무릎을 꿇어 땅에 붙이고 작은 요(褥)에 앉아 머리를 숙여 합장하고 경건하고 정성스럽게 머무르게 한다.[여인이 앉는 법은 남자와 다르다. 작은 요는 네모 모양으로 길이가 한 척(尺)[14]이고, 두께는 세 촌(寸)[15]으로 짓는다. 겨우 편안히 무릎을 꿇고 앉을 수 있으며, 머리를 숙여 합장하게 한다. 인도의 수계법(受戒法)은 모두 이와 같다.]

그 갈마사는 그의 장애하는 법(法)을 묻고서, 마땅히 단백갈마를 짓는다.

"대덕 필추니 승가께서는 들으십시오. 이 누구는 오바타야인 누구를 따라 구족계 받는 것을 구하였고, 이 누구는 지금 필추니 승가로부터 청정행의 근본법을 받는 것을 애원하고 있으며, 누구께서 오바타야입니다.

---

14) '척(尺)'은 손을 펼쳐서 물건을 재는 형상에서 온 상형문자(象形文字)이며, 처음에는 18cm 정도였던 것으로 추정된다. 이것이 차차 길어져 한(漢)나라 때는 23cm 정도, 당(唐)나라 때는 24.5cm 정도로 되었으며, 이보다 5cm 정도 긴 것도 사용되었다고 한다.

15) 1척(尺)의 1/10의 길이를 가리킨다.

만약 승가가 때에 이르렀음을 인정하시면 승가께서는 마땅히 허락하십시오. 나는 대중 가운데서 누구가 가지고 있는 장애하는 법을 검사(撿問)하겠습니다. 누구께시 오바타야입니다. 이와 같이 이룁니다."

다음의 장애하는 법을 묻는 일은 앞에서와 같음을 마땅히 알지니라.

마땅히 백이갈마를 짓는다.

"대덕 필추니 승가께서는 들으십시오. 이 누구는 오바타야인 누구로부터 구족계를 받는 것을 구하였고, 이 여인의 나이는 만 20세가 되었습니다. 5의(衣)와 발우를 갖추었고, 부모·남편·주인이 모두 출가를 허락하였습니다.[일이 있고 없는 것을 앞에서와 같이 묻는 것을 알지니라.] 필추니 승가께서는 이미 그녀에게 2년 동안에 6법(法)과 6수법(隨法)을 배우게 하였고, 이 사람은 2년 동안에 이미 6법과 6수법을 배웠습니다. 누구는 스스로가 두루 청정하며 모든 장애하는 법이 없다고 말하였습니다. 이 누구는 지금 필추니 승가로부터 청정행의 근본법을 받는 것을 애원하고 있으며, 누구께서 오바타야입니다. 만약 필추니 승가께서 때에 이르렀음을 인정하시면 승가께서는 마땅히 허락하십시오. 필추니 승가시여. 지금 누구에게 청정행의 근본법을 주고자 하며, 누구께서 오바타야입니다. 이와 같이 아룁니다."

다음은 갈마를 짓는다.

"대덕 필추니 승가께서는 들으십시오. 이 누구는 오바타야인 누구를 따라서 구족계를 받는 것을 구하였습니다. 이 여인의 나이가 만 20세이고, 5의(衣)와 발우를 갖추었으며, 부모·남편·주인이 모두 출가를 허락하였습니다. 필추니 승가께서는 이미 그녀에게 2년 동안에 6법과 6수법을 배우게 하였고, 이 사람은 2년 동안에 이미 6법과 6수법을 배웠습니다. 누구는 스스로가 두루 청정하며 모든 장애하는 법이 없다고 말하였습니다. 이 누구는 지금 승가로부터 청정행의 근본법을 받는 것을 애원하고 있으며, 누구께서 오바타야입니다.

필추니 승가시여. 지금 누구에게 청정행의 근본법을 주도록 하겠으며, 누구께서 오바타야입니다. 만약 모든 구수들께서 누구가 청정행의 근본법을 받는 일과 누구께서 오바타야가 되는 것을 인정하시면 묵연(默然)히 계시고, 만약 허락하지 않으시면 말씀하십시오. 필추니 승가시여. 누구가 누구를 오바타야로 삼아 청정행의 근본법을 받게 하는 일을 마쳤습니다. 승가께서는 이미 인정하시고 허락하신 것은 묵연히 계셨기 때문입니다. 나는 지금부터 이와 같이 지니겠습니다."

다음은 마땅히 갈마를 지을 필추와 여러 필추를 청하여 계단의 장소에 들어오게 한다. 2부(部) 승가는 일에 따라 마땅히 모두 모여야 하고, 반드시 필추는 최소한 열 명이며, 필추니는 열두 명 이상이다. 구족계 받을 사람에게 두루 세 번을 대중들에게 예를 올리게 한다. 예법에는 두 가지가 있으며, 앞에서 이미 설명한 것과 같다. 필추승가에 대하여는 반드시 예를 올려야 하며, 필추니 대중들은 장딴지를 잡으면 예를 올린 것과 같다. 예법을 마치면 상좌를 향하여 서있으며 양쪽 무릎을 꿇어 땅에 붙이고 합장하며 머무른다. 구족계를 애원하는 것을 가르쳐 마땅히 말하도록 한다.

"2부 승가께서는 들으십시오. 나 누구는 지금 이 일을 인연하여 오바타야의 법명을 말씀드리는 것에 이르렀습니다. 나는 오바타야이신 누구를 따라 구족계를 받고자 합니다. 나 누구는 지금 2부 승가를 좇아 구족계 받기를 애원합니다. 나 누구는 지금 이 일을 인연하여 오바타야의 법명을 말씀드리는 것에 이르렀습니다. 누구께서 나의 오바타야십니다. 원하건대 2부 승가께서는 나에게 구족계를 주시고, 나를 섭수하시어 고난에서 구제하시고, 나를 애민하게 생각하시어 가르침을 보여주십시오. 내가 이렇게 능히 애민한 것은 애민하게 원하는 까닭입니다."

이와 같이 세 번을 말한다.

다음은 갈마사 앞에 이르게 한다. 앞에서와 같은 위의로 예를 행한다. 그 갈마사는 그의 장애하는 법을 묻고서, 마땅히 단백갈마를 짓는다.

"2부 승가께서는 들으십시오. 이 누구는 오바타야 누구를 따라 구족계 받는 것을 구하였고, 이 누구는 지금 2부 승가로부터 구족계를 받는 것을 애원하고 있으며, 누구께서 오바타야입니다. 만약 승가가 때에 이르렀음을 인정하시면 2부 승가께서는 마땅히 허락하십시오. 나는 대중 가운데서 누구가 가지고 있는 장애하는 법을 묻겠습니다. 누구께서 오바타야입니다. 이와 같이 아룁니다."

다음의 장애하는 법을 묻는 일은 앞에서와 같은 것을 마땅히 알지니라.

다음은 백사갈마를 짓고서 마땅히 말한다.

"2부 승가께서는 들으십시오. 이 누구는 오바타야인 누구를 따라서 구족계를 받는 것을 구하였습니다. 이 여인의 나이가 만 20세이고, 5의와 발우를 갖추었으며, 부모·남편·주인이 모두 출가를 허락하였습니다. 필추니 승가께서는 이미 그녀에게 2년 동안에 6법과 6수법을 배우게 하였고, 이 사람은 2년 동안에 이미 6법과 6수법을 배웠습니다. 필추니 승가께서는 이미 청정행의 근본법을 주었으며, 이 여인은 이미 능히 일을 받들어 필추니 대중들이 그 마음을 칭송하고 기뻐하고 있고, 청정계를 받들고 행하여 필추니 대중 가운데서 허물과 과실(過失)이 없습니다. 이 누구는 지금 2부 승가로부터 구족계를 받는 것을 애원하고 있으며, 누구께서 오바타야입니다. 만약 2부 승가께서 때에 이르렀음을 인정하시면 2부 승가께서는 마땅히 허락하십시오. 2부 승가시여. 지금 누구에게 구족계를 주도록 하겠으며, 누구께서 오바타야입니다. 이와 같이 아룁니다."

다음은 갈마를 짓는다.

"2부 승가께서는 들으십시오. 이 누구는 오바타야인 누구를 따라서 구족계를 받는 것을 구하였습니다. 이 여인의 나이가 만 20세이고, 발우를 갖추었고, 부모·남편·주인이 모두 출가를 허락하였습니다. 필추니 승가께서는 이미 그녀에게 2년 동안에 6법과 6수법을 배우게 하였고, 이 사람은 2년 동안에 이미 6법과 6수법을 배웠습니다. 필추니 승가께서는 이미 청정행의 근본법을 주었으며, 이 여인은 이미 능히 일을 받들어 필추니 대중들이 그 마음을 칭송하고 기뻐하고 있고, 청정한 계를 받들고 행하여 필추니 대중 가운데에서 허물과 과실(過失)이 없습니다. 이 누구는 지금 2부 승가로부터 구족계를 받는 것을 애원하고 있으며, 누구께서 오바타야입니다. 만약 2부 승가께서 누구가 구족계를 받는 일과 누구께서 오바타야가 되는 것을 인정하시면 묵연히 계시고, 만약 허락하지 않으시면 말씀하십시오."

이것이 첫 번째의 갈마이고, 이와 같이 세 번을 말한다.

"2부 승가시여. 누구가 구족계를 받는 일과 누구께서 오바타야가 되는 일을 마쳤습니다. 승가께서는 이미 인정하시고 허락하신 것은 묵연히 계셨기 때문입니다. 나는 지금부터 이와 같이 지니겠습니다."

다음은 곧 3의법(依法)을 설해야 한다.

"그대 누구는 들으라. 이 3의법은 모든 세존께서 여실(如實)하게 아시고 감응하시는 것이고, 정등각(正等覺)을 이루어 아시고 밝힌 법이며, 모든 필추니와 구족계를 받는 사람들을 위하여 이 3의법을 말씀하셨다. 이를테면, 이것에 의거하여 법과 계율을 선설(善說)하고, 출가하여 구족계를 받고서 필추니의 성품을 이루는 것이다. 무엇이 세 가지인가?

그대 누구는 들으라. 첫째는 분소의(糞掃衣)이다. 이것은 청정한 물건이니, 구하면 쉽게 얻을 수 있다. 필추는 이 옷에 의지하여 선(善)한 법과 계율에 출가하여 구족계를 받고 필추니의 성품을 이루는 것이다. 그대 누구는 오늘부터 시작하여 나아가 목숨이 남아 있는 날까지 분소의를 수용(收用)하면서 스스로를 지탱하고 중생을 제도하는 일을 흔쾌(欣快)히 즐거워하겠는가?"

대답하여 말한다.

"흔쾌하게 즐거워하겠습니다."

"만약 더 많은 이양물(利養物)인 비단(紬)·명주(絹)·줄무늬 있는 옷감(縵條)·작은 배자(小帔)·큰 배자(大帔)·얇은 비단(輕紗)·모시(紵)·무명(布)이나, 혹은 여러 옷감이 섞인 물건 등을 얻었고, 다시 청정한 옷을 대중으로부터 얻었으며, 다른 사람으로부터 얻게 되었으면, 그대는 이와 같이 옳은 것을 따라서 받을 것이며, 헤아려 수용하겠는가?"

대답하여 말한다.

"수용하겠습니다."

"그대 누구는 들으라. 둘째는 항상 걸식하는 것이다. 이것은 청정한 음식이니, 구하면 쉽게 얻을 수 있다. 필추는 이 음식에 의지하여 선한 법과 계율에 출가하여 구족계를 받고 필추의 성품을 이루는 것이다. 그대 누구는 오늘부터 시작하여 나아가 목숨이 남아 있는 날까지 항상 걸식하면서 스스로를 지탱하고 중생을 제도하는 일을 흔쾌하게 즐거워하 겠는가?"

대답하여 말한다.

"흔쾌하게 즐거워하겠습니다."

"만약 더 많은 이양물인 밥·죽·마실 것 등을 승가에서 차례에 따라 초청되어 먹게 되고, 별도로 초청되어 먹게 되며, 승가에서 항상 먹게 되고, 항상 별도로 보시를 받아 먹게 되며, 8일 14일·15일의 음식과 다시 청정한 음식을 얻었고, 대중에게서 얻었으며, 다른 사람으로부터 얻으면 그대는 이러한 음식을 이와 같이 옳은 것을 따라서 받을 것이며, 헤아려 수용하겠는가?"

대답하여 말한다.

"수용하겠습니다."

"그대 누구는 들으라. 셋째는 진기약(陳棄藥)을 지녀야 한다. 이것은 청정한 물건이니, 구하면 쉽게 얻을 수 있다. 필추는 이 물건에 의지하여 선한 법과 계율에 출가하여 구족계를 받고 필추의 성품을 이루는 것이다. 그대 누구는 오늘부터 시작하여 나아가 목숨이 남아 있는 날까지 항상 진기약을 지니고 스스로를 지탱하고 중생을 제도하는 일을 흔쾌하게 즐거워하겠는가?"

대답하여 말한다.

"흔쾌하게 즐거워하겠습니다."

"만약 더 많은 이양물인 소(酥)·낙(酪)·기름·사탕·꿀·뿌리·줄기·잎·꽃· 열매 등의 약을 얻었을 때와 또한 다시 칠일약과 목숨이 마칠 때까지의 약을 얻었으며, 다시 청정한 약을 얻었고, 대중으로부터 얻었으며, 다른 사람으로부터 얻으면, 그대는 이러한 약 등을 옳은 것을 따라서 받을 것이며, 헤아려 수용하겠는가?"

대답하여 말한다.

"수용하겠습니다."

[필추니는 홀로 나무 밑에 머무르는 법이 없다. 이러한 까닭으로 세 종류의 의지법이 있다.]

다음은 여덟 가지의 타락법(墮落法)을 설해야 한다.

"그대 누구는 들으라. 이것에는 여덟 가지의 법이 있다. 모든 세존께서 여실하게 아시고 감응하시는 것이고, 정등각을 이루어 아시고 밝힌 법이며, 모든 필추와 구족계를 받는 사람들을 위하여 타락하는 법을 말씀하셨다. 필추가 이 네 가지의 가운데에서 하나하나의 일을 따라서 만약 범한 것이 있고, 마땅히 범한 때를 따라서 곧 그는 필추가 아니고, 사문도 아니며, 석가모니불의 제자도 아니고, 필추의 성품을 잃는다. 이것은 곧 지옥에 떨어져 잘려지고 빠지는 윤회를 하고, 다른 죄보다 더욱 무거워 거두어들일 수 없는 것이다. 비유하면 다라수(多羅樹) 나무의 새싹을 자르면 다시 자라나서 높게 클 수 없는 것과 같이 필추의 또한 그러하느니라.

무엇이 네 가지의 타락하는 법인가? 그대 누구는 들으라. 이 법은 여실하게 아시고 감응하시는 것이고, 정등각을 이루어 아시고 밝힌 법이며, 헤아릴 수 없는 문으로 모든 욕망의 법을 무너트리느니라. '욕망은 물들여진 것이고, 욕망은 윤택(潤澤)한 것이며, 욕망은 애착하는 것이고, 욕망은 재가에 거주하는 것이며, 욕망은 기반(羈絆)이고, 욕망은 탐하고 즐기는 것이니, 이것은 끊어 제거할 것이고, 모두 토해내야 할 것이며, 싫어하고 그치며 없애야 할 것이고, 어두운 일과 같다.'고 설하셨느니라.

그대 누구는 오늘부터 마땅히 곧 염심(染心)으로 모든 남자들을 보아서는 아니된다. 하물며 어떻게 함께 부정한 행동과 일을 행하겠는가? 그대 누구는 들으라. 세존께서 설하시기를 '만약 다시 필추니로서 여러 필추니들과 함께 학처(學處)를 얻고서, 계율을 버리지 아니하였으나 지계(持戒)의 힘이 약해진 것을 스스로 말하지 않고서 부정을 행하고, 함께 교회(交會)를 하였으며, 나아가 방생(傍生)과 함께 이르기까지 이와 같은 일을 필추니로서 범(犯)하면, 마땅히 지은 때를 따라서 곧 필추니가 아니고, 사문니(沙門尼)

도 아니며, 석가모니불의 여(女)제자도 아니고, 필추니의 성품을 잃는다. 이것은 곧 지옥에 떨어져 잘려지고 함몰(陷沒)되는 윤회를 하고, 다른 죄보다 더욱 무거워 거두어들일 수 없는 것이다.'라고 하셨느니라.

'그대는 오늘부터 욕망의 법에서 마땅히 고의적으로 범하여서는 아니되고, 마땅히 그것을 싫어하며, 벗어나고, 은근하고 소중하게 막고 보호하고, 무섭고 두려운 마음으로 자세하게 살피며, 부지런히 수행하고, 방일하게 짓지 말라. 그대는 이러한 일을 능히 짓지 아니하겠는가?"

대답하여 말한다.

"짓지 않겠습니다."

"그대 누구는 들으라. 이 법은 여실하게 아시고 감응하시는 것이고, 정등각을 이루어 아시고 밝힌 법이며, 헤아릴 수 없는 문으로 불여취(不與取)를 무너트리셨고, 불여취에서 벗어난 것을 칭찬하고 찬탄하셨으며, 이것을 승묘(勝妙)한 일이라고 하셨다. 그대는 오늘부터 시작하여 나아가 삼씨(麻)와 쌀겨(糠)에 이르기까지 다른 사람이 주지 않는 물건을 도둑질할 마음이 아닐지라도 고의적으로 훔쳐서는 아니된다. 하물며 어떻게 5마쇄(磨灑)에 이르겠는가?[마쇄는 숫자의 이름이고 80패치(貝齒)가 있다. 본래는 돈이 아니었으며, 자세한 것은 앞에서 설명한 것과 같다.]

그대 누구는 들으라. 세존께서 설하신 것과 같이, '만약 다시 필추니가 마을 안에 있으면서 텅비고 한적한 곳에서 다른 사람이 주지 아니한 물건을 훔치려는 마음으로 취하였다. 이와 같이 훔칠 때에 왕이나 대신에게 잡히고, 죽음을 당하며, 묶이고 쫓겨나며, 꾸중하고 책임을 물으면서, '아(咄)! 어리석은 여자여. 그대는 도둑이고, 바보이며, 아는 것이 없어 이렇게 훔쳤구나!'라고 말하였다.

이와 같은 일을 필추니로서 범한 사람은 반드시 마땅히 지었을 때는 곧 지은 때를 따라 곧 필추니가 아니고, 사문니도 아니며, 석가모니불의 여제자도 아니고, 필추니의 성품을 잃는다. 이것은 곧 지옥에 떨어져 잘려지고 함몰되는 윤회를 하고, 다른 죄보다 더욱 무거워 거두어들일 수 없는 것이다. 그대는 오늘부터 이 훔치는 법에서 고의적으로 범하여서는 아니되고, 마땅히 싫어하는 마음을 일으키고 떠나며, 은근하고 소중하게 막아 보호하고, 무섭고 두려워하는 마음을 일으키며, 자세하게 살피고 부지런히 닦으며, 방일하지 않아야 하느니라. 그대는 이러한 일을 능히 짓지 아니하겠는가?"

대답하여 말한다.

"짓지 않겠습니다."

"그대 누구는 들으라. 이 법은 여실하게 아시고 감응하시는 것이고, 정등각을 이루어 아시고 밝힌 법이며, 헤아릴 수 없는 문으로 목숨을 해치는 것을 무너트렸고, 목숨을 해치는 것에서 벗어남을 칭찬하고 찬탄하셨으며, 이것을 승묘한 일이라고 하셨다. 그대 누구는 오늘부터 모기나 개미에 이르기까지 마땅히 고의적으로 그 목숨을 끊어서는 아니된다. 하물며 사람이나 사람의 태아(人胎)는 이를 말이겠는가?

그대 누구는 들으라. 세존께서 설하신 것과 같이, 만약 다시 필추로서 사람이나 사람의 태아(胎兒)를 고의적으로 스스로의 손으로 그 목숨을 끊고, 혹은 칼을 지니고 있다가 건네주며, 혹은 자신이 칼을 지니고 있고, 혹은 칼을 지닌 사람을 구하면서, 혹은 죽음을 권유하고 죽음을 칭찬하면서 '아! 어리석은 여자여. 어찌 이러한 죄가 쌓인 것을 수용하여 부정(不淨)하고 악(惡)한 생활을 하는가? 그대는 지금 오히려 죽어라. 죽는 것이 사는 것보다 낫다.'고 말한다. 자기 마음에 따라서 생각하고, 다른 말로 권유하고 찬탄하여 죽도록 하여, 그가 이것을 인연하여 죽었으며, 이러한 일을 필추니로써 범하였다면, 마땅히 지은 때를 따라 곧 필추니가 아니고, 사문니도 아니며, 석가모니불의 여제자도 아니고, 필추니의 성품을 잃는다.

이것은 곧 지옥에 떨어져 잘려지고 함몰되는 윤회를 하고, 다른 죄보다 더욱 무거워 거두어들일 수 없는 것이다. 그대는 오늘부터 살생법을 고의적으로 범하여서는 아니된다. 마땅히 싫어하는 마음을 일으키고 떠나며, 은근하고 소중하게 막아 보호하고, 무섭고 두려워하는 마음을 일으키며, 자세하게 살피고 부지런히 닦으며, 방일하지 않아야 하느니라.

그대는 이러한 일을 능히 짓지 아니하겠는가?”

대답하여 말한다.

“짓지 않겠습니다.”

“그대 누구는 들으라. 이 법은 여실하게 아시고 감응하시는 것이고, 정등각을 이루어 아시고 밝힌 법이며, 헤아릴 수 없는 문으로 망어(妄語)를 무너트리셨고, 망어에서 벗어난 것을 칭찬하고 찬탄하셨으며, 이것을 승묘(勝妙)한 일이라고 하셨다. 그대는 오늘부터 시작하여 나아가 희롱하고 웃으며 고의적으로 망어를 하여서는 아니된다. 하물며 진실한 상인법(上人法)이 없음을 말하겠는가?

그대 누구는 들으라. 세존께서 설하신 것과 같이, 만약 다시 필추니로서 진실로 아는 것이 없고, 넓은 지식이 없으며, 스스로가 상인법과 적정(寂靜)·성자의 수승한 깨달음(證悟)·지견(知見)·안락하게 머무름 등을 얻지 못한 것을 알았다. 그러나 ‘나는 안다.’, ‘나는 보았다.’고 말하였으나, 그가 뒤의 다른 때에 누가 물었거나, 묻지 않았어도 스스로가 청정(淸淨)하려는 까닭으로 이와 같이 말하였다.

‘나는 진실로 알지도 못하였고, 보지도 못하였으나, 알았다고 말하였고, 보았다고 말하였다.’는 것은 증상만(增上慢)을 제외하고는 헛된 거짓말로 사람을 속인 것이다. 혹은 ‘나는 4제(諦)의 이치를 증득(證得)하였다.’, 혹은 ‘나에게는 천룡(天龍)과 귀신들이 와서 나와 함께 이야기를 한다.’, ‘무상(無常) 등의 생각을 얻었다.’, ‘4선(禪)·4공(空)·6신통(神通)·8해탈(解脫)을 얻었고 4성과(聖果)를 증득하였다.’

이러한 일을 필추로서 범하였다면, 마땅히 지은 때를 따라 곧 필추가 아니고, 사문도 아니며, 석가모니불의 제자도 아니고, 필추의 성품을 잃는다. 이것은 곧 지옥에 떨어져 잘려지고 함몰되는 윤회를 하고, 다른 죄보다 더욱 무거워 거두어들일 수 없는 것이다. 그대는 오늘부터 망어법을 고의적으로 범하여서는 아니된다. 마땅히 싫어하는 마음을 일으키고 떠나며, 은근하고 소중하게 막아 보호하고, 무섭고 두려워하는 마음을 일으키며, [자세한 내용은 생략한다.] 나아가 자세하게 살피고 부지런히 닦으며, 방일하지 않아야 하느니라. 그대는 이러한 일을 능히 짓지 아니하 겠는가?"

대답하여 말한다.

"짓지 않겠습니다."

"그대 누구는 들으라. 세존께서 설하신 것과 같이, 만약 다시 필추니로서 스스로 염심(染心)이 있고 염심이 있는 남자와 함께 눈의 아래로부터 무릎 위까지 즐거움을 받으려는 마음을 지어 몸을 서로 만지고 부딪히며, 극심하게 만지고 부딪히면서, 이와 같은 일을 필추니로서 범하면, 마땅히 짓는 때를 따라서 필추니가 아니고, [자세한 내용은 생략한다.] 나아가 자세하게 살피고 부지런히 닦으며, 방일하지 않아야 하느니라. 그대는 이러한 일을 능히 짓지 아니하겠는가?"

대답하여 말한다.

"짓지 않겠습니다."

"그대 누구는 들으라. 세존께서 설하신 것과 같이, 만약 다시 필추니로서 스스로 염심이 있고 염심이 있는 남자와 함께 마음이 들떠서 희롱하고 웃으며, 함께 약속하고 모습을 드러내며 같은 곳을 왕래하고, 가면 아니되 는 곳에 다니며, 몸을 맞대고 눕는 등의 이 여덟 가지 일을 함께 서로가 받아들이면서, 이와 같은 일을 필추니로서 범하면, 마땅히 짓는 때를 따라서 필추니가 아니고, [자세한 내용은 생략한다.] 나아가 자세하게 살피고, 부지런히 닦으며, 방일하지 않아야 하느니라. 그대는 이러한 일을 능히 짓지 아니하겠는가?"

대답하여 말한다.

"짓지 않겠습니다."

"그대 누구는 들으라. 세존께서 설하신 것과 같이, 만약 다시 필추니로서 다른 필추니가 이전에 타승죄(他勝罪)16)를 범한 사실을 알았으나, 일찍이 말하지 않고서 그녀가 죽었고, 재가로 되돌아갔으며, 혹은 그녀가 승가에

---

16) '바라이죄'를 다르게 부르는 말이다.

서 떠난 뒤에 비로소 '필추니 대중들은 아십시오. 나는 이전에 그 필추니가 타승죄를 범한 사실을 알고 있었습니다.'라고 말하면, 이와 같은 일을 필추니로서 범하면, 마땅히 짓는 때를 따라서 필추니가 아니고, [자세한 내용은 생략한다.] 나아가 자세하게 살피고, 부지런히 닦으며, 방일하지 않아야 하느니라. 그대는 이러한 일을 능히 짓지 아니하겠는가?"

대답하여 말한다.

"짓지 않겠습니다."

"그대 누구는 들으라. 세존께서 설하신 것과 같이, 만약 다시 필추니로서 그 필추를 화합승가가 사치갈마(捨置羯磨)를 주어서, 필추니 대중들도 역시 불예경법(不禮敬法)을 지은 것을 알았다. 그 필추가 승가의 처소에 나타나 공경스런 모습으로 벗어나고 구제되는 것을 간절히 구하며, 경계 안에서 사치법을 풀어주기를 애원하였다. 그 필추니가 필추에게 답하기를 '성자여. 대중의 처소에서 공경한 모습으로 나타나서 벗어나고 구제되는 것을 간절히 구하며, 결계 안에서 사치법을 풀어주기를 애원하지 마십시오. 내가 성자를 위하여 의발(衣鉢)과 다른 물건들을 제공하여 모두가 부족하지 않도록 하겠으니, 마땅히 안심하시고 뜻에 따라서 독송하십시오.'라고 말하였다.

이때 여러 필추니들이 이 필추니에게 알리기를 '그대는 대중이 이 사람에게 사치갈마를 지었고, 필추니들이 불예경법을 지었음을 어째서 모르는가? 그 필추는 겸손과 하심(下心)을 일으켜서 스스로가 결계 안에서 사치법을 풀어주기를 애원하고 있는데, 그대가 곧 의발 등의 물건을 제공하여 부족하지 않도록 하는가? 그대는 지금 마땅히 마음을 따르는 이러한 일을 버려야 한다.'고 말해야 한다. 여러 필추니들이 이와 같이 충고하였을 때, 버리면 좋으나, 만약 버리지 않으면 마땅히 두 번·세 번 은근(慇懃)하게 올바르게 충고를 하고, 가르침에 따라서 마땅히 그녀를 힐난하여 이러한 일을 버리게 하여야 한다. 버리면 좋으나, 만약 버리지 아니하고 이와 같은 일을 필추니로서 범하면, 마땅히 짓는 때를 따라서 필추니가 아니고, [자세한 내용은 생략한다.] 나아가 자세하게 살피고,

부지런히 닦으며, 방일하지 않아야 하느니라. 그대는 이러한 일을 능히
짓지 아니하겠는가?"
　대답하여 말한다.
　"짓지 않겠습니다."
　섭수하여 게송으로 말하겠다.

　　필추니는 여덟 가지의 타승죄가 있으니
　　네 가지는 필추와 같고
　　나머지는 접촉하고 염심으로 남자와 약속하고
　　죄를 덮어 주고, 승단이 버린 사람을 따르는 것이다.

　다음은 마땅히 여덟 가지의 존경법(尊敬法)을 설해야 한다.
　"그대 누구는 들으라. 이 법은 여실하게 아시고 감응하시는 것이고,
정등각을 이루어 아시고 밝힌 법이며, 필추니를 위하여 제정하신 존경법이
다. 이 법을 수행하여야 하고, 마땅하지 않게 어기고 넘어서면 아니되며,
모든 필추니들은 나아가 목숨이 남아 있는 날까지 마땅히 부지런히 닦고
배워야 한다. 무엇이 여덟 가지인가?"
　[범어는 '구로달마(窶嚕達磨)'라고 말한다. '구로'는 '존귀하다.'·'귀중
하다.'·'스승이다.'·'공경하다.'는 뜻이 있다. 이 문자에는 이미 많은 뜻이
있으나, 이곳 중국에서는 요즘에 번역자가 헤아려 그 하나의 뜻을 따랐으
나, 이치는 모두가 합당하다.]
　"그대 누구는 들으라. 세존께서 설하신 것과 같이, 첫째는 모든 필추니들
은 마땅히 필추로부터 구족계를 받는 것을 구하여 필추니의 성품을 이루어
야 한다. 이것은 세존께서 필추니를 위하여 제정한 첫 번째 존경법이니,
이것을 수행하고, 마땅하지 않게 어기고 넘어서면 아니되며, 모든 필추니
들은 목숨이 남아 있는 날까지 마땅히 부지런히 수행하고 배워야 한다.
둘째는 모든 필추니들은 보름마다 마땅히 필추를 따라서 필추니들에게
교수(敎授)하는 것을 구하고 청(請)해야 한다. 셋째는 필추가 없는 처소에서

는 마땅히 안거(安居)를 하면 아니된다. 넷째는 만약 필추가 허물을 범하는
것을 보았어도 그 필추를 힐난하여서는 아니된다. 다섯째는 필추에게
화를 내고 꾸중하여서는 아니된다. 여섯째는 나이가 많은 필추니일지라도
마땅히 젊은 필추에게 예경하여야 한다. 일곱째는 마땅히 2부 대중에서
보름마다 마나비(摩那卑)[17]를 행해야 한다. 여덟째는 마땅히 필추가 있는
곳으로 가서 수의(隨意)해야 한다.

이 여덟 가지의 법은 반드시 수행해야 하는 법이고, 마땅하지 않게
어기고 넘어서면 아니되는 법이니, 모든 필추니는 나아가 목숨이 남아
있을 때까지 부지런히 닦고 배워야 한다."

섭수하여 게송으로 말하겠다.

구족계는 필추를 따르고
보름마다 교수를 청하며
필추에 의지하여 하안거(夏安居)를 하고
허물을 보았을지라도 말해서는 아니된다.

화내고 꾸중하지 않으며 젊은 필추에게 예경하고
2부 대중에서 즐거이 참회하며
필추를 마주하고 수의를 하는
이것을 여덟 가지의 존경법이라고 이름한다.

다음은 사문 필추니가 마땅히 짓는 네 가지의 예법(禮法)을 설해야
한다.

"그대 누구는 들으라. 이 법은 여실하게 아시고 감응하시는 것이고,
정등각을 이루어 아시고 밝힌 법이며, 구족계를 받은 필추니를 위하여
설하신 것이니, 사문인 필추니에게 마땅한 네 가지의 작법(作法)이다.

---

17) 산스크리트어 mānāpya의 음사로서 열중의(悅衆意)·의희(意喜)라고 번역된다. 승잔
(僧殘)을 저지른 필추가 그것을 즉시 승단에 고백하고 6일 밤낮 동안 참회하는
일을 가리킨다.

무엇이 네 가지라고 말하는가?

　그대 누구는 들으라. 그대는 오늘부터 만약 다른 사람이 그대에게 욕을 하여도 그대는 돌이켜 욕을 하여서는 아니되고, 다른 사람이 그대에게 화를 내어도 그대는 돌이켜 화를 내서는 아니되며, 다른 사람이 그대를 조롱하여도 그대는 돌이켜 조롱하여서는 아니되고, 다른 사람이 그대를 때려도 그대는 돌이켜 때려서는 아니된다. 이와 같은 여러 괴롭고 어지러운 일이 일어날 때에는 그대는 능히 마음을 섭수하여 노여움과 오만함을 항복시켜 돌이켜 되갚지 아니하겠는가?"

　대답하여 말한다.

　"되갚지 않겠습니다."

　"그대 누구는 들으라. 그대는 먼저 지니었던 희망을 마음에 새기면서 이와 같이 생각하라.

　'내가 마땅한 어느 때에 세존께서 선설(善說)하시는 법과 율에 출가하여 구족계를 받아 필추니의 성품을 이루겠는가?'

　그대는 이미 출가하였고, 지금 구족계를 받아 좋고 여법(如法)한 친교사와 궤범사(軌範師) 등을 얻었으며, 화합승가에서 백사갈마를 행하여 문장에 어긋남이 없이 매우 훌륭하게 안주(安住)하였다. 다른 필추니 대중들이 비록 백 년 동안에 마땅히 배울 학처를 그대는 역시 수행하고 배웠으며, 그대가 배우는 것을 그들도 역시 똑같이 배우고 있고, 똑같이 계경(戒經)을 말하고 있다.

　그대는 오늘부터 마땅히 이 처소에서 공경하고 받드는 마음을 일으키고, 마땅히 싫어하고 떠나려는 마음을 일으키지 말라. 친교사를 마땅히 어머니처럼 생각하면 스승도 그대를 처소에서 딸과 같이 생각할 것이다. 나아가 목숨이 남아 있는 날까지 모시고, 봉양하며, 병을 돌보고, 함께 간호하며, 문안하고, 늙고 죽을 때까지 자비롭고 애민한 마음을 일으켜라.

　또한 함께 범행의 처소에서 상·중·하의 좌차에 항상 공경하고 존중하는 마음을 일으키고, 수순(隨順)하며, 공손하고 부지런하게 함께 머물러라. 독송(讀誦)하고, 선사(禪思)하며 여러 선업을 닦아 5온(蘊)·12처(處)·18계

(界)·12연기(緣起)에서 10력(力) 등의 법을 일으키며, 마땅히 구하여 명료하게 이해하며, 선액(善軛)[18]을 버리지 말라.

모든 게으른 마음에서 벗어나고, 아직 얻지 못한 것은 구하여 얻으며, 이해하지 못한 것은 구하여 이해하고, 아직 증득하지 못한 것은 구하여 증득하며, 나아가 아라한과(阿羅漢果)를 얻어서 구경(究竟)의 열반(涅槃)에 이르라.

나는 지금 그대를 위하여 요점을 간략하게 예를 들어 그 기본적(基本的)이고 중심(中心)이 되는 내용을 말하였으니, 나머지의 아직 모르는 것은 마땅히 두 스승과 함께 배우는 친한 도반들에게 마땅히 자세히 물을지어다. 또한 보름마다 계경(戒經)을 설하는 때에 스스로 마땅히 듣고 받아들이며 가르침에 의거하여 부지런히 수행하라.

그대를 위하여 게송으로 설하겠노라.

그대는 가장 뛰어난 가르침에서
시라(尸羅)를 구족하였으니
지극한 마음으로 받들고 지켜라.
장애가 없는 몸은 얻기 어려우니

단정(端正)한 사람들이 출가하고
청정한 사람들이 원만함을 갖춘다고
진실한 말을 하신 분이 설하셨으니,
정각(正覺)의 지혜이로다.

그대 누구는 이미 구족계를 받는 것을 마쳤느니라. 방일하지 않을 것이고, 마땅히 삼가하여 받들어 행하고 항상 눈앞에서 물러남이 없으라.”

---

18) 선업을 짓는 것을 멍에로써 비유하여 표현한 것이다.

근본설일체유부백일갈마 제3권

1) 축문도백이(畜門徒白二)

세존께서 설하신 것과 같이, "만약 필추니로서 12년의 안거를 마치고 문도(門徒)를 삼고자 하면, 마땅히 필추니 승가에게 문도를 삼도록 애원하는 갈마를 따라야 한다."고 하셨으니, 마땅히 이와 같이 애원하여야 한다. 자리 깔고 건치를 울리며 말하여 알려야 한다. 두루 모든 필추니들을 모으되, 최소한 열두 사람을 넘겨야 한다. 그 필추니는 앞에 있는 상좌를 향하여 예경하고 꿇어앉아 합장하고 이와 같이 알려야 한다.

"대덕 필추니 승가께서는 들으십시오. 나 누구는 12하안거(夏安居)를 마쳤으므로 문도를 삼고자 합니다. 나 누구는 지금 필추니 승가를 좇아 문도를 삼는 법을 애원합니다. 원하건대 필추니 승가시여. 나 누구는 12하안거를 마쳤으니, 문도를 삼는 법을 허락하십시오. 이렇게 능히 애민한 것은 애민하게 원하는 까닭입니다."

두 번째·세 번째에도 이와 같이 말한다.

다음은 한 필추니가 대중에게 백갈마를 짓고, 마땅히 이와 같이 알려야 한다.

"대덕 필추니 승가께서는 들으십시오. 이 필추니 누구는 12하안거를 마쳤으며 문도를 삼고자 합니다. 이 누구는 지금 필추니 승가를 좇아서 문도를 삼는 법을 애원하고 있습니다. 만약 필추니 승가께서 때에 이르렀음을 인정하시면 필추니 승가께서는 마땅히 허락하십시오. 필추니 승가시여. 지금 누구는 12하안거를 마쳤으므로, 문도를 삼는 법을 주고자 합니다. 이와 같이 아룁니다."

다음은 갈마를 짓는다.

"대덕 필추니 승가께서는 들으십시오. 이 필추니 누구는 12하안거를 마쳤으며 문도를 삼고자 합니다. 이 누구는 지금 필추니 승가를 좇아 문도를 삼는 법을 애원하고 있습니다. 필추니 승가시여. 지금 누구는 12하안거를 마쳤으므로 문도를 삼는 법을 주겠습니다. 만약 모든 구수들께서 누구에게 문도를 삼는 법을 주는 것을 허락하신다면 묵연히 계시고, 만약 허락하지 않으신다면 말씀하십시오. 필추니 승가시여. 이미 누구는 12하안거를 마쳤으므로 문도를 삼는 법을 주는 것을 마쳤습니다. 필추니 승가께서 이미 인정하시고 허락하신 것은 묵연히 계셨기 때문입니다. 나는 지금부터 이와 같이 지니겠습니다."

이미 법을 얻었으면 마땅히 문도를 삼는 일에 의혹을 일으키지 않아야 한다.

2) 니축무한문도백이(尼畜無限門徒白二)

만약 필추니로서 무한(無限)하게 문도를 삼고자 하면, 마땅히 필추니 승가를 좇아 무한하게 문도를 삼는 법을 애원하면서, 마땅히 이와 같이 애원하여야 한다. 널리 말하여 알리고서 자리를 깔고 건치를 울리며 앞에서 말한 방편을 짓고서 나아가 합장하고 이와 같이 알려야 한다.

"대덕 필추니 승가께서는 들으십시오. 나 필추니 누구는 무한히 문도를 삼고자 합니다. 나 누구는 지금 필추니 승가를 좇아 무한히 문도를 삼는 법을 애원합니다. 원하건대 필추니 승가시여. 나 누구에게 무한하게 문도를 삼는 법을 허락하십시오. 내가 이렇게 능히 애민한 것은 애민하게 원하는 까닭입니다."

두 번째·세 번째에도 이와 같이 말한다.

다음은 한 필추니가 대중에게 백갈마를 짓고서, 마땅히 이와 같이 알려야 한다.

"대덕 필추니 승가께서는 들으십시오. 이 필추니 누구는 무한히 문도를 삼고자 합니다. 이 누구는 지금 필추니 승가를 좇아서 무한히 문도를

삼는 법을 애원하고 있습니다. 만약 필추니 승가께서 때에 이르렀음을
인정하시면 필추니 승가께서는 마땅히 허락하십시오. 필추니 승가시여.
지금 누구에게 무한히 문도를 삼는 법을 주고자 합니다. 이와 같이 아룁니
다.”

다음은 갈마를 짓는다.

“대덕 필추니 승가께서는 들으십시오. 이 필추니 누구는 무한히 문도를
삼고자 합니다. 이 누구는 지금 필추니 승가를 좇아 무한히 문도를 삼는
법을 애원하고 있습니다. 필추니 승가시여. 지금 누구에게 무한히 문도를
삼는 법을 주겠습니다. 만약 모든 구수들께서 누구에게 무한히 문도를
삼는 법을 주는 것을 허락하신다면 묵연히 계시고, 만약 허락하지 않으신다
면 말씀하십시오. 필추니 승가시여. 이미 누구에게 무한히 문도를 삼는
법을 주는 것을 마쳤습니다. 필추니 승가께서 이미 인정하시고 허락하신
것은 묵연히 계셨기 때문입니다. 나는 지금부터 이와 같이 지니겠습니다.”

만약 필추니가 법을 얻었으면 마음을 따라서 많은 문도를 삼으며,
의혹을 일으키지 않아야 한다.

3) 불리승가지백이(不離僧伽胝白二)

만약 필추가 늙어 힘이 없고, 혹은 다시 몸에 병이 있어 능히 감당할
수 없으며, 그의 승가지가 무겁고 커서 능히 지니고 다닐 수 없으면
이 필추는 마땅히 승가에게 ‘불리승가지의법(不離僧伽胝衣法)’을 애원하여
야 하며, 마땅히 이와 같이 애원하여야 한다. 앞에서 방편을 짓고서 최소한
네 사람이 넘겨 모으고, 갈마단(羯磨壇)의 안에서 그 필추는 오른쪽 어깨를
드러내고 가죽 신발을 벗고서, 상좌의 앞을 향하여 꿇어앉아 합장하고
따라서 마땅히 예경하며, 이와 같이 아뢰어야 한다.

[반드시 알아야 하는 것은 인도에서는 (갈마단에) 들어오는 대중들은
본래 신발을 신는 사람은 없다. 여기서 신발을 벗으라고 말하는 것은
계율을 지키게 하고자 하는 깊은 뜻이 있다. 만약 신발을 신고 왔다면

모두 반드시 벗어야 하고, 혹시 병이 있을 때에는 헤아리고 의거하라.]

"대덕 승가께서는 들으십시오. 나 필추 누구는 늙어 힘이 없고, 혹은 몸에 병이 있어 능히 감당할 수가 없습니다. 승가지 옷이 무겁고 커서 능히 지니고 다닐 수 없습니다. 나 필추 누구는 지금 승가께서 불리승가지의법을 주는 것을 애원합니다. 원하건대 대덕 승가시여. 나 누구에게 불리승가지의법을 주십시오. 이렇게 능히 애민한 것은 애민하게 원하는 까닭입니다."

두 번째·세 번째에도 이와 같이 말한다.

다음은 한 필추니가 대중에게 백갈마를 짓고서, 마땅히 이와 같이 짓는다.

"대덕 승가께서는 들으십시오. 이 필추 누구는 늙어서 힘이 없고, 혹은 몸에 병이 있어 능히 감당할 수가 없습니다. 승가지 옷이 무겁고 커서 능히 지니고 다닐 수 없습니다. 만약 승가께서 때에 이르렀음을 인정하시면 승가께서는 마땅히 허락하십시오. 승가시여. 지금 누구에게 불리승가지의법을 주고자 합니다. 이와 같이 아룁니다."

"대덕 승가께서는 들으십시오. 이 필추 누구는 늙어서 힘이 없고, 혹은 몸에 병이 있어 능히 감당할 수가 없습니다. 승가지 옷이 무겁고 커서 능히 지니고 다닐 수 없어 필추 누구는 지금 승가께 불리승가지의법을 주는 것을 애원하였습니다. 승가시여. 지금 누구에게 불리승가지의법을 주겠습니다. 만약 모든 구수들께서 누구에게 불리승가지의법을 주는 것을 허락하신다면 묵연히 계시고, 만약 허락하지 않으신다면 말씀하십시오. 승가시여. 이미 누구에게 무한히 불리승가지의법을 주는 것을 마쳤습니다. 승가께서 이미 인정하시고 허락하신 것은 묵연히 계셨기 때문입니다. 나는 지금부터 이와 같이 지니겠습니다."

만약 필추가 이미 허락을 얻었으면 아래와 위의 두 벌의 옷을 지니고 마음대로 유행(遊行)할 수 있으며, 의혹에 일으키면 아니된다. 필추는 이미 이와 같으며, 필추니도 이것에 의거하여 마땅히 주어야 한다.[1]

4) 명결계법(明結界法)

세존께서 설하신 것과 같이, "그대들 모든 필추들은 머무는 처소에서 마땅히 결계(結界)하여야 한다."고 말씀하셨다. 이때 모든 필추들이 몇 가지의 결계가 있고, 마땅히 어떻게 결계하는가를 알지 못하였다. 세존께서는 말씀하셨다.

"결계에는 두 종류가 있다. 첫째는 작은 결계(小界)이고, 둘째는 큰 결계(大界)이다. 큰 결계는 표상(標相)²)의 안에 방해와 어려움이 없는 곳에 작은 결계를 안치(安置)한다. 이전부터 머물렀던 모든 필추들은 마땅히 함께 작은 결계의 사방으로 오랫동안 있었던 표상인 동쪽의 담장 모습, 혹은 나무, 혹은 울타리, 혹은 흙의 봉분(封墳)·세워진 돌·말뚝 등을 살펴야 한다. 남쪽·서쪽·북쪽의 표상도 일에 따라 의거하여 알려야 한다.

이미 표상을 알았으면 말로써 두루 널리 알리고, 앞에서의 방편을 짓고서, 나아가 대중들이 모두 모이면 오래 머물렀던 모든 필추들이 함께 작은 결계의 사방의 오래된 표상을 말하고, 한 필추에게 백갈마를 짓게 하며, 마땅히 이와 같이 알려야 한다.

"대덕 승가께서는 들으십시오. 지금 이 처소에서 오래 머물렀던 필추들이 모두 작은 결계인 사방의 오래된 표상을 말하였으니, 동쪽은 어떤 표상이고, 나아가 북쪽은 어떤 표상입니다. 만약 승가께서 때에 이르렀음을 인정하시면 승가께서는 마땅히 허락하십시오. 승가시여. 지금 이 표상의 구역 안에 작은 결계의 장소를 짓고자 합니다. 이와 같이 아룁니다."

"대덕 승가께서는 들으십시오. 지금 이 처소에서 오래 머물렀던 필추들이 모두 작은 결계인 사방의 오래된 표상을 말하였으니, 동쪽은 어떤 표상이고, 나아가 북쪽은 어떤 표상입니다. 승가시여. 지금 이 표상의 구역 안에 작은 결계의 장소로 짓겠습니다. 만약 모든 구수들께서 지금

---

1) 필추와 필추니가 3의(衣)를 떠나 다른 옷을 입고서 일정한 경계 안에서는 머물러도 '이의숙(離衣宿)'의 죄에 해당하지 아니하는 것을 '불리의법(不離衣法)'이라고 이름하며, 이 경계를 '불리의계(不離衣界)'라고 이름한다.
2) '표식(標式)'의 상징으로서 나타내는 여러 가지의 형태를 말한다.

이 표상의 구역 안에 작은 결계의 장소를 짓는 것을 허락하신다면 묵연히
계시고, 만약 허락하지 않으신다면 말씀하십시오. 승가시여. 이미 표상의
구역 안에 작은 결계의 장소를 짓는 것을 마쳤습니다. 승가께서 이미
인정하시고 허락하신 것은 묵연히 계셨기 때문입니다. 나는 지금부터
이와 같이 지니겠습니다.”

다음은 큰 결계의 법을 밝힌다.

오랫동안 머물렀던 모든 필추들이 함께 큰 경계 사방의 표상인 동쪽의
담장 모습, 혹은 나무, 혹은 울타리, 혹은 흙의 봉분·세워진 돌·말뚝 등을
살펴야 한다. 남쪽·서쪽·북쪽의 표상도 일에 따라 의거하여 알려야 한다.
이미 표상을 알렸으면 자리를 깔고 건치를 울리며, 앞에서의 방편을
짓고서, 대중들이 모두 모이면 오래 머물렀던 모든 필추들이 함께 큰
결계의 사방의 오래된 표상을 말하고, 대중들이 함께 알도록 한다. 한
필추에게 백갈마를 짓게 하며, 마땅히 이와 같이 알려야 한다.

“대덕 승가께서는 들으십시오. 지금 이 처소에서 오래 머물렀던 필추들
이 모두 큰 결계인 사방의 오래된 표상을 말하였으니, 동쪽은 어떤 표상이
고, 나아가 북쪽은 어떤 표상입니다. 만약 승가께서 때에 이르렀음을
인정하시면 승가께서는 마땅히 허락하십시오. 승가시여. 지금 이 표상의
구역 안에서 포쇄타(褒灑陀)3)를 짓고, 아울러 주처법(住處法)을 맺고자
합니다. 승가시여. 큰 경계는 아란야에서부터 이곳의 주처까지이며, 이것
은 마을과 마을 사이의 세분(勢分)은 제외합니다. 이와 같이 아룁니다.”

다음은 갈마를 짓는다.

“대덕 승가께서는 들으십시오. 지금 이 처소에서 오래 머물렀던 필추들
이 모두 큰 결계인 사방의 오래된 표상을 말하였으니, 동쪽은 어떤 표상이
고, 나아가 북쪽은 어떤 표상입니다. 승가시여. 지금 이 표상의 구역
안에 포쇄타를 짓고, 아울러 주처법을 맺고자 합니다. 승가시여. 큰 경계는
아란야에서부터 이곳의 주처까지이며, 이것은 마을과 마을 사이의 세분은

---

3) ‘포살’을 다르게 부르는 말이다.

제외합니다. 만약 모든 구수들께서 지금 이 모양의 아란야에서부터 이곳의 주처까지이며, 이것은 마을과 마을 사이의 세분은 제외하는 것을 허락하신다면 묵연히 계시고, 만약 허락하지 않으신다면 말씀하십시오.

승가시여. 이미 이 표상의 아란야에서부터 이곳의 주처까지이고, 이것은 마을과 마을 사이의 세분은 제외하며, 짓고 맺는 것을 마쳤습니다. 승가께서 이미 인정하시고 허락하신 것은 묵연히 계셨기 때문입니다. 나는 지금부터 이와 같이 지니겠습니다."

만약 주처에서 승가가 이미 큰 결계를 맺는 것을 마치면, 이 가운데에 있는 필추들은 마땅히 한 처소에 모여 포쇄타와 나아가 수의사(隨意事)를 하고, 아울러 모든 단백(單白)갈마·백이(白二)갈마·백사(白四)갈마 등을 짓는다. 만약 대중이 모이지 않았으나, 작법(作法)을 하면 성립되지 아니하고, 월법죄를 얻는다. 또한 큰 결계의 표상의 구역 안에서 필추들의 '불실의계(不失衣界)[4]'를 짓고 맺으며, 마땅히 이와 같이 맺어야 한다. 앞에서 방편을 짓고서, 한 필추에게 먼저 알리게 하고, 비로소 갈마를 한다.

5) 결불실의계백이(結不失衣界白二)

"대덕 승가께서는 들으십시오. 이 주처의 화합승가는 이미 함께 포쇄타와 아울러 주처법의 승가의 큰 경계를 짓고 맺었습니다. 만약 승가께서 때에 이르렀음을 인정하시면 승가께서는 마땅히 허락하십시오. 승가시여. 지금 이 큰 결계 위에서 필추들이 불실의계(不失衣界)를 짓고 맺고자 합니다. 이와 같이 아룁니다."

"대덕 승가께서는 들으십시오. 이 주처의 화합승가는 이미 함께 포쇄타와 아울러 주처법의 승가의 큰 경계를 짓고 맺었습니다. 만약 승가께서 때에 이르렀음을 인정하시면 승가께서는 마땅히 허락하십시오. 승가시여. 지금 이 큰 결계 위에서 필추들의 불실의계를 짓고 맺고자 합니다. 만약

---

4) 승가의 옷을 입지 않아도 허락되는 갈마를 말한다.

모든 구수들께서 지금 이 표상의 큰 결계 위에서 필추들이 불실의계를 짓고 맺는 것을 허락하신다면 묵연히 계시고, 만약 허락하지 않으신다면 말씀하십시오. 이미 이 모양의 큰 결계 위에서 필추들이 불실의계를 짓고 맺는 것을 마쳤습니다. 승가께서 이미 인정하시고 허락하신 것은 묵연히 계셨기 때문입니다. 나는 지금부터 이와 같이 지니겠습니다."

만약 승가에서 이미 불실의계를 짓고 맺었으면 오로지 상·하의 두벌 옷을 지니고 결계 밖을 유행하여도 옷에서 벗어나는 허물이 없다. 만약 큰 결계를 풀고자 하면 마땅히 백사갈마로써 풀어야 한다. 큰 결계 위에 자리를 깔고 건치를 울려 대중을 모이게 한다. 만약 대중이 모이지 아니하여도 최소한 네 사람을 넘겨야 한다. 필추가 마땅히 먼저 대중들에게 알리고, 비로소 갈마를 한다.

6) 해대소계백사(解大小界白四)

"대덕 승가께서는 들으십시오. 이 주처의 화합승가는 이전에 함께 포쇄타와 아울러 주처법의 승가의 큰 경계를 짓고 맺었습니다. 만약 승가께서 때에 이르렀음을 인정하시면 승가께서는 마땅히 허락하십시오. 승가시여. 지금 이 큰 결계를 맺은 것을 풀고자 합니다. 이와 같이 아룁니다."

"대덕 승가께서는 들으십시오. 이 주처의 화합승가는 이전에 함께 포쇄타와 아울러 주처법의 승가의 큰 경계를 짓고 맺었습니다. 승가시여. 지금 이 큰 결계를 풀고자 합니다. 만약 모든 구수들께서 지금 이 큰 결계를 푸는 것을 허락하신다면 묵연히 계시고, 만약 허락하지 않으신다면 말씀하십시오."

이것이 첫 번째 갈마이다. 두 번째·세 번째의 갈마도 역시 이와 같이 말한다.

"승가시여. 이미 큰 경계를 푸는 것을 마쳤습니다. 승가께서 이미 인정하시고 허락하신 것은 묵연히 계셨기 때문입니다. 나는 지금부터 이와 같이 지니겠습니다.”

　그 작은 결계를 풀고자 할 때에도 마땅히 백사갈마로써 풀어야 한다. 작은 결계에 갈마단의 가운데에 자리를 깔고 건치를 울려 최소한 네 명이 모이게 한다. 필추는 마땅히 먼저 알리고 비로소 갈마를 한다.

　“대덕 승가께서는 들으십시오. 이 주처의 화합승가는 이미 함께 작은 경계를 짓고 맺었습니다. 만약 승가께서 때에 이르렀음을 인정하시면 승가께서는 마땅히 허락하십시오. 승가시여. 지금 이 작은 결계를 맺은 것을 풀고자 합니다. 이와 같이 아룁니다.”

　“대덕 승가께서는 들으십시오. 이 주처의 화합승가는 이미 함께 작은 경계를 짓고 맺었습니다. 승가시여. 지금 함께 이 작은 결계를 맺은 것을 풀고자 합니다. 만약 모든 구수들께서 지금 이 작은 결계를 푸는 것을 허락하신다면 묵연히 계시고, 만약 허락하지 않으신다면 말씀하십시오.”

　이것이 첫 번째 갈마이다. 두 번째·세 번째의 갈마도 역시 이와 같이 말한다.

　“승가시여. 이미 이 작은 결계를 푸는 것을 마쳤습니다. 승가께서 이미 인정하시고 허락하신 것은 묵연히 계셨기 때문입니다. 나는 지금부터 이와 같이 지니겠습니다.”

　만약 큰 결계와 작은 결계를 한꺼번에 맺고, 더불어 한꺼번에 풀려고 하면, 이전부터 머물렀던 모든 필추들이 먼저 작은 결계의 사방에 표상을 안치하고, 먼저 동쪽의 담장의 모양, 혹은 나무·울타리·흙 봉분·세워진 돌·말뚝 등을 정한다. 남쪽과 서쪽과 북쪽의 결계에도 또한 다시 이것과 같다. 다음은 큰 경계 사방의 표상을 정하며, 앞에서의 작은 결계에 의거하여 알지니라. 양쪽의 경계 위에 2부(部)의 승가를 모이게 하고, 각각의 자리를 깔고 건치를 울리며, 다시 대중에게 두루 알리며 말한다.

　대중들이 모이면 마땅히 한 필추에게 작은 결계의 사방의 표상을 말하게 한다. 먼저 동쪽은 어떤 표상이고, 나아가 북쪽은 어떤 표상이라고 말하여 주고 마친다. 다음은 큰 결계 사방의 표상을 말해 준다. 먼저 동쪽은 어떤 표상이고, 나아가 북쪽은 어떤 표상이라고 말해주고, 큰 결계의 표상을 말하여 주고 마친다. 다음은 병법(秉法)[5] 필추가 양쪽의 경계 위에서 혹은 평상, 혹은 통나무 의자 등의 양쪽의 경계 위에 서있으며 마땅히 먼저 알리고 비로소 갈마를 한다.

"대덕 승가께서는 들으십시오. 지금 이 처소에서 오래 머물렀던 필추들이 모두 작은 결계인 사방의 오래된 표상을 말하였으니, 동쪽은 어떤 표상이고, 나아가 북쪽은 어떤 모습입니다. 더불어 큰 결계인 사방의 오래된 표상을 말하였으니, 동쪽은 어떤 표상이고, 나아가 북쪽은 어떤 표상입니다. 만약 승가께서 때에 이르렀음을 인정하시면 승가께서는 마땅히 허락하십시오. 승가시여. 지금 이 표상의 구역 안에 작은 결계의 도량을 짓고 맺고자 합니다.

승가시여. 지금 이 표상의 구역 안에서 포쇄타와 아울러 주처법을 짓고 맺고자 합니다. 승가의 큰 결계는 아란야에서부터 이곳의 주처까지이며, 이것은 마을과 마을 사이의 세분은 제외하겠습니다. 이와 같이 아룁니다."

다음은 갈마를 짓는다.

"대덕 승가께서는 들으십시오. 지금 이 처소에서 오래 머물렀던 필추들이 모두 큰 결계인 사방의 오래된 표상을 말하였으니, 동쪽은 어떤 표상이고, 나아가 북쪽은 어떤 표상입니다. 승가시여. 지금 이 표상의 구역 안에 작은 결계의 도량을 짓고 맺고자 합니다. 승가의 큰 경계는 아란야에서부터 이곳의 주처까지이며, 이것은 마을과 마을 사이의 세분은 제외하겠습니다.

만약 모든 구수들께서 허락하신다면 이 표상의 구역 안에서 작은 결계의 도량을 짓고 맺으며, 표상의 구역 안에서 포쇄타와 아울러 주처법을 짓고 맺고자 합니다. 승가시여. 큰 결계는 아란야에서부터 이곳의 주처까지이며, 이것은 마을과 마을 사이의 세분은 제외하는 것을 허락하신다면 묵연히 계시고, 만약 허락하지 않으신다면 말씀하십시오.

승가시여. 이미 표상의 구역 안에서 작은 결계의 도량을 짓고 맺으며,

---

5) 불전(佛殿)에서 의식(儀式)을 집행하는 필추를 가리킨다.

표상의 구역 안에서 포쇄타와 아울러 주처법을 짓고 맺는 것을 마쳤습니다. 승가시여. 큰 결계를 마친 것을 승가께서 이미 인정하시고 허락하신 것은 묵연히 계셨기 때문입니다. 나는 지금부터 이와 같이 지니겠습니다."

다음은 모든 필추 대중들이 자리에서 일어나게 하여서 큰 결계 가운데를 향하게 하여 함께 한 곳으로 모으고, 큰 결계의 표상의 구역 안에서 필추의 불실의계를 맺으며, 백이갈마로써 앞에서와 같이 맺는다. 만약 두 가지의 결계를 한꺼번에 풀고자 하면, 마땅히 양쪽의 결계 위에 모여 2부 승가의 자리를 깔고 앞에서의 방편을 짓는다. 병법 필추가 양쪽의 경계 위에서, 혹은 평상, 혹은 통나무 의자 등의 양쪽의 경계 위에 서있으며 마땅히 먼저 알리어 짓고서, 비로소 갈마를 한다.

"대덕 승가께서는 들으십시오. 이 처소에서 화합승가께서는 이전에 포쇄타와 아울러 주처법을 짓고 맺었으며, 승가의 큰 결계와 아울러 작은 결계의 도량을 맺었습니다. 만약 승가께서 때에 이르렀음을 인정하시면 승가께서는 마땅히 허락하십시오. 승가시여. 지금 이 큰 결계를 풀고 더불어 작은 결계의 도량을 풀고자 합니다. 이와 같이 아룁니다."

"대덕 승가께서는 들으십시오. 이 처소에서 화합승가께서는 이전에 포쇄타와 아울러 주처법을 짓고 맺었으며, 승가의 큰 결계와 아울러 작은 결계의 도량을 맺었습니다. 승가시여. 지금 이 큰 결계를 풀고 더불어 작은 결계의 도량을 풀고자 합니다. 만약 여러 구수들께서 큰 결계를 풀고 더불어 작은 결계의 도량을 푸는 것을 허락하신다면 묵연히 계시고, 만약 허락하지 않으신다면 말씀하십시오."

이것이 첫 번째 갈마이다. 두 번째·세 번째의 갈마도 역시 이와 같이 말한다.

"승가시여. 이미 큰 결계와 작은 결계의 도량을 푸는 일을 마쳤습니다. 승가께서 이미 인정하시고 허락하신 것은 묵연히 계셨기 때문입니다. 나는 지금부터 이와 같이 지니겠습니다."

구수 오파리가 세존께 청하여 아뢰었다.

"대덕이시여. 부작법계(不作法界)의 결계의 한계는 무엇을 이름합니까?"

세존께서 말씀하셨다.

"만약 모든 필추들이 마을에 머무른다면 담장·울타리 안·아울러 외부의 세분(勢分)이 한계이고, 마땅히 한 처소에 모여 장정(長淨)을 하고, 아울러 수의(隨意)·단백갈마·백이갈마, 나아가 백사갈마에 이르기까지도 지을 수 있다. 만약 사람들이 모이지 않으면 작법이 성립되지 않고, 별주죄(別住罪)6)를 얻는다."

"대덕이시여. 마을이 없는 처소인 아란야·비어있는 밭의 한계는 무엇을 이름입니까?"

세존께서 말씀하셨다.

"주위가 각각 1구로사(拘盧舍)7)가 한계이고, 그 지역에 있는 모든 필추들은 마땅히 한 처소에 모여서 이 결계 안에서 장정을 해야 하며, 나아가 백사갈마에 이르기까지도 지을 수 있다. 만약 사람들이 모이지 않으면 작법이 성립되지 않고, 월법죄를 얻는다."[부작법계는 작법을 맺지 않는 것을 말한다. 이전에 이것을 자연(自然)이라고 번역한 것은 잘못이다.]

구수 오파리가 세존께 청하여 아뢰었다.

"대덕이시여. 세존께서 설하신 것과 같이 '그대들 모든 필추들은 마땅히 큰 경계를 맺으라.'고 하셨으나, 모든 필추 대중들은 결계 맺는 것을 알지 못하고 있습니다. 어떤 한계를 본래 큰 경계라고 이름하며 허락됩니까?"

세존께서 말씀하셨다.

"'큰 경계를 맺는다.'는 것은 2유선나(瑜膳那)의 반(半)이 한계이다."

['유선나'라고 말하는 것은 이미 잘못된 것이다. 바르게 뜻을 번역하면, 마땅히 동하(東夏)8)에서는 한 역(驛)의 거리를 말하는 것으로 약 30여

---

6) 산스크리트어 parivāsa의 음사로서 파리파사(波利婆沙)로 음역되고, 별주(別住)로 번역된다. 승잔(僧殘)을 저지른 필추가 그것을 즉시 승단에 고백하지 않았을 때에 그 죄를 숨긴 기간만큼 다른 필추들과 분리시켜 혼자 머무르게 하는 계율이다.

7) 산스크리트어 krośa의 음사로서 고대 인도의 거리의 단위이다. 소의 울음소리나 북소리를 들을 수 있는 최대 거리로서, 명확하지 않으나 보통 약 1km로 추정된다.

8) 동방(東方)의 중하(中夏)라는 뜻으로 중국을 달리 부르는 말이다.

리(里)에 해당된다. 이전에 유순(由旬)이라고 해석한 것은 잘못이다. 만약 인도의 풍속법에 의거하면 4구로사가 1유선나가 되고, 1구로사를 약 8리로 계산하면, 곧 이 1유선나는 32리에 해당된다.

만약 불교의 가르침에 의거하면 8구로사가 1유선나라고 하였고, 1구로사에 5백 궁(弓)이 있는데 '궁'이란 말은 한 발자국(一步)의 뜻이 있다. 이 걸음 숫자에 의거하면 1구로사는 겨우 1리 반 정도에 지나지 않고, 이것을 8배로 곱하여도 1유선나는 12리에 지나지 않으니, 이것은 한 역의 거리에도 충족되지 않는다. 내가 지금 스스로 인도에서 경험한 유선나는 마땅히 한 역의 거리가 된다. 이러한 까닭으로 지금 모두 한 역의 거리로 이것을 번역하면 아마도 크게 어긋나지 않을 것이다. 그러나 곧 나란타사(那爛陀寺)의 남쪽에서 왕사성(王舍城)까지의 거리를 5구로사라고 말하므로, 그것을 리(里)의 숫자로 계산하면 대략 한 역의 거리이다.]

"대덕이시여. 만약 2유선나 반의 거리를 넘어도 결계로 할 수 있습니까?"

세존께서 말씀하셨다.

"다만 2유선나 반이며, 이것이 그 결계의 세분이다."

"대덕이시여. 아래의 한계는 어떤 것을 큰 결계라고 이름합니까?"

세존께서 말씀하셨다.

"강물에 이르는 것을 결계라고 이름한다."

"대덕이시여. 아래로 향하여 2유선나 반을 넘어 비로소 강물에 이르게 되면 역시 결계라고 이름합니까?"

세존께서 말씀하셨다.

"다만 2유선나 반이며, 이것이 그 결계의 세분이다."

"대덕이시여. 위로 향하면 한계는 어떤 것을 큰 결계라고 이름합니까?"

세존께서 말씀하셨다.

"만약 결계 안에 나무가 있으면 나무의 끝까지이고, 만약 결계 안에 담장이 있으면 담장 꼭대기이며, 이것을 결계라 이름한다."

"대덕이시여. 만약 2유선나 반을 넘어 비로소 나무 끝이나 담장 꼭대기에 이르게 되면 역시 결계라고 이름합니까?"

세존께서 말씀하셨다.

"다만 2유선나 반이며, 이것이 그 결계의 세분이다."

"대덕이시여. 만약 결계 안에 산이 있으면 어느 것을 결계라고 이름합니까?"

세존께서 말씀하셨다.

"위로 물에 이르는 것이다."

"대덕이시여. 2유선나 반의 외부에서 비로소 물에 이르면 또한 결계라고 이름합니까?"

세존께서 말씀하셨다.

"2유선나 반의 거리를 정해진 양(定量)으로 하기 때문이다."

구수 오파리가 세존께 청하여 아뢰었다.

"대덕이시여. 이미 지은9) 이전의 결계를 풀지 않고서, 뒤에 다시 반복하여 결계를 맺으면 결계가 성립됩니까?"

세존께서 말씀하셨다.

"성립되지 않는다."

"대덕이시여. 이미 지은 결계로서 다른 결계에 들어갈 수 있습니까?"

세존께서 말씀하셨다.

"들어갈 수 없다."

"대덕이시여. 결계가 서로 간섭되고 들어갈 수 없는 것은 몇 종류나 있습니까?"

세존께서 말씀하셨다.

"결계에는 네 종류가 있다. 무엇을 네 종류라고 말하는가? 이를테면, 작은 경계의 도량·현재에 물이 멈춘 처소·필추의 결계·필추니의 결계 등의 이 네 가지는 모두 들어갈 수 없고, 또한 다시 결계를 맺을 수도 없다."

"대덕이시여. 이미 지은 결계로서 다른 결계로 바꿀 수 있습니까?"

---

9) 원문에는 '파유(頗有)'라고 기록되어 있다.

세존께서 말씀하셨다.

"바꿀 수 없다. 현재에 물이 멈춘 처소·작은 경계의 도량·필추니의 결계는 없앨 수가 없다."

"대덕이시여. 큰 경계를 잃는 몇 가지의 법이 있습니까?"

세존께서 말씀하셨다.

"다섯 가지가 있다. 무엇을 다섯 가지라고 말하는가? 첫째는 모든 승가가 함께 근이 바뀌는10) 것이고, 둘째는 모든 승가가 함께 결정하여 버리고 떠난 것이며, 셋째는 모든 승가가 함께 환속(還俗)한 것이고, 넷째는 모든 승가가 함께 목숨을 마친 것이며, 다섯째는 모든 승가가 작법하여 푸는 것이다."

"대덕이시여. 잘못으로 지은 결계를 하나의 나무로서 둘·셋·넷 주처의 결계를 표상으로 할 수 있습니까?"

세존께서 말씀하셨다.

"할 수 있다. 마땅히 그 나무를 취하여 각각을 하나의 끝으로 의지한다."

"대덕이시여. 이미 지은 결계로서 불세존을 승가의 숫자로 채워서 갈마를 할 수 있습니까?"

세존께서 말씀하셨다.

"아니된다. 불타(佛陀)는 보체(寶體)이고, 특별한 까닭이다."

"대덕이시여. 세존께서 설하신 것과 같이, '청정(淸淨)한 땅과 부정(不淨)한 땅이 있다.'고 말씀하셨으나, 어느 땅을 청정하다고 이름하고, 어느 땅을 부정하다고 이름하는가를 알지 못하고 있습니다."

세존께서 말씀하셨다.

"정법이 세상에 머무르는 이래(已來)로 이곳에 청정한 땅과 아울러 부정한 땅이 있었다. 만약 정법이 숨고 사라진(隱沒) 뒤에는 모두가 함께 청정을 이룰 것이다."

"만약 이와 같다면 무엇을 정법이 머문다고 이름하고, 무엇을 정법이

---

10) 남자가 여인으로 변하고, 여인이 남자로 변하는 것을 말한다.

숨고 사라진 것이라 이름합니까?"

세존께서 말씀하셨다.

"갈마를 짓는 사람이 있고, 가르침에 수순(隨順)하며, 행하는 사람이 있고, 이미 병법(秉法)하는 사람과 아울러 행하는 사람이 있으면, 이것이 곧 정법이 세상에 머무는 세계이다. 만약 갈마를 짓지도 아니하고, 아울러 가르침에 수순하지 않으며, 행하는 사람이 없으면, 이것을 정법이 숨고 사라졌다고 이름한다."

"대덕이시여. 이미 지은 결계로서 다른 결계로 넘어갈 수 있습니까?"

세존께서 말씀하셨다.

"넘어갈 수 없다."

"만약 이와 같다면 어느 처소를 마땅히 넘어갈 수 없습니까?"

세존께서 말씀하셨다.

"다섯 처소가 있다. 무엇을 다섯 가지라고 말하는가? 첫째는 작은 결계의 도량이고, 둘째는 현재에 물이 멈춘 처소이며, 셋째는 필추의 결계이고, 넷째는 필추니의 결계이며, 다섯째는 이 두 가지 결계의 중간이다."

"대덕이시여. 만약 이와 같이 물이 있는 처소에서 통(通)하여 결계를 맺을 수 있습니까?"

세존께서 말씀하셨다.

"만약 모든 시냇물의 가운데에 다리가 있으면 통하여 결계를 맺을 수 있고, 이것과 다르면 곧 아니된다."

"대덕이시여. 만약 다리가 파괴되었으면 어느 시간이 결계를 잃지 않는 한계입니까?"

세존께서 말씀하셨다.

"7일 동안이 한계이고, 버리는 마음을 짓지 아니하며, 내가 마땅히 다리를 수리하겠다고 생각하여야 하고, 만약 이것과 다르면 그 결계는 곧 잃는다."

"대덕이시여. 바르게 결계를 맺을 때에 그 병법자(秉法者)가 홀연(忽然)히 죽었어도 결계는 성립됩니까?"

세존께서 말씀하셨다.

"성립되지 않는다. 만약 결계의 방향과 표상을 알려주고 갈마를 지었다면, 이미 많은 부분이 행하졌으므로 비록 목숨을 마쳤으나 결계는 성립된다. 만약 표상만 알려주고, 갈마는 적은 부분을 행하였으면 결계는 성립되지 아니하며, 마땅히 다시 경계를 맺어야 한다. 필추니의 결계도 이것에 의거하여 마땅히 알지니라."

"대덕이시여. 이미 지은 결계로서 일백(一白)의 일갈마(一羯磨)로서 한 병사인(秉事人)이 마땅히 네 곳의 처소에서 갈마를 지을 수 있습니까?"

"할 수 있다. 네 곳의 결계에 각기 3명을 안배하고 그 병법자가 혹은 평상과 통나무 의자 등으로 네 곳의 결계의 위를 누르고서, 이후에 병법(秉法)한다. 이때에 이 한 사람은 네 곳의 결계에 마주하여 그 숫자를 충족해야 성립된다.

만약 다섯 명의 법사(法事)에는 네 곳의 결계에 각자 4명을 안배하고, 열 명의 법사에는 네 곳의 결계에 각자 9명을 안배하며, 20명의 법사에는 네 곳 경계에 각자 19명을 안배하여야 한다. 다만 이와 같은 갈마는 한 병법인(秉法人)이 마땅히 네 곳의 결계에 마주하여 모든 법을 행하여야 한다.

다시 승가에서 다섯 가지의 갈마를 행하는 것이 있다. 무엇이 다섯 가지인가? 첫째는 4명의 승가가 있고, 둘째는 5명의 승가가 있으며, 셋째는 10명의 승가가 있고, 넷째는 20명의 승가가 있으며, 다섯째는 이것보다 더 많은 승가가 있다.

만약 주처에 4명의 승가이면 모든 갈마를 지을 수 있으나, 오직 수의(隨意)·구족계(近圓)·20명의 대중 가운데의 출죄(出罪)를 제외하고, 나머지는 모두 지을 수 있다. 만약 주처에 5명의 승가이면 인도(中國)에서는 구족계와 20명의 대중 가운데의 출죄를 제외하고, 나머지는 모두 지을 수 있다. 만약 주처에서 10명의 승가이면 오직 출죄를 제외하고 나머지는 모두 지을 수 있다. 만약 주처에 20명의 승가이거나, 그 이상이면 마땅히 모든 갈마를 행할 수 있으니 의혹을 일으키지 말라."

만약 필추니들이 작은 결계와 큰 결계, 나아가 불실의계(不失衣界)를 풀고 맺는다면, 짓는 법·짓지 않는 법·방향·표상·구역 등은 대필추(大比丘) 의 법과 같으니, 그것에 의거하여 마땅히 지어야 하는 까닭이므로 중복하여 번역하지 않는다.

구수 오파리가 세존께 청하여 아뢰었다.

"대덕이시여. 바라저목차(波羅底木叉)의 계경(戒經)을 설하는 것은 모두 몇 종류가 있습니까?"

세존께서 말씀하셨다.

"모두 다섯 종류가 있다. 무엇이 다섯 가지라고 말하는가? 첫째는 서문 (序文)을 말하고, 나머지는 항상 듣는 일이라고 알려주는 것이다.[범어로 '포쇄타(褒灑陀)'라고 말하는 것은, '포쇄' 이것은 '길게 기른다(長養).'는 뜻이고, '타'는 '청정하게 씻는다.'라는 뜻이다. 생각해보면, 그 보름·보름 에 지은 죄를 기억하게 하고, 죄를 범하지 않은 사람을 마주하고서 그 죄를 드러내어 말하고, 이전의 허물을 버리고 고치는 것을 바라는 것이다. 첫째는 곧 현재에 다시 하는 것을 막는 것이고, 둘째는 곧 아직 오지 않은 나태한 법(慢法)을 경계하는 것이다.

이와 같이 반드시 함께 하여야 하고, 아울러 모여서 별해탈경(別解脫 經)[11]을 들어서, 선법(善法)을 무성(茂盛)하게 증장시키고, 머무르는 근본을 이와 같이 높이는 것인데, 어찌 도반(同堂) 앞에서 예참(禮懺)[12]하고 끝마치 겠는가? 이것은 나아가 다만 승가와 재가(在家)를 아우르고 겸(兼)하여 추악한 모습과 나타난 마음을 거두어들이는 것이다. 만약 법(法)에 의거하 면 그 죄와 책임이 헛되고 충족되지 않아서 그 죄와 책임이 면제된다. 이전에 '포살(布薩)'이라고 말한 것은 잘못이다.]

둘째는 서문(序文)과 네 가지 바라시가법(波羅市迦法)을 설하여 마치고

---

11) 산스크리트어 Pratimoksya의 음사로써 바라저목차(波羅底木叉)로 음역되고, 별해 탈(別解脫)이라 번역된다.
12) '예참'은 예경(禮敬)과 참회(懺悔)의 행법을 하나로 행하는 포괄적인 참회의 방법을 말한다.

나머지는 항상 듣는 일이라고 알려주는 것이다. 셋째는 서문과 열세 가지의 승가벌시사법(僧伽伐尸沙法)을 설하여 마치고 나머지는 항상 듣는 일이라고 알려주는 것이다. 넷째는 서문에서 2부정법(二不定法)에까지 설하여 마치고 나머지는 항상 듣는 일이라고 알려주는 것이다. 다섯째는 서문에서 시작하여 끝까지 설하는 것이다.”

이때 세존께서는 보름날의 포쇄타를 할 때에 필추 대중 가운데에 있는 자리에 나아가 앉으시고 여러 필추들에게 알려 말씀하셨다.

“초저녁(夜分)이 이미 지났으니 장정(長淨)을 하여도 되느니라.”

이때 한 필추가 자리에서 일어나서 오른쪽 어깨를 드러내고 경건하고 정성스럽게 합장하고 이와 같이 말하였다.

“대덕이시여. 누구의 방 안에 한 필추가 있으나, 몸에 병이 있어 고통받고 있습니다. 이 필추의 욕(欲)은 어떻게 하여야 합니까?”

세존께서 말씀하셨다.

“그 필추의 욕이 청정하면 마땅히 취해야 한다.”

이때 모든 필추들은 누가 마땅하고 합당하게 취하는가를 알지 못하였다. 세존께서 말씀하셨다.

“한 필추가 하나의 욕을 취하고, 한 필추가 두 가지의 욕을 취하며, 한 필추가 많은 욕을 취하고, 나아가 다만 능히 대중 가운데에서 그 욕의 이름을 말하여 설명하면, 뜻을 따라서 많이 취할 수 있느니라.”

세존께서 말씀하셨다.

“여욕(與欲)과 정인(淨人)의 행법을 하는 것을 내가 지금 마땅히 설하겠노라. 여욕과 정인의 필추는 먼저 오른쪽 어깨를 드러내고 가죽신을 벗고서 예경을 마치고 꿇어앉아 합장하며 이와 같이 말해야 한다.

‘구수여. 항상 생각하여 주십시오. 지금 승가께서는 14일에 포쇄타를 하고자 하며, 나 필추 누구도 역시 14일에 포쇄타를 하고자 합니다. 나 누구는 스스로 두루 청정하고 모든 장법(障法)이 없다고 말할 수 있으나, 병환(病患)의 인연을 까닭으로 그 여법한 승가의 일에 나는 지금 욕과 청정을 주겠습니다. 내가 말한 이 일을 마땅히 나를 위하여 말씀해 주십시오.'라고 하며, 두 번째·세 번째에도 이와 같이 말해야 한다."

"대덕이시여. 다시 욕과 청정을 주고자 하는 필추가 병이 있어 일어나고 앉을 수 없으면, 몸으로 업(業)을 표현하여 욕과 청정을 주어도 이 일이 성립됩니까?"

세존께서 말씀하셨다.

"이것은 성립된다. 욕과 청정을 잘 주는 것은 입으로 업을 표현하고, 욕과 청정을 주는 필추가 욕과 청정을 잘 주어야 한다. 욕과 청정을 주는 필추가 병이 있으면, 몸과 말로써 표현하여야 하고, 이것을 할 수 없는 필추는 모든 필추들이 마땅히 함께 병이 있는 필추의 처소에 가거나, 혹은 병자를 들고서 대중 가운데에 들어와야 한다. 만약 이렇게 하지 않으면 작법(作法)이 성립되지 않고, 별주죄(別住罪)[13]를 얻는다."

세존께서 말씀하신 것과 같이, "모든 욕과 청정을 취한 필추가 행법을 하는 것을 내가 지금 마땅히 설하겠다. 이때 그 필추가 욕과 청정을 받았으면 급하게 달리지 아니하고, 뛰어넘고 머뭇거리지 아니하며, 구덩이를 넘어가지 아니하고, 난간과 위험한 곳에 있지 않으며, 절 안의 누각의 계단을 오르면서 마땅히 한 걸음으로 두 계단을 밟아서는 아니되고, 사다리의 두 칸을 한 번에 올라서는 아니되며, 결계 밖으로 향하여도 아니되고, 허공으로 날아가도 아니되며, 졸아서도 아니되고, 잠을 자서도 아니되며, 선정(禪定)에 들어가서도 아니된다."고 하셨다.

다시 두 종류의 비루(鄙陋)한 일이 있다. 첫째는 부끄러움이 없는 것이고, 둘째는 난타(嬾惰)[14]한 것이다. 바라제목차(波羅提木叉)를 설할 때에는 이렇게 말해야 한다.

"오지 않은 모든 필추들의 욕과 청정을 말하십시오. 욕과 청정을 지닌 필추는 마땅히 옆자리의 필추와 마주하고, 혹은 다른 필추에게 나아가서 이와 같이 말하십시오.

---

13) 승잔(僧殘)을 저지른 필추가 그것을 즉시 승단에 고백하지 않았을 때에 그 죄를 숨긴 기간 동안을 다른 필추들과 분리하여 혼자 머무르게 하는 갈마이다.
14) 성격과 행동 등이 느리고 게으른 것을 말한다.

'대덕이시여. 항상 생각하여 주십시오. 누구 방 안의 필추 누구는 몸에 병이 있어 괴로워하고 있습니다. 지금 승가께서는 14일의 포쇄타를 하고자 하며, 그 필추 누구도 역시 14일의 포쇄타를 하고자 합니다. 그 필추 누구는 스스로가 '두루 청정하고 모든 장법이 없다.'고 말하였습니다. 병환의 인연을 까닭으로 그 여법한 승가의 일에 욕과 청정을 주었습니다. 그가 이미 주었던 일을 나는 지금 갖추어 말하였습니다. 만약 다시 다른 인연을 따른다면 그때에 말씀드리겠습니다.'"

만약 이렇게 하지 않으면 작법이 성립되지 아니하고, 별주죄를 얻는다.

구수 오파리가 세존께 청하여 아뢰었다.

"대덕이시여. 그 욕과 청정을 받아 지니는 필추가 욕과 청정을 받고서 곧 목숨을 마치면 욕과 청정을 지닌 것이 성립됩니까?"

세존께서 말씀하셨다.

"성립되지 아니한다. 마땅히 다시 욕을 취하여야 한다."

"대덕이시여. 그 욕과 청정을 지닌 필추가 만약 스스로 '나는 구적(求寂)이다.' 혹은 '나는 재가인(俗人)이다.' 혹은 '나는 별주인(別住人)이다.'라고 말하면, 이러한 여러 사람들도 욕과 청정을 지니는 것이 성립됩니까?"

세존께서 말씀하셨다.

"욕과 청정을 지니는 것이 성립되지 아니한다."

"만약 길이나 혹은 대중 가운데에서 욕과 청정을 지닌 사람이 홀연히 죽었다면, 그 욕과 청정을 지닌 것이 성립됩니까?"

세존께서 말씀하셨다.

"성립되지 아니한다. 마땅히 다시 욕을 취해야 한다."

모든 욕과 청정을 주고자 하는 필추는 주고받는 의식이 이러한 것을 마땅히 알지니라. 이 가운데에서 다른 것은 만약 포쇄타를 지으면 마땅히 욕과 청정을 준다고 말해야 한다. 만약 포쇄타가 아닌 그 밖의 갈마 등은 다만 그 욕을 주고 청정은 주지 않아도 된다. 만약 두 가지를 갖추어 지을 때는 욕과 청정을 모두 주어야 한다.

구수 오파리가 세존께 청하여 아뢰었다.

"대덕이시여. 주처에 오직 한 필추가 혼자서 머무르는데 장정일(長淨日)이 되면 이 필추의 욕은 어떻게 하여야 합니까?"

세존께서 말씀하셨다.

"만약 장정을 할 때가 되면 한적하고 고요한 곳에 새로운 구마(瞿摩)15)를 바르고 물을 뿌려 청소한 뒤에 자리를 깔고 건치를 울린다. 이후에 앞에서 말한 방편을 지어 마친다. 스스로가 적고 많은 경을 외우고서, 높고 먼 곳을 향하여 사방을 관망(觀望)하면서, 만약 필추가 오는 것을 보면, 위로하고 안부를 묻고서 알려 말한다.

'구수여. 오늘은 승가에서 장정하는 날이니, 그대는 함께 와서 한 곳에서 장정을 합시다.'

만약 오는 사람이 없으면, 이때 이 필추는 마땅히 본래의 자리에 앉아서 마음으로 염(念)하면서 입으로 이와 같이 말한다.

'오늘 14일은 승가에서 장정하는 날입니다. 나 필추 누구도 14일에는 역시 장정을 하겠습니다. 나 필추 누구는 스스로 모든 장법에서 두루 청정하다고 말하겠습니다. 나는 지금 또한 장정을 수지(守持)하고 있습니다. 만약 뒤의 다른 때에 화합대중을 만나서 장정하는 것은, 모든 계취(戒聚)16)가 원만하기 때문입니다.'

두 번째·세 번째에도 역시 이와 같이 말한다."

두 명의 필추가 있어 장정하는 때가 되면 모두 앞에서와 같이 차례로 갈마를 짓는다. 또한 반드시 머리를 마주하고서 다시 함께 갈마를 짓는다. 만약 한 주처에 세 명의 필추가 있으면 돌이켜 다시 앞에서와 같이 다시 함께 갈마를 짓는다. 만약 한 주처에 네 명의 필추가 있으면 마땅히 여법하게 장정해야 하고, 욕과 청정을 취하는 것은 합당하지 않다. 만약 한 주처에 다섯 명의 필추가 있거나, 혹은 그 이상의 필추가 있으면 마땅히 여법하고 자세하게 장정해야 하고, 만약 인연이 있으면 한 사람이 욕과 청정을 주는 것을 허락한다.

---

15) '쇠똥(牛糞)'을 가리킨다.
16) '바라저목차(波羅底木叉)'를 다르게 부르는 말이다

　　15일에 포쇄타를 할 때에 만약 필추가 범한 죄를 기억하고 있으면 마땅히 나머지 청정한 필추들과 함께 하고, 여법하게 참회하고 죄를 제거하여야 비로소 장정을 할 수 있다. 또한 15일에 포쇄타를 할 때에 만약 필추가 죄에 대해 의심이 있으면 이 필추는 마땅히 삼장필추(三藏苾蒭)[17]의 처소에 가서 알아보고 청하여 의심나는 죄를 제거하고 여법하게 참회하여야 비로소 장정을 할 수 있다. 또한 15일에 포쇄타를 할 때에 만약 필추가 그 대중의 가운데에서 범한 죄가 기억나면 이 필추는 마땅히 그 죄에 대해서 마음속으로 생각하고 수지하고서 말해야 한다.

　　"지금 승가께서는 15일에 장정하고 있고, 나 필추 누구도 역시 15일에 장정하고 있습니다. 나 필추 누구는 지금 대중의 가운데에서 범한 죄를 기억하였습니다. 나 누구는 범한 죄를 스스로 마음속에 수지하고서, 만약 승가의 장정이 끝나면 뒤에 청정한 필추를 마주하고서 나는 마땅히 여법하게 그 죄를 말하여 제거하겠습니다."

　　또한 15일의 포쇄타를 할 때에 만약 필추가 대중의 가운데에서 범한 죄를 마음속으로 의혹을 품었을 때에는 이 필추는 마땅히 그 죄를 다시 마음속으로 생각하고 수지하고서 말해야 한다.

　　"지금 승가께서는 15일에 장정을 하고 있고, 나 필추 누구도 역시 15일에 장정을 하고 있습니다. 나 누구는 범한 죄를 기억하였고 마음에 의혹이 있습니다. 나 누구는 이 의혹의 죄를 스스로 마음속에 수지하며, 승가가 장정을 마치면 뒤에 삼장필추의 처소에 가서 이해하고 묻고 청하여 의혹을 결정하고서, 나는 마땅히 여법하게 참회하고 제거하겠습니다."

　　만약 『별해탈계경(別解脫戒經)』을 설할 때에 필추가 그 자리 위에 있다가 범한 죄를 기억하고 나아가 죄에 의혹이 있으면 앞에서와 같이 차례로 스스로 마음속에 기억하고 수지하고서, 뒤에 청정한 필추를 마주하여 마땅히 여법하게 죄를 말해야 한다.

---

17) '삼장법사(三藏法師)'를 다르게 부르는 말이다.

근본설일체유부백일갈마 제4권

7) 포쇄타일체승가유죄단백(褒灑陀一切僧伽有罪單白)

"15일의 포쇄타의 때에 일체의 승가는 모두가 함께 죄를 범하였습니다. 그러나 어느 한 사람도 능히 다른 주처로 가서 청정한 필추를 마주하고서 여법하게 말하고 참회하지 않았습니다. 우리들은 다른 필추들을 마주하고 여법하게 그 죄를 참회하고 없애야 합니다. 모든 승가시여. 다만 단백갈마를 하고 장정을 하겠으며, 뒤에 다른 주처로 가서 마땅히 그 죄를 설하겠습니다."

다음은 단백갈마를 짓고 마땅히 이와 같이 갈마를 지어라.

"대덕 승가께서는 들으십시오. 지금 승가는 15일의 포쇄타의 때에 일체의 승가는 모두가 함께 죄를 범하였습니다. 그러나 어느 한 사람도 능히 다른 주처로 가서 청정한 필추를 마주하고서 여법하게 말하고 참회하지 않았습니다. 우리들은 다른 필추들을 마주하고 여법하게 그 죄를 참회하고 없애야 합니다. 모든 승가시여. 다만 단백갈마를 하고 장정을 하겠으며, 뒤에 다른 주처로 가서 마땅히 그 죄를 설하겠습니다. 만약 승가께서 때에 이르렀음을 인정하시면, 승가께서는 마땅히 허락하십시오. 승가시여. 지금 단백갈마를 짓고 포쇄타를 한 뒤에 다른 주처에 가서 마땅히 여법하게 죄를 없애겠습니다. 이와 같이 아룁니다."

이 일을 지어 마치고, 비로소 장정(長淨)을 한다. 마땅히 그만두고, 건너뛰어서는 아니되며, 만약 이렇게 하지 않으면 월법죄를 얻는다.

15일의 포쇄타를 할 때에 모든 승가들이 죄에 의혹이 있었습니다. 그러나 어느 한 사람도 능히 다른 처소에 가서 삼장필추를 청하여서 죄의 의혹을 결정하지 않았습니다. 우리들은 다른 필추들을 마주하고 여법하게 그 죄를 참회하고 없애야 합니다. 모든 승가시여. 다만 단백갈마를 짓고 포쇄타를 하겠으며, 뒤에 다른 주처로 가서 청하여 의심나는 죄를 결정하고 의문을 풀고서 마땅히 여법하게 죄를 없애겠습니다.

(이때에는) 마땅히 이와 같이 지어야 한다.

"대덕 승가께서는 들으십시오. 지금 승가는 5일의 포쇄타를 할 때에 모든 승가들이 죄에 의혹이 있었습니다. 그러나 어느 한 사람도 능히 다른 처소에 가서 삼장필추를 청하여서 죄의 의혹을 결정하지 않았습니다. 승가시여. 다른 필추들을 마주하고 죄를 참회하고 없애야 합니다. 만약 승가께서 때에 이르렀음을 인정하시면 승가께서는 마땅히 허락하십시오. 승가시여. 지금은 단백갈마를 짓고 포쇄타를 하겠으며, 뒤에 다른 주처에 가서 청하여 의심나는 죄를 결정하고 의문을 풀고서 마땅히 여법하게 죄를 없애겠습니다. 이와 같이 아룁니다."

단백갈마를 지어 마치고, 비로소 장정을 한다. 만약 이렇게 아니하면 월법죄를 얻는다.

구수 오파리가 세존께 청하여 아뢰었다.

"대덕이시여. 필추가 죄를 범하고서, 다른 죄를 범한 필추를 마주하여 죄를 말하고 참회하게 할 수 있습니까?"

세존께서 말씀하셨다.

"합당하지 아니하다."

"만약 이러한 사람은 누구를 마주하여 말하고 참회해야 합니까?"

세존께서 말씀하셨다.

"동분(同分)[1]이 아닌 사람을 마주하여 말하고 그 죄를 없애야 한다."

"대덕이시여. 무엇을 동분의 죄라고 말하고, 무엇을 동분의 죄가 아니라고 말합니까?"

세존께서 말씀하셨다.

"바라시가(波羅市迦)에서 바라보면 바라시가가 동분이고, 나머지를 바

---

1) 함께 같은 죄를 범한 사람을 가리킨다.

라보면 동분이 아니다. 승가벌시사(僧伽伐尸沙)에서 바라보면 승가벌시사
가 동분이고, 나머지를 바라보면 동분이 아니다. 바일저가(波逸底迦), 나아
가 돌색흘리다(突色訖里多) 등도 앞에 의거하여 마땅히 알지니라."

8) 포쇄타단백(襃灑陀單白)

만약 모든 필추들이 죄를 범하였고 포쇄타의 때에 이르렀으면 앞에서와
같이 법을 마치고서, 마땅히 바라저목차(波羅底木叉)의 계경(戒經)을 설하
여야 한다. 이미 서문(序文)을 설하였으면 마땅히 단백갈마를 짓고서 마땅
히 이와 같이 지어라.

"대덕 승가께서는 들으십시오. 지금 승가는 흑월(黑月)²⁾ 14일에 포쇄타
를 짓겠습니다. 만약 승가께서 때에 이르렀음을 인정하시면 승가께서는
마땅히 허락하십시오. 승가시여. 지금 포쇄타를 짓고 바라저목차의 계경
을 설하겠습니다. 이와 같이 아룁니다."

다음은 마땅히 계경을 설해야 한다.[앞에서 내려오는 것은 대승(大僧)의
작법(作法)이다. 만약 필추니의 작법이 있으면 이 일에 의거하여 하라.]

9) 포쇄타시불래백이(襃灑陀時不來白二)

만약 장정할 때에 다시 결계를 맺지 않았으나, 전광(顚狂)³⁾이 있는
필추는 욕(欲)과 청정(淸淨)을 줄 수 없었고, 부축하여 여러 명이 드는
것도 견딜 수 없었다. 세존께서 말씀하셨다.

"마땅히 갈마를 지어 대중들이 범하지 않도록 하고, 마땅히 이와 같이
지어라. 만약 다른 일이 있어 모임에 오지 못하여도 이것에 의거하여

---

2) 보름 다음날인 16일부터 30일까지를 말한다.
3) 의학서인 『영추(靈樞)』 「전광(癲狂)」에 기록되어 있는 일종의 정신착란 질병이다.
   '이십난(二十難)'에서 중양(重陽)의 맥(脈)인 경우는 광(狂)이 되고, 중음(重陰)의
   맥인 경우는 전(癲)이 된다고 전한다.

하여야 한다.

"대덕 승가께서는 들으십시오. 그 누구 필추는 전광이 일어나서 욕과 청정을 줄 수 없고 여러 명이 드는 것도 견딜 수 없습니다. 승가시여. 지금 병환갈마(病患羯磨)를 지어 주어서 대중들이 범하는 것을 없게 하겠습니다. 만약 승가께서 때에 이르렀음을 인정하시면 승가께서는 마땅히 허락하십시오. 승가시여. 지금 필추 누구에게 병환갈마를 주겠습니다. 이와 같이 아룁니다."

갈마는 아뢴 것[白]에 의거하여 성립된다.

10) 차분와구인백이(差分臥具人白二)

세존께서 설하신 것과 같이, "그대들 모든 필추는 5월 16일이 되면 마땅히 하안거(夏安居)를 하여야 한다."라고 말씀하셨다. 이때 모든 필추들이 어떻게 하안거를 짓는가를 알지 못하였다. 세존께서 말씀하셨다.

"안거일이 다가오면 미리 승방(僧房)과 요사(寮舍)를 나누고 승가의 소유인 와구(臥具)와 여러 좌복과 발을 씻는 그릇에 이르기까지 모두 필요한 것을 모아서 모든 사람에게 골고루 나누어 주어야 한다."

이때 여러 필추들이 누가 마땅히 나누어 주어야 하는가를 알지 못하였다. 세존께서 말씀하셨다.

"와구(臥具) 등을 나누어 주는 사람에게는 열두 종류의 사람이 있다. 다섯 가지 법을 갖춘 사람을 뽑아야 하고, 만약 다섯 가지 법이 없으면 마땅히 뽑아서는 아니되며, 이미 뽑았으면 마땅히 버려야 한다. 무엇을 다섯 가지 법이라고 말하는가? 유애(有愛)·성냄·두려움·어리석음이 있는 것·와구를 나누어 주는 것과 나누어 주지 않는 것을 분명하게 판단하지 못하는 것이다. 그 열두 종류의 사람들이 만약 앞의 다섯 가지와 반대이면 뽑지 않았으면 뽑아야 하고, 이미 뽑았다면 마땅히 버리지 않아야 한다. 앞에서의 방편을 지어 이와 같이 마땅히 뽑는다.

다음은 마땅히 물어야 한다.

'그대 누구는 하안거를 하는 승가에서 와구를 나누어 주는 필추가 될 수 있겠습니까?'

대답하여 말한다.

'할 수 있습니다.'

한 필추를 뽑아서 백이갈마를 짓는다.

'대덕 승가께서는 들으십시오. 이 필추 누구는 능히 하안거를 하는 승가를 위하여 와구를 나누어 주고자 합니다. 만약 승가께서 때에 이르렀음을 인정하시면 승가께서는 마땅히 허락하십시오. 승가시여. 지금 이 필추 누구를 하안거를 하는 승가를 위하여 이부자리를 나누어 주는 사람으로 뽑겠습니다. 이와 같이 아룁니다.'

'대덕 승가께서는 들으십시오. 이 필추 누구는 능히 하안거를 하는 승가를 위하여 와구를 나누어 주고자 합니다. 승가시여. 지금 이 필추 누구를 하안거를 하는 승가를 위하여 이부자리를 나누어 주는 사람으로 뽑겠습니다. 만약 여러 구수들께서 이 필추 누구를 하안거를 하는 승가를 위하여 와구를 나누어 주는 사람으로 뽑는 것을 허락하신다면 묵연히 계시고, 만약 허락하지 않으신다면 말씀하십시오. 승가시여. 이미 이 필추 누구를 하안거를 하는 승가를 위하여 와구를 나누어 주는 사람으로 뽑는 것을 마쳤습니다. 승가께서 이미 인정하시고 허락하신 것은 묵연히 계셨기 때문입니다. 나는 지금부터 이와 같이 지니겠습니다.'"

11) 차장의인백이(差藏衣人白二)

"대덕 승가께서는 들으십시오. 이 필추 누구는 능히 승가를 위하여 옷을 보관하는 사람이 되고자 합니다. 만약 승가께서 때에 이르렀음을 인정하시면 승가께서는 마땅히 허락하십시오. 승가시여. 지금 이 필추 누구를 승가를 위하여 옷을 보관하는 사람으로 삼겠습니다. 이와 같이 아룁니다."

갈마에 의거하여 성립된다.

12) 차분의인백이(差分衣人白二)

"대덕 승가께서는 들으십시오. 이 필추 누구는 능히 승가를 위하여 옷을 나누어 주고자 합니다. 만약 승가께서 때에 이르렀음을 인정하시면 승가께서는 마땅히 허락하십시오. 승가시여. 지금 이 필추 누구를 승가를 위하여 옷을 나누어 주는 사람으로 삼겠습니다. 이와 같이 아룁니다."
갈마는 아뢴 것에 의거하여 성립된다.

13) 차장기물인백이(差藏器物人白二)

"대덕 승가께서는 들으십시오. 이 필추 누구는 능히 승가를 위하여 장기물인(藏器物人)[4]이 되고자 합니다. 만약 승가께서 때에 이르렀음을 인정하시면 승가께서는 마땅히 허락하십시오. 승가시여. 지금 이 필추 누구를 승가를 위하여 장기물인으로 삼겠습니다. 이와 같이 아룁니다."
갈마는 아뢴 것에 의거하여 성립된다.[나머지 여덟 가지의 갈마도 그 일에 의거하여 성립된다.]
5월 15일에 이르면 수사인(授事人)[5] 필추가 지녀야 하는 행법을 내가 지금 설명하겠노라. 수사인은 마땅히 방사(房舍)를 쓸고 발라서 깨끗하게 하고서 마땅히 알리고 말로써 아뢴다.
"모든 대덕이시여. 내일 승가께서는 하안거를 짓고자 합니다. 해야 하는 모든 일을 함께 마땅히 생각하고 기억하십시오."
수사인은 필추들의 많고 적음을 살펴 산가지(籌)를 준비한다. 그 산가지는 거칠고, 나쁘며, 굽고, 꺾어지면 아니된다. 산가지를 향수(香水)로 씻고 향니(香泥)를 바르고 닦아서 깨끗한 쟁반에 놓아두고 싱싱한 꽃으로 위를 덮고서 깨끗한 물건으로 쟁반을 덮는다. 다음은 건치를 울려 대중을 모으고, 산가지를 담은 쟁반을 상좌 앞에 놓는다. 다음은 승가의 안거의

---

4) 일상의 생활에 필요한 물건들과 그릇을 관리하는 사람을 가리킨다.
5) 갈마를 주관하여 행하는 사람을 가리킨다.

계율을 알려주며, 율장에서 자세하게 설명한 것과 같다. 다음은 상좌가 마땅히 단백갈마를 짓는다.

14) 일체승가하안거단백(一切僧伽夏安居單白)

"대덕 승가께서는 들으십시오. 지금 승가는 15일에 하안거를 짓고자 합니다. 만약 승가께서 때에 이르렀음을 인정하시면 승가께서는 마땅히 허락하십시오. 승가시여. 오늘은 산가지를 받고 내일부터 안거를 짓겠습니다. 이와 같이 아룁니다."

그 수사인 필추는 산가지를 담은 쟁반을 받들고 앞에 서 있고, 산가지를 거두어들이는 필추는 빈 쟁반을 가지고 뒤를 따른다. 대사(大師)나 교주(教主)가 먼저 산가지 하나를 내려놓고, 다음의 상좌(上座)의 앞에 멈추면 상좌는 본래의 자리에서 일어나 무릎을 꿇고 합장하며 산가지를 받아서 빈 쟁반 위에 놓는다. 이와 같이 하좌(下座)에까지 이른다. 만약 구적이 있으면 아차리야 혹은 오바타야가 대신하여 산가지를 받는다. 다음은 사찰의 천신(天神)에게까지 이르게 한다. 이미 모든 것을 행하면 마땅히 그 산가지의 숫자를 대중에게 알려야 한다.

"이 주처에서 현재 산가지를 받은 사람은 필추는 몇 명이 허락되었고, 구적은 몇 명이 허락되었습니다."

또한 방사(房舍)를 나누어 주는 필추, 나아가 보름마다 방사를 검사(撿閱)하는 필추까지도 궤의(軌儀)[6]를 수용(受用)하도록 하고, 여법하지 않는 필추는 벌(罰)로써 다스려야 하며, 법식은 율장에서 자세히 설명한 것과 같다.

15일에 이르러 대중들이 화합하여 모일 때에 그 수사인은 마땅히 대중들에게 알려 아뢴다.

"여러 구수들이시여. 지금 이 주처에 있는 사람은 몇 명입니다. 내일은

---

6) 갈마를 통하여 제정된 '작법(作法)'과 '위의(威儀)'를 가리킨다.

마땅히 어느 시주에 의지하고, 어느 마을을 걸식하는 장소로 삼겠으며, 누구는 물건을 제공할 것이고, 누구를 간병인(瞻病人)으로 삼아 마땅히 안거를 짓겠습니다."

모든 필추들은 마땅히 근처와 마을의 걸식할 장소를 다니면서 살펴보고, 보고 살피는 것을 마치면 각자 스스로 생각하여 말하여라.

'나는 이 처소에서 안거를 지을 것이고, 아울러 함께 범행을 닦는 사람들이 근심하고 괴로움을 일으키지 않도록 하겠으며, 설령 다시 근심과 괴로움이 생겨나면 빠르게 능히 제거하고 소멸시키겠습니다. 이 처소에서 기쁨과 즐거움이 일어나지 않으면 일어나게 하고, 이미 기쁜 마음이 생겨났으면 증진(增進)하겠습니다. 나는 마땅히 순행(巡行)하는 처소와 근처의 마을에서 걸식하여 수고로움과 괴로움이 일어나지 않게 하겠고, 만약 내가 병들어 있으면 함께 돌보는 필추가 나에게 약을 공급하게 하겠으며, 모든 필요한 것이 모두 충족되어 구제하게 하겠습니다.'

이렇게 생각을 마치고 마땅히 가려진 장소에 가서 한 필추를 마주하고 꿇어앉아 합장하고 이와 같이 말해야 한다.

"구수여. 항상 생각하여 주십시오. 지금 승가께서는 5월 16일부터 하안거를 지었고, 나 필추 누구도 또한 5월 16일부터 하안거를 짓겠습니다. 나 필추 누구는 이 주처의 결계 안에서 앞으로 3개월의 하안거를 지겠으며, 누구를 시주로 삼겠고, 누구를 영사인(營事人)[7]으로 삼겠으며, 누구를 간병인으로 삼겠고, 이 주처에서 나아가 허물어지고 갈라지며 구멍이 뚫리고 허물어지면 마땅히 이것을 수리하겠습니다. 나는 지금 여름을 이 처소에서 머무르며 안거하겠습니다."

두 번째·세 번째도 역시 이와 같이 말한다.

마주하고 있는 필추는 마땅히 말한다.

"오비가(奧箄迦)."

안거하는 필추가 대답한다.

---

7) 사찰의 여러 소임을 맡아보는 재가인을 가리키며, 다르게 '정인(淨人)'이라고 부른다.

"바도(婆度)."

필추는 2부 대중8)이 함께 필추를 마주하고 설하고, 필추니는 3부 대중9)이 필추니를 마주하고 설한다.

15) 차간검방사인백이(差看撿房舍人白二)

이때 여러 필추들은 여름의 중간에 이르렀는데 사찰의 방사와 회랑에 여러 종류의 새들이 새끼와 알을 낳아 시끄럽게 울어댔다. 이 인연으로 세존께 아뢰니, 세존께서는 말씀하셨다.

"마땅히 긴 막대나 지팡이를 가지고서, 필추가 사찰을 돌아다니며 조사하고 살펴서 둥지에 알이 없으면 마땅히 제거하고, 알이 있으면 떠나기를 기다려서 비로소 제거하라."

다시 벌집이 많으니, 세존께서 말씀하셨다.

"관찰(觀察)하여 새끼가 없으면 마땅히 제거하고, 벌의 새끼가 있으면 장차 실로 매달아 놓아야 하나니, 이러한 까닭으로 새끼가 곧 늘어나지 않는 것이다."

이와 같이 마땅히 뽑으려면 건치를 울리고 대중을 모으고서 마땅히 먼저 물어야 한다.

"그대 누구는 능히 승가를 위하여 방사를 살펴보고 검사하는 방사인(房舍人)10)이 될 수 있겠습니까?"

그가 대답한다.

"할 수 있습니다."

한 필추에게 백이갈마를 짓게 한다.

"대덕 승가께서는 들으십시오. 이 필추 누구는 능히 승가를 위하여 살피고 검사하는 방사인이 되고자 합니다. 만약 승가께서 때에 이르렀음을

---

8) '필추'와 '구적'의 2부 대중을 가리킨다.
9) '필추니'와 '정학녀'와 '구적녀'의 3부 대중을 가리킨다.
10) 사찰의 여러 건축물을 살펴보고 보수하는 필추를 가리킨다.

인정하시면 승가께서는 마땅히 허락하십시오. 승가시여. 지금 이 필추 누구를 승가를 위하여 방사인으로 삼겠습니다. 이와 같이 아룁니다."

갈마는 아뢴 것에 의거하여 성립된다.

이미 뽑혔으면 필추들의 방사를 살펴보고 검사하며 마땅히 보름마다 방사를 순행(巡行)하면서 그곳의 와구(臥具)를 관찰한다. 만약 어느 필추가 거칠고 엷으며 기름때가 묻었고 찢어졌으며 부서진 물건을 사용하고 있으면, 승가(僧祇)의 와구나 털로 만들어진 좌복으로 바꾸어 준다. 만약 이 노숙(老宿)[11]이 대중들에게 그 와구를 빼앗긴 것을 알리고, 만약 그가 어린 필추이면 두 스승에게 알리고 곧 그 와구를 거두어들인다. 그 수사인 이 내가 설한 것에 의지하지 않고 행하면 월법죄를 얻는다. 이것은 마땅히 차례에 따라 뽑고 지어야 한다.

구수 오파리가 세존께 청하여 아뢰었다.

"대덕이시여. 세존께서 설하신 것과 같이, '마땅히 안거를 지어야 한다.'고 말씀하셨으나, 모든 필추 대중은 누가 안거에 합당한가를 알지 못하고 있습니다."

세존께서 말씀하셨다.

"출가한 5부 대중을 말하니, 5부 대중은 누구인가? 첫째는 필추이고, 둘째는 필추니이며, 셋째는 정학녀(正學女)이고, 넷째는 구적남(求寂男)이며, 다섯째는 구적녀(求寂女)이다. 이 5부 대중은 안거를 짓는 것에 합당하다. 만약 어기는 사람은 모두 악작죄(惡作罪)를 얻는다."

16) 수일출계외백이(受日出界外白二)

이때 구수 오파리가 부처님께 청하여 아뢰었다.

"대덕이시여. 세존께서 설하신 것과 같이 '하안거를 하는 필추는 마땅히 결계의 밖에서 머무르고 잠을 자면 아니되고, 모든 필추 대중은 결계

---

11) 나이가 많고 법랍이 많은 필추나 필추니를 가리킨다.

밖에서 삼보(三寶)에 관련된 일과 나아가 다른 사람의 일로서 반드시 결계의 밖으로 나가고자 하여도, 곧 잠시라도 결계 밖으로 나갈 수 없다.'고 하셨으므로 세존께 아룁니다."

세존께서 말씀하셨다.

"반드시 인연이 있으면 나는 지금 모든 필추들이 7일법(七日法)을 수지(守持)하고서 결계 밖으로 나가는 것을 허락하노라."

모든 필추들이 이것이 어떠한 일 등인가를 알지 못하였다. 세존께서 말씀하셨다.

"삼보의 일이고, 오바색가의 일이며, 오바사가의 일이고, 필추·필추니의 일이며, 식차마니·구적남·구적녀의 일을 말한다. 혹은 친척과 권속이 청하여 부르는 인연이고, 혹은 외도(外道)를 위하여 나쁜 견해를 제거하는 것이며, 혹은 다른 사람을 청하여 삼장(三藏)의 의혹을 제거하는 것이고, 혹은 자신의 수행에서 아직 얻지 못한 것을 얻게 하는 것이며, 증득하지 못한 것을 증득하게 하는 것이고, 이해하지 못한 것을 이해하도록 하는 것이니, 이러한 일 등에서는 모두 마땅히 7일법을 수지하면서 결계 밖으로 나가는 일이 허락된다."

구수 오파리가 부처님께 청하여 아뢰었다.

"대덕이시여. 앞에서 설하신 것과 같이 '마땅히 7일법을 수지하면서 결계 밖으로 나가야 한다.'고 하셨으나, 누구의 옆에서 수지하는 것입니까?"

세존께서 말씀하셨다.

"때에 따라서 한 사람의 필추를 마주하고 꿇어앉아 합장하고 이와 같이 말한다.

'구수여. 항상 생각하여 주십시오. 나 필추 누구는 이 주처, 혹은 앞에서나, 혹은 뒤에서 3개월의 하안거를 하고 있습니다. 나 필추 누구는 어떠한 일의 인연으로 7일법을 수지하면서 경계 밖으로 나가고자 합니다. 만약 어려운 인연이 없으면 이 처소로 되돌아와서 나는 지금 하안거의 처소에서 안거하겠습니다.'"

두 번째·세 번째도 또한 이와 같이 말한다. 마주하는 사람은 마땅히 말한다.

"오비가(奧箄迦)."

7일법을 수지하는 사람은 대답한다.

"바도(婆度)."

이때 교살라국(憍薩羅國)의 승광대왕(勝光大王)이 급고독(給孤獨) 장자와 함께 국방(國防)을 군세게 하고자 변방에 오랫동안 머물렀다. 이때 장자는 성중(聖衆)들을 생각하여 잊지 않고서 문득 왕을 일깨워 알려 주니, 왕은 곧 칙명(勅命)을 내려 유수(留守)[12]인 신하에게 말하였다.

"경은 그곳에 있는 성중들에게 명령하지 않고 방편으로 청하고 구하여 나와 서로가 만날 수 있게 하시오."

이때 대신은 드디어 비밀한 계책을 품고서 모든 성중들이 스스로 왕의 군에 나아가게 하고자 하였다. 이때 대신은 서다원(逝多園)[13]에 이르러 그 주위를 노끈을 묶어서 둘러쌌다. 이에 여러 필추들이 물어 말하였다.

"현수(賢首)여. 당신은 지금 무엇을 하고 있습니까?"

대답하여 말하였다.

"성자여. 대왕의 칙명이 있어 지금 이곳에 도랑을 만들어 물을 없애고자 합니다."[이 일에 대한 자세히 설한 것은 『목득가경(目得迦經)』 제5권에서 구체적으로 기술하고 있다.]

필추들이 대답하여 말하였다.

"당신은 잠시 멈추십시오. 우리들이 마땅히 왕에게 알리고 함께 의논하여 바로잡겠습니다."

필추들이 물어 말하였다.

"오늘 길을 떠나면 다시 되돌아올 수 있겠습니까?"

대답하여 말하였다.

"돌아올 수 없습니다."

---

12) 왕을 대신하여 머물러 지킨다는 뜻으로, 수도(首都)를 벗어난 중요한 지역을 맡아 다스리던 외관직(外官職)을 가리킨다.

13) '서다림(逝多林)'을 다르게 부르는 말이다.

"이틀·사흘 나아가 7일 안에 되돌아올 수 있겠습니까?"

대답하여 말하였다.

"돌아올 수 없습니다."

이때 여러 필추들이 이 인연으로 세존께 아뢰니, 세존께서는 말씀하셨다.

"대중들에게 일이 있으면 나는 필추들이 40일법을 수지하면서 결계 밖으로 나가는 것을 허락하노라."

세존께서 설하신 것과 같이, '40일을 수지하면서 결계 밖으로 나가 행(行)하라.'는 것을 모든 필추들이 어떻게 수지하는가를 알지 못하였다. 세존께서 말씀하셨다.

"먼저 자리를 깔고 건치를 울려서 대중이 모이면 마땅히 한 필추에게 물어야 한다.

'그대 누구는 능히 승가를 위하여 40일법을 수지하면서 결계 밖으로 나가서 행할 수 있겠습니까?'

그는 마땅히 대답하여야 한다.

'나는 할 수 있습니다.'

만약 두 사람·많은 사람을 나가게 할 때에도 모두 이와 같이 물어야 한다. 다음은 한 사람의 필추가 먼저 아뢰고, 비로소 갈마를 한다.

'대덕 승가께서는 들으십시오. 이 필추 누구는 이 주처, 혹은 앞에서나, 혹은 뒤에서 3개월의 하안거를 하고 있습니다. 이 필추 누구는 40일법을 수지하고서 승가의 일을 위하는 까닭으로 결계 밖으로 나가고자 합니다. 이 사람은 지금 하안거를 이곳에서 안거하고 있습니다. 만약 승가께서 때에 이르렀음을 인정하시면 승가께서는 마땅히 허락하십시오. 승가시여. 지금 이 누구 필추는 40일법을 수지하면서 승가를 위하는 일을 까닭으로 결계 밖으로 나가고자 합니다. 이 사람은 지금 하안거를 이 처소에 머무르면서 안거할 것입니다. 이와 같이 아룁니다.'

'대덕 승가께서는 들으십시오. 이 필추 누구는 이 주처, 혹은 앞에서나, 혹은 뒤에서 3개월의 하안거를 하고 있습니다. 이 필추 누구는 40일법을 수지하고서 승가의 일을 위하는 까닭으로 결계 밖으로 나가고자 합니다.

이 사람은 지금 하안거를 이곳에서 안거하고 있습니다. 만약 승가께서 때에 이르렀음을 인정하시면 승가께서는 마땅히 허락하십시오. 승가시여. 지금 이 누구 필추는 40일법을 수지하면서 승가를 위하는 일을 까닭으로 결계 밖으로 나가고자 합니다. 이 사람은 지금의 하안거를 이 처소에서 안거할 것입니다. 이와 같이 아룁니다.'

'만약 여러 구수들께서 이 필추 누구는 40일법을 수지하고서 승가의 일을 위하는 까닭으로 결계 밖으로 나가는 것을 허락하신다면 묵연히 계시고, 만약 허락하지 않으신다면 말씀하십시오. 승가시여. 이미 이 필추 누구를 40일법을 수지하고서 승가의 일을 위하는 까닭으로 결계 밖으로 나가도록 하고, 이 사람이 지금 하안거를 이 처소에서 안거하게 하는 것을 마쳤습니다. 승가께서 이미 인정하시고 허락하신 것은 묵연히 계셨기 때문입니다. 나는 지금부터 이와 같이 지니겠습니다.'"

구수 오파리가 세존께 청하여 아뢰었다.

"두 사람·세 사람을 위하여 갈마를 지을 때 마땅히 어떻게 지어야 합니까?"

세존께서 말씀하셨다.

"명첩(名牒)14)에 따라 지어야 한다."

구수 오파리가 세존께 청하여 아뢰었다.

"대덕이시여. 하루를 수지하면서 결계 밖으로 나아갈 수 있습니까?"

세존께서 말씀하셨다.

"나갈 수 있다."

"이렇게 이틀·사흘, 나아가 40일법을 수지하면서 결계 밖으로 나아갈 수 있습니까?"

세존께서 말씀하셨다.

"나갈 수 있다."

"대덕이시여. 40일법을 수지하면서 결계 밖으로 나아갈 수 있습니까?"

---

14) '명함(名銜)'을 다르게 부르는 말이다. '첩(牒)'은 옛날 관청에서 쓰던, 서식이 비교적 간단한 공문(公文)·임용장·증명서 등을 말한다.

세존께서 말씀하셨다.

"나갈 수 없다."

"만약 이와 같은 사람은 어떤 과실이 있습니까?"

세존께서 말씀하셨다.

"한 해의 여름 중에는 마땅히 결계 안에 머무르는 것이 많아야 하고, 경계 밖에 머무르는 것이 적어야 한다."

"대덕이시여. 하루·이틀·사흘, 나아가는 7일법은 누구를 마주하고 법을 지어야 합니까?"

세존께서 말씀하셨다.

"마땅히 한 사람을 마주하고 법을 지어야 한다."

"만약 7일 이상을 결계 밖으로 나갈 때에는 마땅히 어떻게 지어야 합니까?"

세존께서 말씀하셨다.

"7일을 넘기고 나아가 40일에 이르면 모두 승가를 따라서 그 법을 행해야 한다. 일이 있는 것을 따라서 그 날짜의 많고 적은 것의 인연에 의거하여 날짜를 받아야 한다."

세존께서 설하신 것과 같이 "만약 걸식을 하고, 병이 있어서 약이 필요하며, 아울러 간병인이 없으면 그 사정에 따라서 떠나는 것을 허락한다."고 말씀하셨다. 만약 여자·남자·반택가(半擇迦)15)가 있어서 장애의 인연이 되면 또한 안거하여서는 아니된다. 만약 8난(難)의 일을 인연으로 결계 밖으로 나갔으며, 이러한 재난의 때를 만나서 돌아오지 아니하는 사람은 실하(失夏)16)라고 이름하지 아니한다. 이것은 장애의 인연이 있었던 까닭이다. 이러한 일에 대한 여러 가지 내용은 안거사(安居事)17) 가운데에 자세히 밝혀져 있다.

---

15) 산스크리트어 paṇḍaka의 음사로서 반택가(半擇迦)로 음역되고, 황문(黃門)·불남(不男)이라 번역되며, 남근(男根)이 불완전한 자를 가리킨다.
16) '하안거'를 완전하게 마치지 못한 것을 말한다.
17) '근본설일체유부안거사'의 율장을 가리킨다.

17) 차작수의인백이(差作隨意人白二)

세존께서 설하신 것과 같이 "'하안거를 이미 마쳤으면 그대들 모든 필추들은 마땅히 대중 가운데에서 세 가지의 일인 견(見)·문(聞)·의(疑)로써 수의(隨意)[18]를 하여야 한다.'라고 하셨으나, 이때에 모든 필추들이 어떻게 수의사(隨意事)를 짓는가를 알지 못하고 있습니다."

세존께서 말씀하셨다.

"그대들 필추들은 떠나라. 수의의 날은 7·8일 남아 있으니 마땅히 가까운 마을을 따라서 먼저 알려야 한다. 혹은 말로 알려도 되고, 혹은 문서나 편지로 알려도 된다. 사다리나 수레 위에서 큰 소리로 알리고 말하여 멀고 가까운 것을 모두 알게 하라.

'어진(仁) 필추·필추니·구적 등과 여러 시주(施主)들이여. 만약 늙었거나, 젊었거나 모두 자세히 들으십시오. 어느 사찰의 승가께서 마땅히 수의를 짓고자 하오니, 어진 분들께서는 때가 이르면 공양을 드리고 함께 모두가 보수(修營)하도록 하십시오. 여러 나이 어린 필추들은 마땅히 함께 머무르는 사찰에 물을 뿌리고 청소하며, 새로운 쇠똥으로 깨끗하게 닦고 바르며, 법식대로 향로의 단(臺)을 마련하여 장교(莊校)[19]하고, 이전부터 머물렀던 모든 사람들은 마땅히 좋고 맛있는 음식을 만들어 때에 따라서 제공하고 베푸십시오. 삼장(三藏)을 이해하는 필추와 경전을 지닌 사람이 있으면 14일 저녁이 되면 마땅히 초저녁부터 경을 외워야 하고, 15일에 이르면 마땅히 시간을 알려 주어 수의사를 지어야 하며, 날이 밝으면 아니됩니다.'

대중들이 허락하고서 수의필추(隨意苾芻)를 뽑으며, 혹은 한 사람이고, 혹은 두 사람이며, 나아가 여러 사람에 이르기까지 받아들여도 수의필추는 반드시 다섯 가지의 덕(德)을 갖추어야 한다. 애착하지 않고, 화내지 않으며, 두려워하지 않고, 어리석지 않으며, 수의와 수의가 아닌 것을 능히 분명하

---

18) 안거가 끝나는 날에 자신이 범한 죄를 대중에게 알리고 참회하는 의식으로 구역(舊譯)에서는 자자(自恣), 신역(新譯)에서는 수의(隨意)라고 한다.
19) '장교(莊校)'의 '장(莊)'은 엄숙(嚴肅)한 것을 뜻하고, '교(校)'는 정교(正校)하고 장엄하게 꾸미는 것을 뜻한다.

게 분별할 수 있어야 한다. 이 다섯 가지의 법을 갖춘 사람을 뽑지 않았으면 마땅히 뽑아야 하고, 이미 뽑았다면 버려서는 아니된다. 만약 이전의 다섯 가지의 법에 반대가 되면 아직 뽑지 않았으면 마땅히 뽑아서는 아니되고, 이미 뽑았다면 마땅히 버려야 한다.

이렇게 마땅히 뽑으려면 앞에서의 방편을 짓고, 대중들이 모으고서 먼저 마땅히 물어야 한다.

'그대 누구는 능히 하안거를 마칠 때 승가를 위하여 세 가지 일인 견·문·의로써 수의를 할 수 있겠습니까?'

그는 대답하여 말한다.

'할 수 있습니다.'

다음은 한 필추가 마땅히 먼저 아뢰고, 비로소 갈마를 한다.

'대덕 승가께서는 들으십시오. 이 필추 누구는 지금 하안거를 하는 승가를 위하여 수의필추가 되고자 합니다. 만약 승가께서 때에 이르렀음을 인정하시면 승가께서는 마땅히 허락하십시오. 승가시여. 지금 누구를 마땅히 하안거를 하는 승가를 위하여 수의필추로 하겠습니다. 이와 같이 아룁니다.'

'대덕 승가께서는 들으십시오. 이 필추 누구는 지금 하안거를 하는 승가를 위하여 수의필추가 되고자 합니다. 승가시여. 지금 누구를 하안거를 하는 승가를 위하여 수의필추로 하고자 합니다. 만약 여러 구수들께서 이 필추 누구를 하안거를 하는 승가를 위하여 수의필추로 하는 것을 허락하신다면 묵연히 계시고, 만약 허락하지 않으신다면 말씀하십시오. 승가시여. 이미 이 필추 누구를 하안거를 하는 승가를 위하여 수의필추로 하는 것을 마쳤습니다. 승가께서 이미 인정하시고 허락하신 것은 묵연히 계셨기 때문입니다. 나는 지금부터 이와 같이 지니겠습니다.'"

세존께서 설하신 것과 같이, "수의필추가 지녀야 하는 행법을 내가 지금 마땅히 설하겠노라. 수의필추는 마땅히 살아 있는 풀밭으로 가서 승가에게 자리를 주고, 만약 한 사람이 수의필추가 되었으면 마땅히 상좌로부터 수의를 하여 나아가 하좌에까지 이른다. 만약 두 사람이 수의필추이면 한 사람은 상좌로부터 수의를 받고 다른 한 사람은 중간 이하의 하좌로부터 끝까지 받아 마친다. 만약 세 사람을 수의필추로 뽑았으면 세 곳에서 시작하나니, 뜻에 의거하여 알지니라.

모든 필추들은 함께 풀밭의 자리에서 꿇어앉아 기다린다. 다음은 상좌가 마땅히 단백갈마를 한다.

'대덕 승가께서는 들으십시오. 지금 승가는 15일에 수의사를 짓고자 합니다. 만약 승가께서 때에 이르렀음을 인정하시면 승가께서는 마땅히 허락하십시오. 승가는 지금 수의를 짓고자 합니다. 이와 같이 아룁니다.'

그 수의를 받는 필추는 상좌를 향하여 앞에 꿇어앉아 기다리고, 상좌는 곧 풀밭의 자리에 나아가 꿇어앉아 합장하고 이와 같이 말한다.

'구수여. 항상 생각하여 주십시오. 지금 승가는 15일에 수의를 짓고 있습니다. 나 필추 누구도 역시 수의를 짓겠습니다. 나 필추 누구는 승가를 마주하고 대덕들을 향하여 세 가지의 일인 견·문·의로써 수의를 짓겠습니다. 대덕승가시여. 섭수하시어 나에게 가르쳐 보여주시고 나를 요익(饒益) 되고 애민(哀愍)하게 하여 주십시오. 내가 이렇게 능히 애민한 것은 애민하게 원하는 까닭입니다. 만약 나의 죄를 알았거나, 보았다면 나는 마땅히 여법하고 계율에 알맞게 말하고 참회하겠습니다.'"

두 번째·세 번째에도 역시 이렇게 말한다.

수의필추는 마땅히 그에게 대답하여 말한다.

'오비가(奧箄迦).'

대답하여 말한다.

'바도(婆度).'

이와 같이 차례를 따르고 나아가 끝까지 행한다.

만약 두 사람·세 사람이면 마땅히 다시 서로 바꾸어 수의사를 하고, 작법은 앞에 의거하여 알지니라.

다음은 필추니 대중을 불러서 대중 속에 들어오게 한다. 수의필추는 한모서리의 자리에 앉아 있으며, 필추니들이 이곳에 이르면 대필추(大比 丘)의 수의법과 같이 짓는다. 다음은 식차마나(式叉摩拏)·구적남·구적녀를

불러 한 사람 한 사람을 마주하고 수의를 받으며, 짓는 법은 앞에서와
같다.[만약 그가 능히 외울 수 없으면 문자를 종이에 쓰고서 읽어도 또한
성립되고 잃는 것이 아니다.]

그 수의필추는 상좌 앞으로 향하여 서있으며 이와 같이 말한다.

'대덕들과 모든 자매들이시여. 2부 승가는 수의를 짓는 것을 이미 마쳤습
니다.'

2부 승가는 함께 마땅히 큰소리로 외쳐야 한다.

'옳도다. 수의를 짓는 것을 마쳤으니 매우 옳도다. 수의를 짓는 것을
마쳤도다.'

(2부 승가는) 큰소리로 외치면 좋으나, 외치지 않으면 악작죄(惡作罪)를
얻는다.

만약 이때에 이르러 출가한 5부 대중, 혹은 재가인과 나그네가 와서
각자 작은 칼·바늘·실 나아가 수건·비단 등을 안거를 해제(解制)한 현전(現
前)승가의 대중을 위하여 공양하면, 수의필추는 마땅히 작은 칼, 혹은
바늘과 실, 혹은 여러 가지의 사문(沙門)의 물건을 갖추어 지니고서, 상좌
앞에 서있으며 이와 같이 말해야 한다.

'대덕이시여. 이 물건들을 모두 안거를 마치고 수의를 지은 사람들에게
베풀 수 있습니까? 만약 처소에서 다시 여러 가지의 이익이 되는 물건을
얻으면 화합승가에게 마땅히 나누어 주어도 합당합니까?'

모든 대중이 동시에 대답해야 한다.

'나누어야 합당합니다.'

만약 이것과 다르면 수의필추와 대중들은 월법죄를 얻는다."

구수 오파리가 세존께 청하여 아뢰었다.

"대덕이시여. 수의하는 날에 이르러 필추가 병이 있어 모일 수 없으면,
이때 욕(欲)을 어떻게 하여야 합니까?"

세존께서 말씀하셨다.

"15일의 포쇄타를 할 때에 욕과 청정을 마땅히 주어야 하며, 수의의
때가 이르렀으면 장정법에 의거하여, 그 욕(欲)과 청정(淸淨)을 주고서

마땅히 이렇게 말해야 한다.

　'구수여. 항상 생각하여 주십시오. 지금 승가에서는 15일에 수의를 짓고자 합니다. 나 필추 누구도 역시 15일에 수의를 짓고자 합니다. 나 필추 누구는 스스로 두루 청정하고, 모든 장법(障法)은 없다고 말하겠습니다. 병환의 인연을 까닭으로 그 여법한 승가의 일에 나는 지금 청정과 욕과 수의를 주겠습니다. 이것은 내가 이미 말한 것이니, 수의를 할 때에 나를 위하여 말해주십시오.'

　두 번째·세 번째에도 역시 이렇게 말한다.

　나머지의 몸과 말의 업(業)을 표시하는 것도 장정법에 의거하여 마땅히 알지니라.

　장정을 할 때에 필추가 자신이 범한 죄를 기억하거나, 혹은 죄가 있는지 의심하고, 혹은 대중이 죄를 범한 일을 기억하며, 혹은 대중의 죄가 있는가를 의심하고, 혹은 다시 승가의 모두가 함께 죄가 있으며, 나아가 대중의 죄가 있는가를 의심하면, 마땅히 단백갈마를 하여 이를 수지하여야 한다. 수의를 할 때에도 죄가 있고, 죄가 있는가를 의심하면 그것에 의거하여 마땅히 알지니라. 이 가운데에서 다른 것은 수의필추가 대중 가운데에서 죄를 기억하고, 죄가 있는가를 의심하면 때에 따라 참회하며 말하는 것이다."

18) 작수의시중중쟁죄단백(作隨意時衆中諍罪單白)

　만약 수의를 지을 때에 대중들이 죄의 가볍고 무거움을 논설(論說)하는 까닭으로 논쟁이 분운(紛紜)[20]하면, 승가는 마땅히 단백갈마를 지어 함께 그 죄를 결정해야 하고, 이와 같이 지어야 한다.

　"대덕 승가께서는 들으십시오. 지금 승가는 15일에 수의를 짓고자 합니다. 이 대중 가운데에서 일에 논쟁이 일어나서 죄의 가볍고 무거움의

---

20) 여러 사람의 의논(議論)들이 일치하지 아니하고, 시끄러우며, 복잡한 것을 말한다.

논설이 있으므로 법사(法事)에 방해가 되는 폐해가 있습니다. 승가시여. 지금 그 죄의 결단(決斷)을 하고자 합니다. 만약 승가께서 때에 이르렀음을 인정하시면 승가께서는 마땅히 허락하십시오. 승가시여. 지금 죄를 결단하겠습니다. 이와 같이 아룁니다."

19) 작수의시중중결정죄단백(作隨意時衆中決定罪單白)

아뢰는 것(白)을 마치고서, 마땅히 삼장(三藏)으로 결단을 할 수 있는 사람에게 묻고, 법에 의지하고 계율에 의지하여 그 죄의 일을 결단한다. 만약 죄가 결정이 되면 마땅히 다시 아뢰고 대중에게 아뢰어 알게 하여야 한다. 죄가 이미 결정되었고 그 가볍고 무거움을 알았으면 마땅히 다시 말해서는 아니되고, 이와 같이 마땅히 지어야 한다.

"대덕 승가께서는 들으십시오. 지금 승가에서는 15일에 수의사를 짓고자 합니다. 대중들이 죄의 가볍고 무거움을 논하고 말하는 까닭으로 법사에 방해되고 폐해가 있습니다. 승가시여. 이미 그 죄를 여법하게 결단하였습니다. 만약 승가께서 때에 이르렀음을 인정하시면 승가께서는 마땅히 허락하십시오. 승가시여. 지금 함께 죄를 결정하는 일을 마쳤으므로, 다시 말해서는 아니됩니다. 이와 같이 아룁니다."

"또한 만약 한 명·두 명·세 명이 포쇄타를 짓고, 수의를 지어도 역시 같다. 한 명·두 명·세 명·네 명이면 모두 함께 머리를 마주하고 지어야 한다. 만약 다섯 명이면 마땅히 아뢰고 수의사를 하여야 한다. 수의를 지으려면 마땅히 사람을 뽑고서 허락해야 하고, 설령 병든 사람이 있다면 마땅히 대중 속으로 데리고 와야 한다. 만약 여섯 명이 있고, 혹은 이것보다 많으면 함께 단백갈마를 짓고 수의사를 한다.

수의를 지을 때에 만약 병든 사람이 있으면 마땅히 욕과 청정을 취해야 하고, 재가인·구적·반택가 등을 마주하면 아니된다. 아울러 반드시 청정해야 하고, 다시 반드시 함께 마주보고서 한 처소에서 마땅히 지어야 한다. 그러나 나는[21] 수의를 하지 않는 것을 허락하지 아니한다."

이때에 여러 필추들이 먼저 싸우고 논쟁한 일을 인연하여 함께 논하고 말하며, 각자 싫어함과 원한을 품고서 함께 한 처소에서 수의를 하였다. 세존께서 말씀하셨다.

"마땅히 원한과 싫어함이 끝나지 않으면서 함께 수의를 하면 아니된다. 먼저 참회하고 소멸하고서 뒤에 마땅히 법에 의거하여 지어라."

이때 그 필추들은 대중 가운데에서 참회하고 소멸하는 것을 구하였으나, 싸우고 논쟁하던 필추들은 서로 등지고서 용서하지 않았다. 세존께서 말씀하셨다.

"떠나거라. 수의하는 때가 7·8일 남았으니, 마땅히 반드시 다시 서로가 참회하고 소멸하고서 비로소 수의를 하라."

이때 승가가 모두 서로 부끄러워하며 사과하였고, 바라문(婆羅門) 대중과 나아가 여러 재가인과 나그네들이 곧 이를 비난하고 논쟁하여, 다만 이것으로 필추들 모두에게 싫어함과 틈이 생겨났다. 세존께서 말씀하셨다.

"싫어함과 원한이 있는 사람은 부끄러워하고 사과하는 것을 청하여 구하고, 용서(容恕)를 받은 뒤에 나이에 따라서 예경하고, 마음을 바꾸어 기뻐한 뒤에 비로소 수의를 하라. 싫어함과 틈이 없는 사람은 노력하여 사과를 하지 않아도 되느니라."

이때 모든 필추들이 수의를 마치고서, 곧 이 날에 다시 장정을 하였다. 세존께서 말씀하셨다.

"수의는 곧 청정한 것이다. 수고스럽게 계를 설하지 말라."

20) 처분의물장작갈치나의백이(處分衣物將作羯恥那衣白二)

이때 대중 안에 많은 필추가 있었다. 하안거를 마치고 수의도 끝내고서 서다림(逝多林)에 나아가 세존의 발에 예를 올렸다. 길을 가는 도중에 비가 내려 3의(衣)가 모두 젖었으므로 들고서 지니는 것이 매우 어려웠다.

---

21) 세존이 자신을 가리키는 말이다.

서다림에 이르러 의발(衣鉢)을 놓아두고 발을 씻고서 세존의 발에 예를 올렸다. 세존께서 말씀하셨다.

"머무는 것이 안락하였고, 걸식하는 것은 어렵지 않았는가?"

아뢰어 말하였다.

"대덕이시여. 우리들은 이곳에 오면서 몹시 피로하고 지쳤습니다."

세존께서 이렇게 생각하셨다.

'나는 지금 어떻게 하여야 모든 필추들이 안락하게 머무르고 아울러 모든 시주(施主)들의 복과 이익을 증진시킬 수 있을까? 마땅히 모든 필추들이 수의를 마치고 16일에 이르면 갈치나의(羯恥那衣)22)를 입도록 허락해야겠구나.'

이 갈치나의를 입는 5개월 중에는 열 가지의 요익(饒益)23)을 얻게 되므로, 모두가 그 처소에서 이익이 있는 물건을 얻고 좋은 것 하나를 취(取)하여 갈치나의를 짓고, 8월 14일에 이르면 대중에게 알려서 모두가 알게 하여야 한다. 자리를 깔고서 앞에서의 방편을 지으며, 앞에 의거하여 마땅히 백갈마를 짓게 한다.

"대덕 승가께서는 들으십시오. 이 옷감은 이 처소에서 하안거를 하였던 승가께서 얻은 이익되는 물건입니다. 승가시여. 지금 함께 이 옷감으로 장차 갈치나의를 짓고자 합니다. 이 옷감으로 마땅히 승가를 위하여 갈치나의를 짓고자 합니다. 만약 장의(長衣)를 짓고서 비록 경계 밖으로 나가면 3의를 지니지 않아도 오히려 이의죄(離衣罪)가 없으니, 하물며 다른 옷에 죄가 있겠습니까? 만약 승가께서 때에 이르렀음을 인정하시면 승가께서는 마땅히 허락하십시오. 승가시여. 지금 이 옷감으로 마땅히 승가를 위하여 갈치나의를 짓겠습니다. 만약 장의를 입고 비록 경계 밖으로 나가면서 3의를 지니지 아니하여도 오히려 이의죄가 없으니, 하물며 다른 옷에 죄가 있겠습니까? 이와 같이 아룁니다."

---

22) 공덕의(功德衣)라고도 하며, 안거를 마치고 5개월 동안 착용이 허락되는 옷을 말한다.

23) 자비로운 마음으로 중생에게 넉넉하게 이익을 주는 것을 말한다.

갈마는 아뢴 것에 의거하여 성립된다.

21) 차장갈치나의인백이(差張羯恥那衣人白二)

이때 모든 필추들이 이미 작법을 마치고, 곧 이 옷감으로 갈치나의를 짓는 일을 마치고서 세존께 아뢰었다. 세존께서 말씀하셨다.

"다섯 가지의 덕을 갖춘 한 사람의 필추를 뽑아서 장의를 짓게 하고, 건치를 울려 앞에서와 같이 방편을 지어 대중을 모으고서, 먼저 마땅히 물어야 한다.

'그대 누구는 능히 승가를 위하여 갈치나의를 짓는 사람이 될 수 있겠습니까?'

그가 대답하였다.

'될 수 있습니다.'

(다음은) 한 필추에게 백갈마를 짓게 하라.

'대덕 승가께서는 들으십시오. 이 필추 누구는 즐거이 갈치나의를 짓는 사람으로 삼고자 합니다. 지금 승가를 위하여 갈치나의를 짓고자 합니다. 만약 승가께서 때에 이르렀음을 인정하시면 승가께서는 마땅히 허락하십시오. 승가시여. 지금 필추 누구를 갈치나의를 짓는 사람으로 삼겠습니다. 이 누구는 마땅히 승가를 위하여 갈치나의를 지을 것입니다. 이와 같이 아룁니다.'

'대덕 승가께서는 들으십시오. 이 필추 누구는 즐거이 갈치나의를 짓는 사람으로 삼고자 합니다. 지금 승가를 위하여 갈치나의를 짓고자 합니다. 만약 승가께서 때에 이르렀음을 인정하시면 승가께서는 마땅히 허락하십시오. 승가시여. 지금 필추 누구를 갈치나의를 짓는 사람으로 삼겠습니다. 이 누구는 마땅히 승가를 위하여 갈치나의를 지을 것입니다. 만약 여러 구수들께서 이 필추 누구는 승가를 위하여 갈치나의를 짓는 사람으로 삼는 것을 허락하신다면 묵연히 계시고, 만약 허락하지 않으신다면 말씀하십시오. 승가시여. 이미 이 필추 누구를 승가를 위하여 갈치나의를 짓는 사람으로 뽑는 것을 마쳤습니다. 승가께서 이미 인정하시고 허락하신 것은 묵연히 계셨기 때문입니다. 나는 지금부터 이와 같이 지니겠습니다.'"

22) 부장갈치나의백이(付張羯恥那衣白二)

다음은 백이갈마를 짓고서, 뒤에 옷감을 가지고 옷을 만드는 사람(張衣人)에게 맡기고, 이와 같이 말해야 한다.

"대덕 승가께서는 들으십시오. 이 옷감으로 마땅히 승가를 위하여 갈치나의를 짓겠습니다. 이 필추 누구를 승가께서는 이미 옷을 만드는 사람으로 삼겠습니다. 만약 승가께서 때에 이르렀음을 인정하시면 승가께서는 마땅히 허락하십시오. 승가시여. 지금 누구 필추의 갈치나의를 짓는 일을 누구의 필추에게 맡기겠습니다. 이와 같이 아룁니다.

대덕 승가께서는 들으십시오. 이 옷감으로 마땅히 승가를 위하여 갈치나의를 짓겠습니다. 이 필추 누구를 승가께서는 이미 옷을 만드는 사람으로 삼겠습니다. 만약 여러 구수들께서 만약 이 옷감으로 장차 승가를 위하여 갈치나의를 짓게 하겠습니다. 승가시여. 지금 이 옷감으로 갈치나의를 짓는 일을 누구의 필추에게 맡기는 것을 허락하신다면 묵연히 계시고, 만약 허락하지 않으신다면 말씀하십시오. 승가께서 이미 허락하였으니 이 옷감으로 승가를 위하여 갈치나의를 짓는 일을 필추 누구에게 맡기는 것을 마치겠습니다. 승가께서 이미 인정하시고 허락하신 것은 묵연히 계셨기 때문입니다. 나는 지금부터 이와 같이 지니겠습니다."

23) 출갈치나의단백(出羯恥那衣單白)

이때 이 필추가 이미 옷감을 받았으면 마땅히 다른 필추들에게 제공하며, 옷감을 빨고, 물들이며, 바느질하는 등의 모든 나머지의 의궤과 법식은 갈치나의사(羯恥那衣事) 가운데에서 갖추어 설명한 것과 같다. 이때 모든 필추들은 함께 갈치나의를 받고서 만 5개월에 이르렀으나, 어떻게 하는가를 알지 못하였다. 세존께 아뢰니, 세존께서 말씀하셨다.

"1월 15일이 되면 옷을 만들었던 사람은 승가에게 알려 말하여라.

'모든 대덕이시여. 내일은 마땅히 갈치나의를 벗어야 합니다. 그대들은 각자 자기 옷을 수지(守持)하십시오.'

다음 날이 되면 승가를 모두 모으고 앞에서의 방편을 짓고서, 한 필추에 게 단백갈마를 짓게 하고, 이와 같이 마땅히 지어야 한다.

'대덕 승가께서는 들으십시오. 이곳에 머무르는 화합승가는 함께 갈치 나의를 벗겠습니다. 만약 승가께서 때에 이르렀음을 인정하시면 승가께서 는 마땅히 허락하십시오. 승가시여. 지금 함께 갈치나의에서 벗겠습니다. 이와 같이 아룁니다.'"

이때 모든 필추들은 갈치나의를 벗고서, 어떻게 하는가를 알지 못하였 다. 세존께 아뢰고 세존께서는 말씀하셨다.

"그대들 모든 필추는 그 옷을 입었을 때에 열 가지 요익을 얻었으나, 옷을 이미 벗었으니, 이 일도 마땅히 차단해야 하고, 어기는 사람은 죄를 얻느니라."

근본설일체유부백일갈마 제5권

24) 오년동이양별설계백이(五年同利養別說戒白二)

구수 오파리가 세존께 청하여 아뢰었다.

"대덕이시여. 어느 마을에 한 장자(長者)가 어느 주처를 짓고 모든 것을 구족하여 사방승가(四方僧伽)1)에게 시주(捨與)하였습니다. 이때 장자는 왕에게 붙잡혀 구금(拘禁)되었고, 필추들이 이 소식을 듣고서 절을 버리고 다른 곳으로 떠나 삼보(三寶)의 물건과 모든 생활필수품을 도둑들이 훔쳐 갔습니다. 장자가 풀려나서 절이 도둑들에게 피해를 당한 것을 알게 되어 성자에게 알려 말하였습니다.

'무슨 인연을 까닭으로 절을 버리고 다른 곳으로 갔습니까?'

필추가 대답하여 말하였습니다.

'내가 들으니 장자께서 관청에 붙잡혀 구금되어서 마음에 무섭고 두려운 생각이 생겨나서 잠깐 다른 지방에 갔었습니다.'

장자가 말하였습니다.

'나에게는 종친(宗親)들이 있었으므로 그들이 능히 절에 제공할 수 있는데, 어찌 일을 급하게 서둘러 떠났습니까?'라고 말하였습니다."

모든 필추들이 어떻게 하는가를 알지 못하여 세존께 아뢰었다. 세존께서는 말씀하셨다.

"그 종친들에게 물어서 능히 제공할 수 있다고 하면 좋으나, 만약 제공할 수 없다고 하면 모든 필추는 백이갈마를 짓고, 마땅히 함께 가까운 절을 따라 5년의 이양(利養)2)을 똑같이 받을지라도, 별도로 장정을 하여야

---

1) 모든 승가를 합하여 부르는 말이다.
2) 산스크리트어 labha의 음사로서 이익·이득·재물 등으로 번역된다.

한다.

먼저 그 절에 알려서 알게 하고서, 자리를 깔고 앞에서의 방편을 짓고, 나아가 필추에게 백이갈마를 짓게 한다.

'대덕 승가께서는 들으십시오. 이 주처의 절을 지은 시주 누구는 지금 왕에게 붙잡혀 구금되어 있습니다. 만약 승가께서 때에 이르렀음을 인정하시면 승가께서는 마땅히 허락하십시오. 승가시여. 지금 이 주처와 함께 다른 주처에서 5년의 이양을 똑같이 받을지라도, 별도로 장정을 하겠습니다. 이와 같이 아룁니다.'

다음은 갈마를 짓는다.

'대덕 승가께서는 들으십시오. 이 주처의 절을 지은 시주 누구는 지금 왕에게 붙잡혀 구금되어 있습니다. 만약 승가께서 때에 이르렀음을 인정하시면 승가께서는 마땅히 허락하십시오. 승가시여. 지금 이 주처와 함께 다른 주처에서 5년의 이양을 똑같이 받을지라도, 별도로 장정을 하겠습니다.

만약 여러 구수들께서 만약 이 주처와 함께 다른 주처에서 5년의 이양을 똑같이 받을지라도, 별도로 장정을 하는 일을 허락하신다면 묵연히 계시고, 만약 허락하지 않으신다면 말씀하십시오. 승가께서 이미 허락하였으니 이 주처와 함께 다른 주처에서 5년의 이양을 똑같이 받을지라도, 별도로 장정을 하는 일을 마쳤습니다. 승가께서 이미 인정하시고 허락하신 것은 묵연히 계셨기 때문입니다. 나는 지금부터 이와 같이 지니겠습니다.'"

[만약 다른 인연이 있으면 일을 따라서 작법을 짓는 것을 마땅히 알지니라.]

25) 고제속사백이(告諸俗舍白二)

구수 오파리가 세존께 청하여 아뢰었다.

"대덕이시여. 만약 필추·필추니가 재가(俗家)에서 여러 가지의 비법(非法)을 지어, 재가의 여러 사람들에게 존경과 믿음을 일으키지 못하고,

널리 비난과 혐오감을 일으키면, 어떻게 하는가를 알지 못하고 있습니다."

세존께서 말씀하셨다.

"그대들 모든 필추는 마땅히 다섯 가지의 덕을 갖춘 필추를 뽑고, 여러 재가에 가서 그 두 사람이 행하는 것이 비법이라고 설명해야 하며, 이와 같이 마땅히 뽑아야 한다. 자리를 깔고 앞에서의 방편을 짓고서, 먼저 반드시 물어야 한다.

'그대 누구는 능히 여러 재가에 찾아가서 광액(廣額)필추3)와 송간(松幹)필추니4)가 행한 비법(非法)을 설명할 수 있겠습니까?'

대답하여 말한다.

'할 수 있습니다.'

한 필추에게 백갈마를 짓게 하고, 마땅히 이와 같이 지어야 한다.

'대덕 승가께서는 들으십시오. 이 필추 누구는 능히 재가에 가서 광액필추와 송간필추니가 행한 비법을 설명할 수 있습니다. 만약 승가께서 때에 이르렀음을 인정하시면, 승가께서는 마땅히 허락하십시오. 승가시여. 이 필추 누구는 능히 재가에 가서 광액필추와 송간필추니가 행한 비법을 설명하는 사람으로 뽑고자 합니다. 이와 같이 아룁니다.'

다음은 갈마를 짓는다.

'대덕 승가께서는 들으십시오. 이 필추 누구는 능히 재가에 가서 광액필추와 송간필추니의 행한 비법을 설명할 수 있습니다. 승가시여. 이 필추 누구를 능히 재가에 가서 광액필추와 송간필추니가 행한 비법을 설명하는 사람으로 뽑고자 합니다. 만약 여러 구수들께서 만약 이 필추 누구를 능히 재가에 가서 광액필추와 송간필추니가 행한 비법을 설명하는 사람으로 뽑는 것을 허락하신다면 묵연히 계시고, 만약 허락하지 않으신다면 말씀하십시오. 승가께서 이미 허락하였으니 이 필추 누구를 능히 재가에 가서 광액필추와 송간필추니가 행한 비법을 설명하는 사람으로 뽑는 것을 마치겠습니다. 승가께서 이미 인정하시고 허락하신 것은 묵연히

---

3) '얼굴이 두껍다.'는 뜻으로, 부끄러움이 없는 필추를 가리킨다.
4) '소나무의 줄기'라는 뜻으로, 고개를 숙일 줄 모르는 필추니를 가리킨다.

계셨기 때문입니다. 나는 지금부터 이와 같이 지니겠습니다.'"

26) 설타추죄단백(說他麤罪單白)

이때 모든 필추들은 부처님의 가르침을 받들어 백이갈마를 짓고서, 한 필추를 뽑아 여러 재가로 가서 그 두 사람의 행이 비법인 것을 설명하였다. 이때 광액필추가 이 일을 듣고서, 여러 필추의 처소에 나아가서 이와 같이 말하였다.

"그대가 재가에서 나의 과실(過失)을 말하였습니까?"

그 필추가 곧 대답하였다.

"나는 대중의 법을 얻고서 재가에 가서 그대의 과실을 설명하였습니다."

광액필추가 대답하여 말하였다.

"나는 능히 그대에게 요익하지 않는 일을 할 수 있다. 마땅히 그대의 배를 갈라서 그대의 창자를 꺼내어 서다림의 숲을 둘러싸겠고, 그대의 머리를 잘라서 절의 문 위에 매달아 놓겠다."

이때 모든 필추들이 이 말을 듣고서 곧 세존께 아뢰니, 세존께서 말씀하셨다.

"그는 능히 다른 사람은 속일 수 있으나 대중을 속일 수는 없다. 마땅히 단백갈마를 짓고서 화합대중이 함께 재가에 가서 그의 과실을 설명하여야 한다. 자리를 깔고 앞에서의 방편을 짓고서, 한 필추에게 단백갈마를 짓게 한다.

'대덕 승가께서는 들으십시오. 그 광액필추와 송간필추니는 여러 재가에서 여러 가지의 비법을 지어 재가의 여러 사람들이 공경과 믿음이 생겨나지 않게 하였습니다. 지금은 별도의 사람이 능히 여러 재가에 가서 그들의 과실을 설명할 수 없습니다. 승가시여. 지금 모두 함께 재가에 가서 그 두 사람의 행이 비법인 것을 설명하겠습니다.'

마땅히 이렇게 말하여야 한다.

'대중께서는 마땅히 아십시오. 그 광액필추와 송간필추니는 성(聖)스러운 가르침을 훼손하고, 스스로의 몸도 손괴(損壞)시켜서 마치 불에 탄 씨앗이 다시는 새싹을 생겨나지 못하게 하는 것과 같이, 바른 법과 계율 가운데에서 능히 증장(增長)할 수 없습니다. 대중께서는 여래·응공·정변지, 나아가 아야교진여(阿若憍陳如)[5] 등의 여러 대필추들이 지닌 행적을 보십시오. 만약 승가께서 때에 이르렀음을 인정하시면 승가께서는 마땅히 허락하십시오. 승가시여. 지금 함께 재가에 가서 광액필추와 송간필추니의 비법을 행한 것을 설명하겠습니다. 이와 같이 아룁니다.'

백갈마를 짓고서, 장소를 따라 마땅히 설명하여야 한다."

구수 오파리가 세존께 청하여 아뢰었다.

"대덕이시여. 모든 필추 대중들이 그 두 사람의 단백갈마를 짓고서, 여러 재가에 알리는 것을 마치고서, 어떻게 하는가를 알지 못하고 있습니다."

이 인연으로 세존께 아뢰니, 세존께서 말씀하셨다.

"모든 재가의 사람들에게 마땅히 옷·음식·탕약(湯藥) 등을 제공하지 못하게 하라."

27) 간파승가백사(諫破僧伽白四)

구수 오파리가 세존께 청하여 아뢰었다.

"대덕이시여. 제바달다(提婆達多)는 명예와 이익을 위하여 가섭파(迦葉波)의 처소에서 알려 말하였습니다.

'대덕이시여. 나를 위하여 신통사(神通事)를 설해 주십시오,'

이때 가섭파는 그의 마음을 비추어 보지 않고서 신통법(神通法)을 설하였습니다. 이때 제바달다는 이 법을 듣고서 초저녁(初夜)부터 새벽(後夜)까지 경책(警策)[6]하고 닦고 익혀 새벽녘에 세속의 도(道)인 초정려(初靜慮)[7]를

---

5) 세존의 가르침을 받아 처음으로 깨달음을 얻은 필추를 가리킨다.
6) 선종에서 사용하는 용어로써 제자를 격려하는 것이다. 특히 좌선이나 일상생활 중에서 수행의 이완을 바로잡고, 과도한 긴장을 풀기 위해서 어깨나 등을 두들기는 것을 경책을 준다고 말하며, 나아가서 막대기 그 자체를 경책, 또는 책자(策子)라고 한다.

얻고서 곧 신통력을 지녔습니다. 신통력을 얻고 곧 악한 생각을 일으켜 네 명의 도반(道伴)들에게 알려 말하였습니다.

'그대들 네 명은 나와 함께 사문 교답마(喬答摩)의 화합승가를 깨트리고 아울러 법륜(法輪)을 깨트려야 한다. 내가 죽은 뒤에는 좋은 명성을 얻고 시방세계에 유포(流布)될 것이다.'

이렇게 말하고서 곧 네 명의 도반들과 함께 화합승가와 아울러 법륜을 깨트리고자 하였습니다. 여러 필추대중들이 이 일을 알고서 곧 세존께 아뢰니, 세존께서는 말씀하셨습니다.

'그대들 여러 필추들은 별도로 충고하여라.'

별도로 충고할 때에 굳게 고집하여 버리지 않고서, 이렇게 말하였습니다.

'이것은 진실이고, 나머지는 모두 허망하다.'

이때 여러 필추들이 이 인연으로 세존께 아뢰니, 세존께서 말씀하셨습니다.

"그대들 모든 필추는 백사갈마를 하여 그 제바달다에게 충고하라. 만약 다시 이러한 부류가 있으면 마땅히 이와 같이 충고해야 한다. 자리를 깔고 앞에서의 방편을 짓고서, 한 필추에게 백사갈마를 짓게 하며, 마땅히 이와 같이 지어야 한다.

'대덕 승가께서는 들으십시오. 이 천수(天授)[8]는 화합승가를 깨트리고 투쟁하는 일과 비법을 짓고서 머물고 있습니다. 여러 필추들이 그를 위하여 별도로 충고할 때에도 굳게 고집하여 버리지 않고서, 이렇게 말하였습니다.'

'이것은 진실이고, 나머지는 모두 허망하다.'

승가시여. 지금 백사갈마로써 그 천수에게 충고하려고 합니다.

'그대 천수여. 화합승가를 깨트리고 투쟁하는 일과 비법을 짓고서 머무르지 마십시오. 그대 천수여. 마땅히 승가를 화합하게 하고, 환희(歡喜)하며, 다툼이 없고, 하나의 마음·하나의 말로써 물과 우유가 화합하듯이 대사(大

---

7) 3계9지(三界九地)에서 초선천(初禪天)을 말하며, 욕계를 벗어남으로써 생기는 기쁨과 즐거움을 느끼는 경지 또는 마음 상태이다.
8) '제바달다'를 다르게 부르는 말이다.

師)의 교법(教法)을 밝게 드러내고, 안락하게 머물러야 합니다.

만약 승가께서 때에 이르렀음을 인정하시면 승가께서는 마땅히 허락하십시오. 승가시여. 지금 백사갈마를 지어 그 천수에게 충고하고자 합니다. 이와 같이 아룁니다.'

다음은 갈마를 한다.

'대덕 승가께서는 들으십시오. 이 천수는 화합승가를 깨트리고 투쟁하는 일과 비법을 짓고서 머물고 있습니다. 여러 필추들은 그를 위하여 별도로 충고할 때에도 굳게 고집하여 버리지 않고서, 이렇게 말하였습니다.'

'이것은 진실이고, 나머지는 모두 허망하다.'

승가시여. 지금 백사갈마를 지어 그 천수에게 충고하고자 합니다.

'그대 천수여. 화합승가를 깨트리고 투쟁하는 일과 비법을 짓고서 머무르지 마십시오. 그대 천수여. 마땅히 승가를 화합하게 하고, 환희하며, 다툼이 없고, 하나의 마음·하나의 말로써 물과 우유가 화합하듯이 대사의 교법을 밝게 드러내고, 안락하게 머물러야 합니다.'

만약 모든 구수들께서 이 천수에게 백사갈마를 하여 승가를 깨트리는 일에 대하여 충고하는 것을 허락하신다면 묵연히 계시고, 만약 허락하지 않으신다면 말씀하십시오.

이것이 첫 번째 갈마이다. 두 번째·세 번째에도 이와 같이 말한다.

'승가시여. 지금 백사갈마로써 그 천수가 승가를 깨트리는 일에 대하여 충고하는 일을 마치겠습니다. 승가께서 이미 인정하시고 허락하신 것은 묵연히 계셨기 때문입니다. 나는 지금부터 이와 같이 지니겠습니다.'"

28) 간조파승가백사(諫助破僧伽白四)

이때 필추들이 세존의 가르침을 받들어 곧 갈마를 하고서 제바달다에게 충고하였다. 이때 제바달다는 갈마를 받고서도 굳게 고집하며 버리지 않았다. 다시 돕는 네 명의 도반(道伴)이 있었으니, 첫째는 고가리가(孤迦里迦)이고, 둘째는 건다달표(褰荼達驃)이며, 셋째는 갈탁모락가저쇄(羯吒謨洛

迦底灑)이고, 넷째는 삼몰달라달다(三沒達羅達多)였다. 제바달다를 수순(隨順⁹))하여 승가를 깨트리는 일을 하였다. 여러 필추들이 곧 세존께 아뢰니, 세존께서 말씀하셨다.

"그대들 모든 필추들은 마땅히 그 네 명에게 별도로 충고하여야 한다."

그들은 충고하는 때에 이렇게 말하였다.

"여러 대덕이시여. 그 천수를 함께 논쟁하여 '좋다.', '나쁘다.'고 말하지 마십시오. 왜 그러한가? 그 천수는 이렇게 법과 계율에 수순하고 있습니다."

그들에게 충고하였을 때에도 굳게 고집하여 버리지 않았다. 여러 필추들이 이 인연으로 세존께 아뢰니, 세존께서 말씀하셨다.

"그대들 모든 필추들은 백사갈마를 지어 그 네 명에게 충고할 것이고, 마땅히 이와 같이 충고하라. 자리를 깔고 앞에서의 방편을 짓고서, 한 필추에게 백갈마를 짓게 하며, 마땅히 이와 같이 지어야 한다.

대덕 승가께서는 들으십시오. 이 고가리가·건다달표·갈탁모락가저쇄·삼몰달라달다 등은 천수가 화합승가를 깨트리고 투쟁하는 일과 비법을 짓고서 머무르고 있는 것을 알고 있습니다. 이때 이 네 명은 천수를 수순하여 승가의 일을 깨트리고 있습니다. 여러 필추들이 별도로 충고하였으나 충고할 때에 이 고가리가 등 네 명은 이렇게 말하였습니다.

여러 대덕이시여. 그 천수를 함께 논쟁하여 '좋다.', '나쁘다.'고 말하지 마십시오. 왜 그러한가? 그 천수는 이렇게 법과 계율에 수순하고 있습니다. 아는 것을 말하고 모르는 것을 말하지 않습니다. 그가 사랑하고 즐기는 것은 우리도 역시 사랑하고 즐깁니다. 이 고가리가 등 네 명은 굳게 고집하며 버리지 않고서 말하였습니다.

'이것은 진실이고, 나머지는 모두 허망하다.'

승가시여. 지금 백사갈마로써 이 고가리가 등 네 명이 천수가 승가를 깨트리는 일을 돕는 것에 충고하고자 합니다.

'그대 고가리가 등 네 명은 천수가 화합승가를 깨트리고 투쟁하는

9) 남의 뜻에 맞추고 스스로 따르는 것을 말한다.

일과 비법을 짓고서 머무르고 있는 것을 돕지 마십시오. 그대 고가리가
등 네 명은 마땅히 승가를 화합하게 하고, 환희하며, 다툼이 없고, 하나의
마음·하나의 말로써 물과 우유가 화합하듯이 대사의 교법을 밝게 드러내
고, 안락하게 머물러야 합니다.'

　만약 승가께서 때에 이르렀음을 인정하시면 승가께서는 마땅히 허락하
십시오. 승가시여. 지금 백사갈마로써 이 고가리가 등 네 명이 천수가
승가를 깨트리는 일을 돕는 것을 충고하고자 합니다. 이와 같이 아룁니다.'"

　다음 갈마는 아뢴 것에 의거하여 짓는다.

29) 여작학가법단백(與作學家法單白)

　구수 오파리가 부처님께 청하여 아뢰었다.

　"대덕이시여. 그 사자장자(師子長者)는 이전에 외도(外道)를 섬기다가
세존 처소에 나아가서 법문을 들은 인연으로 그 자리에서 모든 번뇌와
미혹을 끊고 예류과(預流果)를 증득하였습니다. 삼보의 처소에서 마음이
즐겁고 순수하며 착해지고 깊은 신심을 일으켜, 소유한 재산을 항상
즐겁게 베풀었습니다. 이 때문에 가난하고 궁핍함에 이르러 재가의 사람들
이 모든 필추들을 비난하고 싫어하고 있으니, 어떻게 하는가를 알지
못하고 있습니다."

　세존께서 말씀하셨다.

　"그대들 모든 필추들은 마땅히 사자장자를 위하여 학가갈마(學家羯磨)
를 지어 모든 필추들이 그의 집에 가지 못하게 막아야 한다. 자리를
깔고 앞에서의 방편을 짓고서, 한 필추에게 단백갈마를 짓게 하며, 마땅히
이와 같이 지어야 한다.

　'대덕 승가께서는 들으십시오. 그 사자장자는 신심이 은근하고 분명하
며 마음이 즐겁고 순수하며 착하여 삼보의 처소에 현재 소유한 재산을
모두 베풀어 보시하였고, 모든 구하는 사람에게 역시 인색하고 아끼지
않았습니다. 이러한 인연을 까닭으로 옷과 곡식이 모두 바닥났습니다.

만약 승가께서 때에 이르렀음을 인정하시면 승가께서는 마땅히 허락하십시오. 승가시여. 지금 사자장자에게 학가갈마를 지어 주고자 합니다. 이와 같이 아룁니다.'

이미 법을 짓고서 가는 사람은 월법죄를 얻느니라."

30) 여작사학가법단백(與作捨學家法單白)

이때 모든 필추 대중들은 그 장자를 위하여 학가법을 짓고서 곧 그 집에 가서 여러 가지 음식을 받지 아니하였다. 이때 그 장자는 부지런히 노력하고 농사를 경영하여 오래되지 않아 창고에 곡식이 넘치고 이전보다 두 배(倍)로 수승하게 되었다. 장자는 이미 가업(家業)이 융성(隆盛)하여진 것을 보고서, 복전(福田)을 생각하고 보면서 앞에서와 같이 공양하고자 하였다.

세존의 처소에 나아가 은근(慇懃)하게 청하여 열었으므로, 세존께서는 곧 허락하셨다. 가르침을 받들어 이 장자는 그 일을 갖추어 상좌에게 말하여 알게 하고 건치를 울려 승가를 모으고서, 상좌 앞에 꿇어앉아 합장하고 이와 같이 말하였다.

"대덕 승가께서는 들으십시오. 나 사자는 신심이 은근하고 분명하며 마음이 즐겁고 순수하며 착하여 삼보의 처소에 현재 소유한 재산을 모두 베풀어 보시하였고, 모든 구하는 사람에게 역시 인색하고 아끼지 않았습니다. 이러한 인연을 까닭으로 옷과 곡식이 모두 바닥나고 빈궁(貧窮)하게 되었습니다. 승가께서 보시고, 애민한 마음을 일으켜서 나 사자에게 학가법을 지어 주셨으며, 모든 성중(聖衆)들이 나의 집에 들어오지 못하게 하였습니다. 나 사자는 지금 창고가 되돌려져 다시 풍요롭고 가득하므로, 지금부터 승가께서 학가법을 풀어 주시기를 애원합니다. 오로지 원하건대 대덕 승가시여. 나에게 주신 학가법을 풀어 주십시오. 이렇게 능히 애민한 사람이 애민하게 원하는 까닭입니다."

이와 같이 세 번을 말하였다. 말을 마친 뒤에 대중에게 예경하고 떠나갔다.

이때 승가에서는 한 필추에게 단백갈마를 짓게 하였다.

"대덕 승가께서는 들으십시오. 그 사자장자는 신심이 은근하고 분명하며 마음이 즐겁고 순수하며 착하여 삼보의 처소에 현재 소유한 재산을 모두 베풀어 보시하였고, 모든 구하는 사람에게 역시 인색하고 아끼지 않았습니다. 이러한 인연을 까닭으로 옷과 곡식이 모두 바닥났습니다. 승가께서는 그 장자를 위하여 학가갈마를 지어 모든 필추들이 그 집에 가서 모든 음식을 받지 못하게 하였습니다.

장자는 지금 옷과 곡식이 되돌려져 다시 앞에서와 같아졌으므로, 지금 승가를 좇아 학가갈마를 풀어주는 것을 애원하고 있습니다. 만약 승가께서 때에 이르렀음을 인정하시면 승가께서는 마땅히 허락하십시오. 승가시여. 지금 그 사자장자에게 주었던 학가갈마를 풀고자 합니다. 이와 같이 아룁니다."

이때 모든 필추들은 그 장자를 위하여 학가갈마를 풀고서 어떻게 하는가를 알지 못하였다. 세존께 아뢰니, 세존께서 말씀하셨다.

"그대들 모든 필추는 그 집에 가서 여러 음식을 받아도 모두 범하는 것이 없느니라."

31) 관행험림백이(觀行險林白二)

구수 오파리가 세존께 청하여 아뢰었다.

"대덕이시여. 하안거를 마치는 날에 여러 바라문과 거사(居士)들이 좋은 밥과 음식을 장차 성중들에게 드리고자 하였습니다. 심부름하는 여러 여인에게 따라오게 하였습니다. 길의 반(半)에 이르렀을 때, 모두 도둑들에게 겁탈을 당하였습니다. 이때 한 필추는 난야(蘭若)[10] 중에서 걸식하고자 길을 가다가 도중에 이르러 여러 가지 음식을 보았고, 마침내 벌거벗은 심부름하는 여자들에게 음식을 주었으며, 심부름하는 모든 여인들은 몹시 부끄러워하였습니

10) 산스크리트어 Aranya의 음사로 아란야(阿蘭若)로 번역되고, 적정처(寂淨處)·무쟁처(無靜處)로 의역된다.

다. 이때 바라문과 거사가 그 필추에게 알려 말하였습니다.

'험한 숲속의 처소에서 어찌하여 사람들에게 살피고 지키지 않아서 우리가 음식을 보냈는데도 도둑들에게 겁탈을 당하게 하였습니까?'

이때 모든 필추들은 어떻게 하는가를 알지 못하고 있습니다."

세존께서 말씀하셨다.

"백이갈마로써 마땅히 5법(法)을 갖춘 필추를 뽑아 험한 숲속의 처소를 살피고 지키게 하여야 한다. 앞에서의 방편을 지어야 하고, 앞에 의거하여 마땅히 알지니라.

'대덕 승가께서는 들으십시오. 이 필추 누구는 능히 험한 숲속의 무섭고 두려운 곳에 가서 그 도로(道路)를 능히 잘 관찰(觀察)할 수 있습니다. 만약 승가께서 때에 이르렀음을 인정하시면 승가께서는 마땅히 허락하십시오. 승가시여. 지금 이 필추 누구를 뽑아 그 험한 숲길과 무섭고 두려운 곳을 관찰하는 사람으로 삼고자 합니다. 이와 같이 아룁니다.'"

다음 갈마는 아뢴 것에 의거하여 성립된다.

32) 수기학법백사(授其學法白四)

구수 오파리가 세존께 청하여 아뢰었다.

"대덕이시여. 지금 한 필추가 환희(歡喜)라고 이름하며, 학처(學處)를 버리지 않고서 범행(梵行)을 무너트리고 음욕의 일을 지었습니다. 한 생각도 덮고 숨기려는 생각이 없었으며, 마치 독화살이 가슴을 찌른 것처럼 마음에 근심과 슬픔을 품고 있으니, 어떻게 하는가를 알지 못하고 있습니다."

세존께서 말씀하셨다.

"그대들 모든 필추들은 환희필추에게 종신학처(終身學處)를 주어라. 만약 다시 이러한 비슷한 부류에도 모두 이것에 의거하여 주어라. 건치를 울려 대중을 모으고서, 나아가 환희필추를 가르쳐 상좌 앞에 꿇어앉아 합장하고 이와 같이 애원하게 한다.

'대덕 승가께서는 들으십시오. 나 환희필추는 학처를 버리지 않고서 범행을 무너트리고 음욕의 일을 지었습니다. 나 환희필추는 한 생각도 덮고서 숨기려는 생각이 없었고, 지금 승가를 좇아 종신학처를 받는 것을 애원합니다. 원하건대 대덕 승가께서는 나 환희에게 종신학처를 주십시오. 이렇게 능히 애민한 사람이 애민하게 원하는 까닭입니다.'

이와 같이 세 번을 말한다.

환희필추를 눈으로 볼 수 있으나 귀로는 들을 수 없는 곳에 머물게 하고 한 필추에게 갈마를 짓게 한다.

'대덕 승가께서는 들으십시오. 그 환희필추는 학처를 버리지 않고서 범행을 무너트리고 음욕의 일을 지었습니다. 그 환희필추는 한 생각도 덮고서 숨기려는 생각이 없었고, 지금 승가를 좇아 종신학처를 받는 것을 애원하고 있습니다. 만약 승가께서 때에 이르렀음을 인정하시면 승가께서는 마땅히 허락하십시오. 승가시여. 지금 환희필추에게 종신학처를 주고자 합니다. 이와 같이 아룁니다.'

'대덕 승가께서는 들으십시오. 그 환희필추는 학처를 버리지 않고서 범행을 무너트리고 음욕의 일을 지었습니다. 그 환희필추는 한 생각도 덮고서 숨기려는 생각이 없었고, 지금 승가를 좇아 종신학처를 받는 것을 애원하고 있습니다. 승가시여. 지금 환희필추에게 종신학처를 주겠습니다. 만약 모든 구수들께서 환희필추에게 종신학처를 주는 것을 허락하신다면 묵연히 계시고, 만약 허락하지 않으신다면 말씀하십시오.'

두 번째·세 번째에도 역시 이와 같이 말한다.

'승가시여. 이미 환희필추에게 종신학처를 주는 것을 마쳤습니다. 승가께서 이미 인정하시고 허락하신 것은 묵연히 계셨기 때문입니다. 나는 지금부터 이와 같이 지니겠습니다.'"

33) 여실력자의단백(與實力子衣單白)

구수 오파리가 세존께 청하여 아뢰었다.

"대덕이시여. 실력자 필추는 화합승가에서 대중들에게 와구를 나누어 주고 또한 음식 차례를 맡도록 뽑은 사람입니다. 그는 신심이 있고 즐거워하며 순수하고 착한 마음에서 대중을 위하여 검사(檢校)하는 노고(勞苦)를 사양하지 아니하였고, 지녔던 재물을 삼보 중에 모두 베풀고 보시하였습니다. 이렇게 보시하여 자기의 3의(衣)는 모두 찢어지고 낡았습니다. 어떻게 하는가를 알지 못하고 있습니다."

세존께서 말씀하셨다.

"그대들 모든 필추 대중들은 마땅히 화합하여 모여서 단백갈마를 짓고서, 실력자 필추에게 옷을 주어야 하며, 마땅히 이와 같이 지어라.

'대덕 승가께서는 들으십시오. 실력자 필추는 신심이 있고 즐거워하며 순수하고 착한 마음에서 대중을 위하여 검사하는 노고를 사양하지 아니하였고, 지녔던 재물을 삼보 중에 모두 베풀고 보시하였습니다. 이렇게 보시하여 자기의 3의(衣)는 모두 찢어지고 낡았습니다. 지금 이때에 승가는 좋은 백첩(白疊)[11]을 얻었으니, 함께 이 백첩을 실력자에게 주어 옷을 짓게 하고자 합니다. 만약 승가께서 때에 이르렀음을 인정하시면 승가께서는 마땅히 허락하십시오. 승가시여. 지금 이 백첩을 실력자에게 주어 옷을 짓게 하겠습니다. 이와 같이 아룁니다.'"

세존께서 말씀하셨다.

"그대들 모든 필추들은 이미 단백갈마를 지었으면 마땅히 백첩을 실력자에게 줄 것이며, 의혹을 일으키지 말라."

34) 대면경훼백사(對面輕毀白四)

구수 오파리가 세존께 청하여 아뢰었다.

"대덕이시여. 실력자 필추는 화합승가에서 대중들에게 와구를 나누어 주고 또한 음식의 차례를 맡도록 뽑았습니다. 이때 우(友)·지(地)의 두 필추는 과거에 쌓아온 원수(怨讐)인 업의 인연이 끝나지 않았고, 이 두

---

11) 산스크리트어 karpāsaka의 음사로 갈파사가(羯播死迦)로 번역되고, 백첩(白疊)으로 의역된다. 면(綿)으로 만든 옷을 가리킨다.

필추는 실력자의 앞에서 싫어하고 헐뜯으니, 여러 필추들이 어떻게 하는가를 알지 못하고 있습니다."

세존께서 말씀하셨다.

"그대들 여러 필추들은 마땅히 갈마를 지어, 우·지의 두 필추가 얼굴을 마주하고 실력자 필추 앞에서 싫어하고 헐뜯는 일을 꾸중하고 경책해야 한다. 다시 나머지의 이러한 부류에게도 마땅히 이와 같이 주어야 한다. 건치를 울려 대중을 모으고, 앞에서의 방편을 짓는다. 한 필추에게 백갈마(白羯磨)를 짓게 하며, 이와 같이 지어라.

'대덕 승가께서는 들으십시오. 실력자 필추는 화합승가에서 대중들에게 와구를 나누어 주고 또한 음식 차례를 맡도록 뽑은 사람입니다. 이 우(友)·지(地)의 두 필추는 실력자의 앞에서 싫어하고 헐뜯고 있습니다. 만약 승가께서 때에 이르렀음을 인정하시면, 승가께서는 마땅히 허락하십시오. 승가시여. 지금 이 우·지의 두 필추가 실력자의 앞에서 싫어하고 헐뜯는 일을 꾸중하고 경책하겠습니다. 이와 같이 아룁니다.'

'대덕 승가께서는 들으십시오. 실력자 필추는 화합승가에서 대중들에게 와구를 나누어 주고 또한 음식 차례를 맡도록 뽑은 사람입니다. 이 우·지의 두 필추는 실력자 앞에서 그를 싫어하고 헐뜯고 있습니다. 승가시여. 지금 이 우·지의 두 필추가 실력자 앞에서 싫어하고 헐뜯는 것을 꾸중하고 경책하겠습니다. 만약 모든 구수들께서 이 우·지의 두 필추가 실력자 앞에서 싫어하고 헐뜯는 일을 꾸중하고 경책하는 것을 허락하신다면 묵연히 계시고, 만약 허락하지 않으신다면 말씀하십시오.

두 번째·세 번째에도 역시 이와 같이 말한다.

'승가시여. 지금 이 우·지의 두 필추가 실력자의 앞에서 싫어하고 헐뜯는 일을 꾸중하고 경책하는 것을 마쳤습니다. 승가께서 이미 인정하시고 허락하신 것은 묵연히 계셨기 때문입니다. 나는 지금부터 이와 같이 지니겠습니다.'"

35) 가탁경훼백사(假託輕毁白四)

이때 모든 필추들은 부처님의 가르침을 받들어 우·지의 두 필추에게 가책갈마(訶責羯磨)를 지었다. 뒤의 다른 때에 그 두 필추는 실력자 앞에 마주하고서 그의 법명을 말하지 않으면서 싫어하고 헐뜯었다. 여러 필추들이 이 말을 듣고서 곧 세존께 아뢰니, 세존께서 말씀하셨다.

"그대들 필추들은 우·지의 두 필추가 실력자 앞에서 다른 일에 가탁(假託)[12]하며 그의 법명을 말하지 않으면서 싫어하고 헐뜯으면 가책갈마를 지어야 하며, 앞에서와 같이 마땅히 지어라.

'대덕 승가께서는 들으십시오. 실력자 필추는 화합승가에서 대중들에게 와구를 나누어 주고 또한 음식의 차례를 맡도록 뽑은 사람입니다. 이 두 필추는 실력자 앞에서 다른 일에 가탁하여 그의 법명을 말하지 않으면서 싫어하고 헐뜯고 있습니다. 만약 승가께서 때에 이르렀음을 인정하시면 승가께서는 마땅히 허락하십시오. 승가시여. 지금 이 우·지의 두 필추가 우·지의 두 필추가 실력자 앞에서 다른 일에 가탁하며 그의 법명을 말하지 않으면서 싫어하고 헐뜯는 것을 꾸중하고 경책하겠습니다. 이와 같이 아룁니다.'

다음은 갈마를 한다.

'대덕 승가께서는 들으십시오. 실력자 필추는 화합승가에서 대중들에게 와구를 나누어 주고 또한 음식 차례를 맡도록 뽑은 사람입니다. 이 두 필추는 실력자 앞에서 다른 일에 가탁하여 그의 법명을 말하지 않으면서 싫어하고 헐뜯고 있습니다. 승가시여. 지금 우·지의 두 필추가 다른 일에 가탁하여 그의 법명을 말하지 않으면서 싫어하고 헐뜯는 것을 꾸중하고 경책하겠습니다. 만약 모든 구수들께서 이 우·지의 두 필추가 실력자 앞에서 다른 일에 가탁하여 그의 법명을 말하지 않으면서 싫어하고 헐뜯는 것을 꾸중하고 경책하는 것을 허락하신다면 묵연히 계시고, 만약 허락하지

---

12) 어떤 현상을 빌어서 그것을 통하여 일정한 사상이나 감정을 나타내는 것을 말한다.

않으신다면 말씀하십시오.'

두 번째·세 번째에도 역시 이와 같이 말한다.

'승가시여. 지금 이 우·지의 두 필추가 실력자의 앞에서 다른 일에 가탁하여 그의 법명을 말하지 않으면서 싫어하고 헐뜯는 것을 꾸중하고 경책하는 것을 마쳤습니다. 승가께서 이미 인정하시고 허락하신 것은 묵연히 계셨기 때문입니다. 나는 지금부터 이와 같이 지니겠습니다.'"

이때 모든 필추들이 우·지의 두 필추에게 갈마를 지어 마쳤다. 이 두 필추는 오히려 얼굴을 마주하고서 나아가 다른 일에 가탁하여 실력자를 헐뜯었다. 모든 필추 대중이 세존께 아뢰니, 세존께서 말씀하셨다.

"갈마를 지어 마쳤으나, 만약 버리지 아니하는 사람은 바일저가(波逸底迦)13)를 얻느니라. 열두 종류의 승가의 일을 맡아보는 사람은 대중이 뽑은 사람이니, 싫어하고 헐뜯으면 죄를 얻는다. 마땅히 열두 종류의 사람이 비록 대중들에게 뽑은 사람이고, 일이 이미 멈추어졌어도 싫어하고 헐뜯는 사람은 악작죄(惡作罪)14)를 얻는다."

이때 구수 억이(億耳)가 자리에서 일어나 합장하고 세존께 아뢰었다.

"대덕이시여. 변방(邊方)의 나라에 가다연나(迦多衍那)가 있으며, 이 분은 나의 오바타야입니다. 나에게 세존의 두 발에 예경드리고, 기거(起居)하는 것이 홀가분하고 편리하시며, 나아가 세존께 '다른 여러 필추들께서도 안락하신가?'를 말하라고 하였습니다. 대덕이시여. 나의 친교사께서 삼가하고 부탁하면서 다섯 가지 일을 청하여 물으라고 하였습니다. 세존이시여. 원하옵건대 자비로써 그 일을 결단하여 주십시오.

대덕이시여. 변방의 나라에는 필추가 적습니다. 만약 구족계를 받을 때에도 열 명의 대중을 채우기가 어렵습니다. 대덕이시여. 변방 나라의 땅은 굳고 딱딱한 곳이 많고, 소의 발자국에 소리가 생겨나는 곳에서는 가죽신발을 신을 수 있습니까? 만약 자주 씻고 목욕할 수 있는 곳에서는 자주 씻을 수 있습니까? 다시 변방 나라의 소·양·사슴 가죽 등을 와구(臥具)

---

13) 죽어서 지옥에 떨어지는 죄로서 한 필추에게 참회하면 청정하여지는 죄이다.
14) 다른 표현으로 '돌길라(突吉羅)'라고 불리며, 가장 가벼운 죄이다.

로 모두가 사용하면 사용할 수 있습니까? 어떤 필추가 옷이 있어 다른 필추에게 옷을 보내주었으나, 옷이 도착하기 전에 그 필추가 죽어서 옷이 전달되지 못하고 10일이 지났으면 누가 니살기야(泥薩祇耶)[15]를 얻습니까?"

세존께서 말씀하셨다.

"나는 변방 나라에서는 비나야(毘奈耶)를 이해하는 사람이 다섯 명이 있어도 구족계를 받는 것을 허락하노라. 땅이 굳고 딱딱한 곳에서는 한 겹의 가죽신을 신는 것을 허락하노라. 두 겹·세 겹의 신발은 아니되고, 바닥이 뚫어진 신발은 마땅히 수선하거나 바꾸어 신어라. 씻고 목욕하는 것이 많은 곳에서는 마음대로 씻고, 가죽으로 된 이부자리는 곳에 따라 마음대로 사용하고, 또한 이곳 필추가 옷을 보냈으나 저쪽에 도착하지 아니하였으나 그 필추가 죽었으면 사타죄(捨墮罪)가 없느니라."

구수 오파리가 부처님께 청하여 아뢰었다.

"세존의 말씀에 따르면 변방의 나라에서는 계율을 이해하는 사람이 다섯 명이 있으면 구족계를 받을 수 있다고 하셨습니다. 대덕이시여. 어디를 한계삼아 변방의 나라라고 말씀하십니까?"

세존께서 말씀하셨다.

"동방에 나라가 있으니 분다발달나(奔茶跋達那)라고 이름하였고, 성의 동쪽의 멀지 아니한 곳에 바라수(婆羅樹)가 있으며, 분다각차(奔茶各叉)라 이름한다. 이곳을 동쪽 주변이라 말하고, 여기부터 더 동쪽을 변방 나라라고 부른다. 남방에 성(城)이 있으니 섭발라벌저(攝跋羅伐底)라고 이름하고, 성의 남쪽에 섭발라벌저라는 이름의 강이 있다. 이곳을 남쪽 주변이라 말하고, 여기부터 더 남쪽을 변방 나라라고 부른다.

서방에 마을이 있으니, 솔토노오바(窣吐奴鄔波)라 이름하고, 이 솔토노오바 마을은 두 마을이 갖추어져 있으며 바라문의 처소이다. 이곳을

---

15) '니살기바일저가'를 다르게 부르는 말이며, '사타(捨墮)'라고 번역된다. 재물 취급을 소홀히 한 것으로 죄를 범한 뒤에 대중에게 참회하지 않으면 지옥에 떨어진다고 말한다.

서쪽 주변이라 말하고, 이곳부터 더 서쪽에 있는 나라를 변방 나라라고
부른다. 북방에 산이 있으니 올시라지리(嗢尸羅祇利)라 이름하고, 이곳을
북쪽 주변이라 말하고, 여기부터 더 북쪽을 변방 나라라고 부른다.”

[개략적으로 큰 숫자의 중간치를 추정하면, 멀고 가까운 동쪽과 서쪽의
두 경계에는 3백여 곳의 역(驛)이 있고, 남과 북의 두 가장자리 사이에는
4백여 곳의 역이 있다. 비록 내가 직접 눈으로 본 것은 아니지만 자세히
물어서 알게 되었다. 그러나 동쪽 경계의 남쪽으로 40역(驛) 정도를 가면
입저국(立底國)의 탐마(眈摩)에 이르고, 사찰이 다섯·여섯 곳이 있다. 이때
사람들은 왕성하고 풍요로웠고 동천(東天竺國)에 귀속되어 통치(統治)되고
있었다. 이곳을 떠나 막하보리(莫訶菩提)의 실리나란타사(室利那爛陀寺)에
이르러 16역을 가면 이곳이 곧 배를 타고 바다로 들어가서 당(唐)나라로
돌아오는 곳이다.

여기부터 두 달 동안 배를 타고 동남쪽으로 가니 갈다국(羯多國)에
도착하였으며, 이곳은 세존께서 다니신 곳에 속한다. 배가 그곳에 도착한
때는 정월(正月)과 이월(二月)에 해당하였다. 사자연(師子淵)을 향하여 서남
쪽으로 배가 나아갔으며, 700역을 지나서 멈추었다. 이곳에 이르러 겨울이
되어 배를 정박하였고, 남쪽으로 한 달 뒤에 허락되어 말라유주(末羅遊洲)
에 도착하였으며, 지금의 불서다국(佛逝多國)이 된 곳이다. 또한 바로 두
달을 머물고 여름의 반(半)이 지나 배를 타고 북쪽으로 한 달 정도를
가니, 문득 광부(廣府)16)에 이르렀다. 지나오고 머문 것이 1년 반에 해당된
다. 만약 복력(福力)이 있고 그곳에 부지(扶持)17)하고 즐거워하면 시장(市場)
을 다니는 것과 같다. 숙세(宿世)의 인연과 업이 적으면 이르는 곳마다
실제로 위험한 것이 기울어진 집과 같다.

앞을 인연하여 사방(四方)의 주변을 간략하게 말하였으나, 돌아오는
길을 기록을 통하여 아는 것은 점차적으로 확대하여 알아야 한다. 또한
남해의 여러 지역은 모두 공경하고 믿는 사람이 많고, 왕국의 주인들이

---

16) 중국 광동성의 광주(廣州)의 옛 이름을 말한다.
17) 고생(苦生)이나 어려움을 견디는 것을 말한다.

복덕을 숭상(崇尙)하는 마음을 가지고 있다. 이곳은 세존께서 다니셨던 지역이고, 후대의 승가의 대중들도 많이 배우고 묻는 생각을 가지고 있으며, 함께 다닐 때가 많았는데, 발우를 지니고 다녔으며 지닌 책을 찾아서 읽는 것이 곧 중국(中國)18)과 다르지 않았다. 사문(沙門)의 의궤(儀軌)도 모두 다르지 않았다. 만약 당나라의 스님으로서 서방(西方)19)에 가기 위하여 (여행의 내용에 대하여) 듣고 읽는 사람이라면 이곳에서 1·2년 동안을 머무르면서 그곳의 법식(法式)을 익히고 비로소 중천축국(中天竺國)으로 가는 것이 좋을 듯하다.]

구수 오파리가 부처님께 청하여 아뢰었다.

"대덕이시여. 세존께서 말씀하신 것과 같이 '만약 필추가 재가인이 일찍이 신었던 가죽신을 얻었으면 마땅히 수용(受用)하라.'고 하셨습니다. 대덕이시여. 어떤 것이 재가인이 일찍이 신었던 가죽신인가를 알지 못하고 있습니다."

세존께서 말씀하셨다.

"다만 재가인이 신고서 일곱·여덟 발자국을 걸어갔으면 그 신발은 곧 재가인이 수용하였다고 이름하느니라."

"만약 일찍이 얻어 수용하지 않은 가죽신·짚신·나막신과 나아가 새로 만든 것은 어떻게 수용해야 합니까?"

세존께서 말씀하셨다.

"이것은 마땅히 지니고 있다가 믿을 수 있는 재가인에게 주면서 알려 말하여라.

'이것은 그대의 물건이다.'

그 재가인은 자기의 물건이라 생각하고 마침내 가죽신을 신고 일곱·여덟 발자국을 걷고서 가죽신을 머리 위에 받들어 필추가 있는 곳에 와서 말한다.

'성자여. 이것은 나의 물건입니다. 원하건대 애민하게 보아 주십시오.'

18) 고대의 중인도를 다르게 부르는 말이다.
19) 고대의 인도를 다르게 부르는 말이다.

이때는 마음대로 수용하라."

구수 오파리가 세존께 청하여 아뢰었다.

"대덕이시여. 세존께서 말씀하신 것과 같이 '춥고 눈이 많은 여러 나라에서는 부라(富羅)를 저장하는 것을 허용한다.'고 하셨습니다. 춥고 눈이 많은 나라는 어느 나라인가를 알지 못하고 있습니다."

세존께서 말씀하셨다.

"서리와 눈이 있는 곳이고, 물을 담은 그릇에 얼음이 어는 곳이다."

"세존께서 말씀하신 것과 같이 '네 종류의 약을 마땅히 수용해야 한다.'고 하셨습니다. 어느 것이 네 종류의 약입니까?"

세존께서 말씀하셨다.

"첫째는 시약(時藥)이고, 둘째는 갱약(更藥)이며, 셋째는 칠일약(七日藥)이고, 넷째는 진수약(盡壽藥)이다."

이때 모든 필추들은 그 약의 실체를 알지 못하였다. 세존께서 말씀하셨다.

"시약(時藥)이라 하는 것은 다섯 종류의 가단니(珂但尼)와[가단니란 번역하면 다섯 가지의 작식(嚼食)[20]이다. 즉 뿌리·줄기·꽃·잎·열매를 뜻하며, '씹는다.'는 뜻이 있다.] 다섯 종류의 포선니(蒲膳尼)를[번역하면 오감식(五噉食)[21]이다. 즉, 보릿가루·밥·보리·콩·떡·고기 등이며 이 가운데에서 내용을 취하여 먹는다는 뜻이다. 이전에는 사야니(奢耶尼)라고 이름하였으나, 법본(梵本)을 완전히 조사하여도 이러한 이름은 전혀 없다.] 말한다.

갱약(更藥)은 여덟 종류의 장(漿)을 말한다. 첫째는 초자장(招者漿)이다.[초(酢)는 매실(梅實)과 비슷하고 모양은 조협(皂莢)[22]과 같다.]

둘째는 모자장(毛者漿)이다.[익힌 파초씨(芭蕉子)이다.]

셋째는 고락가장(孤洛迦漿)이다.[그 열매의 모습이 신(酸) 대추(棗)와

---

20) 산스크리트어 khādanīya의 음사로서 작식(嚼食)·부정식(不正食)이라 번역되며, 필추들이 간식으로 씹어 먹는 음식을 가리킨다.

21) 산스크리트어 pañca-bhojanīya의 음사로 오감식(五噉食)·오정식(五正食)이라고 번역된다. 필추들이 끼니로 먹는 다섯 가지 부드러운 음식을 가리킨다.

22) 한약재의 한 종류로서 중국에서는 저아조(豬牙皂)의 열매를 가리킨다.

비슷하다.]

넷째는 아설타자장(阿說他子漿)이다.[보리수 열매(菩提樹子)이다.]

다섯째는 오담발라장(烏曇跋羅漿)이다.[그 열매는 크기가 오얏열매(李子)와 같다.]

여섯째는 발로쇄장(鉢嚕灑漿)이다.[그 열매의 모습은 영욱자(蘡薁子)[23]와 같다.]

일곱째는 멸률추장(蔑栗墜漿)이다.[포도 열매(蒲桃果)이다.]

여덟째는 갈수라장(渴樹羅漿)이다.[그 모양은 작은 대추와 같고 떫으면서 단맛이 섞여 있는데 파사국(波斯國)[24]에서 생산되고, 임중(臨中)[25] 지방에서도 역시 그러한 맛이 있는 초수(稍殊)가 있다. 그 나무는 홀로 자라며 모양은 종려(椶櫚)[26]와 같고, 그 열매는 번우(蕃隅) 지방에 많아서 이 사람들이 파사대추(波斯棗)라고 부르며 그 맛은 곶감(乾柹)과 매우 비슷하다.]

칠일약은 소(酥)·기름·사탕·꿀을 말한다.

진수약(盡壽藥)은[뿌리·줄기·꽃·잎·열매라 하는 것은 곧 모두가 풀과 나무에서 나오는 약물에 지나지 않는다. 여기서는 곧 총체적으로 모든 약품을 포괄하여 종류로서 이렇게 끝내는 것이다.], 나아가 다섯 종류의 소금이며, 자세한 것은 나머지와 같다."

이 가운데 시약·갱약·칠일약, 나아가 진수약 중에서 뒤의 세 가지의 약을 줄 때에는 약이 서로 조화되도록 주어야 하고, 때에 맞게 마땅히 복용해야 한다. 반드시 만약 때를 넘기면 곧 먹는 것이 합당하지 않고, 뒤의 두 약이 갱약과 서로 조화되면 갱약에 한정하여 복용하며, 마땅히 진수약을 칠일약과 서로 섞으면 7일에 한해서 복용해야 한다.

[이전에 "네 가지의 약이 조화되면 강한 약에 따라 복용한다는 것은 때와 때가 아닌 것에 스스로가 강함과 약함이 있는 것일 뿐, 많고 적은

---

23) 산에 자생하는 '까마귀머루'를 가리키는 말이다.
24) 산스크리트어 pārasya의 음사로서 페르시아국이며, 지금의 이란국가이다.
25) 현재의 사천성 지역을 가리킨다.
26) 야자수 나무를 가리킨다.

것에 근거하는지 않는다.”고 말하였다. 어떤 사람은 “누룩과 생강을 서로 섞어 조화되면, 누룩이 많을 때[時] 복용하고, 생강이 많이 씹히면 때가 아닌 때이다[非時].”라고 말하였으나, 이것은 모두가 억측으로 단정(斷定)한 것이다.]

진수약(盡壽藥)을 수지(守持)하며 오래 복용하고자 하면 마땅히 이렇게 지어야 한다. 먼저 깨끗하게 손을 씻고 그 약을 받고서 한 필추를 마주하고 꿇어앉아 합장하고 이와 같이 말한다.

“구수여. 항상 생각하여 주십시오. 나 필추 누구는 병환이 있어 이 청정한 약을 나는 지금 수지하면서 목숨이 끝마칠 때까지 스스로 복용하겠으며, 아울러 함께 범행자들도 복용하게 하겠습니다.”

두 번째·세 번째에도 이와 같이 말한다.

칠일약과 갱약도 앞에 의거하여 수지하여야 한다.

그 갱약은 해가 지는 때까지 마셔야 하고, 밤에 약이 왔을 때는 초경(初更)에 제한하여 허락한다.[율장에서는 하룻밤을 세 부분으로 구분한다. 첫째 부분을 초경이라 하고, 이 시간이 지나면 마셔서는 아니된다. 만약 5경(更)으로 구분하면 1경(更)의 반(半)에 해당된다고 하며, 이전에는 ‘비시(非時)’라고 말하는 것은 올바른 번역이 아니다.]

일반적으로 이 세 가지 약을 수지하고자 할 때는 반드시 오전에 받아야 하나니, 이것은 정해진 계율이다.

[묻는다. 아래 세 가지 약을 받아 수지하고서, 구분의 한계를 분명하게 하면 반드시 수지하지 못하니 어디를 한계삼아 마땅히 복용하는가?

답한다. 일반적으로 이 세 가지의 약을 만약 오전에 받아서 오시[午]를 지나서 먹으면 아니된다. 오시가 지나서 받으면 초경까지 먹어야 하고, 갱약을 먹는 것도 같다. 또한 이 네 가지 약을 자기가 이미 받고서 자기 몫을 모두 먹지 아니하였으나, 약이 없는 사람이 와서 요구하면 주고서 다시 받아서 먹어야 한다. 만약 자기의 한도에 넘는 것은 만졌거나 만지지 아니하였어도 모두 마땅히 버려야 한다.

다시 묻는다. 그 세 가지 약을 먼저 수지하고 있는데 아직 갖추지 못한 사람이 문득 만졌으면 다시 복용할 수 있는가?

답한다. '수지한다.'는 근본적인 의미는 '자기 것을 취하여 방어한다.'는 뜻이므로, 다른 사람이 이미 만졌으면 법칙(法則)이 곧 없어졌으니, 이치적으로 버리는 것이 옳으며, 다시 복용하는 것은 옳지 않다. 반드시 가난한 사람들에게 열어서 교환하며, 보시하라. 사람이 뜻을 결심하고 다른 사람에게 주었다가 베풀고서 다시 되돌려 받아 취하면, 그 의미는 새로 얻는 것과 같다.]

36) 관조소방지백이(觀造小房地白二)

구수 가섭파가 세존께 청하여 아뢰었다.

"대덕이시여. 여러 필추들이 다른 사람인 시주를 괴롭게 하면서 자주 방사를 크게 짓는 것을 애원하여 구하고, 이미 지었으면 혹은 길고 짧다고 싫어하며, 혹은 넓고 좁다고 싫어하니 어떻게 하는가를 알지 못하고 있습니다."

이 일을 세존께 아뢰니, 세존께서 말씀하셨다.

"그 방사를 짓는 필추는 마땅히 승가를 따라 방사를 지을 땅의 세 곳의 청정함을 관찰하고서 짓는 것을 허락하기를 애원해야 한다. 어떤 곳이 세 가지인가? 첫째는 마땅히 법에 맞게 청정한 곳이고, 둘째는 다투고 경쟁하는 일이 없는 곳이며, 셋째는 앞으로 나아갈 수가 있는 곳이다."

"길이와 너비는 어떻게 하여야 합니까?"

세존께서 말씀하셨다.

"길이는 세존의 12장수(張手)27)이고, 너비는 7장수이다. 이것이 그 방의 크기이다."

그 방사를 짓는 필추는 건치를 울리고 앞에 의거하여 방편을 짓고서,

---

27) '장수(張手)'는 인도에서 길이의 단위로서 보통 엄지와 중기를 편 길이를 가리킨다. 인도에서는 1장수는 22.8cm로 환산되고, 중국에서는 약 24.5cm라고 하는 설이 유력하다.

꿇어앉아 합장하고 이와 같이 아뢴다.

"대덕 승가께서는 들으십시오. 나 영작필추(營作苾芻) 누구는 어느 곳을 관찰하니 청정하고 여러 방해와 환란이 없어 작은 방사를 짓고자 합니다. 원하건대 대덕 승가께서는 허락하십시오. 나 영작필추 누구는 청정한 곳에 작은 방사를 짓고자 합니다. 이렇게 능히 애민한 사람이 애민하게 원하는 까닭입니다."

이와 같이 세 번을 말한다.

다음은 믿을 수 있는 두세 명의 필추나, 혹은 승가가 함께 가서 관찰하여 여러 방해나 환란이 없고, 세 곳이 청정한 땅이면 짓는 일을 허락한다. 이미 관찰을 마쳤으면 대중들에게 되돌아와서 앞에서와 같이 방편을 짓고서, 이와 같이 아뢴다.

"대덕 승가께서는 들으십시오. 그 영작필추 누구는 작은 방사를 지을 땅을 나와 누구 등이 친(親)히 가서 관찰하였으며, 세 곳이 청정하고 여러 방해와 환란이 없습니다. 원하건대 대덕 승가께서는 허락하십시오. 그 영작필추 누구는 작은 방사를 짓고자 합니다."

이미 대중이 알았으면 다음은 갈마를 한다.

"대덕 승가께서는 들으십시오. 이 방사를 지으려는 필추 누구는 어느 곳의 땅을 대중들께서 관찰하니 청정하고 여러 방해와 환란이 없으며, 모두가 법에 합당하므로, 지금 승가를 좇아서 작은 방사를 지을 수 있게 애원하고 있습니다. 만약 승가께서 때에 이르렀음을 인정하시면 승가께서는 마땅히 허락하십시오. 승가시여. 이 방사를 지으려는 필추 누구는 그 청정하고 방해와 환란이 없는 곳에 작은 방사를 짓는 것을 허락하겠습니다. 이와 같이 아룁니다."

다음은 갈마를 짓고, 아뢴 것에 의거하여 짓는다.

37) 관조대사지백이(觀造大寺地白二)

세존께서는 교섬비국(憍閃毘國)의 구사라원(瞿師羅園)에 머무르셨다.

6부 대중과 필추들이 널리 재물을 구하였고, 다시 수승한 큰 나무를 베어 큰 주처를 짓고자 하여 많은 생명을 손상시켰으므로, 여러 재가의 사람들이 공경과 믿음을 일으키지 않았다. 이때 여러 필추들이 이 일을 세존께 아뢰니, 세존께서 말씀하셨다.

"그 주처를 짓고자 하는 필추는 마땅히 승가를 따라 방사를 지을 땅의 세 곳의 청정함을 관찰(觀察)하고서 짓는 것을 허락하게 애원하여야 한다. 이미 관찰을 마쳤고, 세 곳의 청정한 주처이면 짓는 일을 허락하며, 나머지의 애원하는 법은 앞의 작은 방사를 짓는 것과 같다."

다음은 갈마를 짓는다.

"대덕 승가께서는 들으십시오. 이 영작필추 누구는 승가를 위하여 큰 주처를 짓고자 합니다. 그 주처를 짓고자 하는 땅을 대중들께서 관찰하시니 청정하고, 여러 방해와 환란이 없으며, 모두가 법에 마땅하므로, 지금 승가께 주처를 지을 수 있게 애원하고 있습니다. 만약 승가께서 때에 이르렀음을 인정하시면 승가께서는 마땅히 허락하십시오. 승가시여. 지금 영작필추 누구에게 그 청정하고 방해와 환란이 없는 곳에 큰 주처를 짓는 것을 허락하겠습니다. 이와 같이 아룁니다."

다음은 갈마를 지으며, 아뢴 것에 의거하여 성립된다.

38) 여영작필추육년부구백이(與營作苾芻六年敷具白二)

만약 영작필추가 와구(臥具)가 파손되고 부서졌으므로 6년이 지나지 않았으나 새로운 것을 만들고자 하면, 건치를 울려 대중들을 모으고서, 그 필추는 상좌 앞에 꿇어앉아 합장하며 이와 같이 애원해야 한다.

"대덕 승가께서는 들으십시오. 나 필추 누구는 6년이 지나지 않았으나 다시 새로운 부구(敷具)를 짓고자 합니다. 원하건대 대덕 승가께서는 허락하십시오. 나 필추 누구는 6년이 지나지 않았으나 다시 새로운 부구를 짓고자 하며, 이렇게 능히 애민한 사람이 애민하게 원하는 까닭입니다."

두 번째·세 번째에도 이와 같이 말한다.

다음은 갈마를 짓는다.

"대덕 승가께서는 들으십시오. 나 필추 누구는 6년이 지나지 않았으나 다시 새로운 부구를 짓고자 합니다. 만약 승가께서 때에 이르렀음을 인정하시면 승가께서는 마땅히 허락하십시오. 승가시여. 지금 영작필추 누구는 6년이 지나지 않았으나 다시 새로운 부구를 짓는 것을 허락하겠습니다. 이와 같이 아룁니다."

갈마는 아뢴 것에 의거하여 성립된다.

근본설일체유부백일갈마 제6권

39) 시회중교죄법(是悔衆敎罪法) ①

이때 구수 오타이(鄔陀夷)는 고의적으로 정액(精液)을 누설하여 승가벌시사(僧伽伐尸沙)[1]죄를 범하고도 보름 동안을 덮고서 숨겼다. 어느 때 오타이는 곧 이 인연으로 여러 필추들에게 말하였다.

"구수들이여. 나 오타이는 고의적으로 정액을 누설하여 승잔죄(僧殘罪)를 범하고서 보름 동안을 덮고서 숨겼습니다. 내가 지금 어떻게 지어야 합니까?"

이때 여러 필추들이 이 인연으로 세존께 아뢰니, 세존께서 말씀하셨다.

"그대들 모든 필추는 오타이가 고의적으로 정액을 누설하여 승잔죄를 범하고서 보름 동안을 덮고 숨겼으니, 날짜만큼 편주법(遍住法)[2]을 내려 주고, 만약 다시 나머지의 부류가 있으면 마땅히 이와 같이 주어야 한다. 자리를 깔고 건치를 울려 대중을 모으고서, 앞에서의 방편을 지으며, [이하 자세한 내용은 생략한다.] 앞에 의거하여 마땅히 알지니라. 오타이 필추는 오른쪽 어깨를 드러내고 가죽신을 벗고서 좌차의 차례에 따라 예경하고 상좌 앞에 꿇어앉아 합장하고 이와 같이 말하여야 한다.

'대덕 승가께서는 들으십시오. 나 필추 오타이는 고의적으로 정액을 누설하여 승가벌시사죄를 범하고서 보름 동안을 덮고서 숨겼습니다. 나 필추 오타이는 지금 승가를 좇아 덮고서 숨긴 날짜에 따라 편주법을 주는 것을 애원합니다. 대덕 승가시여. 나 필추 오타이는 고의적으로

---

1) 승잔죄(僧殘罪)라고도 하며, 바라시가 다음으로 무거운 죄이다.
2) 별주법(別住法)이라고도 하며, 승단 내부에서 일반 대중과 격리하여 따로 혼자 머무르게 하는 법이다.

정액을 누설하여 승가벌시사죄를 범하고서 보름 동안을 덮고서 숨겼고, 숨긴 날짜에 따라 편주법을 주는 것을 애원합니다. 이렇게 능히 애민한 사람이 애민하게 원하는 까닭입니다.'

두 번째·세 번째에도 이와 같이 말한다.

다음은 한 필추가 마땅히 먼저 아뢰고서, 비로소 갈마를 한다.

'대덕 승가께서는 들으십시오. 이 필추 오타이는 고의적으로 정액을 누설하여 승가벌시사죄를 범하고서 보름 동안을 덮고서 숨겼습니다. 이 필추 오타이는 지금 승가를 좇아 고의적으로 정액을 누설하여 승가벌시사죄를 범하고서 보름 동안을 덮고서 숨긴 날짜에 따라 편주법을 행하는 것을 애원하고 있습니다. 만약 승가께서 때에 이르렀음을 인정하시면 승가께서는 마땅히 허락하십시오. 승가시여. 지금 오타이 필추가 고의로 정액을 누설하여 승가벌시사죄를 범하고 반달 동안 숨겨온 죄를 그 날짜에 따라 편주법을 주겠습니다. 이와 같이 아룁니다.'

다음은 갈마를 짓는다.

'대덕 승가께서는 들으십시오. 이 필추 오타이는 고의적으로 정액을 누설하여 승가벌시사죄를 범하고서 보름 동안을 덮고서 숨겼습니다. 이 필추 오타이는 지금 승가께 덮고서 숨긴 날짜에 따라 편주법을 주는 것을 애원하고 있습니다. 승가시여. 오타이 필추가 고의로 정액을 누설하여 승가벌시사죄를 범하고 반달 동안 숨겨온 죄를 그 날짜에 따라 편주법을 주겠습니다. 만약 모든 구수들께서 오타이 필추가 고의적으로 정액을 누설하여 승가벌시사죄를 범한 일에 대하여 숨긴 날짜에 따라 편주법을 주는 것을 허락하신다면 묵연히 계시고, 만약 허락하지 않으신다면 말씀하십시오.'

이것이 첫 번째의 갈마이다. 두 번째·세 번째도 역시 이와 같이 말한다.

'승가시여. 이미 필추 오타이가 고의적으로 정액을 누설하여 승가벌시사죄를 범하고서 보름 동안을 숨긴 날짜에 따라 편주법을 주겠습니다. 승가께서 이미 인정하시고 허락하신 것은 묵연히 계셨기 때문입니다. 나는 지금부터 이와 같이 지니겠습니다.'"[첫 번째 법을 마친다.]

　　이때 필추 오타이는 편주법을 행하고 있을 때, 역시 다시 고의적으로 정액을 누설하여 승가벌시사죄를 범하고 역시 덮고서 숨겼으며, 또한 이 일을 여러 필추들에게 알리면서 말하였다.

　　"구수들이여. 나 필추 오타이는 바르게 편주법을 행하고 있을 때에 또한 다시 고의적으로 정액을 누설하여 승가벌시사죄를 범하고서 보름 동안을 덮고서 숨겼습니다. 내가 지금의 때에는 어떻게 지어야 합니까?"

　　이때 여러 필추들이 이 인연으로 세존께 아뢰니, 세존께서 말씀하셨다.

　　"그대들 모든 필추들은 필추 오타이가 두 번째에도 거듭하여 고의적으로 정액을 누설하여 승가벌시사죄를 범하고서 보름 동안을 덮고서 숨겨왔으므로, 그 숨긴 날짜에 따라 다시 본래의 편주법을 주어야 한다. 만약 다시 나머지의 부류가 있으면 이와 같이 마땅히 주어야 한다. 자리를 깔고 건치를 울리고서 앞에서의 방편을 지어 마친다.

　　'대덕 승가께서는 들으십시오. 나 필추 오타이는 고의적으로 정액을 누설하여 승가벌시사죄를 범하고서 보름 동안을 덮고서 숨겼습니다. 나 필추 오타이는 지금 승가께 덮고서 숨긴 날짜에 따라 편주법을 주는 것을 애원하였고, 승가께서는 이미 나에게 숨긴 날짜에 따라 편주법을 주었습니다. 나는 바로 올바르게 편주법을 행하는 때의 중간에 거듭하여 앞에서 범한 죄의 부류를 범하였고 이것을 다시 덮고서 숨겨왔습니다. 나 필추 오타이는 지금 승가를 좇아 다시 본래의 편주법을 애원하고 있습니다. 원하건대 대덕 승가시여. 나 필추 오타이가 두 번째로 거듭하여 고의적으로 정액을 누설하여 승가벌시사죄를 범한 것에 다시 본래의 편주법의 법을 주십시오. 이렇게 능히 애민한 사람이 애민하게 원하는 까닭입니다.'

　　두 번째·세 번째에도 이와 같이 말한다.

　　다음은 한 필추가 먼저 아뢰고서, 비로소 갈마를 한다.

　　'대덕 승가께서는 들으십시오. 이 필추 오타이는 고의적으로 정액을 누설하여 승가벌시사죄를 범하고서 보름 동안을 덮고서 숨겼습니다. 이 필추 오타이는 지금 승가께 덮고서 숨긴 날짜에 따라 편주법을 주는 것을 애원하였고, 승가께서는 이미 나에게 숨긴 날짜에 따라 편주법을 주었습니다. 편주법을 행하는 때의 중간에 거듭하여 앞에서 범한 죄의 부류를 범하고 이것을 다시 덮고서 숨겨왔습니다. 이 오타이 필추는 앞에서의 부류의 죄이고, 지금 승가를 좇아 다시 본래의 편주법을 애원하고 있습니다. 만약 승가께서 때에 이르렀음을 인정하시면 승가께서는 마땅히 허락하십시오. 승가시여. 지금 오타이 필추가 숨겨온 날짜에 따라 다시 본래의 편주법을 주겠습니다. 이와 같이 아룁니다.'

다음의 갈마는 아뢴 것에 의거하여 마땅히 지으며, [이하 자세한 내용은 생략한다.] 나아가 묵연히 계셨기 때문입니다. 나는 지금부터 이와 같이 지니겠습니다.'"[두 번째 법을 마친다.]

이때 필추 오타이는 올바르게 편주법을 행하고 있을 때에 또한 다시 거듭하여 승가벌시사죄를 범하였으니, 이것도 앞의 죄의 부류이며, 역시 다시 덮고서 숨겼으며, 이 인연으로 여러 필추들에게 말하였다.

"구수들이여. 나 필추 오타이는 앞에서와 같이 고의적으로 정액을 누설하여 승가벌시사죄를 범하고서 보름 동안을 덮고서 숨겨왔으므로, 승가를 좇아 숨긴 날짜에 따라 편주법을 행하는 것을 애원하였고, 승가께서는 이미 나 필추 오타이에게 고의적으로 정액을 누설하여 승가벌시사죄를 범하고서 보름 동안을 덮고서 숨긴 날짜에 따라 편주법을 주었습니다.

나 필추 오타이는 바르게 편주법을 행하고 있을 때에 그 중간에 두 번째의 승가벌시사죄를 범하였으며, 이것도 앞의 죄의 부류였으나, 역시 다시 덮고서 숨겨왔습니다. 나 필추 오타이는 이미 승가께 다시 본래의 편주법을 행하는 것을 애원하였고, 승가께서는 이미 나 오타이 필추에게 두 번째 거듭하여 범한 죄에 본래의 편주법을 다시 주었습니다. 나는 다시 본래의 편주법을 행할 때 세 번째 거듭하여 승가벌시사죄를 범하였고, 이것도 앞의 죄의 부류였으나, 역시 다시 덮고서 숨겨왔습니다. 내가 지금은 어떻게 하여야 합니까?"

이때 모든 필추들이 이 인연으로 세존께 아뢰니, 세존께서 말씀하셨다.

"그대들 모든 필추들은 필추 오타이가 세 번째에 범한 이것도 앞의 죄의 부류이고, 또한 다시 덮고서 숨겨왔으니, 거듭하여 근본인 편주법을 주어라. 만약 다시 이러한 부류가 있으면 마땅히 이와 같이 주고서, 앞의 방편을 지으며,[이하 자세한 내용은 생략한다.] 꿇어앉아 합장하고 이와 같이 설하며, 앞에 의거하여 마땅히 알지니라.

'대덕 승가께서는 들으십시오. 나 필추 오타이는 고의적으로 정액을 누설하여 승가벌시사죄를 범하고서 보름 동안을 덮고서 숨겼습니다. 나 필추 오타이는 승가를 좇아 이미 덮고서 숨긴 날짜에 따라 편주법을 주는 것을 애원하였고, 승가께서는 이미 나에게 고의적으로 정액을 누설하여 승가벌시사죄를 범하고서 보름 동안을 덮고서 숨긴 날짜에 따라 다사 편주법을 주었습니다.

나는 편주법을 행하고 있을 때에 두 번째의 승가벌시사죄를 범하였고, 범한 이것도 앞의 죄의 부류이고, 역시 다시 덮고서 숨겨왔습니다. 나 필추 오타이는 이미 승가를 좇아 다시 본래의 편주법을 행하는 것을 애원하였고, 승가께서는 이미 나 오타이에게 다시 본래의 편주법을 주었습니다. 나는 다시 본래의 편주법을 행할 때에 세 번째 거듭하여 승가벌시사죄를 범하였고, 범한 이것도 앞의 죄의 부류이고, 역시 다시 덮고서 숨겨왔습니다.

나 필추 오타이는 지금 승가를 좇아 거듭하여 본래의 편주법을 주는 것을 애원하고 있습니다. 원하건대 대덕 승가이시여. 나 필추 오타이에게 세 번째 거듭하여 승가벌시사죄를 범하였고, 범한 이것도 앞의 죄의 부류이고, 역시 다시 덮고서 숨겨왔으니, 거듭하여 본래의 편주법을 주십시오. 이렇게 능히 애민한 사람이 애민하게 원하는 까닭입니다.'

두 번째·세 번째에도 역시 이와 같이 말한다.

다음은 한 필추가 먼저 아뢰고 비로소 갈마를 한다.

'대덕 승가께서는 들으십시오. 이 필추 오타이는 고의적으로 정액을 누설하여 승가벌시사죄를 범하고서 보름 동안을 덮고서 숨겼습니다. 이 필추 오타이는 승가를 좇아 덮고서 숨긴 날짜에 따라 편주법을 주는 것을 애원하였고, 편주법을 행하고 있을 때에 두 번째의 승가벌시사죄를 범하였고, 범한 이것도 앞의 죄의 부류이고, 역시 다시 덮고서 숨겨왔으며, 승가를 좇아 다시 본래의 편주법을 행하는 것을 애원하였습니다. 다시 본래의 편주법을 행할 때 세 번째 거듭하여 범한 이것도 앞의 죄의 부류이고, 역시 다시 덮고서 숨겨온 날짜에 따라 거듭하여 본래의 편주법을 주는 것을 애원하고 있습니다. 만약 승가께서 때에 이르렀음을 인정하시면 승가께서는 마땅히 허락하십시오. 승가시여. 지금 오타이 필추가 세 번째 거듭하여 범한 이것도 앞의 죄의 부류이고, 역시 다시 덮고서 숨겨온 날짜에 따라 거듭하여 본래의 편주법을 주겠습니다. 이와 같이 아룁니다.'

다음은 갈마를 짓고, 자세한 설명은 앞에 의거하며,[이하 자세한 내용은 생략한다.] 나아가 묵연히 계셨기 때문입니다. 나는 지금부터 이와 같이 지니겠습니다.'"[세 번째의 법을 마치고 만약 다시 범하면 일에 따라 꾸중하고 책임을 묻는다.]

이때 필추 오타이는 다시 다른 때에 고의적으로 정액을 누설하여 승가벌시사죄를 범하고서 보름 동안을 덮고서 숨겼고, 숨긴 날짜에 따라 편주법을 애원하였으며, 편주법을 행하고 있을 때에 두 번째의 승가벌시사죄를 범하였고, 범한 이것도 앞의 죄의 부류이고, 또한 다시 본래의 편주를 행하게 되었다. 본래의 편주를 행하면서 세 번째의 승가벌시사죄를 범하였고, 범한 이것도 앞의 죄의 부류이므로 거듭하여 근본의 편주법을 받았고, 또한 행하는 것을 잘 마치고서, 여러 필추들에게 알려 말하였다.

"구수들이여. 나 필추 오타이는 고의적으로 정액을 누설하여 승가벌시사죄를 범하고서 보름 동안을 덮고서 숨겼고, 이미 승가께 숨긴 날짜에 따라 편주법을 행하는 것을 애원하였습니다. 이미 승가께서는 나 필추 오타이가 고의적으로 정액을 누설하여 승가벌시사죄를 범한 죄에 숨긴 날짜에 따라 본래의 편주법을 행하게 하여 주었습니다. 나는 편주법을 행하는 중간에 거듭하여 승가벌시사죄를 범하였고, 범한 이것도 앞의 죄의 부류이며, 이미 승가를 좇아 다시 본래의 편주법을 행할 수 있도록 애원하였고, 승가께서는 이미 나 필추 오타이에게 고의적으로 정액을 누설하여 승가벌시사죄를 범하고 숨긴 날짜에 따라 편주법을 주었습니다.

　나는 다시 본래의 편주법을 행하고 있을 때, 세 번째 죄를 범하였고, 이것도 앞의 죄와 비슷하였으며, 역시 다시 덮고서 숨겼고, 이미 승가께 거듭하여 근본의 편주법을 행할 수 있도록 애원하였습니다. 승가께서는 이미 나 필추 오타이가 세 번째 거듭하여 범한 승가벌시사죄를 범하였고, 범한 이것도 앞의 죄의 부류이며, 덮고서 숨긴 날짜에 따라 다시 편주법을 주었습니다.

　나 필추 오타이는 고의적으로 정액을 누설하여 승가벌시사죄를 범하고서 보름 동안을 덮고서 숨겼고, 이미 승가께 숨긴 날짜에 따라 편주법을 행하는 것을 마쳤습니다. 두 번째 거듭하여 승가벌시사죄를 범하였고, 범한 이것도 앞의 죄의 부류이고, 다시 본래의 편주법도 역시 다시 잘 행하였습니다. 세 번째 거듭하여 범한 승가벌시사죄를 범하였고, 범한 이것도 앞의 죄의 부류이며, 거듭하여 본래의 편주법을 받아서 역시 잘 행하여 마쳤습니다. 나는 지금 어떤 것을 하여야 합니까?”

　이때 모든 필추들이 이 인연으로 세존께 아뢰니, 세존께서 말씀하셨다.

　“그대들 모든 필추들은 필추 오타이에게 6일의 마나비(摩那卑)3)를[비(卑)는 반절(半切)이다.] 행하게 하라. 만약 다시 다른 이러한 부류가 있으면 마땅히 이와 같이 주어야 한다. 먼저 자리를 깔고 건치를 울리고, 말로써 알리며, 대중들이 이미 모였으면 결계의 장소 안에 최소 네 명이 되어야 한다. 필추 오타이는 대중 가운데에 들어가서 신발을 벗고 좌차에 따라 예경하고서 상좌(上座) 앞에 꿇어앉아 합장하고 이와 같이 말한다.

　‘대덕 승가께서는 들으십시오. 나 필추 오타이는 고의적으로 정액을 누설하여 승가벌시사죄를 범하고서 보름 동안을 덮고서 숨겼습니다. 나 필추 오타이는 고의적으로 정액을 누설하여 승가벌시사죄를 범하고서 보름 동안을 덮고서 숨긴 것을 승가를 좇아 덮고서 숨긴 날짜에 따라 편주법을 행하는 것을 애원하였고, 승가께서는 이미 나에게 승가벌시사죄를 범하고서 덮고 숨긴 날짜에 따라 편주법을 주었습니다. 나 필추 오타이

---

3) 편주법을 마치고 6일 동안 행하는 참회를 말한다.

는 편주법을 행하고 있을 때에 두 번째의 승가벌시사죄를 범하였고, 범한 이것도 앞의 죄의 부류이며, 역시 다시 덮고서 숨겨왔습니다. 나 필추 오타이는 덮고서 숨긴 날짜에 따라 승가를 좇아 다시 본래의 편주법을 행하는 것을 애원하였고, 이미 승가를 좇아 다시 본래의 편주법을 행할 수 있도록 애원하였고, 승가께서는 이미 나 필추 오타이에게 숨긴 날짜에 따라 다시 본래의 편주법을 주었습니다.

나는 다시 본래의 편주법을 행할 때에 세 번째 거듭하여 승가벌시사죄를 범하였고, 범한 이것도 앞의 죄의 부류이고, 역시 다시 덮고서 숨겼으며, 이미 승가를 좇아 거듭하여 근본의 편주법을 받아 행할 수 있도록 애원하였습니다. 승가께서는 이미 나 필추 오타이에게 세 번째 거듭하여 범한 것을 덮고서 숨긴 날짜에 따라 거듭하여 근본의 편주법을 주었습니다.

나 필추 오타이는 고의적으로 정액을 누설하여 승가벌시사죄를 범하고서 보름 동안을 덮고서 숨겼고, 덮고서 숨긴 날짜에 따라 편주법을 잘 행하였으며, 두 번째 거듭하여 승가벌시사죄를 범하였고, 범한 이것도 앞의 죄의 부류이며, 숨긴 날짜에 따라 다시 근본의 편주법을 역시 잘 행하였고, 세 번째로 거듭하여 범한 것도 덮고서 숨긴 날짜에 따라 다시 근본의 편주법 일도 역시 잘 행하였습니다. 지금 승가를 좇아 6일의 마나비를 애원합니다. 바라건대 대덕 승가이시여. 나 필추 오타이에게 6일의 마나비를 주십시오. 이렇게 능히 애민한 사람이 애민하게 원하는 까닭입니다.'

두 번째·세 번째에도 이와 같이 말한다.

다음은 한 필추가 마땅히 먼저 아뢰고, 비로소 갈마를 한다.

'대덕 승가께서는 들으십시오. 이 필추 오타이는 고의적으로 정액을 누설하여 승가벌시사죄를 범하고서 보름 동안을 덮고서 숨겼습니다. 이 필추 오타이는 고의적으로 정액을 누설하여 승가벌시사죄를 범하였으나, 승가를 좇아 덮고서 숨긴 날짜에 따라 편주법을 행하는 것을 애원하였습니다. 승가께서는 이미 오타이에게 고의적으로 정액을 누설하여 승가벌시사죄를 범하고서 보름 동안을 덮고서 숨긴 날짜에 따라 편주법을 주었습니다.

올바르게 편주법을 행하고 있을 때에 두 번째 거듭하여 승가벌시사죄를 범하였고, 범한 이것도 앞의 죄의 부류이며, 역시 다시 덮고서 숨겨왔습니다. 이 필추 오타이는 두 번째 거듭하여 범하였으나, 승가를 좇아 다시 본래의 편주법을 애원하였고, 승가께서는 이미 필추 오타이에게 덮고서 숨긴 날짜에 따라 근본의 편주법을 주셨습니다.

올바르게 편주법을 행할 때 세 번째 거듭하여 승가벌시사죄를 범하였고, 범한 이것도 앞의 죄의 부류이며, 역시 다시 덮고서 숨겨왔습니다. 이 필추 오타이는 세 번째 거듭하여 범하였으나, 승가를 좇아 다시 본래의 편주법을 애원하였고, 승가께서는 이미 필추 오타이에게 덮고서 숨긴 날짜에 따라 다시 근본의 편주법을 주었습니다.

이 필추 오타이는 고의적으로 정액을 누설하여 승가벌시사죄를 범하고서 보름 동안을 덮고서 숨겼으나, 편주법을 잘 행하였고, 두 번째 거듭하여 범하여 다시 본래의 편주법을 행하는 것도 역시 잘 행하였으며, 세 번째 거듭하여 범하였고, 범한 이것도 앞의 죄의 부류이며, 거듭하여 본래의 편주법을 받아서 또한 잘 행하였습니다. 지금 승가를 좇아 6일 동안의 마나비를 행하는 것을 애원하고 있습니다. 만약 승가께서 때에 이르렀음을 인정하시면 승가께서는 마땅히 허락하십시오. 승가시여. 지금 필추 오타이에게 6일의 마나비를 주겠습니다. 이와 같이 아룁니다.'

다음은 갈마를 짓고, 자세한 설명은 앞에 의거하며,[이하 자세한 내용은 생략한다.] 나아가 묵연히 계셨기 때문입니다. 나는 지금부터 이와 같이 지니겠습니다.'"

이때 오타이 필추는 고의적으로 정액을 누설하여 승가벌시사죄를 범하고서 보름 동안을 덮고서 숨겼으며, 덮고서 숨긴 날짜에 따라 편주법을 잘 행하였고, 두 번째 거듭하여 범하고 다시 근본의 편주법을 역시 잘 행하였으며, 세 번째로 거듭하여 범하였고, 범한 이것도 앞의 죄의 부류이며, 거듭하여 본래의 편주법을 받아서 잘 행하였고, 6일 동안의 마나비도 잘 행하여 마쳤다. 이 인연으로 여러 필추들에게 알려 말하였다.

"구수들이여. 나 필추 오타이는 고의적으로 정액을 누설하여 승가벌시 사죄를 범하고서 보름 동안을 덮고서 숨겼고, 이미 승가를 좇아 숨긴 날짜에 따라 편주법을 행하는 것을 애원하였습니다. 이미 승가께서는 나 필추 오타이가 고의적으로 정액을 누설하여 승가벌시사죄를 범한 죄에 덮고서 숨긴 날짜에 따라 본래의 편주법을 행하게 하여 주었습니다. 나는 편주법을 행하는 중간에 거듭하여 범하였고, 역시 덮고서 숨겼습니 다. 나 필추 오타이는 이전의 죄의 부류와 같이 승가를 좇아 거듭하여 숨긴 날짜에 따라 편주법을 애원하였고, 이미 승가께서는 나 필추 오타이에 게 이전의 죄의 부류와 같이 숨긴 날짜에 따라 다시 본래의 편주법을 주었습니다. 나는 다시 본래의 편주법을 행하고 있을 때에 세 번째 죄를 범하였고, 역시 다시 덮고서 숨겼습니다. 나 필추 오타이는 이전의 죄의 부류와 같이 이미 승가를 좇아 숨긴 날짜에 따라 거듭하여 본래의 편주법을 애원하였습니다.

나 필추 오타이는 고의적으로 정액을 누설하여 승가벌시사죄를 범하고 서 보름 동안을 덮고서 숨겼고, 편주법을 잘 행하였으며, 두 번째로 거듭하 여 범하였고, 범한 이것도 앞의 죄의 부류이며, 거듭하여 본래의 편주법을 받아서 또한 잘 행하였고, 6일 동안의 마나비도 잘 행하여 마쳤습니다. 나는 지금 어떤 것을 하여야 합니까?"

이때 모든 필추들이 이 인연으로 세존께 아뢰니, 세존께서 말씀하셨다.

"그대들 모든 필추들은 필추 오타이가 고의적으로 정액을 누설하여 승가벌시사죄를 범하고서 보름 동안을 덮고서 숨겼고, 이미 승가께 덮고서 숨긴 날짜에 따라 편주법을 잘 행하였으며, 두 번째로 거듭하여 범하고, 또한 다시 덮고서 숨긴 죄도 다시 본래의 편주법을 잘 행하였으며, 세 번째 죄를 범하였고, 범한 이것도 앞의 죄의 부류이며, 역시 다시 덮고서 숨긴 죄를 거듭하여 본래의 편주법을 잘 행하였고, 6일 동안의 마나비도 역시 잘 행하여 마쳤으나, 만약 다시 이렇게 나머지의 부류가 있으면 마땅히 이와 같이 주어야 한다.

먼저 자리를 깔고 건치를 울려 말로써 알리고서, 대중들이 최소한

20명 이상이 모이게 한다. 이때 필추 오타이는 오른쪽 어깨를 드러내고 신발을 벗고서 좌차에 따라 예경하고 상좌 앞에 꿇어앉아 합장하고 이와 같이 말하여야 한다.

'대덕 승가께서는 들으십시오. 나 필추 오타이는 고의적으로 정액을 누설하여 승가벌시사죄를 범하고서 보름 동안을 덮고 숨겼습니다. 나 필추 오타이는 덮고서 숨긴 날짜에 따라 편주법을 행하는 것을 애원하였습니다. 승가께서는 이미 나 필추 오타이가 고의적으로 정액을 누설하여 승가벌시사죄를 범한 죄를 덮고서 숨긴 날짜에 따라 본래의 편주법을 주었습니다.

나 필추 오타이는 보름의 편주법을 행하고 있을 때에 두 번째 거듭하여 범하였고, 범한 이것도 앞의 죄의 부류이며, 역시 다시 덮고서 숨겨왔습니다. 승가를 좇아 다시 본래의 편주법을 행하는 것을 애원하였고, 승가께서는 이미 나 필추 오타이가 범한 것이 앞의 죄의 부류이므로 다시 본래의 편주법을 주었습니다. 내가 다시 행한 편주법은 승가께서 이미 나 필추 오타이에게 범한 앞의 죄의 부류이며, 거듭하여 본래의 편주법을 주었습니다.

나 필추 오타이는 이전에 범한 죄의 부류를 보름 동안을 덮고서 숨겼고, 덮고서 숨긴 날짜에 따라 편주법을 잘 행하였으며, 두 번째 거듭하여 범하였고, 범한 것이 앞의 죄의 부류이며, 세 번째 거듭하여 범하였고, 범한 것이 앞의 죄의 부류이며, 거듭하여 본래의 편주법을 받았고, 나아가 6일 동안의 마나비도 역시 잘 행하였습니다. 지금 승가를 좇아 죄를 벗어나는 것을 애원합니다. 원하건대 대덕 승가시여. 나 필추 오타이에게 죄를 벗어나게 하여 주십시오. 이렇게 능히 애민한 사람이 애민하게 원하는 까닭입니다.'

두 번째·세 번째도 이와 같이 말한다.

다음은 한 필추가 먼저 아뢰고, 비로소 꾸중하고 문책하여야 하며, 뒤에 갈마를 한다.

'대덕 승가께서는 들으십시오. 이 필추 오타이는 고의적으로 정액을

누설하여 승가벌시사죄를 범하고서 보름 동안을 덮고 숨겼습니다. 이
필추 오타이는 덮고 숨긴 날짜에 따라 편주법을 행하는 것을 애원하였고,
승가께서는 이미 필추 오타이에게 고의적으로 정액을 누설하여 승가벌시
사죄를 범한 죄를 덮고서 숨긴 날짜에 따라 본래의 편주법을 주었습니다.
　편주법을 행하고 있을 때에 두 번째 거듭하여 범하였고, 범한 것이
앞의 죄의 부류이며, 역시 다시 덮고서 숨겨왔으며, 승가를 좇아 숨긴
날짜에 따라 다시 본래의 편주법을 행하는 것을 애원하였습니다. 승가께서
는 이미 이 필추 오타이가 범한 것이 앞의 죄의 부류이므로 다시 거듭하여
본래의 편주법을 주셨습니다.
　편주법을 행할 때 세 번째 거듭하여 범하였고, 범한 것이 앞의 죄의
부류이며, 역시 다시 덮고서 숨겼습니다. 승가를 좇아 숨긴 날짜에 따라
다시 본래의 편주법을 행하는 것을 애원하였고, 승가께서는 이미 필추
오타이에게 범한 것이 앞의 죄의 부류이므로 다시 거듭하여 본래의 편주법
을 주셨습니다.
　이 필추 오타이는 고의적으로 정액을 누설하여 승가벌시사죄를 범하였
고, 덮고서 숨긴 날짜에 따라 편주법을 잘 행하였으며, 두 번째 거듭하여
범한 것이 앞의 죄의 부류이고, 다시 본래의 편주법을 행하게 한 것도
역시 잘 행하였으며, 세 번째로 거듭하여 범한 것이 앞의 죄의 부류이고,
거듭하여 본래의 편주법 받은 것도 역시 잘 행하였습니다. 승가를 좇아
6일의 마나비를 행하는 것을 애원하였고, 승가는 이미 필추 오타이에게
6일의 마나비를 주었으며, 필추 오타이는 행하여 마쳤습니다. 지금 승가를
좇아 죄를 벗어나는 것을 애원하고 있습니다. 만약 승가께서 때에 이르렀음
을 인정하시면 승가는 허락하십시오. 승가시여. 지금 필추 오타이에게
죄를 벗어나게 하겠습니다. 이와 같이 아룁니다.'
　다음은 뒤에 마땅히 이와 같이 꾸중하고 문책하여야 한다.
　"그대 필추 오타이는 마땅히 알아야 합니다. 두 종류의 사람이 있으니,
능히 법의 횃불을 끄고, 법의 광명을 덮으며, 법의 등불과 불꽃을 무너트릴
수 있습니다. 무엇을 두 종류의 사람이라 말하는가? 죄를 범하고서도

여법하게 참회하고 제거하지 않는 사람을 말합니다. 이러한 사람을 곧 2소(小)·2치(癡)·2불명(不明)·2불선(不善)이라고 이름합니다.

다시 두 종류의 무거운 죄가 있습니다. 근본을 뚫어 캐어내지 아니하고, 뒤집어진 흐름의 일에 부지런히 공력을 사용하며, 모든 폭류(瀑流)에서 말리고 고갈시키지 아니하고, 함께 마군(魔軍)과 싸우지 아니하며, 마군의 깃발을 꺾지 아니하고, 수승한 묘법(妙法)의 깃발을 세우는 것에 마음이 없으며, 죄악의 견해를 끊어 제거하지 아니하고, 대사(大師)의 무상(無上)한 올바른 가르침인 전법륜(轉法輪)을 따르지 않는 것입니다.

다시 두 종류의 고독(苦毒)에 번민하는 사람들이 있고, 다시 두 종류의 번민이 증장(增長)되며 흐르는 사람도 있습니다.

죄를 범하고서도 여법하게 참회하지 아니하는 사람은 그대 오타이입니다. 세존께서 '탐욕·노여움·어리석음에서 멀리 벗어나는 것을 항상 생각하라.'고 말씀하셨으나, 그대는 지금 무슨 까닭으로 이러한 추악한 일을 지었습니까? 그대는 어리석은 사람입니다. 어떻게 앞으로 두 손으로 다른 사람이 청정한 마음으로 지니고 베풀어 주는 것을 받을 수 있겠습니까? 어찌하여 앞으로 돌이킬 수 없는 추악한 일을 지었습니까? 그대는 어리석은 사람입니다. 어떻게 앞으로 두 손으로 독 등을 잡고 씹으며 독사를 무서워해야 하는데, 까닭없이 생지(生支)를[범어로 '앙가사치(鴦伽社哆)'라고 번역되며, 생지는 곧 남근(男根)이다.] 붙잡고 추악한 일을 하였습니까?

그대 오타이는 죄를 범하고서 말하고 제거하지 않은 까닭으로 퇴실(退失)되어 무상상(無常想)·무상고상(無常苦想)·고무아상(苦無我想)·염리식상(厭離食想)·제세간작불락상(諸世間作不樂想)·불가애상(不可愛想)·멸사상(滅死想)·불정상(不淨想)·청어상(青瘀想)·농류상(膿流想)·파란상(破爛想)·봉창상(逢脹想)·혈류상(血流想)·낭자상(狼藉想)·백골상(白骨想)·공관상(空觀想) 등의 이와 같은 일(事)과 생각(想)이 모두 현전(現前)하지 않게 되었습니다.

또한 초정려(初靜慮)·이정려(二靜慮)·삼정려(三靜慮)·사정려(四靜慮)도 얻지 못하고, 자비희사(慈悲喜捨)·공처(空處)·식처(識處)·무소유처(無所有處)·비상비비상처(非想非非想處)도 얻지 못하며, 예류과(預流果)·일래과(一來果)·불환과(不還果)·아라한과(阿羅漢果)도 모두 얻지 못합니다. 신경통(神境通)인 천안통(天眼通)·천이통(天耳通)·타심차별(他心差別)·숙주사생진(宿住死生盡)의 여러 흐름들도 모두 증득하지 못합니다.

그대 오타이는 죄를 말하지 않은 까닭으로 목숨을 마친 뒤에는 마땅히 두 길 중에 한 길을 따라 생(生)을 받을 것입니다. 이곳은 무섭고 두려운 곳으로 나락가(捺洛迦)와 방생(傍生)입니다. 세존께서 말씀하신 것과 같이 '두 가지의 장애에 덮인 업(業)은 나락가와 방생에 태어나니, 나의 말을 믿지 않고 그 죄를 덮고서 감추었기 때문이다.'고 하셨습니다."

이와 같이 은근하게 꾸중하고 문책하여, 버리고 고치며 참회하게 한다. 다음은 갈마를 짓는다.

'대덕 승가께서는 들으십시오. 이 필추 오타이는 고의적으로 정액을 누설하여 승가벌시사죄를 범하고서 보름 동안을 덮고 숨겼습니다. 이 필추 오타이는 덮고 숨긴 날짜에 따라 편주법을 행하는 것을 애원하였습니다. 승가께서는 이미 나 필추 오타이가 고의적으로 정액을 누설하여 승가벌시사죄를 범한 죄를 덮고 숨긴 날짜에 따라 본래의 편주법을 행하게 하여 주었습니다.

이 필추 오타이는 보름 동안의 편주법을 행하고 있을 때에 두 번째 거듭하여 범하였고, 범한 것이 앞의 죄의 부류이며, 역시 다시 덮고서 숨겼습니다. 승가를 좇아 덮고서 숨긴 날짜에 따라 다시 거듭하여 편주법을 애원하였고, 승가께서는 이미 필추 오타이에게 범한 것이 앞의 죄의 부류이므로 덮고서 숨긴 날짜에 따라 다시 본래의 편주법을 주었습니다.

다시 본래의 편주를 행할 때에 세 번째로 거듭하여 범하였고, 범한 것이 앞의 죄의 부류이며, 역시 다시 덮고서 숨겼습니다. 승가를 좇아 덮고서 숨긴 날짜에 따라 다시 거듭하여 편주법을 애원하였고, 승가께서는 이미 필추 오타이에게 범한 것이 앞의 죄의 부류이므로 덮고서 숨긴 날짜에 따라 다시 본래의 편주법을 주었습니다.

이 필추 오타이는 고의적으로 정액을 누설하여 승가벌시사죄를 범하였고, 덮고서 숨긴 날짜에 따라 편주법을 잘 행하였으며, 두 번째 거듭하여 범한 것이 앞의 죄의 부류이고, 다시 본래의 편주법도 잘 행하였으며, 세 번째 거듭하여 범한 것이 앞의 죄의 부류이고, 거듭하여 본래의 편주법도 잘 행하였으며, 승가를 좇아 6일의 마나비를 애원하였고, 승가는 이미 필추 오타이에게 6일의 마나비를 주었으며, 역시 잘 행하여 마쳤습니다. 지금 승가를 좇아 죄를 벗어나는 것을 애원하고 있습니다.

승가시여. 지금 필추 오타이는 고의적으로 정액을 누설하여 승가벌시사죄를 범하였고, 덮고서 숨긴 날짜에 따라 편주법을 잘 행하였으며, 두 번째 거듭하여 범한 것이 앞의 죄의 부류이고, 다시 본래의 편주법도 잘 행하였으며, 세 번째 거듭하여 범한 것이 앞의 죄의 부류이고, 거듭하여 본래의 편주법도 잘 행하였으며, 승가를 좇아 6일의 마나비를 애원하였고, 승가는 이미 필추 오타이에게 6일의 마나비를 주었으며, 역시 잘 행하여 마쳤습니다. 지금 승가를 좇아 죄를 벗어나는 것을 애원하고 있습니다. 만약 모든 구수들께서 이 오타이 필추에게 출죄(出罪)를 주는 일을 허락하신다면 묵연히 계시고, 만약 허락하지 않으신다면 말씀하십시오.'

이것이 첫 번째 갈마이다. 두 번째·세 번째도 이와 같이 말한다.

'승가시여. 이미 필추 오타이에게 출죄를 주는 일을 마쳤습니다. 승가께서 이미 인정하시고 허락하신 것은 묵연히 계셨기 때문입니다. 나는 지금부터 이와 같이 지니겠습니다.'"

다음은 마땅히 이와 같이 비유하여 칭찬하여야 한다.

"잘 하였습니다. 오타이여. 지극히 잘 하였습니다. 오타이여. 두 종류의 총명하고 지혜 있는 사람이 있고, 두 종류의 분명한 사람이 있으며, 두 종류의 선(善)한 사람이 있습니다. 무엇을 두 종류라고 말하는가? 첫째는 죄를 범하지 아니하는 사람이고, 두 번째는 범하고서 여법하게 참회하여 죄를 제거하는 사람입니다. 두 종류의 법의 횃불을 타오르게 하는 사람이 있고, 법의 깃발을 세우는 사람이 있습니다. 무엇을 두 종류라고 말하는가? 첫째는 죄를 범하지 아니하는 사람이고, 두 번째는 범하고서 여법하게 참회하여 죄를 제거하는 사람입니다.

　다시 두 종류의 무거운 죄의 근본을 능히 뚫어 캐낼 수 있고, 뒤집어진 흐름의 일에 부지런히 공력을 사용하며, 모든 폭류에서 말리고 고갈시킬 수 있고, 능히 마군과 싸울 수 있으며, 마군의 깃발을 꺾을 수 있고, 수승한 묘법의 깃발을 잘 세울 수 있으며, 죄악의 견해를 끊어 제거하며, 대사의 무상한 올바른 가르침인 전법륜을 따르는 사람입니다. 무엇을 두 종류라고 말하는가? 첫째는 죄를 범하지 아니하는 사람이고, 두 번째는 범하고서 여법하게 참회하여 죄를 제거하는 사람입니다.

　다시 두 종류의 고독에 번민하지 아니하는 사람들이 있고, 다시 두 종류의 번민이 증장되며 흐르는 아니하는 사람도 있습니다. 무엇을 두 종류라고 말하는가? 첫째는 죄를 범하지 아니하는 사람이고, 두 번째는 범하고서 여법하게 참회하여 죄를 제거하는 사람입니다.

　그대 오타이여, 그대는 이미 많은 죄를 참회한다고 말하였으니, 이것은 마땅히 무상상·무상고상 등의 자세한 설명은 앞에 의거하며,[이하 자세한 내용은 생략한다.] 번뇌의 흐름을 마치는 곳에 이를 것입니다. 그대는 인간과 천인(天人)의 두 길에 결코 태어나는 것에 장애가 없습니다. 세존께서 말씀하신 것과 같이 '두 종류의 장애에 덮이는 업을 짓지 아니하면 능히 인간과 천인(天人)의 두 길에 곧 태어난다. 나의 말을 믿고 그 죄를 덮고 숨기지 아니하여야 한다. 이와 같이 마땅히 알아야 한다.'고 하셨습니다. 그대 오타이는 이미 죄에서 벗어났으니, 방일하지 않으며, 모든 선품(善品)을 항상 익히고 닦으십시오.'

　만약 다시 범하는 사람이 있으면 마땅히 필추 오타이와 같이 차례로 작법하고서, 다음은 죄에서 벗어난 뒤에 마땅히 승가를 좇아 솔토라저야죄(窣吐羅底野罪)를 참회하고 애원해야 하며, 이와 같이 마땅히 애원해야 한다.

　'대덕 승가께서는 들으십시오. 나 필추 누구는 고의적으로 정액을 누설하였고, 앞에서의 방편으로 솔토라저야죄가 있습니다. 나 누구는 지금 승가를 좇아 참회법을 애원합니다. 원하건대 대덕 승가께서는 허락하십시오. 나 누구는 솔토라저야죄를 말하고 참회하고자 합니다. 이렇게 능히 애민한 사람이 애민하게 원하는 까닭입니다.'

두 번째·세 번째도 역시 이와 같이 말한다.

다음은 한 필추가 먼저 아뢰고서, 비로소 갈마를 한다.

'대덕 승가께서는 들으십시오. 이 필추 누구는 고의적으로 정액을 누설하였고, 앞에서의 방편으로 솔토라저야죄가 있습니다. 지금 승가를 좇아 솔토라저야죄를 말하고 참회하며 애원하고 있습니다. 만약 승가께서 때에 이르렀음을 인정하시면 승가께서는 마땅히 허락하십시오. 승가시여. 지금 누구는 고의적으로 정액을 누설하였고, 앞에서의 방편으로 솔토라저야죄가 있는 것을 참회하여 말하고자 합니다. 이와 같이 아룁니다.'

다음에 갈마를 짓는다.

'대덕 승가께서는 들으십시오. 이 필추 누구는 고의적으로 정액을 누설하였고, 앞에서의 방편으로 솔토라저야죄가 있습니다. 지금 승가를 좇아 솔토라저야죄를 말하고 참회하며 애원하고 있습니다. 승가시여. 지금 누구는 고의적으로 정액을 누설하였고, 앞에서의 방편으로 지은 솔토라저야죄를 말하고 참회하고자 합니다. 만약 모든 구수들께서 누구는 고의적으로 정액을 누설하였고, 앞에서의 방편으로 지은 솔토라저야죄를 말하고 참회하는 것을 허락하신다면 묵연히 계시고, 만약 허락하지 않으신다면 말씀하십시오.'

이것이 첫 번째 갈마이다. 두 번째·세 번째도 역시 이와 같이 말한다.

'승가시여. 이미 누구는 고의적으로 정액을 누설하였고, 앞에서의 방편으로 지은 솔토라저야죄를 말하고 참회하는 것을 허락하는 것을 마쳤습니다. 승가께서 이미 인정하시고 허락하신 것은 묵연히 계셨기 때문입니다. 나는 지금부터 이와 같이 지니겠습니다.'"

다음은 뒤에 돌이켜도 같으며, 이와 같이 차례대로 이전부터 소유하고 있는 수많은 인연의 돌색흘리다죄(突色訖里多罪)와 나아가 수많은 불경스럽게 행하였던 바일저가죄(波逸底迦罪) 등은 한 사람의 필추를 마주하고 여법하게 참회하여 제거해야 한다.

솔토라저야죄에는 두 종류가 있다. 첫째는 바라시가(波羅市迦)를 인연하는 죄이고, 둘째는 승가벌시사(僧伽伐尸沙)를 인연하는 죄이다. 바라시가를 인연하는 죄에도 다시 두 종류가 있다. 첫째는 무거운 죄이고, 둘째는 가벼운 죄이다. 이 가운데 무거운 죄는 마땅히 대중을 좇아 그 죄를 참회하고 말하여야 한다.[대중은 결계 안에서 모두 모인 사람을 말한다.] 가벼운 죄는 최소한 네 사람 이하가 모인 단장(壇場) 가운데서 마땅히 그 죄를 말해야 한다.

승가벌시사를 인연하는 죄도 두 가지 종류가 있다. 첫째는 무거운 죄이며, 둘째는 가벼운 죄이다. 이 가운데 무거운 죄는 최소한 네 사람 이상이 모인 단장 가운데서 그 죄를 말하여야 하고, 가벼운 죄는 마땅히 한 사람을 대하여 여법하게 죄를 제거하여야 한다.

바일저가죄와 돌색흘리다죄도 먼저 그 원인이 되는 죄가 많으니, 앞에 의거하여 지어라. 마땅히 지은 수많은 크고 작은 죄도 모두 마땅히 참회하고 말하여야 한다.”

근본설일체유부백일갈마 제7권

40) 회중교죄지여(悔衆敎罪之餘) ②

구수 오파리가 세존께 청하여 아뢰었다.

"편주(遍住)를 행하는 사람이 객필추가 있는 것을 와서 보고 그 일을 알려 말하지 않을 수 있습니까?"

세존께서 말씀하셨다.

"만약 객필추가 왔으면 마땅히 알려 말하여야 한다."

이때 그 필추는 객필추가 온 것을 보았고 의발(衣鉢)을 풀기도 전에 마침내 곧 앞에서와 같이 짓고서 알려 말하였다.

"구수여. 나 필추 누구는 고의적으로 정액을 누설하여 승가벌시사죄를 범하였습니다."

앞에서와 같이 자세히 설명하였다.

"몇 일을 편주하고 있습니다. 원하건대 구수께서는 갖추어 알고 계십시오."

이때 객필추는 곧 현재의 모습에 화를 내면서 대답하여 말하였다.

"잠깐 멈추시오. 어리석은 사람이여. 나를 마주하기도 전에 편주를 행하는 것을 말하지 마시오."

그는 곧 부끄럽고 수치스러워 머리를 숙이고 묵묵히 일어나 떠났다. 이때 여러 필추들이 이 인연으로 세존께 아뢰니, 세존께서 말씀하셨다.

"지금부터 앞으로는 만약 객필추가 새롭게 왔고 의발을 풀지 않았으면 반드시 알리고 말하지 말라."

그는 다른 때에 자기의 하나하나를 알려 말하였고, 앞에서와 같이 화를 내었다. 세존께서 말씀하셨다.

"마땅히 하나하나를 알려 말하여서는 아니된다. 그러나 반드시 대중이 모였을 때에 비로소 알리고 말하여야 한다. 혹은 건치를 울려 재가인과 구적들은 밖으로 나가게 하고 필추의 처소에 이르러 알리고 말하며, 마땅히 필추가 없는 주처에 가서는 아니된다. 설령 반드시 떠나고자 하는 사람이면 또한 마땅히 머무르지 않게 하라. 날이 저물 때는 반드시 적당하게 찬물을 데워 마땅히 뜨겁게 하고, 여러 필추들에게 주어 발을 씻게 하고, 나아가 기름을 바르게 한다. 그가 기름을 바르려고 하지 않으면 마땅히 들고서 치워야 한다.

다음은 마땅히 정념(正念)을 지어 일찍 일어나겠다는 생각을 일으키고 비로소 누워서 쉬어야 한다. 만약 여러 필추가 편주를 행하는 때와 나아가 마나비를 행할 때에 내가 설한 것에 의거하여 행하지 않으면 월법죄를 얻는다."

어느 때 한 필추가 올바르게 편주를 행하고 있었으나, 방을 주지도 아니하였고, 또한 이양(利養)도 주지 아니하였다. 세존께서 말씀하셨다.

"마땅히 아랫방을 주고 뒤에 마땅히 이양을 취하게 하라."

구수 오파리가 세존께 청하여 아뢰었다.

"대덕이시여. 편주를 행하고, 나아가 마나비를 행하고 있을 때에 어떤 필추들이 싸우고 논쟁하며, 이것을 평론(評論)하고, 혹은 다시 참회를 하지 않는 해태(懈怠)한 부류가 이곳에 오고자 한다는 말을 들으면, 그 사람들에게 어떻게 하여야 합니까?"

세존께서 말씀하셨다.

"악한 사람이 이곳에 오고자 하는 것을 알았으면 편주를 행하는 사람은 마땅히 필추를 마주하고 그 행하고 있는 것을 이와 같이 마땅히 버려야 한다. 꿇어앉아 합장하고 이와 같이 지어야 한다.

'구수여. 항상 생각하여 주십시오. 나 누구는 고의적으로 정액을 누설하여 승가벌시사죄를 범하고서 보름 동안을 덮고서 숨겼습니다. 나 필추 누구는 지금 승가께서 덮고서 숨긴 날짜에 따라 편주를 애원하였고, 승가께서는 이미 나 누구에게 숨겨 온 날짜에 따라 편주를 주었습니다.

내가 편주를 행하고 있을 때에 어느 필추들이 이곳에 오고자 한다는 것을 들었습니다. 이들은 싸우고 논쟁하는 사람들이고, 이들은 평론하는 사람들입니다. 그들은 나에게 이익이 없는 일을 짓고자 할 것입니다. 나 누구는 지금 구수들을 마주하고 편주를 행하는 것을 버리고자 합니다. 이미 편주를 행하였으니 나머지를 마치고 머무르는 것을 허락하십시오. 구수여. 아십시오. 나는 청정한 필추입니다. 만약 그들 악인이 두려워 숨을 죽이고 떠나가면 돌이켜 마땅히 청정한 필추에게 나아가 그 행법을 받겠습니다.'

행법(行法)을 받는 일을 이렇게 예경하고 꿇어앉아 합장하고 이와 같이 말한다.

'구수여. 항상 생각하여 주십시오. 나 누구는 고의적으로 정액을 누설하여 승가벌시사죄를 범하고서 보름 동안을 덮고서 숨겼고, 승가께서는 이미 나 누구에게 숨겨 온 날짜에 따라 편주를 주셨습니다. 내가 편주를 행하고 있을 때에 어느 필추들이 이곳에 오고자 한다는 것을 들었습니다. 이들은 싸우고 논쟁하는 사람들이고, 이들은 평론하는 사람들입니다. 이들은 나에게 이익이 없는 일을 짓고자 할 것입니다. 이들은 나에게 이익이 없는 일을 지을 것이므로 이러한 까닭으로 그 행법을 버렸습니다. 나 누구는 지금 구수들을 마주하고 이전의 행법을 마치고자 합니다. 이미 행한 것이 몇 일이고, 나머지는 아직 몇 일입니다. 원하건대 구수들께서는 기억하고 아십시오.'

편주를 버리는 것과 받는 것도 이미 이것과 같다. 다시 본래 거듭하여 거두어들이고 나아가 마나비도 모두 마땅히 이와 같이 하라."[앞에서 분명하게 지은 것으로 대중에게 가르치는 법을 마친다.]

구수 오파리가 세존께 청하여 아뢰었다.

"대덕이시여. 한 사람이 아뢰고, 한 사람이 갈마하며, 한 사람이 병사인(秉事人)[1]이 되어 두 사람에게 구족계를 줄 수도 있습니까?"

---

1) 어느 때에 전체적으로 갈마를 행하는 것을 사람을 가리키는 말이다.

세존께서 말씀하셨다.

"있느니라."

"곧 이 두 사람 가운데 누구를 상좌로 삼아야 합니까?"

"상좌와 하좌의 차별은 없느니라."

"대덕이시여. 한 사람이 아뢰고, 한 사람이 갈마하며, 한 사람이 병사하여 세 명이 구족계를 줄 수도 있습니까?"

"있느니라."

"곧 이 두 사람 가운데 누구를 상좌로 삼아야 합니까?"

"역시 상좌와 하좌의 차별은 없느니라."

"대덕이시여. 한 사람이 아뢰고, 한 사람이 갈마하며, 한 사람이 병사인이 되어 네 명이 구족계를 줄 수도 있습니까?"

"아니된다."

"이것은 무슨 허물이 있습니까?"

세존께서 말씀하셨다.

"대중들이 병사하는 것은 없느니라."

"대덕이시여. 장차 오는 미래의 세계에는 모든 필추의 수가 줄어들고, 그들의 염력(念力)과 몸의 그릇(身器)이 약해지면, 그 필추들은 세존께서 이 법을 어느 처소에서 연설(演說)하셨는지 능히 알지 못할 것입니다. 이것은 어떻게 하고자 하십니까?"

세존께서 말씀하셨다.

"여섯 곳의 큰 성을 기억을 따라 마땅히 설하라. 혹은 다시 오래 머물던 나머지의 한 처소를 따라 말하고 설하면, 이것은 모두 허물이 없느니라."

"대덕이시여. 여러 나라의 왕의 이름을 만약 잊었다면 마땅히 누구라고 말해야 합니까?"

세존께서 말씀하셨다.

"마땅히 승광왕(勝光王)이라고 말해야 하고, 장자는 마땅히 급고독장자라고 말해야 하며, 오바색가는 비사거(毘舍佉)라고 이름하라."

"대덕이시여. 세존께서 본래 태어나신 그 성읍(城邑)을 잊었다면 어느 성이라고 말해야 합니까?"

세존께서 말씀하셨다.

"마땅히 바라닐사(婆羅痆斯)라고 말해야 하고, 왕은 범수(梵受)라고 이름하며, 장자(長者)는 산타나(珊陀那)라고 이름하고, 오바색가는 오포쇄타(鄔褒灑陀)라고 이름하라. 생각을 따라 말하고 설하라."

세존께서 말씀하신 것과 같이 "다섯 가지의 일은 마땅히 글로 기록하여서는 아니된다. 첫째는 바라제목차(波羅底本叉)이고, 둘째는 이것에 대한 자세한 주석이며, 셋째는 나머지의 모든 비나야(毘奈耶)이고, 넷째는 이것에 대한 자세한 주석이며, 다섯째는 여러 시주(施主)의 처소와 시주물과 나아가 다른 사람의 물건이다."고 하셨습니다.[다만 대중의 물건이 아니면 모두 다른 사람의 물건이라고 말한다.]

"대덕이시여. 다가오는 미래의 세계에는 모든 필추의 무리들이 몸과 마음이 어리석고 약한 것에 이르러, 이러한 까닭으로 처음부터 오히려 능히 기억하지 못할 것입니다. 이러한 무리들에게는 어떻게 남겨주어야 합니까?"

세존께서 말씀하셨다.

"마땅히 종이나 패엽(貝葉)[2]에 적어서 생각을 따라 읽고 간직하게 하라."

41) 축장[3]백이(畜杖白二)

구수 오파리가 세존께 청하여 아뢰었다.

"만약 필추가 늙고 쇠약하며 힘이 약해져 능히 감당할 수 없어서 만약 지팡이가 없으면 이때에는 곧 능히 제도할 수 없습니다. 이때에는 어떻게 하여야 합니까?"

세존께서 말씀하셨다.

---

2) 산스크리트어 pattra의 음사로서 패다라(貝多羅)라고 의역된다. 다라수(多羅樹) 나무의 잎으로 불경을 적은 것이 많아서 불경을 패엽이라고도 부른다.
3) 지팡이를 사용하는 것을 말한다.

"그는 마땅히 대중을 좇아 축장(畜杖)갈마를 애원하여야 하고, 마땅히 이와 같이 애원하여야 한다.

먼저 자리를 깔고,[이하 자세한 내용은 생략한다.] 아뢰어 말한다.

'대덕 승가께서는 들으십시오. 나 필추 누구는 늙고 병들어 몸이 쇠약하여 능히 감당할 수가 없습니다. 만약 지팡이가 없을 때에는 능히 곧 제도할 수가 없습니다. 나 필추 누구는 지금 승가께 축장법(畜杖法)을 애원합니다. 원하건대 승가시여. 나 필추 누구는 늙고 병들어 쇠약하여 능히 감당할 수가 없으니 축장법을 지어 주십시오. 이렇게 능히 애민한 사람이 애민하게 원하는 까닭입니다.'

두 번째·세 번째에도 역시 이와 같이 말한다.

다음은 한 필추가 먼저 아뢰고 비로소 갈마를 한다.

'대덕 승가께서는 들으십시오. 이 필추 누구는 늙고 쇠약하여 힘이 없고, 혹은 다시 몸에 병이 있어 능히 감당할 수 없으며, 만약 지팡이가 없을 때에는 마땅히 곧 제도할 수 없습니다. 이 필추 누구는 늙고 병이 있는 까닭으로 지금 승가께 축장갈마를 애원하고 있습니다. 만약 승가께서 때에 이르렀음을 인정하시면 승가는 허락하십시오. 승가시여. 지금 필추 누구에게 축장갈마를 주고자 합니다. 이와 같이 아룁니다.'

'대덕 승가께서는 들으십시오. 이 필추 누구는 늙고 쇠약하여 힘이 없고, 혹은 다시 몸에 병이 있어 능히 감당할 수 없으며, 만약 지팡이가 없을 때에는 곧 제도할 수 없습니다. 이 필추 누구는 늙고 병이 있는 까닭으로 지금 승가께 축장갈마를 애원하고 있습니다. 만약 모든 구수들께서 필추 누구는 늙고 병이 있는 까닭으로 축장갈마를 주는 일을 허락하신다면 묵연히 계시고, 만약 허락하지 않으신다면 말씀하십시오. 승가시여. 이미 누구는 늙고 병이 있는 까닭으로 축장갈마를 주는 일을 마쳤습니다. 승가께서 이미 인정하시고 허락하신 것은 묵연히 계셨기 때문입니다. 나는 지금부터 이와 같이 지니겠습니다.'"

축장갈마는 이미 이와 같으며, 발락(鉢絡)⁴⁾갈마도 또한 같다. 혹은 축장갈마와 발락갈마의 두 가지 일을 갖추어 허락한 때에도 또한 이와 같이 백이갈마를 한다. 와구를 나누어 주는 필추를 뽑을 때도 이와 같이 방사를 나누고, 나아가 음식을 나누어 주는 필추를 뽑을 때에도, 열두 종류의 사람을 한 명·한 명을 뽑는 갈마도 모두 이것과 같다."

42) 여외도사월공주백사(與外道四月共住白四)

구수 오파리가 세존께 청하여 아뢰었다.

"만약 외도의 무리들이 처음으로 청정한 마음을 일으켜 정법에 들어와서 출가를 청(請)하고 구하면 어떻게 하여야 합니까?"

세존께서 말씀하셨다.

"한 필추에게 청하여 오바타야가 되게 하고, 4개월을 오바타야의 옷을 입으며 승가의 일상적인 음식을 먹으면서 함께 머무르게 하라."

이때 여러 필추들이 어떻게 함께 머물러야 하는가를 알지 못하였으므로, 세존께서 말씀하셨다.

"만약 외도가 와서 출가를 구하면 그의 오바타야는 마땅히 장법(障法)을 물어야 하고, 만약 두루 청정하면 마땅히 섭수하며, 3귀의(歸依)를 주고서, 나아가 5학처를 주어 오바색가가 되어 호지(護持)하게 하라.[호지는 신(身)·어(語)·의(意)를 막아서 훼손되거나 잃지 않도록 하는 것을 말한다. 이전에 율의(律儀)라고 말하였던 것은 다만 뜻으로 번역한 것이다.]

현재승가(現在僧伽)[5]는 모두 마땅히 모여서 그 외도에게 예경을 가르치고서, 상좌 앞에서 꿇어앉아 합장하고 이와 같이 말하게 하라.

'대덕 승가께서는 들으십시오. 나 외도 누구는 오바타야이신 누구를 좇아 출가를 구하고 있습니다. 나 외도 누구는 지금 승가에서 4개월을 오바타야의 옷을 입고, 승가의 평상시 음식을 먹으면서 이곳에 함께 머물고자 애원합니다. 원하건대 대덕 승가시여. 나 외도 누구는 4개월을

---

4) 발우를 끈으로 묶어서 옆구리에 지니는 것을 가리킨다.
5) '현전승가(現前僧伽)'를 다르게 부르는 말이다. 한 지역이나 의식을 행하는 장소에 현재 모여 있는 승가를 가리킨다.

오바타야의 옷을 입고 일상적인 음식을 먹으면서 함께 머물고자 합니다. 이렇게 능히 애민한 사람이 애민하게 원하는 까닭입니다.'

두 번째·세 번째에도 역시 이와 같이 말한다.

다음은 외도에게 들을 수 없으나 보이는 곳에 서있게 하고, 한 필추에게 마땅히 먼저 아뢰게 하고서, 비로소 갈마를 한다.

'대덕 승가께서는 들으십시오. 이 외도 누구는 오바타야이신 누구를 좇아 출가를 구하고 있습니다. 이 외도 누구는 지금 승가에서 4개월을 오바타야의 옷을 입고, 승가의 평상시 음식을 먹으면서 이곳에 함께 머물고자 애원하고 있습니다. 만약 승가께서 때에 이르렀음을 인정하시면 승가는 허락하십시오. 승가시여. 지금 외도 누구에게 4개월을 오바타야의 옷을 입고, 승가의 평상시 음식을 먹으면서 이곳에 함께 머물게 하고자 합니다. 이와 같이 아룁니다.'

'대덕 승가께서는 들으십시오. 이 외도 누구는 오바타야이신 누구를 좇아 출가를 구하고 있습니다. 이 외도 누구는 지금 승가에서 4개월을 오바타야의 옷을 입고, 승가의 평상시 음식을 먹으면서 이곳에 함께 머물고자 애원하였습니다. 승가시여. 지금 이 외도 누구에게 4개월을 오바타야의 옷을 입고, 승가의 평상시 음식을 먹으면서 이곳에 함께 머물게 하겠습니다. 만약 모든 구수들께서 외도인 누구를 지금 승가에서 4개월을 오바타야의 옷을 입고, 승가의 평상시 음식을 먹으면서 이곳에 함께 머무르는 일을 허락하신다면 묵연히 계시고, 만약 허락하지 않으신다면 말씀하십시오.

이것이 첫 번째 갈마이다. 두 번째·세 번째에도 이와 같이 말한다.

'승가시여. 이미 외도인 누구가 4개월을 오바타야의 옷을 입고, 승가의 평상시 음식을 먹으면서 이곳에 함께 머물도록 하는 일을 마쳤습니다. 승가께서 이미 인정하시고 허락하신 것은 묵연히 계셨기 때문입니다. 나는 지금부터 이와 같이 지니겠습니다.'"

만약 이 외도에게 승가가 이미 4개월을 오바타야의 옷을 입고, 승가의 평상시 음식을 먹으면서 이곳에 함께 머물게 하였으면 구적(求寂)의 예(例)

에 의거하여 짓고 머무르게 하라."

구수 오파리가 세존께 청하여 아뢰었다.

"대덕이시여. 만약 그 외도가 마음으로 조복(調伏)된 사람이면 비로소 출가시키라고 하셨으나, 무엇이 마음을 조복하였다고 이름하는가를 알지 못하고 있습니다."

세존께서 말씀하셨다.

"그 외도를 마땅히 마주하여 이전의 불타(佛陀)·달마(達摩)·승가(僧伽)가 가지고 있는 높은 덕(盛德)을 찬탄하고, 역시 그 외도들이 가지고 사업(事業)을 말하여서 만약 그 외도가 삼보(三寶)의 진실한 공덕을 찬탄하는 말을 들었을 때와, 나아가 외도들의 사업을 들었을 때에 사랑하고 즐거워하며 분노(忿怒)를 품고 있으므로 얼굴에 기쁜 빛깔이 없고 진에(瞋恚)를 일으키면, 이것을 아직 마음이 조복되지 않았다고 말하느니라. 만약 그 외도가 이것과 다르며, 나아가 진에를 일으키지 않으면 이미 마음이 조복되었다고 말하느니라."

"세존께서 설하신 것과 같이 '5법이 성취되었고, 5번의 하안거를 완전하게 마쳤으면 의지사(依止師)를 떠나 인간세상을 유행(遊行)하며 지낼 수 있다.'고 하셨습니다. 다섯 가지는 무엇을 말하는가? 첫째는 범하는 것을 아는 것이고, 둘째는 범하지 않는 것을 아는 것이며, 셋째는 가벼운 죄를 아는 것이고, 넷째는 무거운 죄를 아는 것이며, 다섯째는 『별해탈경(別解脫經)』에서 통(通)하고 막는 것을 잘 아는 것이고, 나아가 능히 외우고 간직할 수 있는 것을 말합니다.

대덕이시여. '만약 5법이 성취되었고, 5번의 하안거를 완전하게 마쳤으면 의지사를 떠나 인간세상을 유행하며 지낼 수 있다.'고 하셨습니다. 대덕이시여. 4번의 하안거를 완전하게 마쳤고 5법을 훌륭히 익혔다면 의지사를 떠나 인간세상을 유행하며 지낼 수 있습니까?"

세존께서 말씀하셨다.

"할 수 없느니라. 5번의 하안거를 마치는 것을 한계로 정하였기 때문이다."

"대덕이시여. 5번의 하안거를 완전하게 마쳤어도 5법을 아직 익히지 못하였어도 의지사를 떠나 인간세상을 유행하며 지낼 수 있습니까?

세존께서 말씀하셨다.

"할 수 없느니라. 5법을 성취한 것을 한계로 정하였기 때문이다."

"대덕이시여. 만약 어떤 필추가 3장(藏)에 매우 밝고, 3명(明)을 증회(證會)6)하였으며, 이미 3구(垢)7)를 제거하였으나 겨우 3하안거를 마쳤으면 이러한 사람도 또한 반드시 스승에게 의지하여야 합니까?"

세존께서 말씀하셨다.

"그렇지 않느니라. 얻지 못한 것을 이미 얻었고, 증험하지 못한 것을 이미 증험하였으며, 깨닫지 못한 것을 이미 깨달았으므로 의지사를 떠날 수 있는 것이다. 그러나 제정된 율에 수순하는 까닭으로 반드시 다섯 번의 하안거를 마치고 5법을 성취하여야 의지사를 떠나갈 수 있느니라."

"만약 다른 주처에 이르면 어느 시간만큼을 반드시 제한하여 의지하지 않을 수 있습니까?"

세존께서 말씀하셨다.

"쉬는 마음(歇心)을 짓지 않고서 다시 의지할 곳을 구하면 5일을 머무를 수 있느니라."

"세존께서 설하신 것과 같이 '만약 10번의 하안거를 마치고 앞에서 말한 5법을 성취하면 의지사를 떠날 수 있고, 나아가 구적을 삼을 수 있다.'고 하셨습니다.

대덕이시여. 만약 어느 필추가 구족계를 받았으며, 세속의 나이가 80년 이고, 육십 번의 하안거를 마쳤으나, 『별해탈경(別解脫經)』에 대하여 아직 읽지도 아니하였고 외우지도 못하며 그 내용을 분명하게 알지 못하면 어떻게 하여야 합니까?'"

세존께서 말씀하셨다.

"비록 60번의 하안거를 마쳤어도 역시 반드시 의지하여야 한다."

---

6) 법을 증득하여 회상(會上)을 이루어 회향하는 것을 말한다.
7) 중생들이 지닌 탐·진·치의 삼독을 다르게 부르는 말이다.

"대덕이시여. 마땅히 어떤 사람에게 의지하여야 합니까?"

"노숙(老宿)에게 의지하라. 노숙이 없으면 젊은 필추에게도 역시 의지할 수 있다."

"대덕이시여. 스승의 예경은 어떻게 하여야 합니까?"

세존께서 말씀하셨다.

"오직 예배드리는 일은 제외하며, 나머지는 모두 지어야 한다. 이러한 사람을 노소(老小)필추라고 이름한다."

"세존께서 설하신 것과 같이 '일곱 살이 지나서 능히 까마귀를 쫓을 수 있으면 출가를 시킬 수 있다.'고 하셨습니다.

대덕이시여. 여섯 살이라도 승가의 부엌에서 능히 까마귀를 쫓을 수 있으면, 그를 역시 출가시켜도 합당합니까?"

세존께서 말씀하셨다.

"합당하지 않느니라. 중요한 것은 까마귀를 쫓는 한계가 정해져 있기 때문이다."

"대덕이시여. 일곱 살이 지났으나 승가의 부엌에서 능히 까마귀를 쫓을 수 없으면, 그를 역시 출가시켜도 합당합니까?"

세존께서 말씀하셨다.

"합당하지 않느니라. 능히 까마귀를 쫓아낼 수 있는 것을 한계로 정하고 있기 때문이다."

"대덕이시여. '만약 어느 필추가 일곱 가지의 덕을 성취하였으면 마땅히 다른 필추니들을 교수(敎授)하여야 한다. 만약 뽑지 않았으면 마땅히 뽑아야 하고, 이미 뽑았으면 버리지 않아야 한다.'고 하셨습니다. 무엇을 일곱 가지의 덕이라고 말합니까?"

세존께서 말씀하셨다.

"첫째는 계율을 지키는 것이고, 둘째는 많이 듣는 것이며, 셋째는 기숙(耆宿)의 계위(階位)에 머무는 것이고, 넷째는 도성(都城)의 말을 잘하는 것이며, 다섯째는 일찍이 몸으로서 필추니를 더럽히지 않은 것이고, 여섯째는 8타승법(他勝法)[8]을 지니고서 열고 닫는 것을 능히 자세하게 설명할 수 있는 것이며, 일곱째는 8존경법(尊敬法)에 능히 잘 열어서 연설하는 것이다.

무엇을 지계라고 말하는가? 4타승의 가운데서 하나도 훼손되고 범한 것이 없는 것이다.

무엇을 다문이라고 말하는가?『별해탈경』에 대하여 그 모두를 이미 읽고 외우는 것이다.

무엇을 기숙의 계위에 머문다고 말하는가? 20번의 하안거를 마쳤고, 혹은 다시 이것을 넘긴 것을 말한다.

무엇을 도성의 말을 잘한다고 하는가? 마땅히 큰 성의 말을 이해하고 설명할 수 있는 것이다.

무엇을 몸으로서 일찍이 필추니를 더럽히지 않았다고 말하는가? 몸으로서 필추니와 접촉하지 아니한 것이고, 나머지 두 가지는 글과 같으니 알 수 있을 것이다.

이 일곱 가지의 덕을 갖추었으면 이러한 필추는 마땅히 뽑아야 한다. 자리를 깔고 건치를 울려 먼저 말로써 아뢰고, 먼저 할 수 있는가를 물어야 한다.

'그대 필추 누구는 능히 필추니들에게 증상계(增上戒)·증상심(增上心)· 증상혜(增上慧)를 교수할 수 있습니까?'

그는 대답하여 말한다.

'할 수 있습니다.'

다음은 한 필추가 마땅히 먼저 아뢰고, 비로소 갈마를 짓는다."[필추니 가 와서 궤식(軌式)을 교수하는 것을 청하는 일은 아래와 같음을 마땅히 알 것이고, 상좌는 때를 헤아려서 그 일에 대답해야 한다.]

43) 교수필추니백이(教授苾芻尼白二)

"대덕 승가께서는 들으십시오. 이 필추 누구는 필추니 대중에게 가서

---

8) '바라시가'를 다르게 부르는 말이다.

증상계·증상심·증상혜를 교수할 수 있습니다. 만약 승가께서 때에 이르렀음을 인정하시면 승가는 허락하십시오. 승가시여. 지금 이 필추 누구를 뽑아서 필추니 대중에게 가서 증상계·증상심·증상혜를 교수하게 하겠습니다. 이와 같이 아룁니다.”

다음은 갈마를 한다.

‘대덕 승가께서는 들으십시오. 이 필추 누구는 필추니 대중에게 가서 증상계·증상심·증상혜를 교수할 수 있습니다. 승가시여. 지금 이 필추 누구를 뽑아서 필추니 대중에게 가서 증상계·증상심·증상혜를 교수하게 하겠습니다. 만약 모든 구수들께서 이 필추 누구를 필추니 대중에게 가서 증상계·증상심·증상혜를 교수하는 사람으로 뽑는 일을 허락하신다면 묵연히 계시고, 만약 허락하지 않으신다면 말씀하십시오. 승가시여. 이미 필추 누구를 필추니 대중에게 가서 증상계·증상심·증상혜를 교수하는 사람으로 뽑는 일을 마쳤습니다. 승가께서 이미 인정하시고 허락하신 것은 묵연히 계셨기 때문입니다. 나는 지금부터 이와 같이 지니겠습니다.’”

만약 이 필추가 법을 얻었으면 마땅히 가서 필추니 대중을 가르쳐야 하며, 의혹을 일으키지 않도록 하라.

“세존께서 설하신 것과 같이, ‘만약 광범위하게 가르칠 사람이 없으면, 마땅히 있는 법식을 간략하게 가르쳐 주어야 한다.’고 하셨습니다. 내가 지금 마땅히 설명하겠습니다. 모든 필추니 대중은 매월 보름이 되면 마땅히 필추가 처소에 나아가 대중들에게 예경을 마치고 이와 같이 말하여야 한다.

‘대덕 승가께서는 들으십시오. 어느 절의 필추니 대중은 화합하였으므로, 어느 절의 대덕 승가의 발에 정례(頂禮)하며 공경스럽게 묻겠습니다. 대덕 승가께서는 병이 적으시고, 괴로움이 적으시며, 기거(起居)하는 것이 가볍고 편리하며 기력(氣力)이 평안하십니까? 우리 필추니 대중은 매월 보름에 이 처소에 와서 필추니를 교수할 사람을 청합니다.”

상좌는 대답하여 말한다.

“자매들이여. 어느 절의 필추니 대중은 모두 화합하였습니까?”

필추니들은 마땅히 대답하여 말한다.

"대중들은 모두 화합하였습니다."

다시 묻는다.

"보름 동안에 허물과 죄가 없었습니까?"

필추니들은 대답하여 말한다.

"없었습니다."

"자매들이여. 반드시 아셔야 합니다. 이 처소의 대중 가운데는 보름에 그 처소에 가서 능히 필추니 대중을 교수할 사람이 없습니다. 그대들 모든 자매여. 마땅히 스스로 부지런히 닦고 안일하거나 방탕하지 마십시오."

필추니들은 마땅히 합장하고 대답하여 말한다.

"바도(婆度)."

일반적으로 모든 필추니는 필추들이 있는 절에 들어갈 때에 문 앞에 이르러 마땅히 필추들에게 아뢰고, 비로소 앞으로 나아갈 수 있다. 만약 아뢰지 않으면 월법죄를 얻는다. 마땅히 이와 같이 아뢰어야 한다.

한 필추에게 예경을 마치고 이와 같이 말하여야 한다.

"대덕이시여. 나 필추니 누구는 지금 절 안에 들어가고자 합니다."

필추는 대답하여 말한다.

"허물을 지은 사람이 아니면 마땅히 들어오십시오."

필추니는 대답하여 말한다.

"짓지 않았습니다."

이렇게 말하면 좋으나, 말하지 않으면 월법죄를 얻는다.

44) 간필추니잡주백사(諫苾芻尼雜住白四)

이때 실라벌성(室羅伐城)에 두 필추니가 있었다. 한 명은 가애(可愛)라고 이름하였고, 다른 한 명은 수애(隨愛)라고 이름하였으며, 잡스럽고 혼란하게 머물고 있었다. 필추니들이 필추들에게 알리고, 필추는 세존께 아뢰었다. 세존께서 필추니들에게 알리셨다.

"마땅히 은밀하게 충고하고, 나아가 백사갈마를 하라. 그 두 필추니에게 충고하고, 만약 다시 이러한 부류가 있으면 앞에서와 같이 대중을 모으고 한 필추니에게 백갈마(白羯磨)를 짓게 하라.

'대덕 필추니 승가께서는 들으십시오. 이 가애와 수애의 두 필추니는 잡스럽고 혼란하게 머물고 있습니다. 마음이 들떠 있고, 희롱하며, 웃고, 다시 서로 손을 부딪쳐서 여러 필추니들이 은밀하게 잡스럽고 혼란하게 머무르지 않도록 충고하였습니다. 잡스럽고 혼란하게 머무르는 때에는 선법을 쇠손(衰損)9)하고, 증익(增益)10)할 수 없으니 마땅히 별주(別住)를 주어야 합니다. 별주하는 때는 선법이 증익되고 다시는 쇠손되지 않을 것입니다. 그 두 필추니에게 충고하였을 때에도 굳게 고집하고 버리지 아니하고서 '이 법이 진실한 것이고 나머지는 모두 허망하다.'고 말하였습니다.

만약 승가께서 때에 이르렀음을 인정하시면 승가는 허락하십시오. 필추니 승가시여. 지금 가애와 수애의 두 필추니들의 잡스럽게 머무르며 버리지 아니하고, 충고를 받아들이지 않는 것을 갈마를 짓고자 합니다. 이와 같이 아룁니다.'"

갈마는 아뢴 것에 의거하여 성립된다.

45) 간차별주백사(諫遮別住白四)

모든 필추니들이 이미 가르침을 받들어 백사갈마를 짓고서 그 두 필추니에게 충고하였으나 두 필추니는 굳게 고집하고 버리지 않아서, 곧 서로 같이 있지 못하게 하고 각자 별도로 머무르게 하였다. 이때 토라난타(吐羅難陀) 필추니가 그 두 필추니의 처소로 나아가 이와 같이 말하였다.

"구수여. 어찌하여 함께 거처하고 잡스러우며 혼란하게 머무르지 아니

---

9) 쇠퇴시키고 손해를 입히는 것을 말한다.
10) 이익을 증가시키는 것을 말한다.

하는가? 만약 잡스럽고 혼란하게 머무르면 선법이 증익되어 다시 쇠손되지 않을 것입니다."

여러 필추니들이 이 말을 듣고서, 여러 필추에게 알리고, 필추들이 세존께 아뢰었다. 세존께서 말씀하셨다.

"[이하 자세한 내용은 생략한다.] 나아가 백사갈마를 지어 토라난타 필추니가 잡스러우며 혼란하게 머무르는 것과 악견(惡見)을 버리지 아니하는 것을 충고하라. 만약 다시 이와 같은 부류가 있으면 마땅히 합당하게 충고할 것이고, 앞에 의거하여 지어야 한다.

대덕 필추니 승가께서는 들으십시오. 가애와 수애 두 필추니가 잡스러우며 혼란하게 머무르는 것을 필추니 승가께서 백사갈마를 지어 그 잡스럽게 머무는 것을 차단시켰습니다. 이때에 그 두 필추니를 곧 서로 같이 있지 못하게 하고 각자 별도로 머무르게 하였으나, 이 토라난타 필추니는 그 두 필추니의 처소에 나아가 알려 말하였습니다.

'구수여. 함께 거처하고 잡스러우며 혼란하게 머무르면 선법이 증익되어 다시 쇠손되지 않을 것이고, 만약 각자 별도로 머무르면 선법이 쇠손될 것입니다.'

필추니 승가시여. 은밀히 충고하였으나, 굳게 고집하고 버리지 아니하고서 이 법이 진실한 것이고 나머지는 모두 허망하다고 말하였습니다.

만약 승가께서 때에 이르렀음을 인정하시면 승가는 허락하십시오. 필추니 승가시여. 지금 토라난타 필추니가 잡스러우며 혼란하게 머무르는 것과 악견을 버리지 아니하는 것을 백사갈마를 짓고자 합니다. 이와 같이 아룁니다."

갈마는 아뢴 것에 의거하여 성립된다.

46) 필추니작불예백이(苾芻尼作不禮白二)

만약 필추와 필추니가 잡스럽게 머무는 것이라면 화합승가는 사치갈마(捨置羯磨)를 지어 주어야 한다. 그 필추니 대중들은 이 필추에게 마땅히 예배를 하여서는 아니되고, 법(法)은 마땅히 이와 같이 지어야 한다. 자리를 깔고 건치를 울려 필추니 대중을 모으고 한 필추니에게 마땅히 먼저 아뢰게 하고서, 비로소 갈마를 한다.

"대덕 필추니 승가께서는 들으십시오. 그 필추 누구는 화합승가에서 사치갈마를 지어 주었습니다. 필추니 승가시여. 불예배갈마(不禮拜羯磨)를 지어 주고자 합니다. 만약 승가께서 때에 이르렀음을 인정하시면 승가는 허락하십시오. 필추니 승가시여. 지금 필추 누구에게 불예배갈마를 주고 자 합니다. 이와 같이 아룁니다."

"대덕 필추니 승가께서는 들으십시오. 그 필추 누구는 화합승가에서 사치갈마를 지어 주었습니다. 필추니 승가께서는 불예배갈마를 지어 주겠습니다. 필추니 승가시여. 지금 필추 누구에게 불예배갈마를 짓겠습 니다. 만약 모든 구수들께서 그 필추 누구에게 불예배갈마를 짓는 일을 허락하신다면 묵연히 계시고, 만약 허락하지 않으신다면 말씀하십시오. 필추니 승가시여. 이 필추 누구에게 불예배갈마를 짓는 일을 마쳤습니다. 승가께서 이미 인정하시고 허락하신 것은 묵연히 계셨기 때문입니다. 나는 지금부터 이와 같이 지니겠습니다."

만약 필추가 이미 승가가 사치갈마를 지어 주는 것을 받았고, 필추니 대중들도 역시 다시 불예배갈마를 주는 것을 마쳤으면, 모든 필추니들은 그에게 말하여도 아니되고, 예배하여도 아니되며, 또한 잠시라도 그를 보게 되면 곧 반드시 일어나야 한다. 이러한 까닭은 그가 상좌의 대중이기 때문이다.

47) 간수차필추니백사(諫隨遮苾芻尼白四)

이미 법을 짓게 마쳤고 비록 예배는 아니하였으나 다시 따라서 좇아다니 면, 다시 마땅히 사치갈마를 지어 주어야 하며, 마땅히 이와 같이 지어야 한다.

"대덕 필추니 승가께서는 들으십시오. 이 필추 누구는 행하는 것이 비법(非法)이므로 승가께서 사치갈마를 지어 주셨습니다. 이 필추 누구는 행하는 것이 비법인 것을 알고, 역시 사치법을 얻은 것을 알고 있습니다. 그러나 다시 따라서 좇아다니고, 친근하게 지내는 일을 계속하며, 능히 그에게 대중의 가르침을 존중하지 않게 하고 있습니다. 만약 승가께서 때에 이르렀음을 인정하시면 승가는 허락하십시오. 승가시여. 지금 이 필추니 누구에게 그 필추 누구와 친근하게 이어가는 일을 차단하겠습니다. 이와 같이 아룁니다."

갈마는 아뢴 것에 의거하여 성립된다.

48) 공아동실백이(共兒同室白二)

이때 필추니 급다(笈多)가 동자(童子)인 가섭파(迦攝波)를 낳고서 곧 한방에서 함께 잠자지 않아 아기가 몹시 울었다. 여러 필추니들이 이 일(事)로써 여러 필추들에게 알리고, 필추들이 세존께 아뢰었다. 세존께서 말씀하셨다.

"그 급다 필추니는 마땅히 필추니 대중들에게 아기와 함께 같은 방(一室)에서 잠자는 것을 애원하게 하라. 갈마법은 자리를 깔고 건치를 울려 말로써 필추니 대중들에게 널리 알리고 대중이 모이면 나아가 합장하고 이와 같이 말하여야 한다.

'필추니 승가께서는 들으십시오. 나 필추니 급다는 아들을 낳았고, 지금 필추니 승가를 좇아 아기와 한방에서 함께 잠자는 갈마법을 애원하고 있습니다. 원하건대 필추니 승가시여. 나 급다가 어린 아기와 함께 같은 방에서 잠자는 것을 허락하십시오. 이렇게 능히 애민한 사람이 애민하게 원하는 까닭입니다.'

두 번째·세 번째에도 역시 이와 같이 말한다.

다음은 한 필추니가 마땅히 먼저 아뢰고, 비로소 갈마를 한다.

'대덕 필추니 승가께서는 들으십시오. 이 필추니 급다는 동자인 가섭파를 낳고서 지금 필추니 승가께 아기와 같은 방에서 함께 잠자는 것을 애원하고 있습니다. 만약 필추니 승가께서 때에 이르렀음을 인정하시면 승가는 허락하십시오. 필추니 승가시여. 지금 급다 필추니에게 아이와 함께 잠자는 갈마를 주고자 합니다. 이와 같이 아룁니다.'

다음은 갈마를 한다.

'대덕 필추니 승가께서는 들으십시오. 이 필추니 급다는 동자인 가섭파를 낳고서 지금 필추니 승가께 아기와 한방에서 함께 잠자는 것을 애원하고 있습니다. 필추니 승가시여. 지금 급다 필추니에게 아이와 함께 잠자는 갈마를 주고자 합니다. 만약 모든 구수들께서 급다가 아기와 같은 방에서 잠자게 하는 일을 허락하신다면 묵연히 계시고, 만약 허락하지 않으신다면 말씀하십시오. 필추니 승가시여. 이미 급다가 아기와 같은 방에서 잠자는 일을 마쳤습니다. 승가께서 이미 인정하시고 허락하신 것은 묵연히 계셨기 때문입니다. 나는 지금부터 이와 같이 지니겠습니다.'"

만약 필추니 승가가 급다에게 이 법을 주면 마땅히 어린 아기와 한방에서 함께 잠을 잘지라도 의혹을 일으키지 말라. 이것은 어린 아기를 위하여 함께 잠자는 것을 여는 것이고, 나아가 아기가 자라면 법에 의거하여 돌이켜 막아야 한다.

49) 필추니여속친왕환백이(苾芻尼與俗親往還白二)

만약 필추니가 굶주리는 흉년을 만나 사람들이 고통을 받고 괴로워하여 걸식(乞食)하였으나, 음식을 얻기 어려웠다. 마침내 친족의 집을 찾아갔으나 이렇게 말하였다.

"나는 여러 사람에게 음식을 제공할 수 없습니다. 혼자의 몸으로 찾아오면 나는 마땅히 제공하겠습니다."

이때에는 곧 마땅히 필추니 대중들에게 재가의 친족의 집을 왕래하는 갈마를 지어주는 것을 애원하여야 하며, 마땅히 이와 같이 애원하여야 한다. 먼저 자리를 깔고 건치를 울려 말로써 필추니 대중들에게 널리 알리고 대중이 모이면 나아가 합장하고 이와 같이 말한다.

"대덕 필추니 승가께서는 들으십시오. 나 누구는 굶주리는 흉년을 만나 사람들이 고통을 받고 괴로워하여 걸식하였으나, 음식을 얻기 어렵습니다. 나 누구는 지금 필추니 승가를 좇아 재가의 친족의 집을 왕래하는 갈마를 지어주는 것을 애원합니다. 원하건대 필추니 승가시여. 나 누구에게 여러 재가의 친족의 집을 왕래하는 갈마를 지어 주십시오. 이렇게 능히 애민한 사람이 애민하게 원하는 까닭입니다."

두 번째·세 번째에도 이와 같이 말한다.

다음은 한 필추니가 먼저 아뢰고, 비로소 갈마를 한다.

"대덕 필추니 승가께서는 들으십시오. 이 필추니 누구는 굶주리는 흉년을 만나 사람들이 고통을 받고 괴로워하여 걸식하였으나, 음식을 얻기 어렵습니다. 이 필추니 누구는 지금 필추니 승가께 여러 재가의 친족의 집을 왕래하는 갈마를 지어주는 것을 애원하고 있습니다. 원하건대 필추니 승가시여. 만약 필추니 승가께서 때에 이르렀음을 인정하시면 승가는 허락하십시오. 필추니 승가시여. 지금 필추니 누구에게 여러 재가의 친족의 집을 왕래하는 갈마를 주고자 합니다. 이와 같이 아룁니다."

다음은 갈마를 한다.

"대덕 필추니 승가께서는 들으십시오. 이 필추니 누구는 굶주리는 흉년을 만나 사람들이 고통을 받고 괴로워하여 걸식하였으나, 음식을 얻기 어렵습니다. 이 필추니 누구는 지금 필추니 승가께 여러 재가의 친족의 집을 왕래하는 갈마를 지어주는 것을 애원하였고, 필추니 승가께서는 지금 필추니 누구에게 여러 재가의 친족의 집을 왕래하는 갈마를 짓겠습니다. 만약 모든 구수들께서 필추니 누구는 여러 재가의 친족의 집을 왕래하는 일을 허락하신다면 묵연히 계시고, 만약 허락하지 않으신다면 말씀하십시오. 필추니 승가시여. 이미 누구는 여러 재가의 친족의 집을 왕래하는 갈마를 마쳤습니다. 승가께서 이미 인정하시고 허락하신 것은 묵연히 계셨기 때문입니다. 나는 지금부터 이와 같이 지니겠습니다."

만약 필추니 승가가 이미 갈마를 지어 주었으면 이 필추니는 곧 혼자 길을 떠나서 여러 친족의 집에 가서 마음대로 음식을 받을 수 있다.

풍년이 들었을 때에는 가서는 아니되고, 만약 갔으면 월법죄를 얻는다.

구수 오파리가 세존께 청하여 아뢰었다.

"대덕이시여. 어느 필추니가 갑자기 근(根)이 변하였으면 이것은 어떻게 하여야 합니까?"

세존께서 말씀하셨다.

"마땅히 필추들의 주처에 보내고, 지닌 차례에 따라서 모두에게 의지하여 하안거를 한다."

"대덕이시여. 필추의 근이 변하여 여성으로 회복되면 어떻게 하여야 합니까?"

세존께서 말씀하셨다.

"마땅히 필추니들의 주처에 보내고, 역시 의지하여 하안거를 한다."

"만약 다시 근이 변하였으면 이것은 어떻게 하여야 합니까?"

세존께서 말씀하셨다.

"이것은 이전에 의거하여 다른 처소로 보내야 한다. 만약 세 번째로 다시 변하였으면 반드시 쫓아내야 하며, 함께 머물러서는 아니된다."

"대덕이시여. 만약 어느 구적이 구족계를 받을 때, 그의 근(根)이 변하면 구족계가 성립됩니까?"

세존께서 말씀하셨다.

"구족계를 받는 것은 성립되나, 마땅히 필추니의 주처에 보내야 한다."

"대덕이시여. 구족계를 받을 때 만약 어느 구적이 곧 이렇게 말하였습니다.

'여러 구수들이시여. 나에게 구족계를 주지 마십시오.'

이것도 구족계가 성립됩니까?"

세존께서 말씀하셨다.

"성립되지 않는다. 오파리여. 구족계를 받는 것을 마치고 만약 이와 같이 말하였다.

'마땅히 내가 구적인 것을 아십시오.'[이 말은 그 마음에서 법을 버리려는 것에 의지하기 때문이다.]

마땅히 이때는 오히려 구족계가 아닌 것인데 하물며 곧 구족계를 받으려 하는 순간에 이와 같은 말을 하겠는가?"

"대덕이시여. 곧 구족계를 받으려고 하는 때에 스스로 말하였습니다. '나는 재가인입니다.'

이것도 구족계가 성립됩니까?"

세존께서 말씀하셨다.

"성립되지 아니한다. 오파리여. 구족계를 받는 일을 마치고서 만약 이렇게 말하였다면, '나는 재가인입니다.' 오히려 구족계를 잃는데, 하물며 받으려 할 때에 (이러한) 말을 하겠는가?"

"세존께서 설하신 것과 같이, '필추로서 학처를 버리고자 하는 사람은 마땅히 멈추어 생각하고 결단하여 버리려는 마음을 짓고서 한 필추를 마주하여 꿇어앉아 합장하며 이와 같이 말해야 한다.'고 하셨습니다.

구수여. 항상 생각하여 주십시오. 나 필추 누구는 부정(不淨)한 행법(行法)을 받들고 지닐 수 없습니다. 나 필추 누구는 지금 구수를 마주하고 그 학처를 버리고 출가인의 모습을 제거하여 재가인의 얼굴과 모습을 짓겠습니다. 구수여. 지금부터 나는 재가인이 된 것을 아십시오."

이와 같이 세 번 말하고, 마땅히 대답한다.

"오비가(烏箄迦)."

만약 어리석고, 미쳤으며, 마음이 산란한 사람과 식차마니에게 율을 버리면 성립되지 아니한다.

다른 대중들도 이것에 의거하라.

50) 영포백사(令怖白四)

이때 세존께서는 실라벌성(室羅伐城)에 머무르셨다.

반두노희득가(半頭盧呬得迦)[황적색(黃赤色)이라고 번역한다.] 등의 여러 필추들의 무리(輩)가 있었고, 이들은 싸우고 논쟁하며, 평론하는 사람들이었다. 그들은 곧 자주 대중들이 다투는 일을 꾸며서 항상 승가를 불안하게 하고, 안락하게 머물 수 없도록 하였으며, 능히 다투고 경쟁하는 것을 더욱 증장시켰다. 여러 필추들이 이 인연으로 세존께 아뢰니, 세존께서 말씀하셨다.

"그대들 모든 필추들은 마땅히 반두노희득가 등에게 영포갈마(令怖羯磨)를 지어 주어라. 만약 다시 이러한 부류가 있으면 마땅히 이와 같이 주어라. 다섯 가지의 인연으로 영포갈마를 지으니, 이것이 비법갈마(非法羯磨)이고, 비나야에 알맞지 않는 갈마이면, 승가는 지을 때에 월법죄를 얻는다.

무엇을 다섯 가지의 인연이라 말하는가? 첫째는 힐문(詰問)[11]하여 짓지 않는 것이고, 둘째는 억념(憶念)하여 짓지 않는 것이며, 셋째는 그러한 사실이 없는 것이고, 넷째는 스스로 죄를 두려워하지 않는 것이며, 다섯째는 서로 마주하고 짓지 않는 것이다.

다시 다섯 가지의 인연으로 영포갈마를 짓나니, 이것이 여법한 갈마이고, 비나야에 알맞는 갈마이면, 승가는 허물이 없다. 먼저 힐문하고, 그에게 억념하게 하며, 그 일이 사실이고, 스스로 죄를 두려워하며, 서로 마주하여 짓는 것이다. 이와 같이 마땅히 지어야 하고, 앞에서의 방편을 지으며, 앞에 의거하여 알지니라.

다음은 한 필추에게 백사갈마를 하게 한다.

'대덕 승가께서는 들으십시오. 이 반두노희득가 필추 등은 싸우고 산란하여 승가에 다툼과 경쟁을 일으키고, 그들은 자주자주 다투는 일을 꾸미고 일으켜서 항상 승가를 불안하게 하고, 안락하게 머물 수 없도록 하고 있습니다. 만약 승가께서 때에 이르렀음을 인정하시면 승가는 허락하십시오. 승가시여. 지금 반두노희득가 등에게 영포갈마를 지어 주고자 합니다. 이와 같이 아룁니다.'

'대덕 승가께서는 들으십시오. 이 반두노희득가 필추 등은 싸우고 산란하여 승가에 다툼과 경쟁을 일으키고, 그들은 자주자주 다투는 일을

---

11) 잘못을 책망하고 따져서 묻는 것을 말한다.

꾸미고 일으켜서 항상 승가를 불안하게 하고 안락하게 머물 수 없도록
하고 있습니다. 승가시여. 지금 반두노희득가 등에게 영포갈마를 지어
주겠습니다. 만약 모든 구수들께서 승가가 반두노희득가 필추 등에게
영포갈마를 지어 주는 일을 허락하신다면 묵연히 계시고, 만약 허락하지
않으신다면 말씀하십시오.'

이것이 첫 번째 갈마이다. 두 번째·세 번째에도 역시 이와 같이 말한다.

승가시여. 이미 반두노희득가 필추 등에게 영포갈마를 지어 주는 일을
마쳤습니다. 승가께서 이미 인정하시고 허락하신 것은 묵연히 계셨기
때문입니다. 나는 지금부터 이와 같이 지니겠습니다."

만약 필추승가가 영포갈마를 지어 주게 되면 다른 사람을 출가시키면
아니되고, 다른 사람에게 구족계를 주어서도 아니되며, 자세한 것은 앞에
서 설명한 것과 같다.

이때 모든 필추들이 반두노희득가 등을 위하여 영포갈마를 지었고,
반두노희득가 등은 법을 얻고서 지극히 공손하고 부지런함을 나타내고,
승가의 처소에서 경멸하고 오만한 마음을 일으키지 아니하였다. 죄에서
벗어나고 구제되기를 희구(希求)하면서 항상 공경과 예의를 나타내고,
결계 안에 머물렀으며, 수섭법(收攝法)을 청(請)하고 애원하면서 스스로
말하였다.

"우리들 반두노희득가는 이렇게 싸움과 논쟁을 증장시키는 것을 멈추
겠습니다."

여러 필추 대중들이 이 인연으로 세존께 아뢰니, 세존께서 말씀하셨다.

"그대들 모든 필추들은 이전에 반두노희득가 등을 위하여 먼저 영포갈
마를 지었으니, 지금은 반두노희득가 등을 위하여 수섭갈마(收攝羯磨)를
지어라. 만약 다시 이러한 부류가 있으면 그들에게 5법의 영포갈마를
지어 주고 그 필추가 만약 아직 수섭(收攝)[12]할 수 없으면 마땅히 수섭하면
아니된다.

---

12) 포용하여 받아들이는 것을 가리키는 말이다.

무엇을 5법이라고 말하는가? 첫째는 국왕에게 의지하는 사람이고, 둘째는 여러 관리들에게 의지하는 사람이며, 셋째는 특별한 사람에게 의지하는 사람이고, 넷째는 외도(外道)에 의지하는 사람이며, 다섯째는 승가에 의지하는 사람이다. 이와 같은 사람은 마땅히 수섭하면 아니된다.

다시 5법이 있으니, 마땅히 수섭하면 아니된다. 무엇을 5법이라고 말하는가? 첫째는 외도를 섬기고 따르는 사람이고, 둘째는 악한 친구와 친근하고 즐거워하는 사람이며, 셋째는 외도를 공양하는 사람이고, 넷째는 승가의 화합을 원하지 아니하는 사람이며, 다섯째는 승가와 함께 머무는 것을 원하지 아니하는 사람이다. 이와 같은 사람은 수섭하면 아니된다.

다시 5법이 있으니, 마땅히 수섭하면 아니된다. 첫째는 필추들을 매도(罵倒)[13]하는 사람이고, 둘째는 화를 내고 원한을 품는 사람이며, 셋째는 꾸짖고 책망하는 사람이고, 넷째는 행하지 않을 일을 행하는 사람이며, 다섯째는 필추로서 학처를 닦고 익히지 아니하는 사람이다.

만약 5법을 갖추고 있으면 마땅히 수섭하여야 한다. 무엇을 5법이라고 말하는가? 첫째는 승가의 처소에서 스스로 공손과 부지런함을 나타내고 경멸과 오만(傲慢)을 일으키지 않는 사람이고, 둘째는 죄에서 벗어나 구제되는 것을 희구하는 사람이며, 셋째는 항상 공경과 예의를 나타내는 사람이고, 넷째는 결계 안에서 머물며 수섭을 청하고 구하는 사람이며, 다섯째는 스스로 '나는 지금부터 싸우고 논쟁하는 일을 다시는 짓지 아니하겠다.'고 말하는 사람이다. 이것을 5법이라고 말하고, 만약 아직 수섭하지 아니하였으면 마땅히 수섭하여야 한다.

다시 5법이 있으니 마땅히 수섭하여야 한다. 무엇을 5법이라고 말하는가? 첫째는 국왕에게 의지하지 않는 사람이고, 둘째는 여러 관리들에게 의지하지 않는 사람이며, 셋째는 특별한 사람에게 의지하지 않는 사람이고, 넷째는 외도(外道)에 의지하지 않는 사람이며, 다섯째는 승가에 의지하지 않는 사람이다. 이것을 5법이라고 이름한다.

---

13) 심하게 욕하며 몰아세우는 것을 말한다.

다시 5법이 있으면 영포갈마에서 풀어주어야 한다. 무엇을 5법이라고 말하는가? 첫째는 외도들을 섬기고 따르지 아니하고, 둘째는 악한 친구와 친근하고 즐거워하지 아니하며, 셋째는 외도를 공양하지 아니하고, 넷째는 승가와 화합을 원하며, 다섯째는 승가와 함께 머무는 것을 원하는 것이다.

다시 5법이 있으면 영포갈마에서 풀어주어야 한다. 무엇을 5법이라고 말하는가? 첫째는 필추들을 매도하지 아니하고, 둘째는 화를 내고 원한을 품지 아니하며, 셋째는 꾸짖고 책망하지 아니하고, 넷째는 행할 일을 행하며, 다섯째는 필추로서 학처를 닦고 익히는 것이다. 이것을 5법이라고 이름한다.

이미 조복(調伏)되었으면 마땅히 수섭갈마를 주어야 하고, 앞에서의 방편을 지으며, 앞에 의거하여 마땅히 알지니라. [이하 자세한 설명은 생략한다.] 나아가 반두노희득가 등이 이와 같이 말하게 하여야 한다.

'대덕 승가께서는 들으십시오. 우리들 필추 반두노희득가 등은 싸우고 산란하고, 이러한 논쟁과 경쟁을 일으킨 사람이며, 우리는 자주자주 다투는 일을 꾸미고 일으켜서 항상 승가를 불안하게 하고, 안락하게 머물 수 없도록 하였습니다. 이것을 까닭으로 승가께서는 우리들에게 영포갈마를 지어 주셨습니다. 우리는 갈마를 받고서 승가의 가운데에서 지극히 공손하고 부지런함을 나타내고, 경멸하고 오만한 마음을 일으키지 아니하였으며, 죄에서 벗어나고 구제되기를 희구하면서 항상 공경과 예의를 나타내고, 결계 안에 머물렀으며, 수섭법을 청하고 구하였으며, 우리들은 싸움과 논쟁을 영원히 멈추었습니다. 원하건대 대덕 승가시여. 우리들 반두노희득가 등의 영포갈마를 풀어 주십시오. 이렇게 능히 애민한 사람이 애민하게 원하는 까닭입니다.'

두 번째·세 번째에도 역시 이와 같이 말한다.

다음은 한 필추가 백사갈마를 한다.

'대덕 승가께서는 들으십시오. 이 반두노희득가 등의 여러 필추들은 싸우고 산란하고, 승가에 논쟁과 경쟁을 일으켰으며, 자주자주 다투는 일을 꾸미고 일으켜서 항상 승가를 불안하게 하고, 안락하게 머물 수 없도록 하였습니다. 승가께서는 이전에 반두노희득가 등의 여러 필추들에게 영포갈마를 주셨습니다. 이 반두노희득가 등 여러 필추들은 갈마를 받고서 승가의 가운데에서 지극히 공손하고 부지런함을 나타내고, 경멸하고 오만한 마음을 일으키지 아니하였습니다. 지금 승가를 좇아 영포갈마를 풀어 달라고 애원하고 있습니다. 만약 승가께서 때에 이르렀음을 인정하시면 승가는 허락하십시오. 모든 필추 승가시여. 지금 반두노희득가 등의 여러 필추들에게 영포갈마를 풀어주겠습니다. 이와 같이 아룁니다.'

'대덕 승가께서는 들으십시오. 이 반두노희득가 등의 여러 필추들은 싸우고 산란하고, 승가에 논쟁과 경쟁을 일으켰으며, 자주자주 다투는 일을 꾸미고 일으켜서 항상 승가를 불안하게 하고, 안락하게 머물 수 없도록 하였습니다. 승가께서는 이전에 반두노희득가 등의 여러 필추들에게 영포갈마를 주셨습니다. 이 반두노희득가 등 여러 필추들은 갈마를 받고서 승가의 가운데에서 지극히 공손하고 부지런함을 나타내고, 경멸하고 오만한 마음을 일으키지 아니하였습니다. 지금 승가를 좇아 영포갈마를 풀어 달라고 애원하고 있습니다. 승가시여. 지금 반두노희득가 등 여러 필추들에게 영포갈마를 풀어 주는 일을 허락하신다면 묵연히 계시고, 만약 허락하지 않으신다면 말씀하십시오.'

이것이 첫 번째 갈마이다. 두 번째·세 번째에도 역시 이와 같이 말한다.

'승가시여. 이미 반두노희득가 등의 여러 필추에게 영포갈마를 풀어주는 일을 마쳤습니다. 승가께서 이미 인정하시고 허락하신 것은 묵연히 계셨기 때문입니다. 나는 지금부터 이와 같이 지니겠습니다.'"

근본설일체유부백일갈마 제8권

51) 절복백사(折伏白四)

어느 때 승묘(勝妙)라는 필추가 있었으며, 자주 중교죄(衆教罪)[1]를 범하였다. 여러 필추들이 편주(遍住)와 근본편주(根本遍住)를 주었고, 나아가 거듭하여 근본편주를 주었으며, 더욱이 마나비를 주었으나, 다시 거듭하여 죄를 범하였다.

여러 필추들이 이 인연으로 세존께 아뢰니, 세존께서 말씀하셨다.

"그대들 모든 필추들은 승묘 필추에게 절복(折伏)갈마를 지어 주고, 만약 다시 나머지 이러한 부류가 있으면 모두 마땅히 이와 같이 주어야 하며, 앞에서의 방편을 짓고서, [이하 자세한 설명은 생략한다.] 앞에서와 같이 마땅히 알지니라.

'대덕 승가께서는 들으십시오. 이 승묘 필추는 자주 중교죄를 범하여 여러 필추들이 그를 위하여 편주를 지었고, 나아가 마나비를 주었으나, 다시 거듭하여 죄를 범하였습니다. 지금 승가께서는 절복갈마를 주고자 합니다. 만약 승가께서 때에 이르렀음을 인정하시면 승가는 허락하십시오. 승가시여. 지금 승묘 필추가 자주 죄를 범한 것에 절복갈마를 지어 주겠습니다. 이와 같이 아룁니다.'

다음은 갈마를 지으며, 아뢴 것에 의거하여 짓고, [이하 자세한 설명은 생략한다.] 나아가 나는 지금부터 이와 같이 간직하겠습니다."

세존께서 말씀하셨다.

"그대들 모든 필추들은 이미 승묘 필추에게 절복갈마를 지어 주었으니, 그 행법(行法)에 대하여 내가 지금 마땅히 설명하겠노라."

---

1) 대중들의 기본적인 학처를 범하는 죄를 말한다.

"다른 사람을 출가시킬 수 없고, [이하 자세한 설명은 생략한다.] 나아가 자세한 설명은 편주를 행하는 것과 같으며, 만약 의지하지 않고서 행하면 월법죄를 얻는다."

이와 같이 그를 위하여 절복갈마를 지어 마치자, 지극한 공손함과 부지런함을 나타냈고, 승가의 처소에서 경멸과 오만함을 일으키지 않았으며, 나아가 대중을 좇아 수섭법(收攝法)을 애원하였고, 스스로 말하였다.

"나 누구는 자주 죄를 범한 것을 영원히 멈추겠으며, [이하 자세한 설명은 생략한다.] 인연을 자세하게 설명하였고, 나아가 마땅히 수섭갈마를 지었으며, 그 갈마와 작법은 영포갈마와 같은 일인 것을 마땅히 알지니라." 차이가 있는 것은 "마땅히 나 누구는 자주 죄를 범하는 것을 영원히 그치겠습니다."고 말하는 것이다. 나머지는 모두 비슷하니, 알 수 있을 것이다.

52) 구빈백사(驅擯白四)

어느 때 구수인 아습박가(阿濕薄迦)와 보나벌소(補㮈伐素) 등이 지타산(枳吒山)에 주처에 있으면서, 승가를 더럽히고 죄악의 일을 짓고, 사문법(沙門法)을 짓지 않으며, 혹은 다른 사람에게 짓게 하고, 여러 여인들과 함께 동일한 평상(平床)에 앉으며, 같은 그릇에서 음식을 먹고, 같은 잔으로 술을 마셨다.

스스로 꽃을 꺾고 다른 사람도 꽃을 꺾게 하였으며, 스스로도 꽃을 묶고 다른 사람을 시켜 꽃을 묶도록 하여 꽃다발을 머리에 썼고, 구슬을 꿰어 관(冠)을 만들어 눈썹 위에 썼으며, 또한 황빈(黃蘋)으로 보조개에 점을 찍었다. 스스로 춤을 추었고 다른 사람도 춤추게 하였으며, 스스로 노래하였고 다른 사람도 노래하게 하였으며, 혹은 스스로 북을 치고 다른 사람을 시켜 북을 치게 하였으며, 옷을 짧게 묶고서 갑자기 뛰어오르고 갑자기 머뭇거렸으며, 나무를 던져 공중에서 잡아 멈추기도 하였다.

혹은 팔을 회전시키고, 혹은 물고기처럼 뛰어오르기도 하며, 혹은 험하

고 진흙탕인 강물을 건너다가 중간에 멈추어 섰고, 혹은 말의 울음소리를
내었으며, 혹은 소의 울음소리를 내었고, 혹은 코끼리의 우는 소리를
내기도 하였으며, 혹은 공작의 울음소리를 내기도 하였고, 혹은 물을
안아서 북처럼 두드렸으며, 혹은 물을 던져 창(槍)처럼 하였고, 혹은 입을
두드려 북소리를 내었으며, 혹은 입을 소라처럼 불어서 공작 소리와
노란 꾀꼬리의 소리와 비슷하였다.

이와 같이 많은 사문의 행이 아닌 것을 지어서 마침내 지타산 아래의
바라문들이 함께 천박하고 냉담하며 신심을 퇴보하고 잃게 하였다. 여러
필추들이 각자 비난하고 논쟁이 일어났고, 나아가 걸식하여도 모두 음식을
베풀지 아니하였다. 아난타(阿難陀)가 이 인연으로 세존께 아뢰니, 세존께
서 말씀하셨다.

"그대들 여러 필추들은 지타산으로 가서 승가를 더럽힌 아습박가·보나
벌소 필추 등에게 구빈갈마(驅擯羯磨)를 지어라. 그대들 여러 필추들이
지타산에 이르게 되면, 길의 한 곳에서 머무르며 5덕(德)을 갖춘 한 필추를
뽑아야 한다. 평소와 같이 대중을 모으고 마땅히 먼저 물어 말하여야
한다.

'그대 필추 누구는 능히 지타산에서 아습박가 등이 승가를 더럽힌
일을 힐문할 수 있겠습니까?'

그 필추는 대답한다.

'할 수 있습니다.'

평소처럼 대중을 모으고 한 필추에게 백갈마를 짓게 한다.

'대덕 승가께서는 들으십시오. 이 필추 누구는 능히 지타산에 가서
아습박가·보나벌소 등의 필추들이 승가를 더럽힌 일을 힐문할 수 있습니
다. 만약 승가께서 때에 이르렀음을 인정하시면 승가는 허락하십시오.
승가시여. 지금 필추 누구를 뽑아 지타산에 가서 아습박가·보나벌소
등의 필추들이 승가를 더럽힌 일을 힐문하고자 합니다. 이와 같이 아뢰니
다.'

다음은 갈마를 짓는다.

'대덕 승가께서는 들으십시오. 이 필추 누구는 능히 지타산에 가서 아습박가와 보나벌소 등의 필추들이 승가를 더럽힌 일을 힐문할 수 있습니다. 승가시여. 지금 필추 누구를 뽑아 지타산에 가서 아습박가·보나벌소 등의 필추들이 승가를 더럽힌 일을 힐문하고자 합니다. 만약 여러 구수들께서 이 필추 누구를 뽑아 지타산에 가서 아습박가·보나벌소 등의 필추들이 승가를 더럽힌 일을 힐문하는 일을 허락하신다면 묵연히 계시고, 만약 허락하지 않으신다면 말씀하십시오. 승가시여. 이미 이 필추 누구를 뽑아 지타산에 가서 아습박가·보나벌소 등의 필추들이 승가를 더럽힌 일을 힐문하게 하는 일을 마쳤습니다. 승가께서 이미 인정하시고 허락하신 것은 묵연히 계셨기 때문입니다. 나는 지금부터 이와 같이 지니겠습니다.'"

그대들 모든 필추들은 지타산에 이르면 자리를 깔고 건치를 울려 대중을 모이게 하고, 그 힐난하는 필추는 마땅히 아습박가 등에게 물어야 한다.

'나는 그대들에게 물을 것이 있습니다. 허락하십니까?'

그가 허락하면 죄의 거짓과 진실을 묻는다. 그가 대답하였다.

'물었던 나의 그 일에 관한 죄는 모두가 사실입니다.'

대중들은 마땅히 구빈갈마를 지어야 한다. 앞의 방편을 짓고서 마땅히 갈마를 짓는다.

'대덕 승가께서는 들으십시오. 이 아습박가·보나벌소·반두로희득가(半豆盧呬得迦) 등은 널리 승가를 더럽혔고 죄와 악법을 행하였습니다. 여러 여인들과 함께 같은 잔으로 술을 마시고, 한 그릇으로 음식을 먹었으며, 꽃을 꺾어 목걸이를 만들었고, 마음이 들떠서 노래하고 춤추었습니다. 곧 이러한 사문의 행이 아닌 것을 지어서 모든 재가의 사람들로부터 모두 신심을 잃었습니다. 만약 승가께서 때에 이르렀음을 인정하시면 승가는 허락하십시오. 승가시여. 지금 아습박가·보나벌소·반두로희득가 등의 죄악을 저지른 사람들에게 구빈갈마를 짓고자 합니다. 이와 같이 아룁니다.'

다음은 갈마를 지으며, 아뢴 것에 의거하여 마땅히 지어라.

[이하 자세한 설명은 생략한다.] 나아가 나는 지금부터 이와 같이 지니겠

습니다."

그 세 필추들이 구빈갈마를 받아서 마땅히 다른 사람을 출가시킬 수 없는 것은 앞에서 자세히 설명한 것과 같다.

이 세 사람 등이 만약 지극히 공손하고 부지런함을 나타내며, 승가의 처소에서 경멸하고 오만한 마음을 일으키지 아니하였고, 나아가 대중을 좇아 수섭법을 애원하면서 스스로 말하였다.

"우리들 누구는, [이하 자세한 설명은 생략한다.] 재가에서 더럽히는 일을 영원히 그치겠습니다."

인연을 자세하게 설명하였고, [이하 자세한 설명은 생략한다.] 나아가 마땅히 수섭갈마를 지으며, 앞에 의거하여 짓는다."

53) 구사백사(求謝白四)

어느 때 승상(勝上) 필추가 있었으며, 어느 마을에서 잡색(雜色) 장자와 함께 말로써 서로의 마음을 거스르게 되었다. 이때 이 장자가 이 인연으로 세존께 아뢰니, 세존께서 말씀하셨다.

"그대들 여러 필추들은 승상 필추가 재가인을 접촉하여 괴롭게 하였으니, 구사갈마(求謝羯磨)를 주어라. 만약 다시 이러한 부류가 있으면 역시 마땅히 구사갈마를 지어야 한다.

'대덕 승가께서는 들으십시오. 승상 필추는 어느 마을에서 잡색장자와 함께 말로써 서로의 마음을 거스르게 되었습니다. 만약 승가께서 때에 이르렀음을 인정하시면 승가는 허락하십시오. 승가시여. 지금 승상 필추가 잡색 장자와 함께 말로써 서로의 마음을 거스르게 한 것에 구사갈마를 주고자 합니다. 이와 같이 아룁니다.'

다음은 갈마를 지으며 아뢴 것에 의거하여 마땅히 지으며, [이하 자세한 설명은 생략한다.] 나아가 나는 지금부터 이와 같이 지니겠습니다."

이미 법을 얻고서 수순행(隨順行)을 아니하면 월법죄를 얻는다.

만약 승가가 구사갈마를 지어 주었고, 만약 공손하고 부지런함을 나타내고, 승가 중에서 경멸하고 오만한 마음을 일으키지 아니하였으며, 마침내 대중을 좇아 구사갈마를 풀어주는 것을 애원하면서 스스로 말하였다.

"우리들 누구는, [이하 자세한 설명은 생략한다.] 재가에서 더럽히는 일을 영원히 그치겠습니다."

자세한 설명은 앞에서와 같다. 모든 필추들은 마땅히 그에게 알려 말하여라.

'그대는 그 장자를 찾아가서 참마(懺摩)[2]를 구하여 그가 용서하면 비로소 수섭할 수 있다.'

접촉하여 말로써 장자를 거스르게 하였을 때에도 구사갈마를 지으며, 다른 필추를 괴롭히면 역시 마땅히 구사갈마를 짓고, 나아가 필추니·식차마나·구적남·구적녀를 괴롭게 하여도 앞에 의거하여 마땅히 알지니라. 만약 필추니가 재가인이나 필추·필추니·식차마나·사미·사미니를 말로써 서로의 마음을 거스르게 하였을 때에도 마땅히 구사갈마를 지어야 한다. 그 이하의 3중(衆)[3]은 앞에 의거하여 마땅히 알지니라.

54) 차불견죄백사(遮不見罪白四)

어느 때 구수 천타(闡陀) 필추가 죄를 지었고, 여러 필추들이 알려 물었다.

"그대의 죄를 알겠습니까?"

대답하여 말하였다.

"모르겠습니다."

이때에 여러 필추들이 이 인연으로 세존께 아뢰니, 세존께서 말씀하셨다.

"그대들 모든 필추들은 천타 필추가 죄를 인정하지 않는 것에 사치갈마

---

2) 참(懺)은 산스크리트어 kṣama의 음사로서 참마(懺摩)의 준말이고, 회(悔)라고 번역된다. 참고 견딘다는 뜻이고, 과거의 죄를 뉘우쳐 대중 등에게 고백하고, 용서하는 것을 청하는 것이다.
3) 식차마나·구적남·구적녀를 가리킨다.

(捨置羯磨)4)를 주고, 만약 다시 이와 같은 부류가 있으면 역시 마땅히 사치갈마를 지어야 하며, 앞에 의거하여 마땅히 알지니라.

'대덕 승가께서는 들으십시오. 이 필추 천타는 죄를 짓고서 다른 필추가 물었을 때 대답하였습니다.

'나는 모르겠습니다.'

만약 승가께서 때에 이르렀음을 인정하시면 승가는 허락하십시오. 승가시여. 지금 필추 천타는 죄를 인정하지 않아서 불견죄사치갈마(不見罪捨置羯磨)를 짓고자 합니다. 이와 같이 아룁니다.'

다음은 갈마를 지으며 아뢴 것에 의거하여 마땅히 지으며, [이하 자세한 설명은 생략한다.] 나아가 나는 지금부터 이와 같이 지니겠습니다."

만약 풀어 주는 때에도 역시 마땅히 이것에 의거하며, 그 가운데에서 차이는 마땅히 '나는 지금 죄를 인정합니다.'라고 말하는 것이다. 만약 필추 천타가 죄를 짓고서 여법하게 참회를 말하지 않으면, 마땅히 사치갈마를 지어 주어야 하고, 그 사치갈마를 풀어주는 것도 모두 앞에서와 같다. 그 가운데에서 다른 것은 마땅히 '그 죄를 나는 죄를 여법하게 참회합니다.'라고 말하는 것이다."

55) 불사악견백사(不捨惡見白四)

구수 오파리가 세존께 청하여 아뢰었다.

"대덕이시여. 필추 무상(無相)은 스스로 악견을 일으켜 이와 같이 말하였습니다.

세존께서는 '습관적으로 음욕을 행하면 법을 장애한다.'고 말씀하셨으나, '내가 아는 이 법은 습관적으로 행할 때에도 이것은 장애가 없다.' 말하여 여러 필추들이 어떻게 하는가를 알지 못하고 있습니다."

세존께 아뢰니, 세존께서 말씀하셨다.

---

4) 승가에서 버림을 받게 되는 갈마를 가리킨다.

"그대들 모든 필추들은 그 필추 무상에게 별도로 충고하여 막아야 한다."

별도로 충고하였을 때 굳게 고집하면서 버리지 않고서 '이것이 진실한 것이고 나머지는 모두 허망하다.'고 말하였다. 여러 필추들이 세존께 아뢰니, 세존께서 말씀하셨다.

"그대들 여러 필추들은 백사갈마를 지어 그 필추 무상에게 충고하라. 건치를 울려 앞에서의 방편을 짓고서, 한 필추에게 백갈마를 짓게 하고서, 마땅히 이와 같이 지어야 한다.

'대덕 승가께서는 들으십시오. 필추 무상은 스스로 악견을 일으켜 이렇게 말하였습니다.

세존께서는 '습관적으로 음욕을 행하면 법을 장애한다.'고 말씀하셨으나, '내가 아는 이 법은 습관적으로 행할 때에도 이것은 장애가 없다.'고 말하였으며, 여러 필추들이 별도로 충고하였을 때 굳게 고집하면서 버리지 않고서 '이것이 진실한 것이고 나머지는 모두 허망하다.'고 말하였고, 여러 필추들이 이 필추 무상에게 충고하였습니다.

'그대 무상이여. 세존을 비방하지 마십시오. 세존을 비방하는 사람은 선(善)하지 않습니다. 세존께서는 이렇게 말씀하시지 않으셨습니다. 세존께서는 무량(無量)한 방편으로 음욕을 행하면 이것은 법에 장애가 있다.'고 설하셨습니다. '그대 무상이여. 그대가 악견을 버리지 아니하면 이후부터 승가는 함께 말을 하지 아니하고, 지극히 싫어하고 미워할 것이며, 전다라(旃茶羅)와 같다고 생각할 것입니다.'

만약 승가께서 때에 이르렀음을 인정하시면 승가는 허락하십시오. 승가시여. 지금 무상이 악한 견해를 버리지 않는 것에 사치갈마를 주고자 합니다. 이와 같이 아룁니다."

갈마는 아뢴 것에 의거하여 성립된다.

이때 여러 필추들은 그 무상에게 악견을 버리지 않는 것에 사치갈마를 주었다. 이때에도 그 무상은 굳게 고집하면서 버리지 않아서 여러 필추들이 세존께 아뢰니, 세존께서 말씀하셨다.

"처음 지어 말하는 때부터 나아가 두 번째 갈마를 마칠 때까지 버리지 않으면 악작죄(惡作罪)를 얻고, 세 번째 갈마를 마치는 때에는 바일저가죄(波逸底迦罪)를 얻는다."

56) 빈악견구적백사(擯惡見求寂白四)

구수 오파리가 세존께 청하여 아뢰었다.

"대덕이시여. 오바난타(鄔波難陀)에게는 두 구적이 있습니다. 일찍이 여러 필추들과 함께 희롱하는 말을 하고, 어울려 몸을 서로가 만지고 접촉하였습니다. 이때 이 필추는 곧 후회하였고, 범한 죄를 모두 참회하여 제거하였으며, 용맹심을 일으켜 모든 번뇌와 유혹을 끊어서 수승한 과보를 증득하였습니다. 그 두 구적은 곧 악견을 일으켜 여러 필추들에게 알려 말하였습니다.

'대덕이시여. 그 여러 필추들은 이전에 우리들과 비법(非法)의 일을 지었는데, 어떻게 지금 수승한 과보를 증득하였다고 말할 수 있습니까? 내가 듣기로는 세존께서는 '습관적으로 음욕을 행하면 이것이 법을 장애한다.'고 설하셨으나, '습관적으로 비법을 행하였을 때에도 장애가 없구나.'고 말하였습니다. 여러 필추들이 어떻게 하는가를 알지 못하고 있습니다."

세존께 아뢰니, 세존께서 말씀하셨다.

"그대들 여러 필추들은 별도로 충고하여라."

별도로 충고하였을 때 굳게 고집하면서 버리지 않았다. 여러 필추가 세존께 아뢰니, 세존께서 말씀하셨다.

"백사갈마를 지어 충고하여 버리면 좋으나, 만약 버리지 않으면 그 두 구적에게 악견을 버리지 않는 것에 구빈갈마(驅擯羯磨)[5]를 지어라. 앞에서의 방편을 짓고서, 그 두 사람을 눈으로는 볼 수 있으나, 귀로는 들을 수 없는 곳에 서있게 하고, 한 필추에게 백갈마를 짓게 하며, 마땅히

---

5) 승가에서 쫓아내는 갈마를 말한다.

이와 같이 지어라.

'대덕 승가께서는 들으십시오. 이 이자(利刺)와 장대(長大) 두 구적은 스스로 사악한 견해를 일으켜 이렇게 말하였습니다.

'내가 들으니 세존께서는 습관적으로 음욕을 행하면 이것이 법을 장애한다.'고 설하셨으나, '습관적으로 행하였을 때에도 장애가 없구나.'

여러 필추들이 이미 별도로 충고하였고, 나아가 백사갈마를 지어 그 두 구적에게 충고하였습니다. 그 두 구적은 굳게 악견을 고집하면서 버리지 않고서 '이것이 진실한 것이고 나머지는 모두 허망하다.'고 말하였으므로, 여러 필추들이 그 두 구적에게 말하였습니다.

'그대들은 지금부터 앞으로 마땅히 여래·응공·등정각은 나의 큰 대사(大師)이시다.'고 말하면 아니된다. 만약 나머지의 존숙(尊宿)과 아울러 같은 범행자(梵行者)도 마땅히 따라다닐 수 없고, 다른 구적들은 대필추들과 이틀 밤을 함께 유숙(留宿)할 수 있으나, 그대들은 지금부터 이렇게 할 수 없다. 그대들은 어리석은 사람이다. 빨리 떠나가라.'고 하였습니다. 만약 승가께서 때에 이르렀음을 인정하시면 승가는 허락하십시오. 승가시여. 지금 그 두 구적에게 악견을 버리지 않는 것에 구빈갈마를 주겠습니다. 이와 같이 아룁니다."

갈마는 아뢴 것에 의거하여 성립된다.

이때 모든 필추들은 그 두 구적에게 구빈갈마를 지어 마치고서 어떻게 하여야 하는가를 알지 못하였다. 세존께 아뢰니, 세존께서 말씀하셨다.

"그 두 구적이 갈마를 받았으면 모든 필추들은 마땅히 함께 머무르면 아니되고, 함께 유숙하여도 아니된다. 어기는 사람은 죄를 얻으며, 율장과 같으니 마땅히 알지니라."

57) 수섭백사(收攝白四)

이때 벽사리(薜舍離)[6]의 여러 필추들과 고점박가(高苫縛迦)의 여러 필추들이 본래의 마음을 얻고서 세존의 처소에 나아가 이와 같이 말하였다.

"대덕이시여. 우리들은 지금 화합하고자 합니다."

세존께서 말씀하셨다.

"바도(婆度)."[번역하면 '선성(善成)'이란 뜻이다. 즉 그 일이 좋은 것이고, 능히 이루어질 수 있다는 것을 말한다. 이전에는 '선재(善哉)'라고 말하였다.]

"그대들 모든 필추들이여. 승가가 만약 깨어졌으나 다시 화합하면, 능히 무량(無量)하고 무수(無數)하며 무유변재(無有邊際)⁷⁾한 여러 복이 생기느니라. 마치 비유하면 털끝이 갈라져 백 개로 나누어지고 혹은 천억 개로 나뉘어졌으나, 다시 서로가 화합하여 앞에서와 같아지는 것이니, 이것은 진실로 어려운 것이다. 이미 깨진 승가를 화합하게 하는 것은 다시 그것보다 어려운 것이다. 이러한 까닭으로 나는 지금 모든 필추로서 사치(捨置)를 받은 사람들이 마땅히 수섭을 애원하는 것을 허락하나니, 마땅히 이렇게 앞에서와 같이 애원하며, [이하 자세한 설명은 생략한다.] 나아가 이와 같이 말하고 지어야 한다.

'대덕 승가께서는 들으십시오. 나 누구 등은 싸우고 논쟁하는 것에 우두머리가 되어 마침내 승가를 화합하여 머무르지 못하게 하였습니다. 일어나지 않았던 쟁론(諍論)은 일으키고, 이미 일어난 쟁론을 인연하여 증장시켰으며, 다른 사람이 올바르게 충고하였으나 마침내 곧 거부하고 피하였고, 혹은 죄가 있다고 말하였으며, 혹은 죄가 없다고 말하였고, 혹은 버려는 것이 마땅하다고 말하였으며, 혹은 버려서는 아니된다고 말하였고, 혹은 나는 범인이라고 말하였으며, 혹은 나는 실제로 범하지 않았다고 말하였습니다.

이러한 일을 까닭으로 승가께서는 나에게 사치갈마를 지어 주었고, 나를 싫어하고 내쫓았습니다. 나 누구 등은 사치를 받고서 성품과 행동이

---

6) 산스크리트어 vaisali의 음사로 광엄(廣嚴)이라 번역된다. 지금의 파트나(Patna)에서 갠지스 강을 건너 북쪽 약 30km 지점에 있던 고대 도시로, 릿차비족(licchavi, 밧지族)의 중심 지역이다.
7) 모든 우주에 끝이 없는 것을 나타내는 말이다.

공손하고 부지런하며 경솔하고 오만함을 일으키지 않았습니다. 지금 승가께 사치법을 풀어주시기를 애원합니다. 원하건대 대덕 승가시여. 애민하게 여기시어 나를 섭수하여 주십시오. 이렇게 능히 애민한 사람이 애민하게 원하는 까닭입니다.'

두 번째·세 번째에도 역시 이와 같이 말한다.

다음은 한 필추가 백갈마를 한다.

'대덕 승가께서는 들으십시오. 나 누구 등은 싸우고 논쟁하는 것에 우두머리가 되어 마침내 승가를 화합하여 머무르지 못하도록 하였습니다. 일어나지 않았던 쟁론은 일으키고, 이미 일어난 쟁론을 인연하여 증장시켰으며, 다른 사람이 올바르게 충고하였으나 마침내 곧 거부하고 피하였고, 혹은 죄가 있다고 말하였으며, 혹은 죄가 없다고 말하였고, 혹은 죄가 있다고 말하였으며, 혹은 죄가 없다고 말하였으므로 이러한 일을 까닭으로 승가께서는 나에게 사치갈마를 지어 주셨습니다.

이 누구 등은 사치법을 받고서 성품과 행동을 고쳐서 공손하고 부지런하며 경솔하고 오만함을 일으키지 않았고, 지금 승가께 사치갈마를 풀어주시기를 애원하고 있습니다. 만약 승가께서 때에 이르렀음을 인정하시면 승가는 허락하십시오. 승가시여. 지금 누구에게 사치갈마를 풀어주겠습니다. 이와 같이 아룁니다.'

다음은 갈마를 지으며, 아뢴 것에 의거하여 짓는다. [이하 자세한 설명은 생략한다.] 나아가 나는 지금부터 이와 같이 지니겠습니다."

58) 승가화합백사(僧伽和合白四)

세존께서 알려 말씀하셨다.

"사치갈마에서 풀려난 필추가 지녀야 하는 행법을 내가 지금 설하겠노라. 이 필추는 마땅히 승가를 좇아 함께 화합하여 앞에서의 방편을 짓고서 마땅히 애원하여야 하나니, 앞에 의거하여 마땅히 알지니라. [이하 자세한 설명은 생략한다.] 나아가 합장하고 이와 같이 말하여야 한다.

'대덕 승가께서는 들으십시오. 나 누구 등은 싸우고 논쟁하는 것에 우두머리가 되어 마침내 승가를 안락하게 머무르지 못하도록 하였습니다. 마침내 승가께서는 나 누구에게 사치갈마를 지어 주었고, 나 누구는 사치갈마를 받고서 이전의 잘못을 참회하고 고쳤습니다. 승가를 좇아 사치갈마를 풀어주는 것을 애원하였으며, 승가께서는 이미 나에게 사치갈마를 풀어 주었습니다. 나 누구는 지금 승가를 좇아 화합하는 것을 애원합니다. 원하건대 승가시여. 나 누구에게 사치갈마를 풀어주시고 또한 함께 화합하여 주시기를 애원합니다. 이렇게 능히 애민한 사람이 애민하게 원하는 까닭입니다.'

세 번을 말한다. 다음은 한 필추에게 백갈마를 하게 한다.

'대덕 승가께서는 들으십시오. 이 누구 등은 싸우고 논쟁하는 것에 우두머리가 되어 승가를 안락하게 머무르지 못하도록 하였습니다. 승가께서는 이미 그에게 사치갈마를 지어 주었습니다. 이 누구는 사치갈마를 받고서 이전의 잘못을 참회하고 고쳤으며, 승가를 좇아 사치갈마를 풀어주는 것을 애원하였고, 승가께서는 이미 나에게 사치갈마를 풀어 주었습니다. 이 누구는 승가를 좇아 함께 화합하는 것을 애원하고 있습니다. 만약 승가께서 때에 이르렀음을 인정하시면 승가는 허락하십시오. 승가시여. 지금 누구를 함께 화합시키겠습니다. 이와 같이 아룁니다.'

다음은 갈마를 지으며, 아뢴 것에 의거하여 마땅히 짓는다. [이하 자세한 설명은 생략한다.] 나아가 나는 지금부터 이와 같이 지니겠습니다."

59) 승가화합장정(僧伽和合長淨)

세존께서 알려 말씀하셨다.

"승가가 그 필추와 함께 화합하면 지녀야 하는 행법을 내가 지금 설하겠노라. 그 필추는 마땅히 승가를 좇아 화합하는 포쇄타를 마땅히 이렇게 애원하고, 나아가 이와 같이 말하여야 한다.

'대덕 승가께서는 들으십시오. 나는 우두머리가 되어, [자세한 설명은 앞에서와 같다.] 나 누구는 먼저 사치를 받았고, 승가를 좇아 사치갈마를 풀어 주는 것을 애원하였으며, 승가께서는 이미 나 누구에게 사치갈마를 풀어 주었습니다. 나 누구는 이미 승가를 좇아 함께 화합하는 것을 애원하였고, 승가께서는 이미 나 누구를 함께 머무르고 화합하게 하여 주었습니다. 나 누구는 지금 승가를 좇아 화합하는 포쇄타를 짓는 것을 애원합니다. 원하건대 승가시여. 나에게 화합하는 포쇄타를 주십시오. 이렇게 능히 애민한 사람이 애민하게 원하는 까닭입니다.'

두 번째·세 번째에도 이와 같이 말한다.

다음은 한 필추가 먼저 아뢰고, 비로소 갈마를 한다.

'대덕 승가께서는 들으십시오. 이 누구는 먼저 사치갈마를 받았고, 승가를 좇아 사치법을 풀어 주는 것을 애원하였으며, 이 누구는 지금 승가를 좇아 화합하는 포쇄타를 애원하고 있습니다. 만약 승가께서 때에 이르렀음을 인정하시면 승가는 허락하십시오. 승가시여. 지금 누구에게 화합하는 포쇄타를 주고자 합니다. 이와 같이 아룁니다.'

다음은 갈마를 지으며, 아뢴 것에 의거하여 마땅히 짓는다. [이하 자세한 설명은 생략한다.] 나아가 나는 지금부터 이와 같이 지니겠습니다."

만약 승가가 화합하는 장정(長淨)을 마쳤으면, 그는 승가가 비록 장정하는 날이 아니어도 마땅히 장정을 할 수 있다. 그러나 다른 모든 필추들은 마땅히 장정하는 날이 아니면 길상(吉祥)한 장정을 제외하고 장정을 하여서는 아니된다. 장정이 어려울 때에는 화합하여 장정하고 길상(吉祥)이라고 이름한다. 마땅히 장정이 아닌 장정을 하면 월법죄를 얻는다."

어느 때 한 필추가 몸에 병이 있어 고통을 받았으나 돌보고 보살피는 사람이 없었다. 여러 필추 대중은 누구를 보내 병자를 간병해야 하는가를 알지 못하였다. 세존께서 말씀하셨다.

"만약 병자가 있으면 승가의 상좌부터 하좌까지 가야 한다."

이때 모든 대중이 함께 가고자 하였다. 세존께서 말씀하셨다.

"마땅히 한꺼번에 가면 아니된다. 마땅히 순서에 따라 차례로 돌보아야 하고, 병자의 처소에 가면 마땅히 기력(氣力)이 어떠한가를 물어야 한다.

만약 그 병자가 피곤하여 말할 수 없으면 마땅히 간병인(看病人)에게 어떠한가를 물어야 한다. 만약 어기는 사람은 그 간병인과 월법죄를 얻는다."

이 병자와 아울러 간병인이 모두 가난하여 약이 없었다. 세존께서 말씀하셨다.

"만약 병자에게 친제자(親弟子)와 의지제자(依止弟子)가 있고, 혹은 친교사와 궤범사 등이 있으면 그들에게서 약값을 구하여 함께 제공하여야 하며, 만약 전혀 없으면 대중들의 창고 안에서 약과 약값을 취하여 돌보아야 한다. 만약 (이것에) 의지하지 않는 사람은 모두 월법죄를 얻는다."[다시 자세한 문장이 있으며, 다른 곳에서 설한 것과 같다.]

구수 오파리가 세존께 청하여 아뢰었다.

"대덕이시여. 세존께서 말씀하신 것과 같이 '마땅히 병자에게는 약을 제공하라.'고 하셨으나, 어떤 물건이 마땅히 병을 낫게 하는 물건인가를 알지 못하고 있습니다."

세존께서 말씀하셨다.

"다만 성죄(性罪)[8]를 제외하고는 나머지는 모두 제공하여 사용하여 그 고통에서 벗어나게 하라."

어느 때 한 필추가 설사병(瀉痢病)을 앓고 있었으며, 젊은 사람이 간병인이 되어 병자의 처소에 이르러 예경하였고, 다음에 늙은 사람이 왔으므로 병자가 일어나 예를 드렸으며, 거동(擧動)을 마치고 마침내 지쳐서 쓰러졌다. 세존께서 말씀하셨다.

"마땅히 그가 전염된 필추이면 예경하면 아니되고, 전염된 필추도 역시 남에게 예경하면 아니된다. 그가 예경하는 것을 보았을 때에도 모두 마땅히 받아서는 아니되며, 어기는 사람은 월법죄를 얻는다."

"대덕이시여. 어느 것을 전염성이 있고, 없다고 이름하여 말합니까?"

---

8) 행위 자체가 무거운 죄인 살생(殺生)·투도(偸盜)·사음(邪淫) 등을 말한다. 반대로 행위 자체는 가벼우나 이것 때문에 죄를 지을 수 있는 음주(飮酒) 등은 차죄(遮罪)라고 말한다.

세존께서 말씀하셨다.

"전염에는 두 종류가 있다. 첫째는 부정(不淨)으로 전염되는 것이고, 둘째는 음식물로부터 전염되는 것이다."[다만 이것은 똥으로 더럽히고, 침(涎唾)으로 몸을 더럽히며, 나아가 대소변을 보고서 아직 깨끗이 몸을 씻지 아니한 상태에서 기름때나 진흙 가루를 몸에 바르고, 새벽에 아직 양치질을 하지 아니하고 치목(齒木)⁹⁾을 씹으며, 혹은 똥이 묻은 것을 제거하는 것 등의 모두를 부정(不淨)에 의한 인한 전염이라고 이름한다.

만약 음식을 먹을 때에는 혹은 아직 입 안을 헹구지 않았고, 설령 헹구었으나, 오히려 남은 침이 떨어져 마시는 물에 떨어지는 것과 입을 씻기 전에 떨어진 것을 모두 음식에 의한 전염이라고 이름한다.

이 두 가지의 전염을 지니고서 아직 그 몸을 청정하게 하지 아니하고서, 만약 되풀이 하면서 서로를 접촉하면 부정에 의한 전염도 함께 이루어진다. 이러한 까닭으로 그릇을 만진 사람에게 예를 드리는 것은 허물을 부른다고 말하나니, 어찌 의혹이 있겠는가? 자세한 것은 다른 곳에서 설명한 것과 같다.]

이때에 육중(六衆) 필추가 음식을 먹을 때에 스스로를 믿고 자기를 높여서 다른 사람에게 일어나 피하도록 하였다. 세존께서 말씀하셨다.

"마땅히 다른 사람을 일어나게 하지 말라. 아래로는 약을 받고, 혹은 다시 소금을 청하는 사람에 이르기까지 마땅히 모두 일어나게 하여서는 아니된다. 다른 사람을 일으키는 사람은 월법죄를 얻는다. 그러나 모든 필추들은 반드시 하안거의 차례(次第)와 좌차의 차례에 따라 알아야 하고, 차례에 의지하지 않고서 먹으면 월법죄를 얻는다."

자세한 내용은 『대율(大律)』에서와 같다.

세존께서 말씀하신 것과 같이 "세정(洗淨)에는 세 종류의 수승한 뜻이 있다. 첫째는 몸을 씻는 것이고, 두 번째는 말을 씻는 것이며, 세 번째는 마음을 씻는 것이다." 어찌하여 이 가운데서 오직 부정하고 더러운 몸을

---

9) 이를 닦고 혀를 긁는 데 쓰는 나뭇조각이다. 버드나무로 만들며 한쪽은 뾰족하고, 다른 쪽은 납작하다.

말씀하시고 씻으라고 가르치셨는가? 세존께서 말씀하셨다.

"고약한 냄새를 제거하여 안락하게 머무르게 하려는 까닭이니라."

또한 다시 외도의 무리들이 정결만(淨潔慢)[10]을 품고 있는 것을 보고 그들에게 믿음을 일으키고, 그들이 깊은 존경심을 일으키게 하며, 이 법 가운데에 들어와서 잘못을 고치고 바른 길을 따르게 하고자 하였기 때문이다. 곧 존자 사리자(舍利子)께서 교만한 바라문 교도의 처소에서 세정법(洗淨法)으로 섭수하고 교화하여, 마침내 그 사람들이 초과(初果)에 머물게 하였다. 이러한 이익을 보고서 세존께서 말씀하셨다.

"그대들 모든 필추는 마땅히 사리자의 법과 같이 세정하여야 한다. 대변의 때에 이르면 마땅히 물병을 가지고 대변을 보는 곳으로 가고, 그곳에 이르렀으면 옷을 한쪽에 놓아두며, 열다섯 덩어리의 흙을 갖고 와서 뒷간(廁)의 밖에 놓는다. [이 흙덩이를 부수어 가루로 만들고 그것을 하나하나 모아 복숭아의 반쪽의 크기로 나누어 벽돌 위에 놓고, 혹은 판자 위의 물이 흐르는 가까운 곳에 놓는다. 흙은 반드시 통에 담아서 미리 뒷간의 안에 놓아두어야 한다.]

이에 다시 반드시 세 덩어리의 흙을 가지고 몸에 붙은 것을 닦아 내고, 그 물병을 가지고 뒷간 안에서 가로 문빗장 문에 [문은 반드시 하나이어야 한다.] 매달아 돌릴 수 있어야 한다. 혹은 나뭇잎이나 줄기로 아래를 깨끗이 닦고서, [뒷간 내부에 마땅히 흙을 놓아둔 곳이어야 한다.] 다음은 마땅히 흙을 세 번 취하여 왼손을 사용하여 세 차례 깨끗이 씻고, 곧 왼쪽 겨드랑이에 물병을 끼고 오른손으로 문의 빗장을 밀면서, 다시 오른손으로 물병을 가지고 세수(洗手)하는 곳에 가서 꿇어앉는다.

이때 늙은 사람은 물병을 왼편 넓적다리 위에 놓고 팔꿈치로 누르며 일곱 덩어리의 흙을 취하여 하나하나를 모두 반드시 별도로 왼손을 씻어내고, 그 나머지 일곱 덩어리는 마땅히 마음을 사용하여 두 손을 함께 씻으며, 나머지 한 덩어리의 흙은 군지(君持)[11]를 씻는 데 사용한다. 다음에

---

10) 스스로가 깨끗하고 청결하다는 오만과 편견을 가리킨다.
11) 산스크리트어 kuṇḍikā의 음사로서 물병을 가리킨다.

발을 씻는 곳으로 가서 발을 씻고서 옷을 가지고 떠나간다."[승방에 이르면 깨끗한 물로 입을 헹구어야 한다.]

세존께서 말씀하셨다.

"너희들 모든 필추는 모두 반드시 이와 같이 깨끗이 씻는 일을 지켜야 하며, 이와 다르게 하는 사람은 월법죄를 초래하게 된다."

[이 궤칙은 금구(金口)[12]로 분명하게 제정한 그를 청정하게 하는 일이고, 스스로 출처가 있는 것이다. 일반적인 뜻은 곧 바꾸어 대나무 통이나 수조(水槽)로 사용하는 것은 아직 그 가운데에서 올바르지 않다. 비록 다시 마음을 청정하게 하는 것으로 귀결된다고 하여도 검사하면 실제로 더러운 것을 제거하기는 어렵다. 사리자의 몸을 까닭으로 제정되었으나 아직 동쪽 나라에 유행하지 않은 것은 진실로 번역한 사람이 소홀히 하였기 때문이고, 수행자의 허물은 아니다.]

이때 육중 필추는 대소변을 보는 곳에 있으면서 그 안거의 차례에 따라 뒷간 안에 들어가게 하였다. 세존께서 말씀하셨다.

"이곳은 마땅히 안거의 차례에 따르면 아니된다. 먼저 온 사람이 곧 먼저 들어가되, 손을 씻는 장소와 아울러 발을 씻는 장소는 반드시 안거의 차례에 따라 들어가야 한다. 만약 이와 다른 사람은 월법죄를 얻는다. 또한 다시 마땅히 뒷간 안에서 고의적으로 오래 머무르면 아니되며 월법죄를 얻는다."[자세한 것은 『잡사(雜事)』 제5권에 있는 「세정위의경(洗淨威儀經)」에서 갖추어 말하고 있다.]

어느 때 한 필추가 말없이 뒷간 안에 들어가니, 먼저 안에 있는 사람은 알몸이 드러났으므로 마침내 부끄러운 생각을 일으켰다. 세존께서 말씀하셨다.

"뒷간에 들어가고자 할 때에는 혹은 손가락을 튕기고, 혹은 헛기침을 하며, 혹은 땅을 밟아 소리를 내야 한다. 만약 말없이 들어가는 사람은

---

12) 부처님의 몸이 황금빛이므로 부처님을 금인이라 하고, 그 입을 금구라고 한다. 또는 금강과 같이 견고한 부처님의 입을 지칭하거나 부처님의 말씀을 뜻하기도 한다.

월법죄를 얻는다."[문이 없는 까닭으로 이러한 배려가 필요한 것이다.]

어느 때 한 필추가 꽃나무와 과일나무 아래에서 대소변을 보았다. 세존께서 말씀하셨다.

"꽃나무와 과일나무 아래서는 대소변을 보지 말라. 어기는 사람이 있으면 월법죄를 얻는다. 만약 가시나무 숲 아래에서 대소변을 보면 허물이 없다."

어느 때 한 필추가 소(酥)를 복용하고서 갈증에 시달려 의사(醫人)에게 찾아가 물으니, 의사는 그에게 암마락가(菴攀洛迦)[13]를[곧 영남지방의 여감자(餘甘子)이다. 처음 먹을 때는 쓰고 떫으나 곧 물을 마시면 곧 단맛이 생긴다. 이 일을 좇아 여감(餘甘)이라고 이름이 지어졌다. 이전에 암마륵과(菴摩勒果)라고 말한 것은 잘못이다.] 먹으라고 권유하였다.

세존께서 말씀하셨다.

"다섯 종류의 과일이 있다. 첫째는 아리득지(阿梨得枳)이고,[이전에 아리륵(阿梨勒)이라 말한 것은 잘못이다.] 둘째는 비비득가(毘鞞得迦)이며,[이전에 비혜륵(鞞醯勒)이라 말한 것은 잘못이다.] 셋째는 암마락가이고, 넷째는 말율자(末栗者)이며,[곧 호초(胡椒)이다.] 다섯째는 필발리(蓽茇利)이다.[곧 구장(蒟醬)이다. 이전에는 필발류(蓽茇類)라고 말하였다.]

이 다섯 가지의 과일은 알맞은 때이거나, 알맞은 때가 아니거나, 병이 있거나 병이 없어도 마음대로 먹을 수 있다."

세존께서 말씀하신 것과 같이 "변방(邊方) 나라에서는 가죽의 와구(臥具)가 허락되었으나, 중앙 지방에서는 오바난타(鄔波難陀)를 까닭으로 곧 금지되었다. 그러나 재가의 집에서는 돌이켜 다시 열어서 허락되었다."고 한다.

구수 오파리가 세존께 청하여 아뢰었다.

"대덕이시여. 가죽을 제약하는 처소에서는 오직 좌구(坐具)는 허락되고 와구(臥具)는 허락되지 않습니다. 어느 것을 한정하여 앉아야 합니까?"

<hr>

13) 산스크리트어 āmalaka의 음사로서 여감자(餘甘子)라고 번역된다.

세존께서 말씀하셨다.

"몸이 앉을 수 있는 것에 한정된다."

"누울 때에는 허락되지 않습니다. 어느 것을 한정하여 누워야 합니까?"

"잠자는 것이 허용되는 처소를 말한다."

어느 때 육중 필추가 사자의 가죽을 가지고 신발을 만들어 신고서 승군왕(勝軍王)의 군영(軍營)을 찾아갔고, 마침내 큰 코끼리들을 놀라게 하였다. 이 인연으로 세존께 아뢰니, 세존께서 말씀하셨다.

"그대들 모든 필추는 마땅히 큰 코끼리·큰 말·사자·호랑이·표범 등의 가죽으로 가죽 신발을 만들지 말라. 이 가죽으로 신발을 만들면 월법죄를 얻는다. 이것들의 힘줄을 사용하는 것도 합당하지 않고, 일반적인 가죽으로 신발의 앞을 덮어씌우며, 신발의 뒤를 덮어씌우고, 장화(長靴)와 단화(短靴)를 지어서는 아니된다. 이것을 신으면 월법죄를 얻는다."

구수 오파리가 세존께 청하여 아뢰었다.

"대덕이시여. 세존께서 말씀하신 것과 같이 '뛰어난 코끼리의 가죽으로 신발을 만들지 못한다.'고 하셨으나, 만약 나머지 둔감한 코끼리·말의 가죽 등으로 신발을 만들면 합당합니까?"

세존께서 말씀하셨다.

"합당하지 않느니라."

"여기에 무슨 인연이 있습니까?"

"상아(鼻牙)에 힘이 있는 까닭이다."

"대덕이시여. 뛰어난 말의 가죽으로 신발을 만들지 못하게 하셨으나, 만약 나머지 둔감한 말의 가죽 등으로 신발을 만들면 합당합니까?"

세존께서 말씀하셨다.

"합당하지 않느니라."

"여기에 무슨 인연이 있습니까?"

"굳세고 용맹한 힘이 있는 까닭이다."

"대덕이시여. 사자·호랑이 또는 표범의 가죽으로 신발을 만들지 못하게 하셨으나, 가령 나머지의 이러한 가죽 등으로 신발을 만들 수 있습니까?"

세존께서 말씀하셨다.

"합당하지 않느니라. 이러한 방생(傍生)들은 역시 발톱과 어금니의 힘이 있기 때문이다."

"이 밖의 여러 가죽으로는 가죽 신발을 만들 수 있습니까?"

세존께서 말씀하셨다.

"합당하지 않느니라."[중국에는 본래 가죽신이 없다. 이것은 다만 혜(鞋)라고 이름할 뿐이다.]

이와 같이 세존께서 학처를 제정하셨다. 한 사냥꾼이 마음에 공경과 믿음을 일으켜 마침내 곰의 가죽을 필추에게 보시하였다. 필추가 받지 못하고 곧 세존께 아뢰니, 세존께서 말씀하셨다.

"사냥꾼의 존경과 믿음과 정성은 진실로 얻기 어려우니, 마땅히 받고서 머리 곁에 놓아두면 곰 가죽에는 힘이 있으므로 능히 눈을 밝게 하느니라."

어느 때 한 필추가 눈빛(眼光)에 힘이 없어 의사에게 찾아가 물으니, 의사가 대답하여 말하였다.

"곰 가죽으로 신발을 만들어 사용하십시오."

이 인연으로 세존께 아뢰니, 세존께서 말씀하셨다.

"의사가 그와 같이 말하였으면 마땅히 곰가죽으로 신발을 만들어 사용하라. 만약 그것을 여러 겹을 얻을 수 없으면 최소로 한 겹으로 만들고, 나머지는 가죽 위의 털이 몸을 향하도록 하며, 마음을 따라 마땅히 신도록 하라."

"대덕이시여. 또한 코끼리·말의 가죽이 부정(不淨)하면 고기·힘줄·상아·뼈도 부정합니까?"

세존께서 말씀하셨다.

"이것은 모두가 부정하느니라."

세존께서 설하신 것과 같이 "수라(水羅)[14]를 저장하게 하셨으나, 필추들은 수라가 몇 종류인가를 알지 못하고 있습니다."

---

14) 산스크리트어 pariśrāvaṇa로, 물을 마실 때 물속에 있는 작은 벌레나 티끌을 거르는 주머니를 가리킨다.

세존께서 말씀하셨다.

"수라에는 다섯 종류가 있다. 첫째는 방라(方羅)이고,[만약 이것을 항상 사용하고자 하면 반드시 명주(絹)로 세 척(尺), 혹은 두 척·한 척으로 짓고, 승가에서 사용하려면 혹은 양 폭(幅)을 때에 따라 크고 작게 지어야 한다. 수라를 지으려면 모두 명주로서 반드시 세밀(細密)하여 벌레가 통과하지 못하여야 비로소 사용할 수 있고, 만약 이것이 거칠고 엷으면 본래 사용할 수 없다. 어떤 사람은 나쁜 명주와 거친 비단·모시·무명을 사용하나, 이것은 본래의 벌레를 보호하려는 뜻이 없는 것이다.]

둘째는 법병(法瓶)이며,[음양병(陰陽缾)이 이것이다.] 셋째는 군지(君持) 이고,[명주로 주둥이를 묶고서 얇은 끈으로 목을 묶어 물속에 가라앉게 하여서 주둥이가 반쯤 물 밖으로 나오게 한다. 만약 완전하게 물속에 가라앉으면 물이 들어가지 않는다. 물이 안에 가득하게 차는 것을 기다려서 끄집어내어 반드시 살펴야 하며 벌레가 있으면 곧 군지가 아니다. 다만 이것은 입구가 넉넉한 병이나 옹기이면 가능하고 크고 작음은 묻지 않는다. 명주로 병의 주둥이를 감싸 가는 끈으로 단단히 묶어서 때에 따라 물을 취한다. 이와 같이 살피는 일은 다시 방생(放生)의 그릇이 필요하지 않으므로 매우 중요한 것이다.]

넷째는 작수라(酌水羅)이며,[이 양식(樣式)은 동하(東夏)[15])에는 본래 없고, 다른 곳을 찾아보니 곧 작고 둥근 수라가 있으며, 비록 의미는 대략적으로 같으나 본래의 양식은 아니다.] 다섯째는 의각라(衣角羅)이다.[세밀한 명주의 네모난 한쪽을 취하거나, 혹은 병의 주둥이를 묶고 물을 퍼서 충당하여 사용한다. 혹은 밥그릇 속에 놓아두어 걸러졌을 때 이를 사용하며 가사의 모서리를 말하는 것은 아니다. 이것은 세밀하고 매끄러워 오히려 걸러지는 물이 잘 통하지 아니할지언정 거칠어서는 아니되고, 행하였던 방법이 오래 지났으니 누가 가르쳐(指南) 줄 수 있겠는가?

그러나 이러한 것 등 수라(水羅)들은 모든 서방에서 보이고 사용되고

---

15) 중국을 가리키는 말이다.

있는 것이다. 대사(大師)께서 중생들을 자비하고 애민하게 여겨 중생을
제도하기 위하여 고기를 먹는 일을 포함하였으나, 오히려 대자비를 끊고서
살생하면 어떻게 성불을 이루겠는가? 가령 잠시 절 밖으로 나갔어도
곧 수라와 아울러 얇은 끈과 방생하는 물통을 지녀야 한다. 만약 이것을
지니지 아니하면 곧 불교가 경멸당하고, 또한 무엇으로 문도들을 훈계하고
인도하겠는가? 수행하는 사람은 특별하고 마땅히 보존하고 호지하여
자신과 다른 사람에게 이익이 되게 하라.]"

구수 오파리가 세존께 청하여 아뢰었다.

"대덕이시여. 5구로사(俱盧舍) 밖까지 수라가 없으면 다른 마을·성(城),
더불어 다른 사찰에 갈 수 있습니까?"

세존께서 말씀하셨다.

"갈 수 없느니라. 그는 가면서 그곳에 물·수라 등이 없다고 생각하지
않았으나, 혹은 갔어도 얻지 못하는 것도 있느니라."

"대덕이시여. 모든 물을 거르는 수라가 없어도 큰 강물을 건널 수
있습니까?"

세존께서 말씀하셨다.

"건너갈 수 없느니라. 시간을 따라서 관찰하며 사용하라."

"대덕이시여. 강물이나 개울을 건너갈 때 한 번을 살펴보고 뒤에 몇
번까지 제한하여 사용할 수 있습니까?"

세존께서 말씀하셨다.

"오파리여. 물의 흐름을 따라갈 때에는 1구로사까지 사용할 수 있고,
다른 강물이 흘러올 때까지 사용하여야 한다. 다시 반드시 거슬러 흐르는
것을 관찰하고서 가고, 흐름을 따라서 살피고 흐름을 따라서 마신다.
흐르지 아니하는 물도 역시 살피고 때에 따라 사용한다."

"대덕이시여. 이미 거른 물은 다시 살펴보지 않고 마실 수 있습니까?"

세존께서 말씀하셨다.

"반드시 관찰하고 비로소 마셔야 하느니라."

"대덕이시여. 거르지 않은 물을 관찰한 뒤에 마실 수 있습니까?"

세존께서 말씀하셨다.

"관찰하여 벌레가 없으면 마셔도 범하는 것이 없느니라."

아유술만(阿瑜率滿)[16] 아니로다(阿尼盧陀)가 천안(天眼)으로 물을 관찰해 살펴보니, 마침내 곧 분명하여졌다. 그 물속을 천안으로 보니 그 물속에는 무량(無量)한 중생이 있었다.

세존께서 알려 말씀하셨다.

"마땅히 천안으로 물속을 관찰하지 말라. 그리고 다섯 종류의 마실 수 있는 깨끗한 물이 있다. 첫째는 개별적으로 사람들이 청정하게 한 물이고, 둘째는 승가에서 청정하게 한 물이며, 셋째는 수라로 거른 물이고, 넷째는 우물의 물이며, 다섯째는 샘물이다.

다시 밝은 모습의 깨끗한 물도 있느니라. 개별적으로 사람들이 청정하게 한 물이라고 말하는 것은 알고 있는 그 사람이 아끼고 믿을 수 있고, 반드시 벌레가 없는 물을 주는 것을 말한다. 승가에서 청정하게 한 물이라고 말하는 것은 지사인(知事人)이 항상 정성스럽게 검사(撿察)한 물을 말한다. 수라로 거른 청정한 물이라고 말하는 것은 명주 천이 세밀하여 일찍이 벌레가 통과하지 않은 것으로 걸러낸 물을 말한다. 우물의 청정한 물이라고 말하는 것은 일찍이 우물에 벌레가 있었던 기억이나 본 적이 없는 물을 말한다. 비록 다시 관찰하지 아니하더라도 이를 마셨을 때 허물이 없다. 밝은 모습의 청정한 물이라고 하는 것은 물을 걸렀는지 거르지 않았는지 다시 의심이 생겨서 밝은 낮에 살피고서 밤을 따라서 마셨으나, 날이 밝을 때까지 제한하여 마시는 것이며, 모두가 허물이 없느니라."

이때에 여러 필추들은 물을 관찰한 시간이 오래되어 마침내 힘들고 나태하게 되었다. 세존께서 말씀하셨다.

"여섯 번 우차(牛車)가 회전할 시간까지 제한하여 그 물을 관찰하라. 혹은 취할 수 있다고 그 마음이 청정해졌으면 가지고 와서 자세히 살피고 관찰하라. 만약 필추가 벌레가 있는 물을 벌레가 있다고 생각하면서

---

16) 산스크리트어 ayusmant의 음사로서 '아유솔만(阿瑜率滿)'으로 읽고, '존자(尊者)', '구수(具壽)'라고 번역한다. 지혜와 덕이 높은 필추를 가리키는 말이다.

이를 마시면 바일저가의 죄를 얻는다. 벌레가 있다고 의심하면서 마시는 사람도 역시 바일저가의 죄를 얻는다.

벌레가 없으나, 벌레가 있다고 생각하면 돌색흘리다죄를 얻는다. 벌레가 없으나 의심을 일으키는 사람도 돌색흘리다죄를 얻는다. 벌레가 있으나, 벌레가 없다고 생각하는 사람은 범하는 것이 없다."[이것을 유부(有部)에서는 다만 이러한 의심이 동시(同時)에 본죄(本罪)를 초래한다고 설한다.]

치목(齒木)의 연기(緣起)는 발루말저(跋窶末底) 강 옆의 여러 필추 대중들에서 유래하였다. 세존께서는 이 인연으로 학처를 제정하여 치목을 씹게 하셨다. 이때 여러 필추들은 곧 겉으로 드러난 곳과 더불어 오고 가는 청결한 곳에서 치목을 씹으니, 세존께서 말씀하셨다.

"마땅히 가려진 처소에서 마땅히 해야 하는 세 종류의 일이 있다. 첫째는 대변을 보는 일이고, 둘째는 소변을 보는 일이며, 셋째는 치목을 씹는 일이다. 이 세 가지 일은 모두 마땅히 보이고 드러난 곳에서 하여서는 아니 되는 일이다."

이때 육중 필추가 큰 치목을 씹으니, 세존께서 말씀하셨다.

"치목에 세 종류가 있다. 큰 것·중간 것·짧은 것이다. 큰 치목의 길이는 12지(指)이고, 짧은 치목의 제한은 8지(指)이다. 이 두 가지의 안쪽이 중간 것이다."

이때 여러 필추들이 치목을 씹고서 혀로써 떼어내는 것을 알지 못하여 입에서 냄새가 났다. 세존께서 말씀하셨다.

"마땅히 혀로써 떼어내야 한다. 이것 때문에 나는 괄설비(刮舌篦)[17]를 만드는 것을 허락하노라. 이 괄설비는 놋쇠·돌·구리·철을 사용해서 만들 수 있으나, 그러한 물건이 없으면 치목을 두 조각으로 쪼개어 만들고 다시 서로 바꾸어 가며 긁어내도록 하고, 그 날카로운 칼날을 굽혀서 혀를 긁어내도록 하라. 일반적으로 치목과 괄설비를 버리고자 하면 모두 반드시 물에 씻어 기침소리를 짓고, 혹은 다시 손가락을 튕겨 경각심을

---

17) 현재 사용하는 칫솔과 비슷한 도구를 말한다.

일으키며, 가려지고 더러운 곳에 버리고, 반드시 버린 곳에 물을 조금 붓고 흙먼지 속에 문지르고 숨겨야 한다. 만약 이와 다르게 버리는 사람은 월법죄를 얻는다.”

근본설일체유부백일갈마 제9권

(60) 위뇌중교백사(違惱衆教白四)

이때 구수 오파리가 세존께 청하여 아뢰었다.

"대덕이시여. 구수 천타는 많은 죄를 범하고서 여법하게 참회의 말을 하지 않았습니다. 여러 필추들이 모두에게 이익이 되고 안락하고자 하는 까닭으로 알려 말하였습니다.

'구수여. 그대는 이미 죄를 범하였으니 마땅히 여법하게 참회해야 합니다.'

천타가 대답하여 말하였습니다.

'당신들도 스스로 죄를 범하고 있으니, 마땅히 여법하게 참회해야 합니다. 왜 그러한가? 당신들은 모두 이러한 여러 종족의 가문에서 태어났으나, 우리의 세존께서 대각(大覺)을 증득하셨고, 당신들이 모두 와서 함께 서로 의지하였고 출가하였기 때문입니다.'

고의적으로 이와 같이 말하면서 대중들의 가르침을 어기고 괴롭혀서, 모든 필추들은 어떻게 하는가를 알지 못하고 있습니다."

세존께서 말씀하셨다.

"그대들 모든 필추는 마땅히 갈마를 지어 그 천타를 꾸중해야 한다. 만약 다시 다른 필추에게도 이와 같은 부류가 있으면 모두 이것에 의거하여 지어라. 앞의 방편을 짓고서 백갈마를 한다.

'대덕 승가께서는 들으십시오. 이 필추 천타는 자신이 죄를 범하고도 여법하게 참회를 말하지 않았고, 여러 필추들이 이익되고 안락하게 머무르려는 까닭으로 여법하게 충고를 할 때에도 대중의 가르침을 어기고 거부하였습니다. 만약 승가께서 때에 이르렀음을 인정하시면 승가는 허락하십시

오. 승가시여. 지금 필추 천타에게 대중의 가르침을 어기고 거부한 것을
꾸중하고자 합니다. 이와 같이 아룁니다.'

다음은 갈마를 짓는다.

'대덕 승가께서는 들으십시오. 이 필추 천타는 자신이 죄를 범하고도
여법하게 참회를 말하지 않았고, 여러 필추들이 이익되고 안락하게 머무르
려는 까닭으로 여법하게 충고를 할 때에도 대중의 가르침을 어기고 거부하
였습니다. 승가시여. 지금 필추 천타에게 대중의 가르침을 어기고 거부한
것을 꾸중하겠습니다. 만약 모든 구수들께서 이 필추 천타가 대중의
가르침을 어기고 거부한 것을 꾸중하는 일을 허락하신다면 묵연히 계시고,
만약 허락하지 않으신다면 말씀하십시오.

두 번째·세 번째에도 역시 이와 같이 말한다.

승가시여. 이미 이 필추 천타가 대중의 가르침을 어기고 거부한 것을
꾸중하는 일을 마쳤습니다. 승가께서 이미 인정하시고 허락하신 것은
묵연히 계셨기 때문입니다. 나는 지금부터 이와 같이 지니겠습니다."

이때 모든 필추들이 갈마를 지어 가책을 마치자, 그 천타는 문득 이렇게
생각하였다.

'나의 과실(過失)을 까닭으로 그 여러 사람들이 함께 말을 주고받는
모습이 마치 계송에 있는 것과 같구나.'

여러 지혜가 있는 사람은
네 가지의 말을 잘 호지(護持)하나니
저 산과 숲의 새들을 본다면
새장에 갇혀있어도 능히 말을 하는구나.

이렇게 말을 마치고, 말없이 잠자코 있었으나, 뒤의 다른 때에 다시
죄를 범하였다. 여러 필추들이 알려 말하였다.

"구수여. 그대는 이미 죄를 범하였으니, 마땅히 여법하게 참회해야
합니다."

그는 말없이 잠자코 있어서 서로가 괴로웠고, 모든 필추들은 어떻게 하는가를 알지 못하여 세존께 아뢰었다. 세존께서 말씀하셨다.

"그대들 여러 필추들은 백사갈마를 지어 그 천타가 말없이 잠자코 있어서 서로를 괴롭히는 것을 꾸중하라. 앞의 방편을 짓고서 백갈마를 하라.

'대덕 승가께서는 들으십시오. 이 필추 천타는 자신이 죄를 범하고도 여법하게 참회를 말하지 않았고, 여러 필추들이 이익되고 안락하게 머무르려는 까닭으로 여법하게 알려 말하였습니다.

'구수여. 그대는 이미 죄를 범하였으니, 마땅히 여법하게 참회해야 합니다.'

그는 말없이 잠자코 있어서 서로를 괴롭히고 있습니다. 만약 승가께서 때에 이르렀음을 인정하시면 승가는 허락하십시오. 승가시여. 지금 필추 천타가 말없이 잠자코 있어서 서로를 괴롭히고 있는 것을 꾸중하고자 합니다. 이와 같이 아룁니다.'

갈마는 아뢴 것에 의거하여 성립된다."

이때 여러 필추들이 그 천타를 위하여 가책갈마(訶責羯磨)를 지어 마쳤으나 다시 돌이켜 죄를 지었다. 여러 필추들은 앞에서와 같이 알려 말하였다. 이때 그 천타는 혹은 말하고, 혹은 말없이 잠자코 있어서 서로가 괴로웠으나, 모든 필추들은 어떻게 하는가를 알지 못하여 세존께 아뢰었다. 세존께서 말씀하셨다.

"이 천타는 대중들의 가르침을 어기고 괴롭혀 바일제를 얻었다. 만약 다른 사람이 어기면 악작죄(惡作罪)를 얻는다."

61) 복발단백(覆鉢單白)

구수 오파리가 세존께 청하여 아뢰었다.

"대덕이시여. 율섬비(栗姑毘)의 선현(善賢)이 악지식(惡知識)에게 속았고 광혹(誑惑)[1]을 당한 까닭으로 실력자(實力子)가 바라시가를 범하였다고 비방하여, 여러 필추들이 어떻게 하여야 하는가를 알지 못하여 세존께 아룁니다."

세존께서 말씀하셨다.

"선현을 위하여 복발갈마(覆鉢羯磨)[2]를 지어라. 다른 사람도 또한 이와 같이 하라."

자리를 깔고 나아가 한 필추에게 단백갈마를 짓게 하라. 앞에 의거하면 마땅히 알 수 있을 것이다.

"대덕 승가께서는 들으십시오. 그 선현은 근거 없는 바라시가법으로 청정한 필추인 실력자를 비방하였습니다. 만약 승가께서 때에 이르렀음을 인정하시면 승가는 허락하십시오. 승가시여. 지금 선현에게 복발갈마를 짓겠습니다. 이와 같이 아룁니다."

62) 앙발단백(仰鉢單白)

이때 여러 필추들이 그 선현에게 복발갈마를 짓는 것을 마치고 어떻게 하는가를 알지 못하여 세존께 아뢰니, 세존께서 말씀하셨다.

"그대들 모든 필추들은 지금 이후로는 그의 집안에 가지 않아야 하고, 나아가 설법도 하지 말라."

이때 그 선현이 이러한 말을 듣고서 마음에서 부끄럽고 수치스러움을 일으켜 세존의 처소로 가서 두 발에 예경하고 아뢰어 말하였다.

"세존이시여. 나쁜 친구가 고의적으로 나에게 가르쳐 이렇게 말하였습니다.

'실력자 필추는 몸에 수치심이 없고, 나의 아내와 함께 비법을 행하여 바라시가를 범하였다.'

이것은 나쁜 친구가 가르쳐 준 것이고, 나의 본뜻(本意)이 아니었습니다."

---

1) 유혹(誘惑)을 말한다.
2) 재가인의 잘못을 충고하기 위하여 발우를 덮는 것으로 공덕을 쌓을 기회를 박탈하는 강한 갈마를 말한다.

이때 세존께서 모든 필추들에게 말씀하셨다.

"선현이 헐뜯고 비방한 것은 자기의 본의가 아니었으니, 마땅히 그에게 앙발갈마(仰鉢羯磨)를 지어 주어라. 나머지도 이것에 의거하여 지어야 한다. 자리를 깔고 건치를 울리고, 나아가 선현을 가르쳐 꿇어앉아 합장하게 하고 이렇게 말하게 하라.

'대덕 승가께서는 들으십시오. 나 선현은 악지식에게 속은 까닭으로 유혹되어 진실이 아닌 법으로 실력자를 비방하였습니다. 이 인연으로 승가께서는 나에게 복발갈마를 주었습니다. 나 선현은 지금 승가를 좇아 앙발갈마를 주시기를 애원합니다. 오직 원하건대 대덕 승가시여. 나 선현에게 앙발갈마를 지어 주십시오. 이렇게 능히 애민한 사람이 애민하게 원하는 까닭입니다.'

이와 같이 세 번을 말하게 하고, 나아가 그를 귀로 들을 수 없는 곳에 합장하고 서있게 하고서, 한 필추가 단백갈마를 짓는다.

'대덕 승가께서는 들으십시오. 이 선현은 악지식에게 속은 까닭으로 유혹되어 근거없는 바라시가법으로 실력자를 비방하였습니다. 이 인연으로 승가께서는 선현에게 복발갈마를 주었습니다. 이 선현은 지금 승가를 좇아 앙발갈마를 주시기를 애원하고 있습니다. 만약 승가께서 때에 이르렀음을 인정하시면 승가는 허락하십시오. 승가시여. 지금 선현에게 앙발갈마를 주고자 합니다. 이와 같이 아룁니다.'

세존께서 말씀하셨다.

"그대들 모든 필추들은 그 선현을 위하여 앙발갈마를 지어 마치고, 그의 집에 가서 음식을 받을 수 있으며, 나아가 아울러 그를 위하여 설법을 하여도 모두 죄를 범하는 것이 없느니라."

63) 간추악어백사(諫麤惡語白四)

구수 오파리가 세존께 청하여 아뢰었다.

"대덕이시여. 어느 때 한 필추가 많은 죄를 범하였습니다. 친우(親友)인

필추들이 그를 이익되고 안락하게 머무르게 하고자 알려 말하였습니다.

'구수여. 그대는 이미 죄를 범하였으니 마땅히 여법하게 참회해야 합니다.'

그가 대답하여 말하였습니다.

'참회할 일이 있으면 내가 스스로 마땅히 알 것입니다.'

또한 이렇게 말하였습니다.

'여러 구수들이여. 나를 향하여 좋은 일과 나쁜 일을 조금이라도 말하지 마십시오. 나도 또한 여러 대덕들을 향하여 좋은 일과 나쁜 일을 말하지 않겠습니다. 여러 대덕들이여. 멈추십시오. 나에게 권유하지 마십시오. 나를 논하여 말하지도 마십시오.'

여러 필추들은 어떻게 하는가를 알지 못하여 세존께 아룁니다."

세존께서 말씀하셨다.

"그를 위하여 별도로 충고하라."

별도로 충고를 하였을 때에도 굳게 고집하고서 버리지 아니하였다. 여러 필추들이 곧 세존께 아뢰니, 세존께서 말씀하셨다.

"백사갈마를 지어 충고하라. 건치를 울려 대중을 모으고 앞의 방편을 짓고서,[이하 자세한 설명은 생략한다.]

'대덕 승가께서는 들으십시오. 이 필추 누구는 많은 죄를 지어, 여러 필추들이 세존께서 설하신 계경(戒經) 가운데에서 법에 알맞고 율에 알맞게 올바르게 충고를 하였을 때에 나쁜 성품으로 충고를 받아들이지 않고서 이와 같이 말하였습니다.

'여러 대덕들이여. 나를 향하여 좋은 일과 나쁜 일을 조금이라도 말하지 마십시오. 나도 또한 여러 대덕들을 향하여 좋은 일과 나쁜 일을 말하지 않겠습니다. 여러 대덕들이여. 멈추십시오. 나에게 권유하지 마십시오. 나를 논하여 말하지도 마십시오.'

여러 필추들이 별도로 충고하였을 때도 굳게 고집하여 버리지 아니하면서 '내가 말하는 이것이 진실이고 나머지는 모두 허망하다.'고 하였습니다. 만약 승가께서 때에 이르렀음을 인정하시면 승가는 허락하십시오. 승가시여. 지금 백사갈마로서 이 필추 누구는 나쁜 성품으로 충고를 받아들이지 않는 것을 충고하고자 합니다. 이와 같이 아룁니다.'

다음은 갈마를 한다.

'대덕 승가께서는 들으십시오. 이 필추 누구는 많은 죄를 지어, 여러 필추들이 세존께서 설하신 계경 가운데에서 법에 알맞고 율에 알맞게 올바르게 충고를 하였을 때에 나쁜 성품으로 충고를 받아들이지 않고서 이와 같이 말하였습니다.

'여러 대덕들이여. 나를 향하여 좋은 일과 나쁜 일을 조금이라도 말하지 마십시오. 나도 또한 여러 대덕들을 향하여 좋은 일과 나쁜 일을 말하지 않겠습니다. 여러 대덕들이여. 여러 대덕들이여. 멈추십시오. 나에게 권유하지 마십시오. 나를 논하여 말하지도 마십시오.'

여러 필추들이 별도로 충고하였을 때도 굳게 고집하여 버리지 아니하면서 '내가 말하는 이것이 진실이고 나머지는 모두 허망하다.'고 하였습니다. 승가시여. 지금 백사갈마로 이 필추 누구는 나쁜 성품으로 충고를 받아들이지 않는 것에 대하여 충고하겠습니다. 만약 모든 구수들께서 이 필추 누구는 나쁜 성품으로 충고를 받아들이지 않는 것에 대하여 충고하는 일을 허락하신다면 묵연히 계시고, 만약 허락하지 않으신다면 말씀하십시오.

두 번째·세 번째에도 이와 같이 말한다.

맺는 것은 문장에 의거하여 알지니라."

이때 여러 필추들은 세존의 가르침을 받고서 법에 의지하여 충고하였다. 이때에 이 필추는 앞에서 말한 것과 같이 굳게 고집하여 버리지 않았다. 여러 필추들이 이 일로서 세존께 아뢰니, 세존께서 말씀하셨다.

"이 필추는 죄를 얻고, 앞에서와 같은 것을 마땅히 알지니라."

64) 간설욕진치포백사(諫說欲嗔癡怖白四)

필추 천타는 대중이 작법하여 충고할 때에 비방하면서 말하였다.

"승가는 탐욕과 성냄과 어리석음이 있다."

대중들은 마땅히 가지갈마(訶止羯磨))를 지을 것이고, 마땅히 이와 같이 지어야 한다.

"대덕 승가께서는 들으십시오. 이 필추 천타는 승가가 여법하게 충고를 지어 주었을 때 이렇게 말하였습니다.

'승가는 탐욕과 성냄과 어리석음이 있다.'

승가시여. 지금 천타 필추를 꾸짖고 제지(制止)하며 '그대는 마땅히 이와 같이 법에 어긋나는 말을 하지 마십시오.'라고 말하고자 합니다. 만약 승가께서 때에 이르렀음을 인정하시면 승가는 허락하십시오. 승가시여. 지금 천타 필추가 법에 맞지 않는 말을 하는 것을 꾸짖고 제지시키겠습니다. 이와 같이 아룁니다."

갈마는 아뢴 것에 의거하여 성립된다.

65) 작전광백이(作癲狂白二)

구수 오파리가 세존께 청하여 아뢰었다.

"대덕이시여. 서갈다(西羯多) 필추는 전광병(癲狂病)⁴⁾을 앓고 있으며, 발동(發動)하는 것이 일정하지 않아서 포쇄타를 할 때와 아울러 다른 갈마를 할 때와 수의를 할 때에 혹은 오고, 혹은 오지 않습니다. 이때 여러 필추들이 별주를 주고자 하여도 병법(秉法)이 성립되지 않아서 이 인연으로 세존께 아룁니다."

세존께서 말씀하셨다.

"그대들 모든 필추들은 서갈다 필추에게 전광법(癲狂法)을 지어 주어라. 만약 짓지 않으면 곧 별주가 성립된다. 만약 다른 이와 같은 부류가 있으면 모두 마땅히 이것에 의거하여 지으며, 마땅히 이와 같이 지어 주어라. 먼저 자리를 깔고 건치를 울리고, 두루 알려 말하고 한 필추에게

---

3) 꾸중하고 제지하는 갈마를 말한다.
4) 정신(精神) 이상(異常)으로 실없이 잘 웃는 병을 말한다.

마땅히 먼저 아뢰게 하고서, 비로소 갈마를 한다.

'대덕 승가께서는 들으십시오. 서갈다 필추는 전광병을 앓고 있고, 발동하는 것이 일정하지 않아서 포쇄타를 할 때와 아울러 다른 갈마를 할 때와 수의를 할 때에 혹은 오고, 혹은 오지 않습니다. 지금 모든 필추는 곧 별주를 주고자 합니다. 만약 승가께서 때에 이르렀음을 인정하시면 승가는 허락하십시오. 승가시여. 지금 서갈다 필추에게 전광법을 지어 떠나게 하고 별주시켜 법사(法事)를 방해하고 막지 못하게 하겠습니다. 이와 같이 아룁니다.'

'대덕 승가께서는 들으십시오. 서갈다 필추는 전광병을 앓고 있으며, 발동하는 것이 일정하지 않아서 포쇄타를 할 때와 아울러 다른 갈마를 할 때와 수의를 할 때에 혹은 오고, 혹은 오지 않습니다. 지금 모든 필추는 곧 별주를 주겠습니다. 만약 모든 구수들께서 이 서갈다 필추에게 전광법을 지어 떠나게 하고 별주시켜 법사(法事)를 방해하고 막지 못하게 하는 일을 허락하신다면 묵연히 계시고, 만약 허락하지 않으신다면 말씀하십시오. 승가시여. 이미 이 서갈다 필추에게 전광법을 지어 떠나게 하고 별주시켜 법사를 방해하고 막지 못하게 하는 일을 마쳤습니다. 승가께서 이미 인정하시고 허락하신 것은 묵연히 계셨기 때문입니다. 나는 지금부터 이와 같이 지니겠습니다.'

만약 승가가 서갈다 필추에게 전광법을 지어 마치면 포쇄타와 모든 갈마 나아가 수의를 모두 지을 수 있으니, 의혹을 일으키지 말라."

66) 여불치백사(與不癡白四)

또한 서갈다 필추는 전광병이 있어 마음이 어지럽고 고통과 고뇌에 얽매여 말과 행동이 사문법을 어기고 잃는 것이 많았고, 부정(不淨)한 일을 지었으며, 입에서 침을 흘렸고, 정신을 잃어 눈꺼풀이 뒤집혀 모습이 잠든 것과 같았으며, 다른 사람이 속이지 않았으나 망령된 말로써 '나를 속인다.'고 하였다. 그가 다른 때에 문득 본래의 마음을 찾았을 때에

234 근본설일체유부백일갈마 根本說一切有部百一羯磨

여러 필추 대중들이 이전에 나쁜 일을 가지고 그를 힐책(詰責)하였다. 여러 필추들이 이 인연으로,[이하 자세한 설명은 생략한다.] 나아가 세존께서 알려 말씀하셨다.

"그대들 모든 필추들은 마땅히 서갈다 필추에게 불치비나야(不癡毘奈耶)를 지어 주고, 만약 다시 이와 같은 부류가 있으면 앞에서와 같이 지어야 하며, 나아가 이와 같이 말하게 지어야 한다.

'대덕 승가께서는 들으십시오. 나 서갈다 필추에게는 전광병이 있어 마음이 어지럽고 고통과 고뇌에 얽매여 말과 행동이 사문법을 어기고 잃는 것이 많았고, 부정한 일을 지었으며, 입에서 침을 흘렸고, 정신을 잃어 눈꺼풀이 뒤집혀 모습이 잠든 것과 같았으며, 다른 사람이 속이지 않았으나 망령된 말로써 '나를 속인다.'고 하였습니다. 내가 뒤의 다른 때 문득 본래의 마음을 찾았을 때에 여러 필추 대중들이 이전에 나쁜 일을 가지고 나를 힐책하였습니다. 나 서갈다 필추는 지금 승가를 좇아 불치비나야를 주는 것을 애원합니다. 이렇게 능히 애민한 사람이 애민하게 원하는 까닭입니다.'

두 번째·세 번째에도 이와 같이 말한다.

다음은 한 필추가 먼저 아뢰고. 비로소 갈마를 한다.

'대덕 승가께서는 들으십시오. 이 서갈다 필추에게는 전광병이 있어 마음이 어지럽고 고통과 고뇌에 얽매여 말과 행동이 사문법을 어기고 잃는 것이 많았고, 부정한 일을 지었으며, 입에서 침을 흘렸고, 정신을 잃어 눈꺼풀이 뒤집혀 모습이 잠든 것과 같았으며, 다른 사람이 속이지 않았으나 망령된 말로써 '나를 속인다.'고 하였습니다. 이 서갈다 필추는 본래의 마음을 찾고서 지금 승가께 불치비나야를 주시기를 애원하고 있습니다. 만약 승가께서 때에 이르렀음을 인정하시면 승가는 허락하십시오. 승가시여. 지금 서갈다 필추에게 불치비나야를 주겠습니다. 이와 같이 아룁니다.'

다음은 갈마를 지으며, 아뢴 것에 의거하여 성립된다.[이하 자세한 설명은 생략한다.] 나아가 나는 지금부터 이와 같이 지니겠습니다."

(67) 여구죄성백사(與求罪性白四)

구수 오파리가 세존께 청하여 아뢰었다.

"대덕이시여. 가실다(詞悉多)는[손(手)이라고 번역한다.] 대중 가운데서 경솔하고 오만한 마음을 일으켜 이미 죄를 범하고서도 그 죄를 인정하지 않습니다. 여러 필추들이 힐난하여도 또한 인정하지 않아서 곧 이 인연으로 세존께 아룁니다."

세존께서 말씀하셨다.

"그대들 모든 필추들은 마땅히 가실다 필추에게 구죄자성비나야(求罪自性毘奈耶)5)를 주어야 하고, 만약 다시 나머지의 필추도 이러한 부류가 있으면 마땅히 이와 같이 앞의 방편을 지어야 하며, 앞에 의거하여 마땅히 알지니라. 다음은 한 필추가 백갈마를 한다.

'대덕 승가께서는 들으십시오. 이 가실다 필추는 대중 가운데서 경솔하고 오만한 마음을 일으켜 이미 죄를 범하고서도 그 죄를 인정하지 않습니다. 여러 필추들이 힐난하여도 다시 도리어 항의하고 회피하고 있습니다. 만약 승가께서 때에 이르렀음을 인정하시면 승가는 허락하십시오. 승가시여. 지금 서갈다 필추에게 죄자성비나야를 주겠습니다. 이와 같이 아룁니다.'

다음은 갈마를 지으며, 아뢴 것에 의거하여 마땅히 짓고,[이하 자세한 설명은 생략한다.] 나아가 나는 지금부터 이와 같이 지니겠습니다."

세존께서 말씀하셨다.

"그대들 모든 필추들이 그에게 구죄자성비나야 주는 것을 마치고, 지녀야 하는 행법을 내가 지금 설하겠노라. 다른 사람을 출가시킬 수 없고, 다른 사람에게 구족계를 줄 수 없으며, 의지사가 될 수 없고, 구적을 삼을 수 없으며, 마땅히 필추니를 교수하는 사람으로 뽑을 수 없고, 설령 이미 뽑혔어도 마땅히 버려야 한다. 필추들을 힐난할 수 없고, 다른 사람의 파계(破戒)를 억념하게 하여 위의(威儀)를 정명(正命)6)하게 할 수도 없으며,

---

5) 범한 죄의 근본을 밝혀가는 율장이다.

장정(長淨)을 할 수 없고, 수의를 할 수 없으며, 단백갈마·백이갈마, 나아가 백사갈마를 할 수 없고, 또한 계율을 설할 수도 없느니라. 만약 계율을 할 사람이 없으면 마땅히 계율을 설하여야 하느니라. 이것이 구죄자성 필추에게 주는 것이다. 내가 설한 것에 의지하지 않고 행하는 사람은 월법죄를 얻는다."

(68) 여억념백사(與憶念白四)

구수인 실력자가 선우(善友) 필추니로부터 사실이 아닌 일로써 비방을 받았다. 이때 여러 필추들이 이 일로써 힐책하였고, 힐책을 받을 때에 마침내 곧 부끄러워하였다. 이때 여러 필추들이 이 인연으로 세존께 아뢰니, 세존께서 말씀하셨다.

"그대들 모든 필추들은 마땅히 실력자 필추에게 억념비나야(憶念毘奈耶)를 주어야 한다. 만약 다시 나머지의 이러한 부류가 있으면 마땅히 이와 같이 주어야 한다. 자리를 깔고,[이하 자세한 설명은 생략한다.] 나아가 꿇어앉아 합장하고 이와 같이 말하게 하라.

'대덕 승가께서는 들으십시오. 나 실력자는 선우 필추니로부터 사실이 아닌 일로써 비방을 받았습니다. 여러 필추들께서 이 일로써 힐책하였고, 힐책을 받을 때에 마침내 곧 부끄러워하였습니다. 나 누구는 지금 승가를 좇아 억념비나야를 애원합니다. 원하건대 대덕 승가시여. 나에게 억념비나야를 주십시오. 이렇게 능히 애민한 사람이 애민하게 원하는 까닭입니다.'

두 번째·세 번째에도 이와 같이 말한다.

다음은 한 필추가 먼저 아뢰고, 비로소 갈마를 한다.

'대덕 승가께서는 들으십시오. 나 실력자는 선우 필추니로부터 사실이 아닌 일로써 비방을 받았습니다. 마음에 부끄러움이 생겨서 이 실력자는

---

6) 산스크리트어 samyag-ājīva로 정명이라고 번역된다. 팔정도(八正道)의 하나이며, 바른 생활로 의식주를 구하여 수행하는 것을 말한다.

지금 승가를 좇아 억념비나야를 애원하고 있습니다. 만약 승가께서 때에 이르렀음을 인정하시면 승가는 허락하십시오. 승가시여. 지금 실력자에게 억념비나야를 주고자 합니다. 이와 같이 아룁니다.'

다음은 갈마를 한다.

'대덕 승가께서는 들으십시오. 나 실력자는 선우 필추니로부터 사실이 아닌 일로써 비방을 받았습니다. 마음에 부끄러움이 생겨서 이 실력자는 지금 승가를 좇아 억념비나야를 애원하고 있습니다. 승가시여. 지금 실력자에게 억념비나야를 주겠습니다. 만약 모든 구수들께서 이 지금 실력자에게 억념비나야를 주는 것을 허락하신다면 묵연히 계시고, 만약 허락하지 않으신다면 말씀하십시오.'

이것이 첫 번째 갈마이다. 두 번째·세 번째에도 이와 같이 말한다.

'승가시여. 이미 실력자 필추에게 억념비나야를 주는 것을 마쳤습니다. 승가께서 이미 인정하시고 허락하신 것은 묵연히 계셨기 때문입니다. 나는 지금부터 이와 같이 지니겠습니다.'"

69) 간평정인백이(簡平正人白二)

만약 논쟁을 끝내야 할 때에 대중들이 공평하게 끊을 수 없으면, 마땅히 대중 가운데에서 덕이 있고 공평하며 바른 사람을 뽑아야 한다. 이 경우에 10명이나 20명의 상좌 스님 가운데에서 누구 등을 논쟁을 끝내는 사람으로 삼아야 하며, 이와 같이 마땅히 지어라.

"대덕 승가께서는 들으십시오. 지금 승가에 논쟁의 일이 있어 능히 제거하고 끝낼 수 없습니다. 승가시여. 지금 이 대중 가운데에서 공평하고 바른 상좌 몇 사람을 뽑아서 그들이 논쟁을 빠르게 멈추게 하는 것을 바라고 있습니다. 만약 승가께서 때에 이르렀음을 인정하시면 승가는 허락하십시오. 승가시여. 지금 이 대중 가운데에서 상좌 몇 사람을 뽑아 그들이 논쟁을 빠르게 멈추게 하고자 합니다. 이와 같이 아룁니다."

갈마는 아뢴 것에 의거하여 성립된다.

이미 갈마를 지어 마쳤고, 만약 이 상좌들이 논쟁을 제거하고 끝내고자 하였으나, 오히려 논쟁이 끝나지 않으면, 다시 이들 가운데에서 거듭하여 공평하고 올바르게 상좌를 뽑으며, 마땅히 이와 같이 지어야 한다.

70) 중간인백이(重簡人白二)

"대덕 승가께서는 들으십시오. 지금 승가에는 논쟁의 일이 일어났고, 비록 대중 가운데에서 공평하고 바른 사람을 뽑아 논쟁을 제거하고 끝내고자 하였으나, 오히려 끝나지 않고 있습니다. 승가시여. 지금 이 가운데에서 다시 거듭하여 논쟁을 끝낼 사람을 뽑아 별도로 다른 처소에 보내어 그 논쟁을 소멸하고 끝내고자 합니다. 만약 승가께서 때에 이르렀음을 인정하시면 승가는 허락하십시오. 승가시여. 지금 대중 가운데에서 다시 거듭하여 논쟁을 끝낼 사람을 뽑아 별도로 다른 처소에 보내어 논쟁을 소멸하고 끝내도록 하겠습니다. 이와 같이 아룁니다."

갈마는 아뢴 것에 의거하여 성립된다.

71) 전부쟁인백이(傳付諍人白二)

만약 이 대중 가운데에서 논쟁을 오히려 끝내지 않은 사람은 마땅히 장차 이 논쟁하는 사람과 다른 대중 안으로 가서 여법하게 제거하고 끝내야 하고, 이와 같이 지어야 한다.

"대덕 승가께서는 들으십시오. 지금 이 대중 가운데는 논쟁하는 일이 일어나, 오랜 시간동안 능히 제거하고 끝낼 수가 없었습니다. (이 논쟁을) 제거하고 끝내기 위하여 지금 승가는 싸우고 논쟁하는 이 필추 누구를 그 어느 대중들 안에 부탁하여 그것을 제거하고 끝내도록 하고자 합니다. 만약 승가께서 때에 이르렀음을 인정하시면 승가는 허락하십시오. 승가시여. 지금 승가는 싸우고 논쟁하는 이 필추 누구를 그 어느 대중들 안에 부탁하여 그것을 제거하고 끝내고자 합니다. 이와 같이 아룁니다."

갈마는 아뢴 것에 의거하여 성립된다.

만약 논쟁하는 일이 이미 오래되어 능히 제거하고 소멸할 수 없고, 아울러 함께 서로가 붕당(朋黨)을 만들면 마땅히 법주(法籌)[7]를 지어 대중 가운데에서 행하며, 이와 같이 아뢴다.

"대덕 승가께서는 들으십시오. 지금 이 대중 가운데서 논쟁하는 일이 있었고, 오랫동안 끝내 멈추지 않고 있습니다. 승가시여. 지금 이것을 끝내고 멈추기 위하여 법주를 행하고자 합니다. 만약 승가께서 때에 이르렀음을 인정하시면 승가는 허락하십시오. 승가시여. 법주를 행하겠습니다. 이와 같이 아룁니다."

갈마는 아뢴 것에 의거하여 성립된다.

비록 갈마를 지어 법주를 행하여 마쳤으나 그 논쟁이 아직도 멈추지 않고, 아울러 함께 서로가 붕당을 지으면 이 논쟁을 소멸시키는 법은 『대율(大律)』에서 밝힌 것과 같다.

72) 결정주백이(結淨廚白二)

세존께서 말씀하셨다.

"그대들 필추들은 마땅히 부엌을 청정하게 결계해야 한다."

이때 모든 필추들은 어떻게 부엌을 청정하게 결계하고, 다시 몇 종류가 있는가를 알지 못하였다. 세존께서 말씀하셨다.

"모두 다섯 종류의 청정한 부엌이 있다. 무엇이 다섯 가지의 청정한 부엌인가? 첫째는 마음을 일으켜 지은 것이고, 둘째는 함께 인정하고 유지하는 것이며, 셋째는 누운 소와 같은 것이고, 넷째는 이전에 없어진 것이며, 다섯째는 병법하여 지은 것이다.[이것은 모두 두루 사찰을 통하여 결계하기도 하고, 혹은 각자 별도로 한 부분에서 결계하기도 한다.]

'마음을 일으켜 지었다.'고 말하는 것은 경영하는 한 사람의 필추,

___
7) 여법하게 갈마를 짓고서 투표로 결정하는 것을 말한다.

혹은 재가인이 방과 집을 지으면서 기초돌(基石)을 정할 때에, '지금 이 주처에 마땅히 승가를 위하여 청정한 부엌을 지어야겠다.'고 마음으로 이렇게 생각하는 것이다.

'함께 인정하고 유지한다.'고 말하는 것은 검교(撿校)[8]하고 경영하여 지으면서, 필추가 기초돌을 처음 세우고 곧 공사를 시작하고자 함께 머무르는 모든 필추들에게, '모든 구수여, 당신들은 함께 아십시오. 이 주처에 마땅히 승가를 위하여 청정한 부엌을 짓겠습니다.'라고 알려 말하는 것이다.

'누운 소와 같다.'고 말하는 것은 방문(房門)의 그 정해진 기준이 없고 어지럽고 혼란스럽게 지어진 것을 말한다.

'이전에 없어졌다.'고 말하는 것은 비었고 폐쇄된 곳을 말한다.[이 두 가지는 중국에서 사용하는 것을 볼 수 없는 곳이 많다. 나머지의 세 가지 법은 다니는 곳마다 항상 행해지고 있는데, 혹은 모든 사찰에서 총체적으로 부엌을 결계하고, 혹은 단편적으로 한 모서리에 한다. 모두가 무방(無妨)[9]하다. 예를 들면 나란타사(那爛陀寺)에서는 총체적으로 결계하여 부엌으로 삼고 있으나, 멀리 북쪽 지방에 물어보니 부분적으로 결계하였다고 한다. 이것은 곧 좋아하는 사람의 뜻에 따른 것이며 모두가 허락되는 일이다. 자세한 것은 다른 것에서와 같다.]

'대중들이 결계하여 지었다.'고 말하는 것은 대중들이 함께 백이갈마로써 허락한 것을 말하고, 마땅히 이와 같이 그 처소를 결정하여야 한다. 방해와 재난이 없는 곳이고, 모두가 그 경계 안에 있어야 하며, 아울러 외부 세력과 한 심[一尋]이 분리되고, 장차 부엌을 지을 때에는 승가가 함께 곧 이곳을 허락하여야 한다. 자리를 깔고 건치를 울려, [이하 자세한 설명은 생략한다.] 나아가 한 필추에게 마땅히 갈마를 한다.

"대덕 승가께서는 들으십시오. 지금 이 주처를 수리하고 경영하는 일을 모두 마쳤으니, 그 경계 안에서 아울러 외부 세력과 한 심이 분리된

---

8) 검사함을 말한다.
9) 피해가 없고, 거리끼는 것이 없는 것을 뜻한다.

곳에 청정한 부엌을 짓고자 합니다. 만약 승가께서 때에 이르렀음을 인정하시면 승가는 허락하십시오. 승가시여. 지금 이 주처를 수리하고 경영하는 일을 모두 마치고 그 경계 안에서 아울러 외부 세력과 한 심이 분리된 곳에 청정한 부엌을 짓고자 합니다. 이와 같이 아룁니다.'

"대덕 승가께서는 들으십시오. 지금 이 주처를 수리하고 경영하는 일을 모두 마쳤으니, 그 경계 안에서 아울러 외부 세력과 한 심이 분리된 곳에 청정한 부엌을 짓고자 합니다. 만약 승가께서 때에 이르렀음을 인정하시면 승가는 허락하십시오. 승가시여. 지금 이 주처를 수리하고 경영하는 일을 모두 마쳤으니, 그 경계 안에서 아울러 외부 세력과 한 심이 분리된 곳에 청정한 부엌을 짓겠습니다. 만약 모든 구수들께서 이 주처를 수리하고 경영하는 일을 모두 마쳤으니, 그 경계 안에서 아울러 외부 세력과 한 심이 분리된 곳에 청정한 부엌을 짓는 것을 허락하신다면 묵연히 계시고, 만약 허락하지 않으신다면 말씀하십시오. 승가시여. 지금 이 주처를 수리하고 짓는 일을 모두 마치고 그 경계 안에서 아울러 외부 세력과 한 심이 분리된 곳에 청정한 부엌을 짓는 것을 마치겠습니다. 승가께서 이미 인정하시고 허락하신 것은 묵연히 계셨기 때문입니다. 나는 지금부터 이와 같이 지니겠습니다."

만약 승가가 함께 청정한 주방을 짓고 결계하면 곧 이 주처는 두 가지의 이익과 즐거움을 얻는다. 첫째는 결계 밖에 저장한 것을 결계 안에서 익힐 수 있고, 둘째는 결계 안에 저장한 것을 결계 밖에서 익힐 수 있으며, 아울러 모두 허물이 없다.

만약 사찰을 창건(創建)하면서 처음으로 새끼줄을 둘러칠 때에는 사찰의 사방(四方)에 마땅히 벽돌이나 돌을 갖다 놓고서 정해진 장소로 삼아야 한다. 당시에 그 힘이 있으면 널리 갈마를 하고, 혹은 때에 따라서 대중들에게 이와 같이 말한다.

"이 사찰의 방과 아울러 외부 세력과 분리된 곳에 장차 청정한 부엌을 지을 것이고, 나는 지금부터 수지(守持)하겠습니다."

두 번째·세 번째에도 역시 이와 같이 말하고 곧 청정을 지으면 성립된다.

이때 필추 사자(師子)는 사탕(沙糖)을 먹고자 하였으므로, 세존께서 말씀
하셨다.

"때이고, 때가 아니며, 병이 있고, 병이 없어도 아울러 모두가 마음대로
먹을 수 있다."[그러나 인도에서는 사탕을 만들 때에 모두가 곧 쌀가루에
석밀(石蜜)을 넣고 우유와 기름을 적당히 넣어서 만든다. 세존께서 때가
아니어도 먹을 수 있도록 열어 놓았으니, 추악한 모습을 방지하고 도(道)를
증장하고 몸을 자양하기 위한 것이다. 남해10)의 여러 지역에서는 나무즙으
로 만든 술을 끓여서 사탕을 둥글게 만들며, 때가 아니라도 모두가 먹는다.
이 도리(道理)에 의거하여 중국에서는 엿으로 만든 사탕이 있으며 때가
아니어도 또한 마땅히 먹을 수 있다.

왜 그러한가? 감자(甘蔗)는 시절에 적응하는 약이고, 즙은 곧 어느 때나
만들 수 있으며, 쌀과 누룩은 때가 있다고 말할지라도 어찌하여 엿 덩어리
까지 없애는 허물을 짓겠는가? 자세히 살펴보니 비록 이러한 이치는
있었으나 행하는 것은 각자 자기의 마음에 따라 빽빽하고 탁하며, 향기가
있게 끓이며 결정된 제한은 없었다. 꿀을 서여(薯蕷)11)와 끓이는 것에는
확실히 금지하는 조문이 있었다.]

세존께서 말씀하신 것과 같이 "그대들 모든 필추들은 마땅히 할절의(割
截衣)12)를 지녀야 한다."고 하셨다. 이때 한 필추가 무겁고 큰 모담(毛毯)13)
을 얻어 마침내 칼과 바늘을 가지고 한낮에 주처에서 그 옷감을 자르려고
하였는데, 세존께서 그 처소에 오셨으며 물어 말씀하셨다.

"그대는 무슨 일을 짓고 있는가?"

그 필추가 이 인연으로 부처님께 아뢰니, 세존께서 말씀하셨다.

"모든 필추에게 다섯 종류의 옷이 있으니 마땅히 잘라서는 아니된다.
첫째는 고접파(高襵婆)이고,[고급 비단이다.] 둘째는 후피피(厚被帔)이며,

---

10) 현재의 인도네시아, 말레이시아 등의 지역을 가리킨다.
11) 마과에 속하는 다년생 식물인 마를 가리키며, 약재로 쓴다.
12) 직사각형의 베 조각들을 기워서 만든 옷으로 가사(袈裟)를 다르게 부르는 말이다.
13) 모포·담요·양탄자 등을 가리킨다.

[모직으로 만들어졌다.] 셋째는 추중후담(麤重厚緂)이고, 넷째는 작안소포(雀眼疎布)이며,[인도 모든 사람들은 백납(百納)14)을 입지 않는다.] 다섯째는 물건이 적어서 자르면 모자라게 되는 것이다. 이것 등의 다섯 물건은 내가 지금 모든 필추들이 첩엽(帖葉)15)하여 지니는 것을 허락하노라. 이 다섯 물건 가운데 다섯 번째를 제외하면 다시 두터운 요(褥)를 다섯 번째로 할 수 있다. 곧 이것이 다섯 가지이며 모두가 잘라서는 아니된다."[와구(臥具)로서 3의(衣)를 만드는 사람도 있으며 비록 깊이 생각하고 하였어도 진실로 억측하여 결단한 것이다. 율(律)에 이르기를 와구는 잠잘 때의 요이므로 어찌 잘라서 3의를 지어 사용하겠는가? 자르는 것은 합당하지 않으며, 이것은 문장에서도 분명하게 밝혀져 있다. 이전에 미혹된 것을 두려워하여 문득 다시 문장으로 밝혀두노라.]

세존께서 말씀하신 것과 같이 "그대들 모든 필추들은 마땅히 승가의 와구가 편안하지 아니하여 속옷으로 대체하여 수용(受用)하면 아니된다."고 하셨다. 이때 육중 필추는 혹은 때와 기름이 묻었고, 거칠고 엷으며, 찢어지고 파손된 속옷을 사용하여 승가의 와구로 사용하였다. 이때 세존께서 해가 뜰 무렵에 의발을 지니고 벽사리에 들어가서 걸식하셨고, 구수 아난(阿難)을 시자(侍者)로 삼으셨다. 세존께서 문득 보시니 어떤 사람이 등이 모두 검었다. 마침내 아난에게 명(命)하여 말씀하셨다.

"그대는 그 사람의 등이 모두 검은 것을 보았는가?"

아난이 말하였다.

"보았습니다."

세존께서 말씀하셨다.

"이 사람은 지나간 옛날에 가섭파(迦攝波) 여래의 올바른 가르침 가운데에 출가하였으나, 마침내 뜻에 따라 나쁜 물건이라고 속옷을 사용하여 승가의 와구를 만들었다. 그 옛날의 흑업(黑業)16)의 악한 과보를 까닭으로

---

14) '백 번이 찢어지거나 해어진 곳을 꿰맨다.'는 뜻으로 누더기 옷을 가리킨다.
15) 나뭇잎처럼 포개어 접어 두는 것을 말한다.
16) 악업(惡業)을 다르게 부르는 말이고, 나쁜 과보를 받을 그릇된 행위와 말과

지옥에 떨어지게 되었고, 또한 5백 생(生) 중에서 항상 등이 검게 되었다. 이러한 허물과 근심을 까닭으로 필추는 마땅히 그것이 거칠고, 얇으며, 찢어지고, 파손되었으며, 때와 기름이 있는 물건이라도 속옷으로 승가의 와구를 만들면 아니된다. 만약 이 물건이 두꺼우면 한 겹으로 만들고, 반드시 그것이 얇으면 두 겹으로 만들어 사용하라. 만약 이렇게 아니하면 월법죄를 얻는다."

이때 한 필추가 채색(彩色)이 섞인 물건으로 니사단나(尼師但那)[17]를 지어 수지하여 오래 두었고, 실이 상하게 되었다. 이때 바라문과 나아가 여러 재가의 사람들에게 곧 비난과 비웃음을 일으켰다. 세존께서 말씀하셨다.

"일반적으로 와구를 만들 때에는 마땅히 두 겹으로 만들어 괴색(壞色), 혹은 청색,[극히 좋은 짙은 푸른색은 율의 문장에서 허락하지 아니하였다. 때에 따라서 섞은 색으로 물들이며, 이 일은 「한청(閑聽)」에 실려 있다.] 혹은 진흙,[자세한 것은 「율해(律解)」에 있다. 진흙은 붉은 흙, 또는 붉은 돌, 혹은 진흙을 말한다. 그러나 순수하게 검은 색은 외도들의 옷과 비슷하여 허락되지 아니한다.] 혹은 건타색(乾陀色)으로[범어로는 가사야(袈裟野)라고 말하며, 번역하면 적색(赤色)이다.] 물들인다.

세 번째 부분은 반드시 자르고 끊어서 바느질하여 조각으로 만들어야 하고, 네 가장자리는 접어서 마무리한다.[와구는 원래 본래 쓰던 것이 허락된다. 속옷감으로 바꾸고 모직 자리는 더러운 것이 묻을까 염려되므로, 그 길이는 몸보다 크고 너비는 자기 팔꿈치로 헤아리며. 자세한 것은 문장에 실려 있고 원래의 뜻은 이러한 것이 아니다. 예배할 때에는 이것은 허락되지 않고 자세한 설명은 다른 문장에 갖추어져 있다.]

세존께서 말씀하신 것과 같이 "여덟 가지 이익이 있다."고 하셨다.

생각을 가리킨다.

17) 산스크리트어 niṣīdana의 음사로 니사단나(尼師但那)로 의역하고 좌구(坐具)·부구(敷具)로 번역된다. 필추의 6물(物)의 하나로서 필추가 앉거나 누울 적에 땅을 펴서 몸을 보호하는 네모난 깔개를 가리킨다.

무엇을 여덟 가지라고 말하는가? 첫째는 결계에서 얻는 이익이고, 둘째는
제도를 세워 얻는 이익이며, 셋째는 의지(依止)에서 얻는 이익이고, 넷째는
안거(安居)에서 얻는 이익이며, 다섯째는 승가에서 얻는 이익이고, 여섯째
는 필추에게서 얻는 이익이며, 일곱째는 대면(對面)해서 얻는 이익이고,
여덟째는 정해진 처소에서 얻는 이익이다.

'결계에서 얻는 이익이다.'라는 것은 한 결계에는 그 정해진 부분이
있다. 혹은 두 결계에서, 혹은 또 많은 결계에 따라 그 처소에 별도로
이양(利養)을 얻고, 각자 결계에 의지하여 나누며, 이전부터 머무르고
있는 사람과 함께 나누게 된다.

'제도를 세워 얻는 이익이다.'라는 것은 여러 필추와, 혹은 무리(黨)를
따르거나, 혹은 무리를 따르지 않고서, 함께 필요한 제도를 짓고, 뒤에
안거(安居)한다. '어느 처소와 어느 마을의 거리 안에 누구의 집은 나에게
속하는 시주이고, 누구의 집은 그에게 속하는 시주이다.'고 정한다. 만약
물건을 얻었을 때에는 제도에 의지하여 받는 것이다. 자세한 내용은
대율(大律)과 같다.[이곳에서 무리를 따른다고 말하는 것은 제바달다(提婆
達多)를 수순하는 반속(伴屬)이 소유한 것을 말하는 것이다. 무리를 따르지
않는 사람이라고 말하는 것은 곧 세존의 제자를 말하는 것이다. 이것은
곧 그 주처를 까닭으로 물건을 처소에 따라서 나누는 것이며, 그 중간의
처소는 이미 두 처소가 아닌 까닭으로 대중을 만나면 고루 나누어 주는
것이다. 지금 현재는 인도에 있는 처소이다.]

모두 천수(天授)[18] 종족에서 출가한 무리들이 소유한 규범과 의식도
불법과 같은 것이 많다. 더욱이 오도윤회(五道輪廻)·생천(生天)·해탈(解脫)
등 3장(藏)까지 익히고 있어 또한 대부분이 같으나 큰 절은 없고 마을에
살면서 걸식하여 스스로 살아간다. 청정행을 많이 닦았다고 하고, 호로(胡
蘆)를 발우로 삼으며, 옷은 다만 두 개의 수건뿐이고, 그 색깔은 뽕나무
껍질과 같으며, 우유나 낙(酪)은 먹지 않는다. 많은 사람이 나란타사(那爛陀

___
18) '제바달다(提婆達多)'를 다르게 부르는 말이다.

寺)에 있으면서 뒤섞여 여러 경전을 듣고 있었다.

일찍이 그들에게 물었다.

"그대들의 규범과 법식은 세존과 비슷한 것이 많으나 편벽하고 잘못된 것도 있습니까? 다시 천수와 같으니 천수족의 자손이 아니겠는가?"

그가 문득 대답하였다.

"나의 조상은 사실은 천수가 아닐지라도 곧 이곳의 사람들이 혐오하고, 거부하며, 승복하지 않는 것이 두렵기 때문이다."

이 말은 비록 불법과 비슷한 것이 많으나, 만약 함께 큰 마을에 가면 성인의 제도와는 분명하게 다르다. 각자 스스로 갈 때에는 별도로 공양을 받으니, 어찌 다른 여러 외도들의 망령스러운 집착을 헤아려 끊고, 헤아려 항상할 수 있겠는가? 자연스럽게 텅비고 오래된 것(虛陳)이며 한 끼의 밥을 얻으면 잡스럽게 앉아 먹으나, 재가의 흐름을 따르는 사람에게는 나누어 주지 않는다. 과거를 따르는 무리들은 과거를 통하여 수용하고, 다시 서로 물든 사람과 접촉하면서 모름지기 위수(渭水)[19]의 물결처럼 고상(高尙)한 손님과 같으니, 반드시 살펴보면 이것은 외람된 것이다. 다르게 행동하고, 다른 자리에 앉는 것이 매우 마땅한 일이다.]

'의지하여 얻는 이익이다.'라는 것은 남녀와 또한 반택가 등에 의지하여 안거하고, 이들에게 의지하여 얻는 이익을 말한다. 안거하여 얻는 이익이라는 것은 이곳에서 하안거하여 얻은 이익되는 물건을 시주의 뜻에 따라 처분하는 것을 말한다.

'승가에서 얻는 이익이다.'라는 것은 결정된 이익을 말하나 제한되는 몫은 없다. 이 물건을 시주가 가지고 와서 승가에 보시하겠다고 결정하면, 승가는 취하는 가운데에 분별을 하지 않고서, '이 물건을 하안거(夏安居)의 사람에게 주겠는가? 이 물건을 현전(現前)하는 사람에게 주겠는가?'를 마땅히 시주에게 물어야 한다.

'필추의 처소에서 얻는 이익이다.'라는 것은 결정을 내리고, 몫의 제한을

19) 감숙성(甘肅省) 위원현(渭源縣)의 서북쪽 조서산(鳥鼠山)에서 발원하여 섬서성(陝西省)을 거쳐 낙수(洛水)와 합쳐진 뒤 황하(黃河)로 유입되는 강을 말한다.

정하며, 이 방(房)과 원(院)에 머무르는 사람이 곧 이득을 얻는 것을 말한다.

'대면(對面)하여 얻는 이익이다.'라는 것은 대면하여 이익되는 물건을 얻는 것을 말한다.

'정해진 처소에서 얻는 이익이다.'라는 것은 세존께서 한 생애의 교화를 행하신 처소가 모두 여덟 곳이 있으니, 이곳을 곧 '팔대제저(八大制底)'라고 이름한다. 첫째는 세존께서 태어나신 처소이니, 겁비라벌(劫比羅伐) 솔도성(窣覩城)의 남비니림(嵐毘尼林)이다. 둘째는 세존께서 성불하신 처소이니, 마갈타국(摩揭陀國) 법아란야(法阿蘭若)의 보리수 아래 금강좌상(金剛座上)이다. 셋째는 법륜(法輪)을 굴리신 처소이니, 바라날사(婆羅痆斯) 선인(仙人)이 내려온 곳으로 시록림(施鹿林)에 있다. 넷째는 열반에 드신 처소이니, 이곳은 구시나성(拘尸那城)의 사라쌍수(娑羅雙樹) 사이에 있다. 다섯째는 왕사성(王舍城) 취봉산(鷲峯山)의 죽림원(竹林圓) 안에 있다. 여섯째는 광엄성(廣嚴城)의 미후지(獼猴池) 옆의 고각당(高閣堂)의 가운데에 있다. 일곱째는 실라벌성(室羅伐城) 서다림(逝多林)의 급고독원(給孤獨園)이다. 여덟째는 하늘 세계에서 내려오신 처소이니, 평림(平林) 마을에 있다. 처음의 네 처소를 정처(定處)라고 이름하고, 뒤의 네 곳은 부정처(不定處)라고 이름한다.

만약 보시할 물건이 있어 태어나신 곳에 보시하려고 하면 그 물건은 오로지 세존께서 태어나신 처소에 공양을 올리고 마땅히 옮겨서는 아니된다. 만약 힘이 없으면 세 처소 가운데에서 한 처소에 공양을 올린다. 나머지 세 처소도 이 부류이므로 마땅히 알지니라. 나머지 네 처소의 제저(制底)[20]는 이것과 같지 않다.

73) 수지망인물단백(守持亡人物單白)

이때 구수 오바난타(鄔波難陀)가 목숨을 마친 뒤에 소유한 재물은 값으로

---

20) 산스크리트어 caitya의 음사로서 신성한 것으로 여겨 공양하고 숭배하는 나무·탑·당(堂) 등을 말한다.

3억 금전(金錢)의 가치가 되었다. 6대도성(大都城)의 필추들이 함께 모여서 함께 말하였다.

"나도 역시 이 물건을 얻는 것에 합당하다."

여러 필추들은 어떻게 하는가를 알지 못하여 이 일을 세존께 아뢰니, 세존께서 말씀하셨다.

"만약 필추로서 다섯 때(時)에 이르렀으면 마땅히 주어야 한다. 어떤 다섯 가지를 말하는가? 첫째는 건치를 울렸을 때 집회에 온 사람이니, 마땅히 그 몫을 주어야 한다. 둘째는 송경을 세 번을 할 때 온 사람이고, 셋째는 제저(制底)에 절할 때 온 사람이며, 넷째는 산가지(籌)를 행할 때 온 사람이고, 다섯째는 백(白)갈마를 할 때 온 사람이다. 이 사람들에게는 모두 몫을 나누어 주어야 하며, 마땅히 이와 같이 지어라.

먼저 자리를 깔고 건치를 울려 대중이 이미 모였으면 한 필추에게 단백갈마를 짓게 한다. 백갈마를 지을 때에 마땅히 간병인과 나아가 함께 머물렀던 사람에게 '이 사람이 일찍이 다른 사람에게 빚을 졌습니까? 혹은 다시 다른 사람이 그에게 빚을 지고 있습니까? 이미 처분하였습니까?'를 마땅히 묻고서 백갈마를 짓는다.

"대덕 승가께서는 들으십시오. 필추 오바난타는 이곳에서 목숨을 마쳤고, 소유한 드러난 것과 드러나지 아니한 옷과 재물과 여러 물건을 지금 나누어 수지하고자 합니다. 만약 승가께서 때에 이르렀음을 인정하시면 승가는 허락하십시오. 승가시여. 지금 목숨을 마친 필추 오바난타의 소유인 드러난 것과 드러나지 아니한 옷과 재물과 여러 물건을 함께 나누어 수지하고자 합니다. 이와 같이 아룁니다."

단백갈마를 지어 마치면 현재 결계 안에 있는 필추들은 그 물건을 얻을 수 있다. 만약 법을 짓지 않았어도 다만 세존의 성문(聲聞) 제자이고, 현재 남섬부주(南贍部洲)21)에 머무르며, 혹은 다른 주처라도 모두가 몫이

---

21) 산스크리트어 jambu-dvīpa의 음사이다. jambu는 나무 이름이고 dvīpa는 주(洲)를 뜻한다. 수미산 남쪽에 있다는 대륙으로 이곳에는 잠부(jambu) 나무가 많고, 인간들이 사는 곳이라는 뜻이다.

있다. 이것을 목숨을 마친 필추의 물건을 나누는 법식(法式)이라고 말한다. 또한 다시 마땅히 알지니라. 만약 어떤 시끄러운 일을 만나서 대중이 모이기 어려우면, 첫째 법과 마지막 법을 열어 지어서 마땅히 10전(錢)이나 5전을 상좌의 머리 곁에 두고, 아울러 최소인 하좌에게 재물을 주라고 곧 정해져 기록되고 있다.

74) 거치망인자구단백(擧置亡人資具單白)

만약 하안거 가운데에서 어려운 인연이 있으면 마땅히 한 필추를 뽑아 목숨을 마친 필추의 옷과 물건을 관장하도록 하여야 한다. 대중이 이미 모였으면 먼저 마땅히 물어 말한다.

"그대 누구는 능히 승가를 위하여 목숨을 마친 필추의 옷과 물건을 관장하는 사람이 될 수 있습니까?"

그가 대답하여 말한다.

"할 수 있습니다."

한 필추에게 단백갈마를 짓게 한다.

"대덕 승가께서는 들으십시오. 이 필추 누구는 능히 승가를 위하여 목숨을 마친 필추의 옷과 물건을 관장하는 사람이 될 수 있습니다. 만약 승가께서 때에 이르렀음을 인정하시면 승가는 허락하십시오. 승가시여. 지금 필추 누구를 뽑아 목숨을 마친 필추의 옷과 물건을 관장하는 사람이 되게 하겠습니다. 이와 같이 아룁니다."

세존께서 말씀하신 것과 같이, "불화합(不和合)갈마와 화합갈마가 있다."고 하셨다.

무엇이 불화합갈마인가? 여러 필추가 동일한 결계 안에서 갈마를 할 때에 대중들이 모두 모이지 않았고, 여욕(與欲)해야 하는 사람이 여욕을 하지 않았으며, 비록 모두 모였고 마땅히 꾸중해야 할 사람을 꾸중하였으나 멈추지 아니하여 비록 강제적으로 갈마를 하였으면, 이 갈마를 불화합갈마라고 이름한다.

무엇이 화합갈마인가? 여러 필추가 동일한 결계 안에서 갈마를 할 때에 모두 함께 모였고, 여욕할 사람은 여욕을 하였으며, 마땅히 꾸중하여 야 할 사람을 꾸중하였을 때 곧 멈추면, 이것을 갈마를 화합갈마라고 이름한다.

구수 오파리가 세존께 청하여 아뢰었다.

"대덕이시여. 몇 종류의 사람을 불치록(不齒錄)[22]이라고 말하고, 그들의 꾸중하는 것이 꾸중으로 성립되지 아니합니까?"

세존께서 말씀하셨다.

"열두 종류의 사람이 있느니라. 무엇을 열두 종류의 사람이라고 말하는 가? 첫째는 부끄러워하지 않는 사람이고, 둘째는 허물과 잘못이 있는 사람이며, 셋째는 어리석은 사람이고, 넷째는 바보이며, 다섯째는 분명하 지 않는 사람이고, 여섯째는 말을 공교롭게 못하는 사람이며, 일곱째는 결계 밖에서 거주하는 사람이고, 여덟째는 승가에서 버림받은 사람이며, 아홉째는 말할 때에 순서가 없는 사람이고, 열째는 위의(威儀)를 버린 사람이며, 열한 번째는 본성을 잃은 사람이고, 열두 번째는 수학인(授學人) 이다."[자세한 것은 『니타나목득가(尼陀那目得迦)』 가운데에 갖추어 해설 하였다.]

"대덕이시여, 몇 종류의 사람을 치록(齒錄)이라고 말하고, 그들의 꾸중하 는 것이 꾸중으로 성립됩니까?"

세존께서 말씀하셨다.

"네 종류의 사람이 있느니라. 무엇을 네 종류의 사람이라고 말하는가? 첫째 본성(本性)에 머무르는 사람이고, 둘째 결계 안에 있는 사람이며, 셋째 위의를 버리지 않은 사람이고, 넷째 말할 때에 순서가 있는 사람이다."

---

22) 나이를 기록하지 않는다는 뜻이다. 곧 나이에 알맞게 행동하지 못하는 사람을 가리킨다.

근본설일체유부백일갈마 제10권

이때 급고독장자는 서다림에 많은 옷과 물건을 보시하고서 여러 대중들에게 알려 말하였다.

"다만 이것은 세존의 제자로서 계(戒)·정(定)·혜(慧)·해탈(解脫)·해탈지견(解脫智見)에서 원만함을 얻어 마땅히 예경을 받고 존중을 받을 사람에게 공양드리오니, 무상(無上)의 복전(福田)으로 물건의 이양을 녹일 수 있는 사람이 나의 시물(施物)을 마음대로 받을 수 있습니다."

이때 번뇌를 모두 마친 사람은 모두가 말하였다.

"내가 다시 어찌 이 옷을 까닭으로 스스로의 자신을 드러내겠는가?"

이때 학인(學人)들은 다시 이렇게 생각하였다.

"우리들에게는 아직도 남아 있는 가벼운 번뇌가 끝나지 않았으니, 이 시물은 이치적으로 받는 것은 합당하지 않다."

다른 범부(凡夫)의 무리들도 역시 이렇게 말하였다.

"우리들은 모두 번뇌에 얽매어 있으니 진실로 분별하여 주기를 바랄 뿐이다."

마침내 한 사람도 이 옷과 물건을 받지 못하였다. 여러 필추들이 이 인연으로 세존께 아뢰니, 세존께서 여러 필추들에게 알리셨다.

"어찌하여 그대들은 '해탈을 구하기 위하여 나의 처소에 와서 청정한 행을 닦아야겠다.'고 이와 같이 생각하는 것이 아닌가?"

"그렇습니다. 대덕이시여."

세존께서 말씀하셨다.

"나는 지금 발심하고 열반을 구하는 사람이 나의 처소에 와서 청정행을 닦고 있는 사람은 입고 있는 옷의 가치는 백·천 냥금(兩金)이고, 머무르는 방사의 가치는 5백 냥금이며, 먹고 있는 음식은 육미(六味)를 구족하였으니, 이러한 공양 등은 모두 녹이고 받아들일 수 있도록 허락하노라. 그대들 모든 필추는 반드시 다섯 종류의 수용이 있는 것을 알지니라. 첫째는 주인이 되어 수용하는 것이고, 둘째는 부모의 재물을 수용하는 것이며, 셋째는 허락을 받고 수용하는 것이고, 넷째는 부채(負債)로써 수용하는 것이며, 다섯째는 도둑에게서 수용하는 것이다.

아라한(阿羅漢)은 주인이 되어 수용하는 사람이고, 모든 유학(有學)은 부모의 재물을 수용하는 사람이며, 순수하고 착한 범부로서 항상 선정(禪定)을 닦고 송경하며 파계하지 않는 사람은 허락을 받고 수용하는 사람이고, 게으른 무리들은 부채로써 수용하는 사람이며, 모든 파계한 사람들은 도둑의 물건을 수용하는 사람이다. 나는 원래 파계한 필추에게는 한 줌의 음식도 수용하는 것이 합당하다고 허락하지 않았고, 역시 다시 한 발자국도 사찰의 땅을 밟는 것을 허락하지 않았다. 이러한 까닭으로 나는 지금 모든 필추들에게 허락하나니, 만약 보시한 물건을 얻으면 대중들과 마땅히 나누어야 한다."

구수 오파리가 세존께 청하여 아뢰었다.

"대덕이시여. 세존께서 말씀하신 것과 같이 '모든 필추는 옷을 지어 마쳤고, 갈치나의를 입는 기간도 끝났으면, 대중법을 받아 니살기바일저가죄(尼薩耆波逸底迦罪)[1]를 얻은 사람을 제외하고는 세 가지의 옷 가운데서 일에 따라 한 가지의 옷에서 떠나 다른 결계에 머무를 수 있다고 하셨습니다. 대덕이시여. 도를 행하는 필추는 어느 한계가 옷의 세분(勢分)인가를 알지 못하고 있습니다."

세존께서 말씀하셨다.

"바라문이 태어났다는 말을 듣고 심은 일곱 그루의 암몰라(菴沒羅)[2]

---

1) 산스크리트어 naiḥsargika-prāyaścittika의 음사로서 가사나 발우 등의 물건을 규정 이상으로 소유한 가벼운 죄로서 만약 범하면 내놓고서 대중들 앞에서 참회해야 하는 계율이며, 사타죄(捨墮罪)라고도 부른다.
2) 산스크리트어 āmra의 음사로서 암마라(菴摩羅)로 의역되며, 망고(Mango) 나무를

나무가 있고, 나무와 나무 사이의 간격이 7심(尋)[3]이며, 꽃과 열매가 무성하면 그 사이의 거리는 49심의 거리가 된다. 이것이 도를 행하는 옷의 세분의 거리(量)이다."

"대덕이시여. 만약 머무르는 필추의 옷의 세분은 다시 어디까지 한계입니까?"

세존께서 말씀하셨다.

"주위는 다만 1심으로 제한된다. 앉아있고, 서있으며, 나아가 누워있을 때에도 모두 1심으로 제한된다."

"대덕이시여. 또한 필추가 두 결계의 중간에 누워있을 때 옷은 어디까지 한계입니까?"

세존께서 말씀하셨다.

"나아가 옷의 한 끝이 몸에서 떠나지 않는 것을 '옷에서 떠나지 않은 것'이라고 이름한다."

구수 오파리가 세존께 청하여 아뢰었다.

"대덕이시여. 승가지(僧迦胝) 옷의 조수(條數)는 몇 가지가 있습니까?"

세존께서 말씀하셨다.

"아홉 종류이다. 무엇을 아홉 종류라고 말하는가? 9조·11조·13조·15조·17조·19조·21조·23조·25조이다. 그 승가지의 처음 3품(品)은 그 가운데 단(壇)의 차이를 2장(長)과 1단(短)으로 하고, 이와 같이 마땅히 수지하라. 그 다음 3품은 3장과 1단으로 하고, 마지막 3품은 4장 1단으로 한다. 이 조의 이외에는 곧 파납(破納)[4]이 된다."

가리킨다.
3) 길이의 단위로서 1심(尋)은 여덟 자이고, 척(尺)이라고도 한다. 1치[寸]의 10배이고, 10/33m에 해당한다. 자는 손을 폈을 때의 엄지손가락 끝에서 가운뎃손가락 끝까지의 길이에서 비롯된다. 자의 한자인 '尺'은 손을 펼쳐서 물건을 재는 형상에서 온 상형문자(象形文字)이며, 처음에는 18cm 정도였던 것으로 추정된다. 이것이 차차 길어져 한(漢)나라 때는 23cm 정도, 당(唐)나라 때는 24.5cm 정도로 되었으며, 이보다 5cm 정도 긴 것도 사용되었다고 한다.
4) 가사를 만들 때 사용하지 못하는 옷감을 말한다.

"대덕이시여. 다시 몇 종류의 승가지의 옷이 있습니까?"

세존께서 말씀하셨다.

"세 종류가 있고, 상(上)·중(中)·하(下)라고 말한다. 상은 세로가 3주(肘)[5] 이며 가로가 5주이다. 하품은 세로가 2주 반이고, 세로가 4주 반이다. 이 두 품의 가운데를 중품이라 이름한다."

"대덕이시여. 올달라승가지(嗢呾羅僧迦胝衣) 옷은 몇 종류가 있습니까?"

세존께서 말씀하셨다.

"다만 7조가 있고, 단(壇)의 차이는 2장과 1단이다."

"대덕이시여. 7조 승가지의 옷에는 다시 몇 종류가 있습니까?"

세존께서 말씀하셨다.

"3품이 있고, 상·중·하라고 이름한다. 상품은 3주이고, 하품은 각기 반주(半肘)가 줄어든 것이다. 이 두 품의 가운데를 중품이라 이름한다."

"대덕이시여, 안달바사(安呾婆娑衣) 옷의 조수는 몇 가지입니까?"

세존께서 말씀하셨다.

"오직 5조가 있으니, 1장 1단으로 한다."

"대덕이시여, 이것에는 몇 종류가 있습니까?"

세존께서 말씀하셨다.

"3품이 있고, 상·중·하라고 이름한다. 상은 3주와 5주이고, 중·하품은 앞과 같다.[승가지의는 번역하면 '중복의(重複衣)'이고, 올달라승가는 번역하면 '상의(上衣)'이다. 안달바사는 번역하면 '내의(內衣)'이다. 인도의 3의는 아울러 모든 옷감을 자르고 합쳐서 만든다. 오직 홀로 중국에서는 펼쳐서 꿰매지 않는다. 자세히 율을 살펴보고 검사하면 실제로 옷감을 펼치는 법이 없다. 길게 조를 지을 때 옷(絢)의 모서리를 팔뚝의 밖으로 늘어뜨려 가슴이 드러나게 하며, 일찍이 어깨를 감싸지 않았다. 이것이 곧 올바른 것이나, 이 조(條)를 감추고 벗어나 입으니 누가 마땅히 허물을 대신하겠는가? 행한 날이 오래되어 갑자기 따르도록 충고하는 것이 드물

5) 손에서 팔꿈치까지의 길이를 주(肘)라고 하고, 대략 한 자(尺)의 길이이다.

고, 옷을 크게 입으며 모서리에 끈을 묶기도 하였다. 옷을 입는 궤의(軌儀)의 자세한 것은 다른 것과 같다.]

세존께서 말씀하셨다.

"안달바사에는 다시 두 종류가 있다. 무엇을 두 종류라고 말하는가? 첫째는 세로가 2주이고 가로가 5주이며, 둘째는 세로가 2주이고 가로는 4주이다. 이것을 옷을 수지하는 최후의 한계라고 말한다. 이 최하의 옷의 한계는 3륜(輪)을 덮는다.[위로는 다만 덮는 것을 제한하고, 아래로는 두 무릎을 덮으면 된다. 만약 팔이 긴 사람은 이것에 비교하여도 합당하나, 팔이 짧은 사람은 무릎에 미치지 못하니, 팔 길이에 의거하여 제한하는 것이 옳다.]

만약 옷의 방원(方圓)이 1주에 이르는 것은 곧 이것을 분별하는 옷 가운데 매우 작은 양이다. 만약 수지하면서 분별하여 갖추지 않으면 사타죄(捨墮罪)[6]를 범한다. 만약 그 옷의 방원이 적거나, 옷의 방원이 넘으면, 이것은 분별하는 수고가 필요하지 않으며 곧 간직하여 저장하라.

만약 필추 혹은 필추니로서 옷과 발우를 그물로 묶고, 구리잔을 허리에 차고 다니면, 이 하나 하나를 사문은 몸에 갖추는 물건에 따라 사타죄를 범한다. 이 가운데 여분의 발우는 마땅히 버려서 승가에 주어야 하며, 마땅히 이와 같이 버려야 한다.

먼저 행발(行鉢)[7]하는 필추를 뽑아야 하고, 만약 5법(法)을 갖추지 못하였으면 뽑아서는 아니되며, 설령 뽑았어도 마땅히 버려야 한다. 무엇이 다섯 가지인가? 사랑·노여움·두려움·어리석음·행하는 일과 행하지 않는 일을 능히 분명하게 말하지 못하는 것이다. 만약 이것과 다른 사람이라면 곧 마땅히 뽑아야 한다. 처음 자리를 까는 일부터 시작하여,[이하 자세한 내용은 생략한다.] 나아가 물어야 한다.

'그대 누구는 능히 승가에 가서 범한 발우를 줄 수 있겠습니까?'

그가 대답하여 말한다.

---

6) '니살기바일저가죄(尼薩耆波逸底迦罪)'를 다르게 부르는 말이다.
7) 발우를 나누어 주는 일을 말한다.

'할 수 있습니다.'

다음은 한 필추가 마땅히 먼저 백갈마를 짓고서, 비로소 갈마를 한다.

"대덕 승가께서는 들으십시오. 이 필추 누구는 능히 승가에 과실을 범한 발우를 줄 수 있는 사람입니다. 만약 승가께서 때에 이르렀음을 인정하시면 승가는 허락하십시오. 승가시여. 지금 이 필추 누구를 뽑아 유범발(有犯鉢)[8]을 나누어 주는 사람으로 삼고자 합니다. 이와 같이 아룁니다.'

갈마는 아뢴 것에 의거하여 성립된다."

세존께서 말씀하셨다.

"범한 발우를 필추가 소유하는 행법을 내가 지금 마땅히 설하겠노라. 그 발우를 나누어 주는 필추는 대중에 화합하였을 때에 마땅히 알려 말하여야 한다.

'여러 대덕이시여. 내일은 내가 승가를 위하여 범한 것이 있는 발우를 나누어 주겠습니다. 모든 구수들께서는 모두 각자 반드시 발우를 가지고 모여 주십시오.'

이튿날이 되어 승가가 모두 모였을 때에 그는 범한 것이 있는 발우를 가지고 상좌의 앞에 서있으며 그 발우를 찬미(讚美)하면서 상좌에게 알려 말한다.

'이 발우는 빛깔이 청정하고 원만하여 쓸 수 있습니다. 필요한 사람은 마땅히 취하십시오.'

만약 상좌가 취하면, 곧 상좌의 발우를 가지고 두 번째 상좌에게 이와 같이 순서대로 계속하여, 나아가 발우를 나누어 주는 일을 마친다. 만약 상좌가 이 발우가 필요하지 않으면 마땅히 두 번째 상좌에게 주어야 한다. 곧 두 번째 상좌에게 주려고 할 때에 그 첫 번째 상좌가 곧 다시 찾으면 첫 번째와 두 번째는 역시 반드시 주지 아니하고, 세 번째 찾을 때에야 비로소 주어야 하며, 승가의 상좌는 악작죄를 범하였으니, 마땅히

---

8) 범한 것이 있는 발우를 가리킨다.

참회를 하여야 한다.

이와 같이 하여 나아가 하좌에 이르기까지 세 번을 찾으면 비로소 주어야 하며, 상좌에 의거하여 마땅히 알아야 하고, 마땅히 참회를 하여야 한다. 이와 같이 행할 때 행하는 것이 끝에 이르면 얻은 발우는 마땅히 범하여 버린 필추에게 주어야 하고, 알려 말한다.

'이 발우는 수지하는 것이 합당하지 않고, 역시 버리는 것도 마땅하지 않으니, 천천히 수용하고 나아가 부서질 때까지 항상 반드시 호지(護持)하십시오.'

범한 것이 있는 발우를 나누어 주는 필추가 행법에 의지하지 않고 행하면 월법죄를 얻는다."

세존께서 여러 필추들에게 알리셨다.

"범한 발우를 지닌 필추가 소유하는 행법을 내가 지금 마땅히 설하겠노라. 걸식을 행할 때에 범한 발우는 좋은 바랑 속에 담고, 그 수지하는 발우는 다른 자루에 담아둔다. 만약 정성스럽고 좋은 음식을 얻으면 범한 것이 있는 발우에 담고, 거친 음식은 평소 수지하는 그릇 속에 간직한다. 그 범한 것이 있는 발우는 한쪽에 놓아두고, 평소 수지하는 그릇은 항상 음식에 사용해야 한다. 씻고, 햇볕에 말리며, 연기에 쏘이고, 혹은 길을 갈 때에도 이 범한 것이 있는 발우는 그것이 깨질 때까지 모두 잘 안치(安置)하여야 한다. 만약 이 필추가 범한 것이 있는 발우를 지니고서 소유하는 행법을 의지하여 행하지 않으면 월법죄를 얻는다.

이 가운데에서 또한 발우를 버리는 법을 논하겠노라. 만약 다시 여분의 남은 옷 등을 버리는 일에는 마땅히 분명하게 법을 아는 사람을 마주하고서 이 범한 물건을 버리며, 마땅히 이와 같이 말하여야 한다.

'이것은 나의 물건이나 니살기바일저가죄를 범하여 버리니, 구수들께서는 마음대로 수용하십시오.'

범한 물건을 버리면 필추는 간격(間隔)을 두어야 한다. 여기서 간격이라고 말하는 것은 하룻밤이 지나는 것을 말하고, 혹은 이틀 밤을 지날 때까지 마땅히 이 물건을 지녔다가 그 필추에게 되돌려주면서 알려 말한다.

'구수여. 마음대로 수용하십시오.'

다음은 그 필추가 소유한 니살기바일저가와 나아가 불경교바일저가(不敬敎波逸底迦)와 여러 방편의 돌색흘리다 등을 한 필추를 마주하고서 여법하게 죄를 말하며, 마땅히 이와 같이 말하라.

'구수여. 항상 생각하여 주십시오. 나 필추 누구는 니살기바일제 및 불경교바일제와 여러 방편의 돌색흘리다를 범하였습니다. 나는 지금 구수들을 앞에 마주하고서 그 죄를 드러내어 말하며 덮고 숨기지 않겠습니다. 오직 죄를 드러내고 말하는 까닭으로 안락함을 얻으나, 죄를 드러내고 말하지 않으면 안락하지 못하기 때문입니다.'

물어 말한다.

'그대는 죄를 드러냈습니까?'

대답하여 말한다.

'드러냈습니다.'

'장래에도 모든 계율을 잘 지킬 수 있겠습니까?'

대답하여 말한다.

'매우 잘 지키겠습니다.'

두 번째·세 번째에도 역시 이와 같이 말한다. 마지막에 마땅히 말한다.

'오비가(奧箄迦).'

대답하여 말한다.

'바도(婆度).'

다음은 뒤에 필추가 마땅히 그 물건을 혹은 분별해서 간직하고, 혹은 버리어 다른 사람에 베풀어 의혹이 일어나지 않게 하라. 만약 이 물건에 간격을 두지 않았으면 설령 다른 물건을 얻었어도 모두 사죄(捨罪)와 같다.

만약 필추와 필추니가 발우와 옷을 니살기바일저가죄를 범하고도 이 옷을 버리지 아니하고, 간격을 두지 아니하며, 죄를 참회하지 않고서 다른 물건을 얻으면 함께 사죄를 얻는다. 오직 앞에서 범한 물건에 염심(染心)이 상속되어 생겨나는 까닭이다. 만약 옷을 버리고, 간격을 두었으며,

죄를 이미 참회하고서, 다른 물건을 얻었으면 모두 죄를 범한 것이 없다."

구수 오파리가 세존께 청하여 아뢰었다.

"대덕이시여. 세존께서 말씀하신 것과 같이 '필추는 마땅히 열세 가지의 자구(資具)9)와 옷을 갖추어 저장하라.'고 하셨는데, 마땅히 무엇을 저장하여야 합니까?"

세존께서 말씀하셨다.

"마땅히 하나하나의 이름을 적어서 수하여야 한다. 무엇을 열세 가지라고 말하는가? 첫째는 승가지이고,[중복의(重複衣)라 번역한다.] 둘째는 올달라승가(嗢呾羅僧伽)이며,[상의(上衣)라 번역한다.] 셋째는 안달바사(安呾婆娑)이고,[하의(下衣)라 번역한다. 이 세 가지의 옷은 모두 지벌라(支伐羅)라고 이름한다. 북방 지방의 속리(速利)10)에서는 모든 사람들이 흔히 법의(法衣)라 이름하고, 가사(袈裟)이며 나아가 붉은색이란 뜻이다. 이것은 율법의 사전(文典)의 말이 아니다. 중앙 지방에서는 모두 지벌라라고 말한다.] 넷째는 니사단나(尼師但娜)이며,[와구·부구이다.] 다섯째는 니벌산나(泥伐散娜)이고,[군의(裙衣)11)이다.] 여섯째는 부니벌산나(副泥伐散娜)이며,[안(副)의 군의이다.] 일곱째는 승각의가(僧脚欹迦)이고,[곧 이것은 엄액의(掩腋衣)이다. 이전에는 복박(覆膊)이라 이름하였고, 길게 오른쪽 어깨를 덮으며 정하여진 진실한 위의는 아니다. 설령 오른쪽 겨드랑이를 덮더라도 교차하여 왼쪽 겨드랑이도 떠받치면 이것은 곧 앞에서 세존께서 제정하신 것과 완전히 같다. 또한 다시 유파(流派)들이 스스로 제멋대로 승가지를 만들었고, 값도 비싸져서, 비록 많이 찾아와 묻더라도 (옛것을) 변형하고

---

9) 살림살이에 쓰는 온갖 기구(器具)를 말한다.
10) 현재로는 우즈베키스탄의 사마르칸드(Samarqand)주와 부하라(Bukhara)주, 타지크스탄의 소그드(Sughd)주에 해당한다. 중국 역사서엔『위서(魏書)』「서역전(西域傳)」에 속특(粟特),『후한서』「서역전」에서는 속과(粟戈)란 이름으로 수·당대에는 솔리(窣利) 또는 속리(速利)라고 불렸다.
11) 허리에서 무릎 아래를 덮는 긴 치마 모양의 옷으로 불·보살이 입는 하의를 말한다. 인도 남성의 하의에서 유래되었는데, 허리띠를 사용하지 않고 양끝을 여며 넣고서 착용한다.

중간을 취하면 이미 성인께서 검사하면 어긋나니 스스로 허물을 생각하라. 비록 다시 내 눈으로 명문(明文)을 직접 보았으나, 능히 제거하고 고칠 수 없는 것이 두렵구나. '고친다.'는 그 복박(覆膊)을 고친다는 말이고, '제거한다.'는 곧 승기지(僧祇支)를 제거할 뿐이다. 자세한 것은 다른 곳과 같다.] 여덟째는 부승각의가(副僧脚欹迦)이며,[부암액의(副掩腋衣)이다.] 아홉째는 가야포절나(迦耶褒折娜)이고,[몸을 닦는 수건이다.] 열째는 목거포절나(木佉褒折娜)이며,[얼굴을 닦는 수건이다.] 열한째는 계사발나저게나가(雞舍鉢喇底揭喇呵)이고,[머리를 깎을 때 위에 걸쳐 입는 옷이다.] 열두째는 건두발나저거탄나(建豆鉢喇底車憚娜)이며,[종기를 닦는 옷이다.] 열셋째는 비살사발리색가라(鞞殺社鉢利色加羅)이다.[약 재료와 도구를 넣어 두는 옷이다.]"

게송으로 거두어 말한다.

세 가지 옷과 아울러 와구
군의가 두 가지이고, 걸치는 것도 두 가지
몸을 닦는 수건과 삭발할 때 덮는 수건
종기를 닦는 수건과 약을 담는 옷이 있다.

이러한 모든 옷은 마땅히 3의(衣)처럼 접고서 이름을 적어 수지하고, 마땅히 이렇게 말하여야 한다.

"와구(臥具)와 부구(敷具)를 나는 지금 수지하였고, 이미 옷도 지었으니, 이곳에서 수용하겠습니다."

두 번째·세 번째에도 역시 이와 같이 말하고, 나머지도 모두 이것에 의거하여 짓는다.

"대덕이시여. 이러한 열세 가지의 자구와 옷 이외에 여분의 옷이 있으면 이것은 어떻게 하여야 합니까?"

세존께서 말씀하셨다.

"열세 가지 옷 이외에 여분의 옷이 있으면, 마땅히 두 스승과 더불어 다른 존숙(尊宿) 등에게 위탁하여 마땅히 그 물건을 보관하도록 한다. 그 다른 필추를 마주하고서 이와 같이 말하여야 한다.

'구수여. 항상 생각하여 주십시오. 나 누구는 이 여분의 옷이 있으나 아직 분별하지 않았습니다. 이것은 분별하여야 합당합니다.[이전에 정(淨)이라고 말한 것은 뜻을 취한 것이다.] 나는 지금 구수 앞에서 분별을 지어 오바타야를 위탁하는 사람으로 삼아 나는 지금 이것을 간직하겠습니다.'

두 번째·세 번째에도 이와 같이 말한다."[이 가운데서 다만 그 두 스승을 위탁할 사람으로 하는 것을 의미로서 말하면 그 스승의 옷은 표면적으로 그 집착을 떠났고, 귀속될 걱정(累)이 이미 없으며, 그리고 역시 시주에게 요청을 할 필요도 없기 때문이다. 율문(律文)에서는 '다만 멀리 보내는 것을 가리켜 곧 멈추게 하면 합당하지 않으며 그 사람에게 알려야 한다. 만약 죽었을 때에는 마음대로 다른 곳에 보내라.'고 하였다. 다만 이와 같은 한 방법이 있고, 옷을 분별하는 법은 다시 전해오는 진실된 일은 없다. 설령 다른 문장인 까닭으로 이것은 율부(律部)의 가르침은 아니다. 일반적으로 '위기(委寄)'라고 말하는 것은 그 사람을 밝히고자 한다면 '위임하고 부탁하였다.'는 것이 옳다.]

세존께서 오파리에게 말씀하셨다.

"장애의 어려움이 있을 때에는 그 여섯 가지 일을 마음 속으로 생각하면 이룰 수 있느니라. 첫째는 3의를 하는 것이고, 둘째는 3의를 버리는 것이며, 셋째는 여분의 옷을 분별하는 것이고, 넷째는 별청(別請)을 버리는 것이며, 다섯째는 장정하는 것이고, 여섯째는 수의하는 것이다."

구수 오파리가 세존께 청하여 아뢰었다.

"대덕이시여. 할절(割截)12)하지 않은 옷을 얻으면 곧 수지할 수 있습니까?"

세존께서 말씀하셨다.

---

12) 직사각형의 베 조각들을 기워서 만든 옷으로 가사(袈裟)를 가리킨다.

"합당하지 않다. 반드시 다른 인연이 있으면 이것은 곧 합당할 수도 있다."

"대덕이시여. 할절하지 않은 옷을 입지 않고서 마을이나 성안에 들어갈 수 있습니까?"

세존께서 말씀하셨다.

"합당하지 않다. 반드시 다른 인연이 있으면 이것은 곧 합당할 수도 있다."

"대덕이시여. 할절하지 않은 옷을 입지 않고서 외도나 출가한 사람의 집에 들어갈 수 있습니까?"

세존께서 말씀하셨다.

"합당하지 않다. 반드시 만약 그 사람이 외출하였을 때는 역시 합당할 수도 있다."

"대덕이시여. 할절하지 않은 옷을 어떻게 수지하여야 합니까?"

세존께서 말씀하셨다.

"이와 같이 수지하고, 마땅히 이와 같이 말하여야 한다.

'나 누구는 이 옷이 있습니다. 나는 지금 수지하겠으며, 이것은 내가 바라는 것입니다. 마땅히 7조 가사(袈裟)를 만들겠으며, 단의 차이는 2장(長)과 1단(短)으로 하겠습니다. 반드시 다른 인연이 없으면 나는 마땅히 세탁하고 물들이며 자르고 꿰매며 바느질하여 이곳에서 수용하겠습니다.'

두 번째·세 번째에도 이와 같이 말한다. 5조(條)도 이것에 의거한다.[만약 흰색의 명주와 무명이 있어서 두 가지의 옷을 지으려고 하였으나, 인연의 가운데에서 촉박(促迫)하여 '여유가 없으면 흰 색깔의 옷감(衣段)이라도 수지할 수 있다. 만약 그것을 염색한 것이 만조(漫條)[13]라면 또한 수지하여도 합당하다. 또한 계단(戒壇)과 도량 안에서 옷을 수지할 때에는 몸 위에서 손에 잡히는 옷과 비교하여 수지하면 이것도 역시 허물이 없다.

문장을 능히 읽을 수 있는 사람이면 그것의 구체적 내용(書紙)을 잘

---

13) 일반적으로 '만의(縵衣)'라고 부르고, 옷감을 조각으로 자르지 않고 기워서 만든 옷으로 구적(求寂)이 입는 옷을 가리킨다.

읽고서 역시 수지할 수 있다. 또한 구적의 대중들이 만조를 입고서 그리고 문득 5조 가사를 걸치고 있는 것은 깊이 죄를 범하는 것이며, 신주(神州) 지방에서는 이런 풍조를 오래전부터 부채질하고 있다. 이러한 풍조는 비법(非法)을 이루는 것이니, 걸치거나 입지 않도록 하라.]

75) 하명약교법(下明略敎法)

이때 세존께서는 구시나성(拘尸那城)의 장사(壯士)가 태어난 땅의 사라쌍수(娑羅雙樹) 사이에 계셨으며, 곧 열반에 들고자 여러 필추들에게 알려 말씀하셨다.

"나는 앞서 그대들을 위하여 비나야의 가르침을 널리 열어 천명(闡明)[14] 하였으나 아직 줄여서 간략하게 설하지 않았다. 그대들은 지금 이 간략한 가르침을 잘 들으라. [범어로는 승읍다비나야(僧泣多毘奈耶)라고 말한다.] 또한 어떤 일이 있으면 나는 먼저 허락하지도 않았고 차단하지도 않았다. 만약 이 일이 청정하지 않는 것을 따르고 청정한 법에 어긋나면 이는 부정(不淨)한 일이니, 곧 마땅히 행하지 않아야 한다. 이 일이 곧 청정하면 따르고, 청정하지 않을 것을 벗어났으면 이것은 곧 청정하나니 마땅히 따르고 행하여야 한다."

[묻는다.] 무슨 뜻으로 세존께서는 장차 원적(圓寂)[15]하실 때 이러한 간략한 가르침을 설하셨는가?

[답하다.] 대사께서 멸도(滅度)하신 뒤에 성인의 가르침이 아직 사라지지 않는 미래에 이를 때까지 외도들이 이 비나야를 비난하고 논의하지 못하게 하기 위한 것이었다. 세존께서는 이미 일체지(一切智)를 갖추시어 세간의 일을 허락하지도 않으셨고, 가로막지도 않으셨다. 모든 제자들의

---

14) 사실(事實)이나 의사(意思)를 분명(分明)하게 드러내서 밝히는 것을 가리킨다.
15) 입적(入寂) 또는 열반(涅槃)을 의미한다. 본래의 뜻은 모든 덕(諸德)이 원만(圓滿)하고, 모든 악(諸惡)이 적멸(寂滅)한다는 뜻이었으나, 뒤에 사문의 죽음을 뜻하는 말로 확대되었다.

대중은 어떻게 행동하면 이러한 어려움을 막을 수 있고, 미래의 이익을 멀리 관찰하신 까닭으로 이러한 간략한 가르침을 제정한 것이다. 또한 성문의 제자들에게 모든 일에 장애가 없이 안락하게 머무르게 하려는 까닭으로 이 간략한 가르침을 설하실 필요가 있으셨다.

[묻는다.] 세존께서 말씀하신 것과 같이 "만약 어떤 일이 청정하지 않은 것을 따르고, 청정한 것을 어기며, 청정한 것을 따르고, 부정한 것을 어기는 일이 있으면, 마땅히 행할 일과 행하지 않을 일이 있다."고 하셨는데, 이 말씀에 어떠한 뜻이 있는지 자세히 알지 못하겠다.

[답하다.] 만약 어떤 일이 있으면 세존께서는 이것을 먼저 허락하지도 않으셨고, 가로막지도 않으셨다. 지금 이 시대에 만약 재가에서 비난하고 논의하면 이것은 부정(不淨)한 것으로 곧 마땅히 행하지 않아야 한다. 무엇이 이러한 일인가? 이를테면, 성인께서 여러 지역을 유행하실 때에 사람들은 귀(貴)하고 천(賤)하여도 모두 빈랑(檳榔)16)·등나무 잎 등 흰색깔과 회색의 향기 있는 물건을 서로 섞어서 이것으로 맛좋은 음식을 삼았었다. 이것을 만약 어떤 필추가 병을 인연하여 입의 냄새를 제거할 수 없었으나, 의원(醫員)의 말에 의거하여 먹었으면 이것은 허물이 아니다. 만약 입술이 빨갛게 물들었으면 합당하지 않다.

또한 붉은 흙으로 옷을 물들이는 것도 또한 먼저 허락하지도 않으셨고, 차단하지도 않으셨다. 지금 시대에 이러한 옷을 입으면 외도(外道)의 옷과 같아 재가인의 비방을 일으키므로, 이것은 곧 마땅히 입지 못하게 하는 것이 이치적으로 합당하다.[중국에서 황색(黃色)옷을 입는 일도 이것과 같다.]

또한 어떤 일이 있으면 부처님은 역시 이것을 먼저 허락하지도 않으셨고, 가로막지도 않으셨다. 지금 시대에 수용하여도 사람들이 비난하여 말하지 않으면 이것을 수용하여도 범하는 것이 없다. 즉, 허리에 두르는 조의(條

---

16) 계수나무의 열매를 가리키고, 빈문(賓門)·인빈(仁賓) 등으로도 불린다.『본초강목』「별록」에는 음식을 소화시키고 부종을 없애며 담(痰)을 없애고, 기생충을 없앤다는 효험을 전하고 있다.

衣)[17)는 세존께서는 세 종류만 말씀하시고 나머지는 허락하지도 않으셨고, 차단하지도 않으셨다. 이 밖에 여러 가지의 허리띠를 사용하여 허리를 묶어도 이 시대 사람들은 부끄럽게 여기지 않으니, 이것도 역시 허물이 없다.

또한 세존께서 말씀하신 것과 같이, 염색하는 물건은 8대색(大色) 가운데에 세 종류를 사용하도록 허락하셨다. 말하자면, 푸른색·붉은 진흙색(泥赤色)·푸른 진흙색(靑泥) 등이니, 이러한 일은 알 수 있을 것이다. 붉은색은 보리수 껍질을 말한 것이다. 그러나 다른 염색의 재료인 뿌리·잎·꽃·열매도 허락하지도 않으셨고, 가로막지도 않으셨다.

지금 살펴보면 어떤 사람은 붉은 껍질의 건타수(乾陀樹)[18)의 부류와 나아가 용화수(龍華樹)[19)로서 충당하고 있다. 그 시대의 사람들이 비난하여 말하지 않으면, 이것을 사용하여도 허물이 아니며 모두가 청정한 것이다.[세존께서는 원래 숟가락을 사용은 허락하셨고 젓가락의 사용은 말씀하지 않으셨다. 지금 시대에 젓가락을 사용하는 것은 간략한 가르침으로 허락된 일이다. 그러나 높은 요사(堂上)의 높은 평상에 가부좌하고 앉아 음식을 먹는 것은, 이것은 곧 모두 간략한 가르침에서 허락하지 않으셨으나, 다만 행한 것이 오래되어 이것을 말하는 것은 진실로 어렵다.]

또한 세존께서 말씀하신 것과 같이, 손을 씻을 때 사용할 수 있는 물건은 세 종류가 있으니, 첫째는 짠물의 갯벌의 흙(鹹鹵土)이고, 둘째는 마른 쇠똥(乾牛糞)이며, 셋째는 조두(澡豆)[20)이다. 이것이 세존께서 허락하신 것이고, 야합수(夜合樹)[21)의 꽃·목관(木串)[22)·조협(皂莢)[23)·조두(澡豆)

---

17) 실로 둥글거나 납작하게 엮은 끈이나 허리띠를 가리킨다.
18) 乾陀樹 인도에서 나는 향료 작물의 하나. 코르크질의 나무껍질을 찌면 엷은 적갈색의 액체가 나오는데, 가사(袈裟)를 염색하는 데에 쓴다.
19) 보리수(菩提樹)의 다른 이름으로 나뭇가지가 용이 백보(百寶)를 토하는 것처럼 백보의 꽃이 핀다고 함. 용화(龍華) 마치 용이 백 가지 보석을 뿜어내는 모습과 흡사한 나무 모양을 지닌 교목으로 짙은 녹색 잎이 무성한 아름다운 나무이다.
20) 수행자들이 지니고 다니는 콩이나 팥을 갈아 만든 가루비누를 가리킨다.
21) 자귀나무콩과에 속하며 낙엽소교목이다. 밤이 되면 벌어졌던 잎이 서로 포개진다고 하여 야합수(夜合樹) 또는 합환목(合歡木)이라고 부른다.

의 부류와 같은 것도 모두 씻고 목욕하면서 사용할 수 있다. 이러한 것은 이미 허락하고 차단하지 않은 물건이니, 독이 없고 벌레가 없으면 사용하여도 허물이 없다. 이와 같은 모든 부류들은 생각하고 살펴서 마땅히 행하라.

[그『오분율(五分律)』에서는 음식을 먹는 법(食法) 가운데에서 간략한 가르침을 말하고 있다. 이전부터 모든 사람이 이것을 간략한 가르침이라고 이름하지 않았고, 역시 깊은 가르침(宗旨)은 차단하지 않았으나 문장 등은 이것과 달랐다. 근래 내가 스스로 범어의『오분율』과『유부율』을 조사하였더니, 하나도 다른 것이 없었고, 다만 이전 시대의 번역에 차이가 있어서 그 문장에 다른 부분이 있었다. 바라건대 뒤에 배우는 사람은 깊고 반드시 가르침의 뜻을 자세히 관찰하고 세심하게 살펴서 다른 말에 뇌동(雷同)[24]하지 말라.]

구수 오파리가 세존께 청하여 아뢰었다.

"대덕이시여. 비나야를 섭수하는 법은 몇 종류가 있습니까?"

세존께서 말씀하셨다.

"대략적으로 말하면 그 세 가지 법이 있다. 무엇을 세 가지라고 말하는가? 단백갈마와 백이갈마와 백사갈마를 말한다. 만약 더 넓게 말하면 백일갈마가 있다."

"대덕이시여. 백일갈마 가운데에서 단백갈마·백이갈마·백사갈마는 각각 몇 가지가 있습니까?"

세존께서 말씀하셨다.

"단백갈마는 스물두 가지가 있고, 백이갈마는 마흔일곱 가지가 있으며, 백사갈마는 서른두 가지가 있다. 스물두 가지의 단백갈마라고 말하는 그 일은 무엇인가?

22) 나무로 만든 꼬챙이나 꼬치를 가리킨다.
23) 우리나라에서는 콩과의 주엽나무 열매를 말하고, 중국에서는 조각자나무(猪牙皂)의 열매를 말한다. 조협이란 콩깍지가 나무에 열리기 때문에 붙은 이름으로 강한 거담작용이 있으며 폐결핵, 폐농양, 만성기관지염 등에 사용한다.
24) 옳고 그름의 분별(分別)도 없이 남을 따르는 것이다.

첫째는 병교인을 뽑는 백갈마이다.
둘째는 장법의 백갈마이다.
셋째는 포쇄타의 백갈마이다.
넷째는 포쇄타를 할 때 모든 승가가 죄가 있다는 백갈마이다.
다섯째는 포쇄타를 할 때 모든 승가가 죄가 있다고 의심하는 백갈마이다.
여섯째는 수의할 때의 백갈마이다.
일곱째는 수의를 할 때 모든 승가가 죄가 있다는 백갈마이다.
여덟째는 수의를 할 때 모든 승가가 죄가 있다고 의심하는 백갈마이다.
아홉째는 수의를 지을 때 대중 가운데에서 죄를 논쟁하는 백갈마이다.
열째는 수의를 할 때 대중 가운데에서 죄를 결정하는 백갈마이다.
열한째는 승가의 하안거 날짜의 백갈마이다.
열두째는 죽은 사람의 옷과 물건을 수지하는 백갈마이다.
열셋째는 죽은 필추의 자구(資具)를 관장하고 수지할 뽑는 백갈마이다.
열넷째는 갈치나의에서 벗어나는 백갈마이다.
열다섯째는 다른 사람의 추죄의 갈마이다.
열여섯째는 구수 실력자에게 옷을 주는 백갈마이다.
열일곱째는 마주하고서 가볍게 헐뜯은 백갈마이다.
열여덟째는 가탁하여 가볍게 헐뜯은 백갈마이다.
열아홉째는 더불어 학법을 지어 주는 백갈마이다.
스무째는 지어 주었던 학가의 학법을 버리는 백갈마이다.
스물한째는 복발의 백갈마이다.
스물두째는 앙발의 백갈마이다.
마흔일곱 가지의 백이갈마라고 말하는 그 일은 무엇인가?
첫째는 작은 결계의 계단을 맺는 백이갈마이다.
둘째는 큰 결계를 맺는 백이갈마이다.
셋째는 불실의계를 맺는 백이갈마이다.
넷째는 포쇄타를 할 때에 오지 못하는 백이갈마이다.
다섯째는 전광의 백이갈마이다.

여섯째는 수의를 짓는 사람을 뽑는 백이갈마이다.

일곱째는 와구를 나누어주는 사람을 뽑는 백이갈마이다.

여덟째는 청정한 부엌을 맺는 백이갈마이다.

아홉째는 옷감을 처분해서 장차 갈치나의를 짓는 백이갈마이다.

열째는 갈치나의를 나누어주는 사람을 뽑는 백이갈마이다.

열한째는 갈치나의를 부촉하는 사람의 백이갈마이다.[이하는 모두 열두 종류의 사람은 모두 백이갈마로 뽑는다.]

열두째는 승방을 나누는 사람을 뽑는 백이갈마이다.

열셋째는 밥을 나누어 주는 사람을 뽑는 백이갈마이다.

열넷째는 죽을 나누어 주는 사람을 뽑는 백이갈마이다.

열다섯째는 떡을 나누어 주는 사람을 뽑는 백이갈마이다.

열여섯째는 모든 갖고 있는 잡물을 나누어 주는 사람을 뽑는 백이갈마이다.

열일곱째는 기물을 저장할 사람을 뽑는 백이갈마이다.

열여덟째는 옷을 저장할 사람을 뽑는 백이갈마이다.

열아홉째는 옷을 나누어 주는 사람을 뽑는 백이갈마이다.

스무째는 비옷을 저장할 사람을 뽑는 백이갈마이다.

스물한째는 비옷을 나누어 주는 사람을 뽑는 백이갈마이다.

스물두째는 잡스러운 일을 맡을 사람을 뽑는 백이갈마이다.

스물셋째는 방사를 살피고 조사할 사람을 뽑는 백이갈마이다.

스물넷째는 공평하고 공정한 사람을 고를 때의 백이갈마이다.

스물다섯째는 거듭하여 사람을 간택하는 백이갈마이다.

스물여섯째는 다투는 사람을 다른 처소로 보내며 부탁하는 백이갈마이다.

스물일곱째는 법주를 행하는 백이갈마이다.

스물여덟째는 작은 승방을 지을 땅을 관찰하는 백이갈마이다.

스물아홉째는 큰 사찰을 지을 땅을 관찰하는 백이갈마이다.

서른째는 필추에게 일을 힐난하는 백이갈마이다.

서른한째는 승가지의에서 떠나지 않는 백이갈마이다.

서른두째는 영작필추에게 와구를 주는 백이갈마이다.

서른셋째는 발우를 범한 것을 행하는 백이갈마이다.

서른넷째는 모든 재가의 집에 알리는 백이갈마이다.

서른다섯째는 필추니가 예경하지 않는 백이갈마이다.

서른여섯째는 필추니를 교수하는 백이갈마이다.

서른일곱째는 험한 숲에서 관행하는 백이갈마이다.

서른여덟째는 문도를 기르는 백이갈마이다.

서른아홉째는 무한하게 문도를 기르는 백이갈마이다.

마흔째는 지팡이를 저장하는 백이갈마이다.

마흔한째는 그물망에 담는 백이갈마이다.

마흔두째는 5년 동안을 함께 이양을 받으면서 별도로 장정하는 백이갈마이다.

마흔셋째는 식차마나가 2년 동안에 6법과 6수법을 배우는 백이갈마이다.

마흔넷째는 정행의 근본을 짓는 백이갈마이다.

마흔다섯째는 급다 필추니에게 아기와 같은 방에서 잠자도록 하는 백이갈마이다.

마흔여섯째는 필추니에게 재가의 친척에게 왕래하는 일을 주는 것을 허락하는 백이갈마이다.

마흔일곱째는 날짜를 받아서 결계 밖으로 나가는 백이갈마이다.

백사갈마에 서른두 가지가 있으니, 그 일은 무엇인가?

첫째는 구족계를 받는 백사갈마이다.

둘째는 외도와 함께 4개월을 함께 머무르는 백사갈마이다.

셋째는 큰 결계·작은 결계를 풀어주는 백사갈마이다.

넷째는 승가를 이전에는 깨트렸으나 지금은 화합하는 백사갈마이다.

다섯째는 승가가 화합하여 장정하는 백사갈마이다.

여섯째는 승가를 깨트리는 것을 충고하는 백사갈마이다.

일곱째는 승가의 깨트리는 것을 돕는 일을 충고하는 백사갈마이다.

여덟째는 욕심·성냄·어리석음·두려움이 있는 사람을 충고하는 백사갈마이다.

아홉째는 추악한 말을 하는 것을 충고하는 백사갈마이다.

열째는 영포를 짓는 백사갈마이다.

열한째는 절복시키는 백사갈마이다.

열두째는 승가에서 쫓아내는 백사갈마이다.

열셋째는 용서를 구하는 백사갈마이다.

열넷째는 죄를 짓고 인정하지 않는 것을 차단하는 백사갈마이다.

열다섯째는 죄를 참회하지 않는 것을 사치를 주는 백사갈마이다.

열여섯째는 악한 견해를 버리지 않아서 사치를 주는 백사갈마이다.

열일곱째는 편주를 주는 백사갈마이다.

열여덟째는 다시 본래의 편주를 주는 백사갈마이다.

열아홉째는 거듭 거두어 다시 본래의 편주를 주는 백사갈마이다.

스무째는 뜻을 기쁘게 하는 백사갈마이다.

스물한째는 죄에서 벗어나게 하는 백사갈마이다.

스물두째는 억념조복을 주는 백사갈마이다.

스물셋째는 불치조복을 주는 백사갈마이다.

스물넷째는 죄의 성품을 구하여 주는 백사갈마이다.

스물다섯째는 구적을 쫓아내는 백사갈마이다.

스물여섯째는 수섭하는 백사갈마이다.

스물일곱째는 수차(隨遮)[25]하는 필추니에게 충고하는 백사갈마이다.

스물여덟째는 필추니와 섞여 머무르는 것을 충고하는 백사갈마이다.

스물아홉째는 별주를 가로막는 것을 충고하는 백사갈마이다.

서른째는 바라시가죄를 범한 사람에게 그 학법을 가르치는 백사갈마이다.

---

25) 죄를 지어 승가에서 처벌받은 필추를 따르는 일을 말한다.

서른한째는 대중의 가르침을 어기고 번민하도록 하는 것에 주는 백사갈마이다.

서른두째는 대중의 가르침에 말없이 있는 것에 주는 백사갈마이다."

다시 오파리가 세존께 청하여 아뢰었다.

"대덕이시여. 또한 백일갈마의 가운데에서 어떤 것이 욕(欲)이 있고, 어떤 것이 욕이 없습니까?"

세존께서 말씀하셨다.

"오파리여. 오직 결계를 맺는 일을 제외하고는 모두가 욕(欲)이 있느니라."

"대덕이시여. 백일갈마의 가운데에서는 어떤 것이 네 명의 대중이 하는 것이고, 어떤 것이 다섯 명의 대중이 하는 것이며, 어떤 것이 열 명의 대중이 하는 것이고, 어떤 것이 스무 명의 대중이 하는 것입니까?"

세존께서 알려 말씀하셨다.

"40명의 대중에 한정하여 필추니가 지은 8경법을 어긴 죄를 벗어나게 할 수 있고, 20명의 대중이면 이것은 필추의 죄를 벗어나게 할 수 있으며, 10명의 대중이면 구족계를 줄 수 있고, 5명의 대중이면 변방에서 구족계와 수의를 할 수 있으며, 4명의 대중이면 나머지 일을 할 수 있느니라."

"대덕이시여. 갈마라고 말하는 것은 그것에 무슨 뜻이 있습니까?"

세존께서 말씀하셨다.

"까닭이 있는 일을 말하는 것이니, 곧 이것을 인연으로 그를 위해 작법하는 것을 갈마라고 이름한다."

"대덕이시여. 이 말씀으로는 아직 그 뜻이 분명하지 않습니다."

세존께서 말씀하셨다.

"만약 그 일을 위하여 갈마를 짓는다는 것은, 이것은 그 인연을 갖추어 이것을 말하며, 의식으로 아뢰고서 갈마를 하는 것이다."

"대덕이시여, 영포갈마라고 말하는 것은 그것에 무슨 뜻이 있습니까?"

세존께서 말씀하셨다.

"이 갈마는 그 일에 의거하여 이름을 세운 것이다. 이 필추는 투쟁하는 것을 좋아하여서, 영포갈마를 지어 주면 그가 마음에서 무섭고 두렵게 생각하여 다시는 악한 업을 짓지 않을 것이므로 이러한 까닭으로 영포갈마라고 이름한다. 다른 모든 갈마들도 이것에 의거하여 마땅히 알지니라."

"대덕이시여. 비나야라고 말하는 것은 무엇을 체(體)로 하고 있고, 무엇을 연(緣)으로 하며, 무엇을 의지처로 하고, 무엇을 인연으로 갖추며, 무엇을 생기(生起)하고, 무엇을 자성(自性)으로 하며, 무엇을 과보(課報)로 합니까? 이와 같은 일곱 가지의 중요한 것을 원하건대 선설(宣說)하여 주십시오."

세존께서 오파리에게 말씀하셨다.

"문자·경전의 책을 체로 하고, 설한 것과 같이 수행을 일의 소연(所緣)으로 하며, 몸(身)·말(語)·생각(意)의 업을 소의(所依)로 하고, 갈마를 행하는 것을 인(因)으로 갖추며, 죄를 범하고 참회의 말을 하는 것을 생기로 하고, 소유한 모든 죄로서 자성이 되며, 천상(天上)에 태어나고 해탈하는 것이 과보가 된다."

세존께서 오파리에게 말씀하셨다.

"이것을 백일갈마라고 한다. 만약 법으로서 세상에 머무르면 곧 불법(佛法)이 아직 세상에서 멸(滅)하지 않는다는 것을 알지니라."

이때 오파리와 아울러 모든 대중들은 세존의 말씀을 듣고서 환희하며 받들어 행하였다.

게송으로 섭수하여 말하겠다.

가려진 곳에서 묻고 대중을 마주하여 물으며
장정할 때 죄와 의심나는 것을 알고
수의할 때 죄와 의심나는 것을 알며
논쟁하는 죄와 나아가 결정하는 일 등과

안거와 죽은 사람의 옷을 수지하는 일과
지니고 세우고 갈치나의에서 벗어나고

다른 사람을 비방하는 죄와 옷을 주는 것
더불어 두 가지의 가볍게 헐뜯는 죄 등과

앙발에는 역시 단백갈마이고
학법을 받고 더불어 버리는 것
복발도 단백갈마를 하나니
스물두 가지를 마땅히 알지니라.

위의 문장으로 단백갈마의 섭송을 마친다.

계단과 도량과 큰 결계를 맺는 것과
불실의와 장정과
수의와 와구를 나누는 것과
다섯 종류의 청정한 부엌을 맺는 것 등

갈치나의를 처분하고
여분의 옷을 맡기는 사람을 뽑고
열두 사람 이하가 있으면
모두 물건을 나눌 수 있는 사람이며

방·밥·죽·떡·과일과
잡물을 저장하고 옷을 담는 그릇
비옷을 저장하고 나누는 것
잡일을 하고 방사를 살피며

거듭하여 간택하고 다른 곳에 보내 부탁하고
주(籌)를 행하고 작은 방을 관찰하며
큰일을 힐난할 사람을 정하고
부구(敷具)를 떠나지 않는 것

발우를 행하고 모든 재가인에게 알리고
필추니가 절하지 않고 교수하는 것
험한 길을 살피고 문도를 기르고
무한하게 문도를 기르고 지팡이를 저장하며

5년을 함께 공양을 받고
식차마니에게 법을 주며
급다 필추니에게 여는 것을 허락하고
아기와 함께 방에서 잠자는 것을 허락하며

필추니 재가에 왕래할 수 있고
날짜를 받아 결계 밖에 나가며
백이갈마는 마흔일곱 가지이고
모두 아뢰는 것에 의거하여 알지니라.

위에서 이 섭송으로 백이갈마를 마친다.

구족계를 받아 함께 마무르고
결계를 풀고 이전에 깨어진 승가가 화합하며
장정할 때 승가를 깨트리는 것을 충고하고
아울러 돕고 어울리는 무리에게 충고하며
욕심내고 화를 내며 어리석은 사람에게 충고하고
추악한 말과 영포갈마와
절복하고 쫓아내며 사죄를 하고
인정하지 않는 것을 버리고 차단하며

별주를 주고 다시 본래의 별주를 주며
마음으로 기뻐하고 아울러 죄를 벗어나게 하고
억념을 주고 불치를 주며
죄를 구하고 사미를 쫓아내며

거두어들이고 충고하며 따르는 것을 차단하고
섞여 머무르고 아울러 별도로 머무르며
학처를 주고 아울러 가르침을 어기고
묵연히 괴로워하는 서른두 가지.

위의 이 섭송으로 백사갈마를 마친다.

위에 말한 이 갈마를 백한 가지라고 말하는 것은 대략적으로 이 큰
숫자로 예를 든 것이다. 『대율(大律)』 가운데에서 조사하면 많고 적게
다른 곳이 있다. 나아가 이것은 비슷한 부류를 서로 거두어들인 것으로서
어긋나고 방해되는 것은 아니다.

또한 성인이 허락하시어 단백갈마·백이갈마·백사갈마를 이루었고, 이
치에 의거하여 상응(相應)하고 통하였으니, 비교하여 보면 만족할 것이다.
갈마본(羯磨本) 가운데에서 『대율(大律)』의 2백여 권을 서로 감교(勘校)하고
비교하고자 하는 까닭으로 이것을 찾아 조사하면서 극심하게 공부에
힘을 소비하였으니, 후세 사람들은 이 내용에 머뭇거리고 의심을 일으키지
말라.

근본설일체유부비나야출가사
根本說一切有部毘奈耶出家事

근본설일체유부비나야출가사 제1권

총괄적으로 거두어 게송으로 말하겠다.

사리자가 출가(出家)할 때
아울러 외도 두 사람과
구오사미(驅烏少兒)1)와
아라한과 병든 여인이 있었다.

별도로 거두어 게송으로 말하겠다.

사리자가 출가하여
구족계를 받고서
소군(小軍)을 조복시켰으나
다섯 종류가 있었다.

이때 점파국(占波國)의 왕은 앙가(央伽)라고 이름하였고, 또한 이웃 나라
에 마갈타왕(摩揭陀王)은 대연화(大蓮華)라고 이름하였다. 두 나라의 경계
가 서로 맞닿아 있었고, 두 나라의 백성들은 활기가 넘치고 풍요로우며
안락하였다. 군대도 정비되고 강하여서 서로가 공격하여 정벌에서 이기고
패하기도 하였다. 시간이 흐른 어느 때에 앙가왕은 나라가 충실하고
백성이 늘어나자 옛일의 원수를 갚고자 무기를 수선하고 병사를 훈련하며
군대를 모은 뒤에 침략할 시기를 약속하고서 함께 정벌하기로 대중과

---

1) '구오사미(驅烏沙彌)'라고 부르며, 절의 음식물에 날아드는 까마귀를 쫓는 사미라
는 뜻으로 7세에서 13세까지의 사미를 일컫는다.

맹세하였다. 이때 변방에 있던 사람이 먼저 알아차리고 사신에게 급히 연화왕에게 알리게 하였다. 연화왕은 이 일을 듣고 곧 군대를 보내 함께 싸웠으나 계속 패하여 군대를 성으로 철수시켜 성문을 닫고 완강하게 저항하였다. 앙가왕은 완전한 승리에 마음이 있어 사신을 보내어 알려 말하였다.

"만약 성을 나와서 항복하면 좋겠으나, 그렇지 않으면 끝까지 좇아가서 용서하지 않겠다. 만약 하늘로 올라간다면 그물을 날려서 사로잡을 것이고, 물속으로 들어가더라도 그물을 던져서 끌어올릴 것이며, 산에 올라 숲속으로 숨고자 하여도 도망칠 수 있는 길이 없을 것이다."

이때 연화왕은 말을 듣고 크게 놀라서 곧 여러 신하들에게 알려 말하였다.

"지금의 앙가왕의 군대는 강력하며 또한 사신을 보내 위협하고 있으니 나라의 환란이 매우 큰 것이오. 무슨 방법으로 이 상황을 벗어날 수 있겠소?"

신하들이 게송으로 임금에게 대답하였다.

왕이 있으므로 나라가 있고
왕이 없으면 나라도 없습니다.
무너진 나라는 다시 세울 수 있으나
끊어진 목숨은 다시 이을 수 없나이다.

나라와 목숨은 서로 다른 것이니
사람은 마땅히 목숨을 보존해야 하리라.
무너진 나라는 다시 세울 수 있으나
목숨이 끊어지면 다음을 기약할 수 없으리라.

이때 여러 신하들이 왕에게 성에서 나아가 항복을 권유하여 왕은 신하들의 뜻에 따라 목을 묶고 앙가왕의 처소에 가서 마주하고 서 있으며 영원히 세금을 바치겠다고 맹세하였다. 이 일을 마치고 풀려나 되돌아 왔다.

이때 보살은 도솔천궁에서 세계를 관찰하시고 다섯 가지의 일이 갖추어진 곳에 내려와 태어나고자 하였다. 그때 욕계 여러 천인(天人)들이 가유라위국(迦維羅衛國) 열두단(閱頭檀)[2] 가문의 마야 부인 태 안에 세 가지의 청정함을 갖추고 크게 좋은 꿈을 꾸게 하였으니 보살이 코끼리의 모습으로 지어 어머니의 태(胎) 안으로 내려오는 것이었다.

바로 그때 온 대지가 진동하고 광명(光明)이 찬란하여 금빛보다도 빛나서 널리 세계를 두루 비추었으니, 해와 달보다 밝았고 위로는 삼십삼천의 끝까지 환하게 밝혀 모든 어둠을 사라지게 하였다. 비록 해와 달의 뛰어난 빛이 아직 비추지 못하여 분별할 수 없는 오랜 어두웠던 곳에서도 처음으로 신령한 빛을 만나서 모든 모습이 두루 드러났으나 세간에서는 성인이 모습을 나타낸 것을 전혀 알지 못하였다.

이때 네 나라에 왕이 있었으니, 첫째는 왕사성(王舍城)의 대연화왕(大蓮華王)이고, 둘째는 실라벌성(室羅伐城)의 마라대왕(摩羅大王)이며, 셋째는 오사니성(鄔舍尼城)의 사다미대왕(奢多彌大王)이고, 넷째는 교사미성(驕奢彌城)의 아난다니미대왕(阿難多尼彌大王)이었다. 이 네 명의 왕들은 모두 보살이 세상에 내려오는 날에 각각 궁궐 안에서 태자를 낳았다.

대연화왕은 아들이 태어났을 때 문득 빛을 보고 매우 상서(祥瑞)롭게 생각하면서 말하였다.

"내 아들의 뛰어난 덕은 해가 솟는 것과 같고, 내 아들의 뛰어난 빛은 능히 세계를 비출 것이다. 그 빛과 그림자가 매우 뛰어난 것이 상서로움을 나타내는구나."

이러한 인연을 따라 영승(影勝)이라고 이름지었다.

마라대왕도 역시 연화왕과 같이 태자가 태어날 때에 이와 같은 빛을 보고 이렇게 말하였다.

"지금 나의 아들이 태어날 때의 조짐이 수승(殊勝)하여 빛이 두루 가득하여 나라가 맑고 평안한 것을 덕으로 나타내고 있으니 이름으로 삼으리라."

---

2) 산스크리트어 śuddhodana의 음사로 수두단(輸頭檀)·수도타나(首圖駝那)·설두(屑頭) 등이라 음역되고 백정왕(白淨王)이라고도 번역된다. 고대 인도 북부에 있던 카필라(kapila)의 왕으로 세존의 아버지를 가리킨다.

이러한 인연을 따라 승군(勝軍)이라고 이름지었다.

사다미왕도 역시 다른 왕과 같이 태자가 태어날 때에 이와 같은 빛을 보고 이렇게 말하였다.

"나의 아들에게 덕이 있어서 빛이 나타난 것이니 마땅히 이름을 지어 이 상서로움를 나타내야겠구나."

이러한 인연을 따라 출광(出光)이라고 이름하였다.

아단다니미왕도 다른 왕들과 같이 아들이 태어날 때에 이와 같은 빛을 보고 이렇게 말하였다.

"나의 아들이 태어날 때 아침 해가 솟는 것처럼 빛을 나타내 어둠을 깨트리고 빛이 높이 솟아올랐으니 이름으로 상서로움을 나타내리라."

이러한 인연을 따라 일초(日初)라고 이름하였다.

이때 네 나라의 왕들은 그 태자들을 위하여 그날의 상서로움을 기념하는 이름을 지었으나 모두가 석가보살(釋迦菩薩)의 큰 위신력에 의하여 나타난 것임을 알지 못하였다. 그러나 모든 왕자들이 오랜 세월로부터 좋은 인연을 쌓은 대원력이 있었으므로 각자 권속을 거느리고 성인(聖人)을 따라 태어난 것이니 영승태자가 이 시기에 맞춘 것도 또한 특별한 사람이 세상에 태어난 것이다. 마침내 왕자가 탄생하는 날에 오백 대신도 모두 아들을 한명을 낳아서 그 종족의 성(姓)을 따라서 이름을 지었다

영승태자는 여덟 유모가 보호하고 길렀으므로 날마다 자라고 달마다 성장하여 연꽃이 물위로 피어나는 것과 같았고, 익히고 배우는 경서(經書)·기예(技藝)·역수(曆數)·산계(算計)와 나아가 모든 찰제리의 관정왕법(灌頂王法)을 이해하지 못하는 것이 없었다. 또 공교로운 재주와 코끼리를 조련하고 말을 달리며 수레를 타는 것·활시위를 잡고 화살을 쏘는 일·밧줄을 던지는 것·칼을 쓰는 것·병을 치료하는 것 등의 모든 기술을 익히지 못한 것이 없었고, 네 가지 베다도 밝아서 모두 막히는 것이 없었다. 다른 오백 대신의 아들들도 또한 이와 같이 모든 것을 통달하였다.

뒤의 어느 때에 태자는 국정을 살피다가 쉬는 날을 인연으로 코끼리를 타고 나라를 살피면서 세금을 거두는 모습을 보게 되었고, 시종(侍從)에게

물었다.

"저 사람들은 누구인데 이곳에서 세금을 거두는 것인가?"

시종이 대답하였다.

"저 사람들은 이웃 나라인 앙가왕의 신하들로서 이곳에 와서 세금을 거두어 갑니다."

태자가 다시 물었다.

"우리나라가 무슨 까닭으로 다른 나라에 세금을 바치는 것인가?"

시종이 대답하였다.

"이미 오래된 일입니다."

이때 태자는 이웃의 나라 사신들을 불러 말하였다.

"그대들의 나라도 찰리관정왕3)의 혈통이고, 우리 나라도 찰리관정왕의 혈통이다. 혈통이 다르고 백성도 다른데 무슨 인연으로 국경을 넘어 이곳까지 와서 세금을 거두는가? 마땅히 빨리 돌아갈 것이고, 이후에는 영원히 이러한 일이 없게 하시오."

사신은 이 말을 듣고 생각하였다.

'지금 이 태자는 진실로 성품이 사나워서, 마음에서 옛 맹세를 어기려고 우리들에게 돌아가라고 하는 것이다. 우리들은 대연화왕께 가서 이 일을 알리고 다시 세금을 거두는 것이 좋겠다.'

대연화왕을 만나니 허락하였고 돌아와 칙명에 의거하여 다시 세금을 거두었다. 태자가 돌아오면서 사신들을 다시 만났는데 여전히 사신들이 세금을 거두고 있으므로 태자가 다시 말하였다.

"내가 이미 돌아가라고 하였는데 어찌하여 아직도 남아있는 것이오? 당장 돌아가면 좋으나, 만일 돌아가지 않으면 엄벌하겠소."

---

3) '찰리'는 '찰제리(刹帝利)'의 준말이다. 찰제리는 산스크리트어 kṣatriya의 음사로 고대 인도의 사성(四姓) 가운데 둘째 계급이이고, 왕족·귀족·무사 계급으로 정치 와 군사를 담당하였다. '관정왕'은 인도에서 왕이 즉위식을 할 때 머리 정수리에 바닷물을 붓는 것을 관정(灌頂)이라 하고, 이러한 절차를 따라 즉위한 왕을 가리킨다.

여러 사신들은 두려워하며 모두가 돌아갔고 자기 나라에 이르러 갖추어 왕에게 알렸다.

"그 영승태자는 성품이 거칠고 사나워서 옛 맹세를 어기고 믿음을 저버려서 세금을 거둘 수 없습니다. 원하건대 대왕께서는 빨리 대책을 세우십시오. 만약 그렇지 않으면 후환(後患)을 부를까 걱정스럽습니다."

이때 왕은 곧 게송으로 사신에게 대답하였다.

나무가 새싹으로 있을 때에는
손톱으로도 잘라낼 수 있으나
큰 나무로 우거지면
도끼도 꺾을 수 없으리라

이때 앙가왕은 크게 분노하여 사신 편에 서찰을 보내 연화왕에게 이렇게 말하였다.

"영승은 명을 거역하였으니 목을 잡아매어 보내시오. 만약 그렇게 하지 않으면 내가 마땅히 정벌하여 그대들을 죽일 것이오. 나의 뜻을 마땅히 아시오."

연화왕은 이 말을 듣고 신하들과 두려워하였고 오로지 나라가 망하는 것을 걱정하였다. 곧 영승태자를 불러서 거역하고 항거한 것을 꾸중하고 아울러 사신이 가져온 서찰을 보여주었다. 영승이 말하였다.

"그 나라도 찰리관정왕이고 우리나라도 찰리관정왕일지라도 국경이 서로 다른데 무슨 인연으로 세금을 바쳐야 합니까? 대왕이시여. 나에게 사병(四兵)⁴⁾을 주십시오. 스스로 싸워서 결정을 하겠습니다."

이때 연화왕은 곧 스스로가 태자 영승이 능히 큰 일을 감당할 수 있는 것을 알고서 앙가왕에게 서찰로써 대답을 보냈다.

"욕되게 글을 보냅니다. 영승의 목을 잡아매어 보내라는 서찰을 받았으

---

4) 전륜왕(轉輪王)을 따르는 네 종류의 병사로서 상병(象兵)·마병(馬兵)·거병(車兵)·보병(步兵)을 말한다.

나, 미래에 다만 나의 아들일 뿐만이 아니고, 선왕의 대를 이어야 하므로
엄중한 경고가 비록 거듭 있을지라도 감히 명령을 따를 수 없습니다.
대왕이 반드시 막강한 힘으로 뒤엎고자 맹렬한 기세로 우리를 업신여기고
군대를 평야에 집결시키면 오직 죄가 기다리는 있는 것을 아십시오.”

앙가왕은 보고를 받고서 크게 분노하여 정신이 혼란하여 곧 명령하였다.

“나라의 모든 군대를 모으고 무기들을 연마(鍊磨)하라. 장차 내가 정벌하
여 연화왕을 파멸시키고 영승의 목을 벨 것이다.”

마침내 앙가왕은 많은 군대를 일으켰으니 병마(兵馬)의 기세가 높았고,
많은 깃발들이 땅을 뒤덮었으며, 종과 북소리는 하늘을 찌르는 것과
같았다. 곧 마갈타국으로 쳐들어오자 연화왕은 크게 놀라서 영승을 불러
사병을 주었다. 이때 태자는 왕의 가르침대로 대신의 아들들을 인솔하고
명령을 내리며 말하였다.

“앙가국과 우리나라는 오랜 원수이니 이제 내가 보복을 하고자 한다.
적군이 국경을 침입하였으니 나라를 구할 수 있는 좋은 계획들을 말해보라.
그대들은 여러 세대에 공을 쌓아 나라의 은혜를 입었다. 어느 방법으로
나를 도와 적을 쳐부수고 백성을 편안하게 하겠는가?”

대답하여 말하였다.

“우리들은 비록 다른 계획은 없으니 감히 손과 발이 되어 따르겠습니다.”

이때 영승은 게송으로 말하였다.

　나라를 다스리고 백성을 편안하도록
　마땅히 잘 지키고 보호해야 하나니
　침략을 받아 빼앗기게 된다면
　많은 백성은 의지할 곳을 잃게 된다네.

이때 태자는 모든 사람에게 말하였다.

“그대들은 마음을 모아 함께 힘으로써 나라를 지켜라.”

삼군(三軍)에게 호령하여 병마가 일시에 출발하였다. 이때 연화왕은

높은 누각 위에서 신하들에게 앞뒤로 둘러싸여 군대를 살펴보면서 여러 신하들에게 말하였다.

"이 군대는 어느 나라의 부대인가?"

대답하여 말하였다.

"이 군대는 영승태자의 부대입니다."

연화왕이 말하였다.

"그대들은 알아야 하오. 병사들이 매우 많으니 마땅히 영승의 부대라고 부르시오."

그 가운데 어떤 신하는 '큰 사다리의 영승'이라고도 부르는 등 이와 같이 여러 가지로 태자의 위덕(威德)의 늠름한 모습을 찬탄하였다. 이때 태자는 여러 사람들에게 알려 말하였다.

"내가 들은 것은 싸움을 잘하는 군인은 군진(軍陣)을 번거롭게 하지 않는다. 지금 앙가왕에게는 매우 많은 병마가 있으니 싸워도 이기지 못하고, 우리의 군사가 다칠 것이다. 유인하는 계획과 비밀스런 방법으로 먼저 앙가왕을 사로잡는 것이 최선일 것이다."

곧 날쌘 군사를 모아서 적의 방비가 허술한 때에 마침내 앙가왕을 죽이니 삼군과 육사(六師)가 한꺼번에 흩어졌다. 병사를 다시 정비하여 달아나는 적군을 앞지르니 그 나라 사람들은 왕이 죽은 것도 모르고 태연히 성을 지키고 있었다. 이때 영승태자는 곧 앙가왕의 머리를 창에 매달아 성 안에까지 보이게 하고 알려 말하였다.

"이것이 그대들 나라의 앙가왕의 머리이다. 너희들은 빨리 성문을 열어라. 만약 그렇지 않으면 너희도 한꺼번에 목숨을 잃게 될 것이다."

사람들은 듣고서 두려워하면서 성문을 열었고 모든 대신들은 목을 묶고서 투항하였고 백성들도 순순히 복종하지 않는 사람이 없었다. 성안으로 들어간 영승은 사신을 보내어 연화왕에게 알렸다.

"부왕께 빠르게 알립니다. 다행스럽게 대왕의 위엄으로 신하와 백성이 힘을 모아서 역적인 앙가왕의 머리를 지금 이미 베었으니 국경은 걱정이 없이 편안하고 고요합니다."

연화왕은 이 소식을 듣고 매우 기뻐서 곧 여러 가지 의복과 영락의
장신구와 칠보(七寶)의 덮개 등을 영승에게 보내면서 명령하였다

"점파국의 앙가왕을 대신하여 백성을 다스려라."

이러한 인연으로 점파국의 백성들은 영승태자를 영승대왕이라 이름하
였고, 뒤에는 성스러운 덕(德)과 신령한 공덕을 은밀하게 베풀어 백성들은
풍요롭고 안락하여 도둑이 없어졌으므로, 위덕과 찬탄이 널리 퍼졌다.
뒤의 어느 때에 연화왕이 죽었고 마갈타국의 군신들은 슬퍼하면서 영승대
왕이 본국으로 돌아와 다스리기를 간청하였다. 영승태자는 점파국의
일은 군신들에게 맡기고, 곧 수레를 꾸미고 말을 달려 슬퍼하며 급하게
돌아왔다. 상(喪)을 마치고 영승은 왕위를 이어받아 법으로 다스리고
사람들을 교화했으니 바람이 고르고 비가 순조로워 여러 곡식이 풍성하였
고 모든 백성이 안락하였다. 널리 높은 덕을 세워 이웃나라에서도 사모하고
교화되었으며, 여러 원수와 도적도 없었다.

이때 중앙의 지방에 한 바라문이 있었는데, 그는 법술(法術)을 배우고자
여러 곳을 돌아다니다가 점차 남쪽으로 가서 남인도에 이르렀다. 대바라문
이 있었으니 이름은 지사(地師)였고, 사론(四論)에 매우 밝아서 세상에서는
대사(大師)라고 이름하였다. 곧 지사에게 나아가 발의 아래에 머리숙여
절하고 두 손을 차수(叉手)5)하고 말하였다

"나는 스승의 처소에서 제자의 예를 갖추겠습니다."

스승이 물어 말하였다.

"무엇을 배우고자 하는가?"

대답하여 말하였다.

"나는 지금 사명(四明)의 대론(大論)을 배우고자 합니다."

스승이 말하였다.

"마음대로 배우게."

곧 여러 가지 법을 배웠다. 바라문의 법에는 매월 셋째 날은 다른

---

5) 두 손바닥을 합하고 오른손 다섯 손가락의 끝과 왼손 다섯 손가락의 끝을 약간
교차시키는 인도의 예법을 가리킨다.

여러 가지 일을 하지 않고, 혹은 목욕을 하고, 혹은 성(城)에 들어가며, 혹은 땔감으로 불을 피웠다. 이 날이 되어 모든 바라문들이 함께 땔감을 취하여 불을 피우려고 길을 가다가 곧 서로의 종성(種姓)과 태어난 곳을 묻게 되었으며 독자(犢子)⁶⁾ 등의 네 성씨에서 하나를 대답하였다. 다시 서로 어디서 왔는가를 물었을 때 어떤 사람은 동쪽이라고 하고, 어떤 사람은 남쪽이라고 하였으며, 어떤 사람은 서쪽이라고 하고, 어떤 이는 북쪽이라고 하였으며, 어떤 사람은 모든 지역을 두루 살폈다고 하면서 게송으로 말하였다.

　지혜는 동쪽에서 나오고
　이간질은 서방에 있으며
　공경하고 수순함은 남방에서 생기고
　나쁜 말은 북방에 머무른다네.

　바라문의 아들은 이와 같이 말로써 네 곳을 모두 알았으나 중앙은 어떠한가를 알 수 없어 모든 제자들이 스승에게 나아가 물었다.
　"오바타야시여. 우리들은 지금 중앙의 지방에 가서 그곳을 살펴보고, 또한 그곳의 물에 목욕하며, 그곳의 여러 스승에게 예를 올리고 섬기고, 그곳의 논사들에게 항복을 받고자 합니다. 반드시 우리들의 명성이 먼 곳까지 알려지도록 하고, 많은 보배와 재물을 얻어 이익이 되도록 하겠습니다."
　그 바라문은 제자들을 아끼는 마음이 깊었으므로 필요한 옷과 물건들을 제자들에게 나누어 주었다. 모든 준비를 마치고 제자들은 함께 중앙으로 떠났다. 길을 따라 가다가 지혜가 있는 사람을 만나면 논쟁하여 모두를 이겼다. 혹은 복종하는 자를 얻으면 병에 재(灰)를 담아서 머리에 부어주었고, 혹은 여러 사람들이 와서 말 타는 법과 활쏘는 법과 전쟁하는 법을 배우려고 하면 모두 가르쳐 주었다. 혹은 사람들이 향화(香花)·당번(幢幡)·보개(寶蓋) 등으로 맞이하기도 하였고, 또한 수많은 사람들이 와서 스승으

---

6) 고대 인도에서 소를 섬기는 부족을 가리킨다.

로 섬기기도 하였다. 점차로 유행(遊行)하여 여러 나라와 여러 성읍과
마을 등에서 논쟁하여 이기면서 드디어 중앙의 지방에 이르렀다. 바라문들
은 생각하면서 말하였다.

"듣기로는 지혜로운 사람들이 왕의 성(王門)에 함께 모여있다고 하니
우리들도 또한 지금 마땅히 그곳에 가서 마땅히 항복받아야 할 것이다.
우리들은 어찌하여 이렇게 해야 하는가? 비유하면 우리가 그 동안 여러
곳을 지나면서 논의하여 이긴 것은 뿌리가 큰 나무의 가지와 잎에 불과할
뿐이나, 왕이 있는 곳에서 이기는 것은 나무뿌리를 자르는 것과 같으니
우리는 지금 당장 왕이 있는 곳으로 가야겠구나."

곧 그곳을 떠나 왕이 있는 곳에 이르러 왕에게 축원하였다.

"장수(長壽)하시고 모든 재난과 장애가 없으십시오."

한쪽 편에 서있으며 왕에게 말하였다.

"우리들은 스승의 처소에서 작은 여러 학문을 익혔으므로, 왕국 안의
여러 스승들과 함께 담론(談論)하기를 원하옵니다."

왕이 곧 알려 말하였다

"마음대로 하시오"

왕은 다시 여러 신하들에게 알려 말하였다

"우리나라에도 이러한 바라문들이 있어 그들과 함께 논의할 수 있겠는가?"

여러 신하들이 대답하였다.

"나라촌(那羅村)에 바라문이 있는데 사명론(四明論)에 해박하고 지혜가
불과 같습니다. 스스로 논(論)을 지어 제목을 마타라(摩吒羅)라고 이름하였
습니다."

왕이 말하였다.

"그 오바타야를 불러오시오."

대신들은 명령에 의거하여 그를 청하여 왕에게 데려왔으며, 앞에서와
같이 축원을 마쳤다. 왕이 곧 알려 말하였다.

"그대가 능히 저 바라문들과 내 앞에서 논의할 수 있겠소?"

그가 대답하였다.

"왕의 위엄과 명성을 받들어 힘이 다하여 감히 마주하여 담론하겠습니다."

곧 법에 의거하여 만다라(曼茶羅)[7]를 만들고 그 양쪽에 자리를 마련하였다. 왕이 칙명으로 말하였다.

"누가 먼저 하겠는가?"

대신이 대답하였다.

"손님으로 온 바라문의 이름이 지사(地師)인데 먼저 하는 것이 좋을 듯 합니다."

지사가 먼저 5백송(頌)을 암송하고 조용히 기다리고 있었다. 이때 마타라가 다시 그 송을 암송하였고, 많은 잘못이 드러나서 곧 알려 말하였다.

"그 암송은 말과 뜻이 전혀 알맞지 않으며 이치(道理)에도 합당하지 않습니다."

지사는 이 말을 듣고 곧 아무 말 못하고 조용히 앉아 있었다. 논의하는 법에 대답없이 조용히 있으면 패배한 것으로 인정되었다. 왕이 신하들에게 물어 말하였다.

"누가 이기고 누가 진 것인가?"

대신들이 대답하였다.

"마타라의 논의가 이겼습니다."

왕은 기뻐하며 이렇게 말하였다.

"우리나라에도 이와 같이 총명하고 지혜로운 사람이 있었던가?"

왕이 물었다

"오바타야여. 어느 마을에 머무르는가?"

대답하여 말하였다.

"나라촌에 머무르고 있습니다."

---

7) 산스크리트어 maṇḍala의 음사(音寫)로 만타라(曼陀羅)라고도 부른다. 본래 원판(圓板)·원륜(圓輪)이라는 뜻의 말에 따라 안치 또는 채화(彩畵)하는 것을 가리켰다. 중국에서는 윤원구족(輪圓具足)으로 밀교의 본존으로서 그려진 도식적인 도상(圖相)을 그렸고, 인도에서는 야외에 특정의 정지(淨地)를 결계(結界)하여 한 겹 내지 여러 겹으로 단(壇)을 쌓아서 그 위에 본존 이하 제존의 상을 각각 수법마다 정해진 방식으로 배치하였으며, 이것을 의궤(儀軌)라고 말한다.

　왕은 곧 나라촌을 상(賞)으로 내려 그대의 뜻대로 수용(受用)하라고
하였다. 세상 사람들의 법에는 모두 즐거움을 구하였으나, 여러 바라문
여인들은 이러한 신랑을 구하였으나 뜻을 이루지 못하고 있었다. 이때
마라타는 곧 스스로 이러한 여인을 아내로 맞이하여 행복하게 살았고,
뒤에 오래되지 않아 아들을 낳게 되었다. 크게 잔치를 베풀고 아들의
몸이 컸으므로 장체(長體)라고 이름지었다.

　여러 가지 음식을 먹여 키웠고 몸이 점점 자라서는 예(藝)를 가르쳤다.
산계(算計)와 수인(手印)과 바라문의 행인 깨끗이 씻는 것·재(灰)를 취(取)하
는 것·땅을 취하는 것·네 가지 폐타서(薜陀書)8)를 찬탄하는 것·제사지내는
것·독송하는 것·시주를 받는 것 등 여섯 가지를 모두 익혔다.

　뒤에 다른 때에 다시 딸을 낳았는데 아이의 눈이 구욕조(鴝鵒鳥)와
같아서 여러 친척들이 모여서 구욕(鴝鵒)이라고 이름지었다. 그 딸은 점차
자라나서 아버지는 딸에게 문자와 논의하는 법을 가르쳤다. 뒤의 다른
때에 오빠와 함께 논의를 하곤 했는데 서로 치열하게 논쟁하다가 딸이
이기면 아버지는 아들에게 이렇게 말하였다.

　"너는 남자이나 여자에게 지는구나. 나는 뒤를 이을 아들이 없으니
수용한 모든 것도 다른 사람에게 잃을 것이다."

　뒤에 남천축국(南天竺國)에 한 바라문의 아들이 있었다. 저사(底沙)라고
이름하였고 무후세론(無後世論)에 매우 밝았다. 법을 구하여 남쪽 지방에서
마타라 처소에 이르러 그의 발에 절하고는 이렇게 말하였다.

　"큰 스승이시여. 나는 오바타야의 처소에서 학문을 배우고자 합니다."
물어 말하였다.

　"어떠한 예능을 배우고자 하는가?"
알려 말하였다.

　"무후세론(無後世論)을 배우고자 합니다."

---

8) 산스크리트어 veda의 음사이다. 베다(Veda)는 지식 또는 지혜를 뜻하며, 넓은
　　의미로는 기록될 가치가 있는 지식 전체를, 좁은 의미로는 성스러운 지식이나
　　종교적 지식을 뜻한다.

대답하여 말하였다.

"그대의 뜻대로 하게."

이렇게 법을 배웠고 만약 방학이 되면 그 일을 논의하게 되었으며 자세한 것은 앞에서 말한 것과 같다. 그 동자 저사는 뒤에 왕 앞에서 스승과 함께 논의하였는데 각기 다른 주장을 세웠다. 이때 마타라의 나이가 가장 많으므로 먼저 논하게 되었는데 마타라는 곧 이렇게 생각을 하였다.

"저 바라문의 아들인 저사는 새로운 논리를 배워 익혔으니 어려움을 얻을 수도 있겠구나. 지금 마땅히 그가 틀린 곳을 찾아내리라."

이렇게 생각하고 마타라는 먼저 긴 오백 송을 암송하였고, 그 바라문의 아들인 저사는 다시 암송하여 대답하였고, 잘못된 곳을 찾아내었다.

"이것은 말이 옳지 않고, 비슷하지도 않으며, 주방은 틀린 것입니다."

마타라는 조용히 앉아 있었다. 일반적으로 논의가 다르면 대답하지 못하는 상대방이 지는 것으로 생각되었다. 이때 왕이 대신들에게 물었다.

"이번에는 누가 승리였는가?"

신하들이 왕에게 알려 말하였다.

"저사 바라문이 승리하였습니다."

왕이 알려 말하였다.

"승리한 사람에게 그가 사는 마을을 주겠노라."

이때 여러 대신들이 왕에게 알려 말하였다.

"만일 이곳에 와서 토론하여 승리하는 사람마다 촌락을 내리신다면 마갈타국은 오래되지 않아 모두 없어질 것입니다. 마땅히 마타라촌을 빼앗아 저사에게 주어 수용하는 것이 옳습니다."

이때 왕은 알려 말하였다.

"이와 같이 곧 마타라촌을 빼앗아 그 저사가 수용하도록 하시오."

마타라는 곧 아내에게 명하여 말하였다.

"현수(賢首)여. 빨리 짐을 꾸리시오. 다른 지방으로 떠나야 하오."

아내가 물어 말하였다.

"무슨 까닭입니까?"

이때 남편이 대답하여 말하였다.

"나는 오랫동안 국왕을 섬겨왔으나 오늘의 논의를 할 때에 나는 방어하지 못하였고, 나의 마을도 빼앗겼소."

아내는 빠르게 짐을 꾸려서 떠나고자 하였다. 이때 여러 친족들이 이 소식을 듣고서 달려와 물었다.

"오바타야여. 어찌하여 급하게 짐을 꾸리는 것입니까?"

대답하여 말하였다.

"나는 오랫동안 임금을 섬겨왔으나 오늘의 논의를 할 때에 나는 방어하지 못하였고 이러한 까닭으로 떠나고자 하는 것이오."

친족들이 대답하여 말하였다.

"이곳이 가장 좋은 곳이고, 친족들이 있으니 여기에 머무르시오."

곧 친족들은 계송으로 말하였다.

　자기 나라에서 업신여김을 당하면
　외국에서 나가는 것이 가장 좋으나
　업신여김을 당하지 않는 곳도
　이것은 자기 나라의 친족 뿐이라오.

이때 저사 바라문이 이 소식을 듣고 와서 말하였다.

"오바타야여. 나는 손님으로서 잠시 머물다가 곧 떠날 것이고, 이 마을의 수용도 마땅히 모두 돌려 드리겠습니다."

이때 마타라는 비록 저사의 은혜를 입었으나 또한 기꺼이 머무르고자 하지 않았다. 저사가 다시 말하였다.

"우선 오바타야께서 여기에 머무르면서 마을의 반을 취하십시오. 나 또한 반을 취하겠습니다."

대답하여 말하였다.

"좋소."

마타라는 곧 아내에게 명하여 말하였다.

"현수여. 나는 오랫동안 국왕을 섬겼으나 나를 보호하여 주지 않았소. 이 저사는 지금 큰 은혜를 베풀어 나에게 마을의 반을 주었으니, 나는 우리의 딸을 그의 아내가 되게 해야겠소."

아내가 대답하였다.

"큰 아들인 구슬치라(俱瑟恥羅)가 받아들일까요?"

아버지는 곧 아들에게 말하였다.

"나는 오랫동안 국왕을 섬겨왔으나, 논의에 방어하지 못했다고 나를 보호해주지 않았는데 저사 바라문이 큰 은혜를 베풀어 고을의 반을 나에게 주었다. 지금 사리(舍利)[9]를 저사에게 시집보내 아내로 맞이하게 하겠다."

아들이 아버지에게 말하였다

"그 저사는 아버지의 원수입니다. 마을을 빼앗아 갔으니 어떻게 친족이 될 수 있겠습니까?"

아버지가 곧 대답하여 말하였다.

"너는 어리석어 알지 못하는구나. 부모의 바른 뜻을 자식이 감히 어기면 아니되느니라."

곧 예법에 따라 딸을 저사에게 시집보냈다. 이때 구슬치라는 이렇게 생각을 하였다.

"우리가 지금 업신여김을 당하는 것은 다만 배운 것이 적기 때문이다. 그리고 저사 바라문은 무후세론에 해박하여 지금의 논의에서 승리한 것이다. 나도 또한 마땅히 배워오겠다."

이와 같이 생각하고 구슬치라는 여러 사람들에게 물었다.

"어느 나라 처소의 누가 무후세론에 가장 해박합니까?"

어떤 사람이 대답하였다.

"남쪽 지방이 가장 뛰어나다네."

그는 곧 점차 유행하여 남천축에 이르러 나라 안에서 두루 물었다.

---

9) 사리불의 어머니를 가리키는 말이다.

"누가 무후세론에 가장 밝습니까?"

어떤 사람이 대답하여 말하였다.

"범지(梵志)[10] 누구입니다."

그는 이 말을 듣고 곧 범지에게로 처소로 가서 알려 말하였다.

"존자(尊者)시여, 나는 스승으로 섬기고자 하오니 원하건대 받아주십시오."

스승이 물어 말하였다.

"무엇을 구하는 것인가?"

대답하여 말하였다.

"무후세론을 배우고자 합니다."

범지가 대답하여 말하였다.

"나는 재가인 거사(居士)는 가르치지 않는다네."

구슬치라가 곧 대답하여 말하였다.

"만약 그러하시면 나는 지금 출가하겠습니다."

범지가 출가를 허락하자 곧 스스로 약속하였다.

"내가 만일 이 이론을 해득하지 못하면 끝까지 손톱을 깎지 않겠습니다."

이렇게 손톱이 점점 자라나서 사람들은 모두 장조범지(長爪梵志)라고 불렀다. 이때 사리와 저사 바라문은 환락을 누리고 있었고, 이때 정거천(淨居天)의 천인이 오랫동안 선근을 심었으며 마땅히 마지막의 몸을 받고자 하였다. 생사를 싫어하고 오로지 열반을 구하여 다음 생에 몸 받기를 구하지 않고, 오로지 최후의 몸으로써 정거천에서 죽었으며, 곧 사리의 태(胎)에 의탁하였다. 마땅히 의탁하던 날에 그 어머니의 꿈에 어떤 사람이 횃불을 들고 뱃속으로 들어오다가 다시 높은 산으로 올라가서 하늘로 날아갔고, 또 여러 사람들이 자기에게 절을 하는 것을 보았다. 꿈에서 깨어난 사리는 남편에게 이러한 꿈을 이야기 하였다. 저사 바라문은 꿈의 해몽을 조금 이해하였으나 이 일은 감당할 수 없어서 꿈의 해몽에 밝은 바라문을 찾아가 설명하여 말하였다.

---

10) 바라문의 일생 중에서 제1기(期)로서 스승에게 가서 수학하는 기간이다. 이 시기는 8~16세 또는 11~22세 정도이며 종성(種姓)에게 따라 각자 다르다.

"나의 아내가 어젯밤에 이와 같은 꿈을 꾸었습니다."

그 바라문은 대답하여 말하였다.

"매우 좋은 꿈입니다."

바라문은 예언하며 말하였다.

"마땅히 좋은 아들을 낳을 것이고, 나이 열네 살이 되면 천제론(天帝論) 등을 능히 잘 외울 것입니다. 또한 모든 논의와 문답에서 가장 뛰어날 것입니다. 큰 산에 오르고 하늘을 날며 여러 사람들이 절했다는 것은 출가하여 크나큰 위덕을 갖추고 대계(大戒)를 성취하여 천인(天人)의 공경을 받을 것입니다."

이러한 예언을 받은 뒤에 어느 날 저사 바라문은 아내인 사리와 토론하였으나 사리가 이겼으므로 저사는 이렇게 생각하였다.

"지난 날에 토론할 때는 내가 이겼으나 지금은 그렇지 않으니 무슨 까닭인가?"

다시 생각하였다.

"이것은 분명히 임신하였기 때문이니, 아기의 위덕일 것이다."

뒤에 열 달이 되어 한 사내아이를 낳으니 그 모습이 단엄(端嚴)하고 얼굴빛과 상호를 구족하였으며, 몸은 자금색(紫金色)이고, 정수리는 둥글어 일산과 같았으며, 손을 뻗으면 무릎을 넘었고, 이마는 넓고 평평(平正)하며 코는 높고 곧으니, 자세한 설명은 나머지와 같다. 나아가 친척들이 모여서 이름을 마땅히 무엇이라고 지을까 하였으므로 저사가 말하였다.

"이 아이를 외할아버지에게 데리고 가서 이름을 짓는 것이 좋겠습니다."

외할아버지의 처소에 이르러 알려 말하였다.

"대옹(大翁)이시여. 이 아이의 이름을 어떻게 지어야 좋겠습니까?"

외할아버지가 대답하여 말하였다.

"저사의 아들이니 오파저사라고 이름하는 것이 좋겠네."

장차 아들을 데리고 돌아오니 저사가 물었다.

"이름을 무엇이라고 지었소?"

대답하여 말하였다.

"오파저사라고 이름하였습니다."

이때 저사는 문득 생각하였다.

'이것은 아버지의 부족을 따라서 이름을 지었으니, 나는 다시 어머니의 부족을 따라 사리자(舍利子)라고 이름하여야겠다.'

이때 사람들은 사리자라고 불렀고 혹은 오파저사라고도 불렀다. 이 아이는 곧 여덟 명의 유모에게 맡겨졌다. 이때 유모들은 좋은 우유와 낙(酪)과 재호(醍醐) 등이 제공되어 빠르게 자라는 것이 마치 연꽃이 물속에서 피어오르는 것과 같았다. 점차로 성장하여 학업을 닦아서 세간의 기예(技藝)를 모두 통달하였고 네 가지의 페타(薜陀)[11]를 모두 기억하였다. 열여섯 살에 이르자 제석(帝釋)[12]의 성명(聲明)[13]을 잘 깨우쳐 능히 상대방을 굴복시켰다. 뒤의 어느 날 마침내 아버지 앞에서 벽타론을 독송하고는 아버지에게 말하였다.

"지금 독송한 것이 무슨 뜻인지 아시겠습니까?"

아버지가 말하였다.

"지금 나는 모르겠구나."

아들이 말하였다.

"이 송(誦)은 옛 선인(仙人)이 지은 찬송(讚誦)이며, 그때 사람들은 그 뜻을 잘 이해하지 못하였으나 선인의 이 찬송은 결코 뜻과 이치가 없는 것이 아닙니다."

그렇게 사리자의 학식은 모든 사람들을 능가하고 있었다. 그의 아버지는 이전부터 거느리던 5백 명의 제자가 있었으나 모두가 사리자에게 귀의하였다. 이때 사리자는 여러 제자들에게 모든 명론(明論)을 가르쳤으며 두루 하지 않는 것이 없었다.

이때 임위(林圍)의 마을에 한 대신이 있었으며 형영(形影)이라고 이름하였다. 크게 부유하여 재산이 많아 풍족하게 수용하였고 아내를 얻은

---

11) 산스크리트어 veda의 음사로 일반적으로 '베다'라고 말한다.
12) 수명·자손·운명·농업 등을 관장한다고 믿어지는 신(神)을 가리킨다.
13) 오명(五明)의 하나로서 언어·문학·문법에 대한 학문을 가리킨다.

지 오래되었으나 자식이 없었다. 아들을 얻기를 바라서 항상 가는 곳마다 기도하여 모든 수풀(山林)과 나무 신(樹神)에게 기도하지 않은 곳이 없었으니 앞에서 자세히 설명한 것과 같다. 이때 마지막의 몸을 받을 사람이 정거천에서 목숨이 마쳐서 내려와 어머니의 뱃속에 의탁하니 자세한 것은 앞에서 설명한 것과 같다. 아이가 태어나자 널리 친족들을 모아서 아들의 이름을 짓고자 하니 여러 사람들이 대답하여 말하였다.

"하늘이 안고서 왔으니 천포(天抱)라 이름을 짓고, 또한 목건련이라 이름짓는 것이 좋겠습니다."

이때 장자는 여덟 유모에게 맡겨 길렀고, 성장하는 것이 물속에 연꽃이 피어난 것과 같았으며, 나아가 자세한 설명은 앞에서와 같다. 여섯 가지의 법사(法事)와 네 가지의 폐타론도 모두 통달하였다. 이때 천포는 오백명의 제자를 가르쳤는데 학업을 마쳤을 때에 제자들은 찬송하면서 성 안으로 들어갔고, 오파저사의 제자들도 찬송하면서 성안으로 들어갔다. 그때 저사의 제자가 목련의 제자에게 말하였다.

"그대들은 어찌하여 논을 잘못되게 암송하고 있는가?"

그들이 물었다.

"무슨 말인가?"

저사의 제자들이 다시 물었다.

"그대들은 누구에게 배웠는가?"

대답하여 말하였다.

"우리들의 스승은 해와 달과 같이 모든 지혜를 갖추셨다. 임위의 마을에 사는 대신의 아들이며 목건련이라고 이름하고, 우리는 그분께 배웠다네."

오파저사의 제자들은 학문을 구족하여 두려움이 없어서 기쁜 마음으로 곧 스승에게로 갔다. 스승은 그들이 오는 것을 보고 물었다.

"무슨 까닭으로 기쁘고 즐거워하는가?"

대답하여 말하였다.

"아무 일이 없습니다."

스승은 곧 게송으로 말하였다.

마음 속의 있는 뜻도
또한 마땅히 헤아려 알 수 있으니
목소리와 얼굴빛과 모습을 보면
감추어진 마음도 알 수 있다네.

게송을 마치고 제자에게 알려 말하였다.

"반드시 무슨 일이 있었을 것이네."

이때 여러 제자들이 인연을 갖추어 말하니 스승이 곧 대답하여 말하였다.

"그들이 암송한 것을 내가 문장으로 검토하니 모두가 잘못된 것이 아니네."

제자들은 이 말을 듣고 침울해졌다. 이때 목건련의 제자들도 스승의 처소에 가서 침울해 하니 스승인 목건련이 물었다.

"무슨 까닭으로 즐겁지 않은가?"

대답하여 말하였다.

"아무 일이 없습니다."

스승이 곧 대답하여 말하였다.

"반드시 일이 있었는데 어찌하여 말하지 않는 것인가?"

제자들이 인영을 갖추어 말하니 스승이 말하였다

"그들이 암송한 것은 그들의 스승이 총명한 지혜로써 장론(長論)과 단론(短論)의 짧은 문장과 긴 문장으로 지극히 깊고 잘 묘사한 것이네."

이때 두 스승은 서로를 들어서 알고서 만나는 것을 원하였다. 오파저사가 아버지에게 가서 말하였다.

"나는 잠시 임위 마을에 가고자 합니다."

아버지가 까닭을 묻자 대답하였다,

"그 마을에 형영이라는 대신이 있고, 구리다(俱哩多)라는 아들이 있으며, 저는 그를 만나보고자 합니다."

아버지가 말하였다.

"그 사람의 지혜가 너보다 뛰어나냐?"

아들이 대답하여 말하였다.

"지혜는 뛰어나지 못하나 그는 크게 부유하고 재산이 많아 여러 사람들이 좋다고 찬탄합니다."

이때 오파저사가 게송으로 말하였다.

　나이 많은 사람을 존중해야 하고
　재산이 많은 자도 또한 존중해야 하지만
　만약 지혜가 많이 있으면
　모두 함께 존중하고 받든다네.

아버지는 아들의 말을 듣고서 대답하여 말하였다.

"그 사람이 온다면 마땅히 가르쳐 줄 것이나 마땅히 가지는 말게나."

이때 구리다도 아버지에게 가서 말하였다.

"나는 나자타(那刺陀) 마을에 가고자 합니다."

아버지가 말하였다.

"무슨 까닭인가?"

아들이 아버지께 대답하여 말하였다.

"그 마을에 저사라는 바라문이 있고, 아들인 오파저사를 만나보고 싶습니다."

아버지가 아들에게 물어 말하였다

"그가 너보다 부유한가?"

아들이 말하였다.

"나보다 부유하지는 않으나, 그 사람의 지혜는 나보다 뛰어난 까닭입니다."

이때에 구리다가 게송으로 말하였다.

　나이 많은 사람을 존중해야 하고
　지혜로운 사람도 또한 존중해야 하나
　재산이 많은 사람도
　모두 함께 존중하고 받들어야 하리라.

아버지가 아들에게 말하였다.

"그 사람이 여기에 오면 재물을 줄 것이나 마땅히 가지는 말게나."

뒤의 다른 때에 왕사성(王舍城)에서 큰 축제(節會)가 있었으며, 이때의 왕법(王法)에는 축제 때에는 왕이 직접 나갔으며, 혹은 태자를 보내기도 하였다. 그때 왕은 다른 일이 있어 스스로 나가지 못하고 곧 태자인 미생원(未生怨)[14]을 성 밖에 나가 참석(遊戱)하게 하였다. 이때 형영은 태자가 참석하러 나간다는 말을 듣고 문득 생각하였다.

"영승왕이 죽고 미생원 태자가 왕위를 이어 받으면 내 아들 구리다가 받들어 섬기는 신하가 되도록 하여야겠다."

이러한 생각을 한 아버지는 아들에게 알려 말하였다.

"자네는 축제의 장소로 가서 네 개의 높은 자리를 준비하게나. 이른바 왕의 자리와 대신의 자리와 음성(音聲)의 자리와 바라문의 자리이니라."

다시 아들에게 알려 말하였다.

"자네는 높은 대신의 자리에 앉도록 하게나."

아버지의 말에 따라 그곳에 가서 높은 대신의 자리에 앉았다. 이때 저사 또한 영승왕이 태자를 성 밖으로 내보내 참석하도록 한다는 말을 듣고 아들에게 말하였다.

"그대도 마땅히 그곳에 가서 네 개의 높은 자리를 살펴보고 그대가 가지고 가는 병과 발우와 지팡이를 세 번째 자리에 놓고 그대는 네 번째의 높은 자리에 앉게나. 해가 뜨고 해가 질 때까지 있는 모든 논사들은 그대와 대등할 자가 없을 것이네."

아들은 가르침에 의거하여 곧 자리에 가서 앉았다. 이때 모든 사람들이 여러 음악과 가영(歌詠)으로 찬탄하였으나 오파저사는 조용히 앉아 있으니 사람들이 보고 수군거리며 말하였다.

"그 사람은 반드시 크게 어리석거나, 어리석지 않고 큰 지혜가 있으니

---

14) 산스크리트어 ajātaśatru의 음사로 아사세라 음역되고 미생원(未生怨·未生寃)이라 번역된다. 아버지는 빈바사라왕(頻婆娑羅王)이고 어머니는 위제희(韋提希)이며, 아버지를 감옥에 가두어 죽인 왕이다.

조용히 있을 것이다."

이때 모든 음악이 멈추었다. 그때 구리다가 오파저사에게 물어 말하였다.

"그대는 음악과 함께 노래를 부르는 사람을 보았습니까?"

오파저사가 대답했다.

"나는 마음으로 관(觀)을 가지런히 하고, 그러한 일은 전혀 보지 않습니다."

대답하여 말하였다.

"보지 않았으면 귀로 듣지 않았는가?"

그때 오파저사가 게송으로 대답하여 말하였다.

　죽은 것의 가죽과 힘줄로 음악을 지으니
　여러 사람들이 즐거워할지라도
　무상(無常)의 빠름은 바퀴와 같나니
　지혜로운 사람은 즐거워하지 않는다네.

이때 구리다와 사람들이 게송을 듣고서 곧 물어 말하였다.

"그대는 오파저사가 아니시오?"

대답하여 말하였다.

"대중은 아십시오. 내가 오파저사이오."

곧 구리다에게 물어 말하였다.

"당신은 앞에서 음악 등을 보았습니까?"

대답하여 말하였다.

"보지 못하였습니다."

다시 대답하여 말하였다.

"그대는 마음으로 관하여 귀로써 듣지 못하였구려."

구리다가 게송으로 답하였다.

　모든 영락(瓔珞) 등으로 몸을 소중하게 장엄하고
　춤을 추고 몸을 흔들지라도 모두가 허망한 미치광이의 짓이요
　노래하고 즐거워하는 것은 비유하건대 부르짖음과 같나니

이것들은 모두 무상하다고 생각되는데 어찌 즐거움이 있으리오.

이때 오파저사가 알려 말하였다.
"당신은 구리다가 아닙니까?"
여러 사람들이 대답하였다.
"그렇습니다."
오파저사가 대답하여 말하였다.
"나는 그대를 위하여 왔습니다. 나와 함께 출가합시다."
구리다가 대답하여 말하였다.
"모든 제사를 지내는 것과 불의 신(火神)에게 제사지내는 것은 복을 구하기 위한 고행입니다. 이것에 의한 결과는 모두 내 손안에 있는 대신의 종족의 가문이요, 나는 항상 코끼리를 타고 다니는데 어찌하여 출가하겠습니까?"
이때 오파저사가 게송으로 말하였다

　만약 나무가 쓰러지려 할 때는
　가지와 잎으로는 서로가 구할 수 없듯이
　죽을 때도 또한 이와 같아서
　수용으로는 능히 구할 수 없으리.

이때 오파저사는 게송을 마치고 알려 말하였다.
"그대여. 함께 출가합시다."
대답하여 말하였다.
"나는 부모님께 여쭈어 허락하시면 출가하겠습니다."
이렇게 말하고 구리다는 곧 아버지의 처소에 가서 알려 말하였다.
"원하건대 아버지께서 나를 놓아주십시오. 청정한 믿음으로 출가할 것이고, 가문을 따라 출가하기를 원하옵니다."
아버지가 알려 말하였다.

"모든 제사를 지내는 것과 불의 신에게 제사지내는 것은 복을 구하기 위한 고행이다. 그대는 지금 결과를 모두 얻었고, 대신의 아들이 되었으며, 코끼리를 타는 스승으로써 마땅히 대신이 될 것인데 어찌하여 출가하려고 하는가?"

이때 구리다가 곧 아버지의 앞에서 게송으로 말하였다.

오히려 숲속에서 나무껍질로써 옷을 입고
짐승과 함께 살면서 여러 과일을 먹을지라도
나라의 일과 감춰진 얽매임에 인연을 짓지 않나니
지혜로운 사람은 두려운 일을 하지 않습니다.

게송을 듣고 아버지가 알려 말하였다.

"그대는 오직 하나뿐인 아들이어서 초승달처럼 사랑하였으며, 이와 같은 것을 이전부터 널리 말해주었네. 일반적으로 아이들은 부모를 의지하나, 뜻과 의지와 소망이 바뀌지 않을 것이기에 그대의 출가를 허락하겠네."

이때 함께 수행할 벗들이 도착하였다. 구리다는 거룩한 마음을 일으켜 몸과 뜻을 잘 단속하고서 나라타 마을을 향해 떠났다. 그때 오파저사는 항상 적정을 즐기면서 아란야(阿蘭若)[15]의 처소에서 5백 제자를 데리고 범정신주(梵靜神呪)를 독송하고 있었다. 이때 구리다는 점차로 걸어서 나라타 마을에 이르러 여러 사람들에게 물었다.

"오파저사는 지금 어디에 있습니까?"

마을 사람들이 대답하여 말하였다.

"지금 아란야의 처소에서 5백 대중을 데리고 범정신주를 독송하고 있습니다."

이때 구리다는 곧 아란야의 처소로 가서 서로 마주하고서 오파저사에게 알려 말하였다.

"출가하는 것이 지금이 적당한 때입니다."

---

15) 마을(村落)에서 멀리 떨어져 있어 수행하기에 알맞은 한적(閑寂)한 곳을 가리킨다.

오파저사가 말하였다.

"그대는 아버지께 출가를 허락 받았습니까?"

대답하여 말하였다.

"받았습니다."

오파저사가 구리다에게 말하였다.

"그대는 잠시 기다려주시오. 나도 또한 아버지께 출가하는 것을 여쭈어 보겠습니다."

구리다가 말하였다.

"그대가 지금 물으러 가면 언제 돌아올 수 있겠습니까?"

대답하여 말하였다.

"잠시 갔다가 곧 돌아오겠습니다."

오파저사는 부모님이 계신 곳으로 가서 말하였다.

"지금 내게 청이 있으니 들어주십시오. 원하건대 애민(哀愍)히 생각하여 나의 청정한 출가를 허락하여 주십시오."

부모가 대답하여 말하였다.

"매우 좋은 일이구나. 그대의 소원대로 출가하게."

이때 오파저사는 구리다의 처소로 돌아와 알려 말하였다.

"구리다여. 부모가 이미 허락하셨으니 함께 출가하도록 합시다."

또한 다시 여러 제자들에게 물었다.

"그대들도 부모가 출가를 허락하였는가?"

제자들이 대답하여 말하였다

"이미 허락하였습니다."

이때 구리다가 물었다.

"나는 부모께서 허락하는 것에 많은 시간이 흘렀는데, 그대들은 어떤 계획을 세웠기에 가서 빨리 돌아올 수 있었습니까?"

대답하여 말하였다.

"그대는 집안과 인연이 감옥(牢禁)처럼 두텁고 소중하였으므로 늦게 온 것이요, 나는 집안의 인연이 가벼운 까닭으로 빠르게 돌아온 것입니다.

다만 지금 뿐만 아니라 지난 5백 생(生)을 출가하였습니다. 또한 항상
발원하기를 '태어나는 곳마다 귀하지도 않고 천하지도 않는 집안에 태어나
게 하십시오.'라고 발원하여 이 인연으로 얽매임이 가벼워 빠르게 돌아온
것입니다."

구리다가 여러 사람들에게 말하였다.

"나의 가문은 고귀한데 지금 출가하고자 하니 어찌 이익이 따르지
않겠습니까? 모두 함께 왕성(王城)으로 가서 청정한 수행자들에게 물어봅
시다."

이때 성 안에는 모두 신통(神通)을 얻어 갖추었다고 스스로가 말하는
육사외도들이 있었다. 오파저사와 구리다 등은 그 여섯 외도의 포자나(脯刺
拏)에게 물었다.

"법안(法眼)을 어떻게 행하고, 어떻게 교법(敎法)을 익히며, 어떤 과보를
얻습니까? 만약 범행을 지니면 어떠한 수승(殊勝)함을 얻습니까?"

그 스승이 대답하여 말하였다.

"나는 이와 같이 보고, 이와 같이 말한다네. 주는 것도 없고, 사랑도
없으며, 보는 것도 없고, 제사(祭祀)도 없으며, 선행(善行)도 없고, 악행(惡行)
도 없다네. 선악(善惡)의 업보(業報)와 이숙과(異熟果)[16]도 없으며, 현재의
생도 없고, 미래의 생도 없으며, 아버지도 없고, 어머니도 없다네. 화생(化
生)도 없고, 유정(有情)[17]도 없으며, 세간(世間)도 없으며, 아라한도 없으므
로 바른 행이며 바른 성취이네.

만약 현재의 생과 미래의 세상을 보았으면 나의 이 법에서 신통을
증명(證明)하고, 원만한 성취를 설명하며, 나는 태어남을 이미 마쳤고,
범행도 이미 이루어졌으며, 지어야 할 일도 이미 끝내서 뒤에 몸을 받지
않는다네. 오직 이 생의 몸을 받았으나 미래의 생을 끊었으니 목숨을
마치면 곧 무너진다네. 사대(四大)가 함께 모여서 거짓으로 사람의 몸이
되었으나 이 목숨이 끊어질 때 사대는 각자 본래 자리로 돌아가고, 다섯

---

16) 과거에 지은 업이 성숙되어 현재의 과보로써 작용하는 것을 가리킨다.
17) '중생'을 당나라 시대에 다르게 표현한 말이다.

번째는 공계(空界)로 돌아가며 모든 근(根)이 곧 돌아가면 장차 시체로써 숲속에서 태워져 재로써 변하고, 해골(骸骨)은 비둘기의 빛이 되는 것이니 사람은 곧 없는 것이네. 이렇게 정확히 알면 지혜로운 사람으로서 보시를 행하고 보시를 받는 사람이라네. 이렇게 있다고 말하는 사람은 모두가 공허하고 허망한 말이고, 헛되게 부르짖는 말이므로 모두가 어리석은 사람들이네. 만약 지혜로운 사람이라면 끊어지고 무너지는 것을 정확히 알 것이며 미래의 몸이 없다는 것을 알 것이네."

이때 구리다와 오파저사는 이렇게 생각하였다.

"이 스승은 그릇된 도(道)에 머물러서 지혜가 아닌 것을 행하고 있으니 어진 사람이라면 마땅히 그 도를 배우고 잘못된 도(崄道)를 수행하지 않으리라."

게송으로 말하였다.

그릇된 견해는 옳은 말이 아니며
정(情)으로 즐거워하는 것은 하열(下劣)한 법이니
옳은 가르침이 만약 이와 같다면
그릇된 법은 마땅히 무엇이라 말하겠는가?

이렇게 말을 마치고, 그는 빈 그릇을 두드리는 것과 같음을 마땅히 알고서 떠나갔다.

다음으로 말갈리구사리자(末羯利瞿閣離子)의 처소로 가서 말하였다.

"당신은 법안을 어떻게 행하고, 어떻게 교법을 익히며, 어떤 과보를 얻습니까? 만약 범행을 지니면 어떠한 수승함을 얻습니까?"

대답하여 말하였다.

"나는 이와 같이 보고, 이와 같이 말한다네. 인(因)도 없고 연(緣)도 없으나 유정들은 고통을 받는다네. 인도 없고 연도 없으나 청정함을 얻는 것은 인연에 의지하지 않고 자연(自然)히 청정함을 얻는 것이네. 인도 없고 연도 없으니 유정들은 지혜가 없고, 견해도 없으며, 인도 없고 연도 없으나 유정은 자연히 지혜가 있기도 한다네. 힘도 없고, 정진(精進)도 없으며, 장부(丈夫)도 없고, 세간의 힘도 없으며, 나의 모습도 없고, 타인의 모습도 없으며, 내가 짓는 것도 없고 타인이 짓는 것도 없다네. 모든 유정과 모든 목숨이 있는 것과 모든 유정들은 처소도 없고, 거처도 없으며, 관(觀)함도 없는 것이 결정적으로 바른 도이며, 이른바 육도중생의 유정이 귀의(歸依)한다면 고통과 즐거움을 깨닫게 될 것이네."

이때 구리다와 오파저사는 이렇게 생각하였다.

"이 스승도 그릇된 도에 머무르고 있고, 그릇된 도를 행하고 있으니, 지혜 있는 사람이라면 멀리 해야 한다. 이것은 너무나 험준한 길이다."

이와 같이 알고서 다시 게송으로 말하였다.

그릇된 견해는 옳은 말이 아니며
정으로 즐거워하는 것은 하열한 법이니
옳은 가르침이 만약 이와 같다면
그릇된 법은 마땅히 무엇이라 말하겠는가?

이렇게 말을 마치고, 빈 그릇을 두드리는 것과 같음을 알고서 떠나갔다.

다음은 산서이비자지자(珊逝移毘剌知子)의 처소로 가서 말하였다.

"당신은 법안을 어떻게 행하고, 어떻게 교법을 익히며, 어떤 과보를 얻습니까? 만약 범행을 지니면 어떠한 수승함을 얻습니까?"

대답하여 말하였다.

"마납파(摩納婆)[18]여. 나의 종지(宗旨)를 이곳의 처소에서 나는 이와 같이 보고, 이와 같이 말하나니, 그대들도 마땅히 이와 같이 행하게. 마땅히 생명을 죽이고자 하면 마땅히 할 것이고, 또한 남에게 가르치게. 마땅히 스스로 태우고, 남을 시켜서 태우며, 베고, 꺾으며, 해치는 것 등도 또한 행하라. 주지 않는 물건을 취할 것이고, 욕심이 있으면 행하며,

<hr>

18) 산스크리트어 Mānavaka의 음사로 마납파(摩納婆)·마바바가(摩婆婆迦)·마납바부가(摩納婆嚩迦)라고 음역되고 연소(年少)·장자(長者)·선혜(善慧) 등으로 번역된다.

허망한 말을 하고, 술 등을 마땅히 마시며, 사람을 산처럼 쌓아놓고 예리한 칼로 죽이고, 잘라서 무더기를 만들어라. 이와 같이 여러 가지로 살해(殺害)하여도 죄업이 없고 또한 과보도 없다.

항하(恒河)의 남쪽 언덕에서 여러 가지 살생을 하고 북쪽 언덕에서는 여러 가지 제사를 지내도 죄도 없고, 복이 없으며, 만약 보시와 지계와 정진 등의 법과 사섭법(四攝法)19)을 행하여도 짓지 않는 사람이 오히려 큰 과보(果報)를 얻을 것이다."

이때 구리다와 오파저사는 서로에게 말하였다.

"이 말은 이치에 맞지 않으며 아울러 그릇된 가르침이니 마땅히 두려워하여야 할 것이고, 지혜로운 사람이라면 멀리 떠나야 할 것이다."

그리고는 게송으로 말하였다.

그릇된 견해는 옳은 말이 아니며
정으로 즐거워하는 것은 하열한 법이니
옳은 가르침이 만약 이와 같다면
그릇된 법은 마땅히 무엇이라 말하겠는가?

이렇게 말을 마치고, 빈 그릇을 두드리는 것과 같음을 알고서 떠나갔다.

다음은 아시다계사감발라자(阿市多雞舍甘跋羅子)의 처소로 가서 말하였다.

"당신은 법안을 어떻게 행하고, 어떻게 교법을 익히며, 어떤 과보를 얻습니까? 만약 범행을 지니면 어떠한 수승함을 얻습니까?"

대답하여 말하였다.

"마납파여. 나의 종지를 이곳의 처소에서 나는 이와 같이 보고, 이와 같이 말한다. 다시 일곱 가지로 이루어진 몸이 있으니 일곱 가지는 무엇인가? 이른바 지·수·화·풍·고(苦)·낙(樂)·명(命)이다. 이것은 모두 짓는 것이 없고, 지을 것도 없으며, 변화하는 것도 없고, 변화를 받는 것도 없으며,

---

19) 사섭사(四攝事) 또는 사섭(四攝)이라고도 말하고, 보시섭(布施攝)·애어섭(愛語攝)·이행섭(利行攝)·동사섭(同事攝)을 가리킨다.

손해(損害)되는 것도 없고, 안정되게 쌓여 모여 있으니 오히려 나뭇가지가 서로 의지하는 것과 같다. 그들은 모두 태어나는 것도 아니고, 바뀌어 변화하는 것도 없으니 지극하게 서로를 해치지 않는 것이다.

만약 복과 죄가 있으면 이것이 죄와 복이며, 괴롭고 즐거움이 있으면 이것이 괴롭고 즐거운 것이다. 그 일곱 중에서 어느 것이 장부(丈夫)가 되어 능히 서로를 살해하는가? 죽이는 것이나 죽임을 당하는 것이 모두 주체(主宰)가 없으니 이 세간은 결국 파괴되지 않는 것이다.

명(命)은 육신의 구멍(竅)에 머물면서 육신의 주인이 되나 마침내 손해되는 것이 없다. 이 가운데에서 서로를 해치는 것도 없고, 또한 투쟁하는 것도 없으며, 깨닫는 것도 없고, 깨침을 일으키는 것도 없으며, 또한 생각하고 기억하는 것도 없고, 성찰하는 것도 없다. 또한 나타나는 것도 없고, 드러내 보이는 것도 없어서 일만 사천육백의 법도에 나아가는 문을 상수(上首)[20]로 삼는다.

다시 다섯 가지 업(業)이 있으니 세 가지는 스스로 짓는 것이고 두 가지는 지어지는 것이다. 또한 완전한 업과 절반의 업(半業)이 있고, 육만사천의 보는 친속이 있으며, 육십의 중겁(中劫)이 있으며, 일백삼십의 나자가(那刺迦)[21]의 여러 근기가 있다.

또 일백삼십육 종류의 병(病)의 경계가 있고, 사만구천의 용(龍)의 권속과 사만구천 묘시조(妙翅鳥)[22]와 사만구천의 니건자(尼揵子)의 권속과 사만구천의 외도권속과 일곱의 유명겁(有名劫)과 일곱의 무명겁(無名劫)과 일곱의 아수라(阿蘇羅)의 세계와 일곱의 비사차(毘舍遮)의 세계와 일곱의 천거(天居)와 일곱의 인간(人間)과 일곱의 대지(大地)와 일곱의 소지(小地)와 일곱의 대몽(大夢)과 칠백의 소몽(小夢)과 일곱의 대전항(大巔坑)과 칠백의 소전항(小巔坑)과 일곱의 대오(大悟)와 칠백의 소오(小悟)와 여섯의 단엄생(端嚴生)

---

20) 가장 뛰어난 가르침을 뜻한다.
21) 산스크리트어 naraka의 음사로 일반적으로 나락가(那落迦)로 음역되고, 지옥을 가리키는 말이다.
22) 산스크리트어 garuda의 음사로 가유라(迦留羅)·갈로차·가로차(迦路茶)라고 음역되고, 금시조(金翅鳥)·묘시조(妙翅鳥)라고 번역된다.

과 열가지의 증장(增長)의 대장부가 있으니 이것이 곧 팔만사천 대겁(大劫)이며, 이 가운데에서 어리석은 사람과 지혜로운 사람을 모두 유전(流轉)하여 마치면 괴로움이 다하고 자연히 비로소 해탈을 얻는다.

비유하면 밧줄 끝에 무거운 물건을 묶어 높은 곳에서 낮은 곳으로 던지면 밧줄이 다 풀어져 내려가는 것과 같다. 어리석은 사람과 지혜로운 사람도 이와 같아서 팔만사천겁을 지나면서 태어나고 죽는 것을 유전하여 겁이 마쳐야 해탈을 얻을 수 있다.

이 중에 어떤 바라문이나 사문이 능히 이와 같이 말할 것이다.

"내가 이 금계(禁戒)로써 고행으로 범행을 열심히 수행하면 성숙하지 못한 것을 성숙시킬 것이다. 그 성숙한 사람은 고통을 마치고 과보를 얻으리라. 이렇게 말하는 사람은 옳지 못한 처신이다. 자연스럽게 고통과 즐거움은 항상 머무르는 것이며, 늘어나는 것도 줄어드는 것도 없고, 알 수도 없다. 내가 말하나니 태어나고 죽는 것은 진실로 헛되지 않는 것이다."

이렇게 말을 마치자 구리다와 오파저사가 함께 생각하였다.

'이 스승도 그릇된 도에 머물러 있으니 험난한 길과 같다. 지혜로운 사람은 마땅히 멀리 떠나야 할 것이다.'

게송으로 말하였다.

그릇된 견해는 옳은 말이 아니며
정으로 즐거워하는 것은 하열한 법이니
옳은 가르침이 만약 이와 같다면
그릇된 법은 마땅히 무엇이라 말하겠는가?

이렇게 게송을 마치고, 빈 그릇을 두드리는 같다고 생각하였으며,[자세한 설명은 앞에서와 같다.]

다음은 니게연타자(昵揭爛陀子)의 처소로 가서 말하였다.

"당신은 법안을 어떻게 행하고, 어떻게 교법을 익히며, 어떤 과보를 얻습니까? 만약 범행을 지니면 어떠한 수승함을 얻습니까?"

대답하여 말하였다.

"마납파여. 나의 종지를 이곳의 처소에서 나는 이와 같이 보고, 이와 같이 말한다네. 모든 유정들이 받는 과보는 모두 지난 업(宿業)에 의거한 것이니 과거의 나쁜 업은 현재의 삶에서 범행을 닦아 고통을 마치는 것이고, 현재의 삶에서 닦는 선이 인연으로 과보를 얻어 다시 나쁜 업을 짓지 않으면 마땅히 번뇌가 사라지고, 번뇌가 이미 사라지면 고통의 업이 사라지고, 고통의 과보가 사라지면 지극한 끝마침(邊際)을 얻게 될 것이다."

이때 구리다와 오파저사는 이 말을 듣고서 문득 이렇게 생각을 하였다.

'이 스승도 그릇된 도에 머물러 있으니 험난한 길과 같다. 지혜로운 사람은 마땅히 멀리 떠나야 할 것이다.'

게송으로 말하였다.

그릇된 견해는 옳은 말이 아니며
정으로 즐거워하는 것은 하열한 법이니
옳은 가르침이 만약 이와 같다면
그릇된 법은 마땅히 무엇이라 말하겠는가?

이렇게 게송을 마치고, 빈 그릇을 두드리는 것 같다고 생각하였으며,[자세한 설명은 앞에서와 같다.] 곧 그곳을 버리고 떠나갔다.

근본설일체유부비나야출가사 제2권

[이것에는 사리불(舍利目)과 목련(連緣)을 제도하는 인연이 수록되어
있다.]

이때 가르치는 스승이 있었으니, 산서이(珊逝移)라고 이름하였다. 곧
그 스승에게 나아가 여러 사람들에게 물었다.

"이 스승은 어느 처소에서 연좌(宴坐)1)하고 있습니까?"

그 스승은 방 안에 있으면서 이러한 말을 듣고서 이렇게 생각하였다.

'내가 이곳에 오래 있었으나 연좌한다는 말은 들어보지 못하였다.'

이때 구리다 등은 다시 이렇게 생각하였다.

'그 스승이 연좌를 한다면 우리들이 마땅히 그를 곧 일으키지 않으며,
일어나는 것을 기다려서 마땅히 곧 서로가 만나야겠구나.'

이렇게 생각하고 곧 가려진 곳에 숨었다. 이때 산서이가 연좌에서
일어나니 모든 근(根)이 청정하였다. 그 두 사람은 이것을 알고 곧 그에게
나아가 말하였다.

"당신은 법안을 어떻게 행하고, 어떻게 교법을 익히며, 어떤 과보를
얻습니까? 만약 범행을 지니면 어떠한 수승함을 얻습니까?"

대답하여 말하였다.

"나는 이와 같이 보고, 이와 같이 말한다네. 진실하고 망령된 말을
하지 않으며, 중생을 해치지 아니하고. 항상 태어남도 죽음도 없으며,
타락하지도 않고 없어지지도 않으면 반드시 두 범천(梵天)에 태어날 것이
네."

이때 두 사람이 물어 말하였다.

---

1) 고요히 앉아서 참선(參禪)하는 것을 말한다.

"말씀하신 뜻이 무엇입니까?"

대답하여 말하였다.

"망령된 말을 하지 않는 것을 출가라고 이름하고, 중생을 해치지 않는 것은 모든 법의 근본이 되는 것이며, 항상 태어남도 없고 죽음도 없으며 타락하지도 않고 없어지지도 않는다는 것은 곧 열반이고, 두 범천에 태어난다고 하는 것은 모든 바라문들이 범행을 닦아서 모두가 그 처소를 구하는 것이네."

이 말을 듣고서 말하였다.

"존자시여. 저희들이 출가를 받아들여 범행을 닦게 하여 주십시오."

이것을 갖추어 두 사람은 함께 출가하게 되었다. 출가를 하니 사방의 먼 곳까지 구리다 등이 산서이의 처소에서 출가하였다는 소문이 퍼졌다. 이때 산서이는 많은 이양(利養)을 얻고서 이렇게 생각하였다.

"나는 옛날에도 종족이 명망이 있는 교진종성(憍陳種姓)이었고, 지금에 도 또한 교진종성이지만 지금의 이익을 얻는 것은 두 사람의 복덕 때문이며 나의 복은 아니구나."

이렇게 생각하였다. 이때 산서이에게는 이전부터 오백 제자가 있어 항상 논전(論典)을 가르쳤으나, 곧 두 사람에게 명하여 각각 250명의 제자를 거느리고 그 교법을 가르치게 하였다. 이때 산서이가 갑자기 병에 들어서 오파저사가 구리다에게 말하였다.

"스승이 지금 병이 들었으니 그대는 약을 구하러 가겠는가? 간병을 하겠는가?"

대답하여 말하였다.

"그대는 지혜가 있으니 마땅히 간호하게나. 나는 마땅히 약을 구해오겠 네."

이때 구리다는 여러 약의 뿌리와 줄기와 꽃을 구하여 스승이 복용하도록 하였으나 병은 점점 악화되었다. 이때 스승이 곧 미소를 지으니 저사가 알려 말하였다.

"대인(大人)께서는 인연이 없이 미소를 짓지 않으나, 지금 미소를 짓는 것은 무슨 인연이 있습니까?"

스승이 대답하여 말하였다.

"그대의 말이 옳네. 내가 미소를 지은 것은 금주(金洲)의 왕을 금주(金主)라고 이름하였고, 목숨을 마쳐 화장(火葬)하려고 하니 왕비가 괴로워하다가 또한 스스로 분신하였기 때문이네. 중생의 어리석음은 욕심에 이끌리기 때문이니 욕정(欲情)에 물든 까닭으로 이렇게 고뇌를 받는 것이네."

오파저사가 알려 말하였다.

"몇 년 몇 월 몇 일에 이러한 일이 있었습니까?"

대답하여 말하였다.

"몇 년 몇 월 몇 일의 어느 때일세."

그때 두 제자는 곧 기록하고서 다시 물어 말하였다.

"우리들이 출가한 것은 생사(生死)를 끊는 것을 구하고자 합니다. 스승께서는 이미 이것을 얻으셨으니 우리에게도 생사를 끊는 것을 가르쳐 주십시오."

스승이 대답하여 말하였다.

"내가 출가한 뜻도 역시 이것을 구하는 일이었으며, 그대들이 지금 청하는 것과 같으나 나는 아직 그것을 얻지 못하였네."

그러나 보름날 포쇄타(褒灑陀)의 때에 모든 하늘의 대중들이 허공에 있으면서 이렇게 말하였다.

"석가의 종족 중에 동자가 탄생하였고, 설산(雪山)에 분로(分路)라고 이름하는 강이 있고, 그 강가에 겁비라(劫比羅) 선인이 머무르는 처소에 한 바라문이 천문(天文)과 점술(占相)을 잘 이해하였으며, 그 동자에게 수기하였네. 반드시 전륜성왕이 될 것이며, 만약 출가하면 여래·응공·정등각을 증득하여 명성이 시방에 들릴 것이다."

제자에게 알려 말하였다.

"그대들은 그의 가르침에 출가하여 범행을 닦고 지니며, 마땅히 자기의 종족이 고귀하다고 믿지 않으며, 마땅히 범행을 닦아 여러 근을 조복하며, 그대들은 그에게 묘과(妙果)를 증득하면 생사를 받지 아니할 것이다."

이 말을 마치고 곧 게송으로 말하였다.

쌓인 것은 모두가 흩어져 사라지고
더욱 높은 것은 반드시 떨어지는 것이며
만나는 것은 마침내 헤어지는 것이니
목숨이 있는 것은 모두 죽음으로 돌아간다네.

이때 스승은 오래지 않아 목숨을 마쳤고, 모든 제자들은 파랑·노랑·빨강·흰색의 비단으로 스승을 감아서 숲속으로 갔고 예를 올리고 화장하여 마쳤다.

이때 금주(金洲)에는 금발(金髮)이라고 이름하는 바라문이 있었다. 그곳을 떠나 왕사성의 오파저사의 처소에 왔다. 오파저사가 물었다.

"그대는 어디에서 왔는가?"

대답하여 말하였다.

"금주에서 왔습니다."

"그대는 일찍이 그곳에서 드문 일을 보았습니까?"

대답하여 말하였다.

"다른 일은 보지 못하였고, 금주의 왕이 목숨을 마쳐 화장을 할 때에 왕비가 슬퍼하며 분신을 하였습니다."

곧 다시 물어 말하였다.

"몇 년 몇 월 몇 일이었습니까?"

대답하여 말하였다.

"몇 년 몇 월 몇 일의 어느 시절입니다."

오파저사는 자신이 기록을 살펴보니 진실로 스승의 말과 같았다. 이때 구리다가 오파저사에게 말하였다.

"우리의 스승은 이미 묘법을 증득하였다. 그러나 스승은 그 비법을 우리에게 가르쳐주지 아니하였으나, 만약 스승께서 천이(天耳)와 법안을 증득하지 못하였으면 어찌 다른 지방에 있었던 이러한 일을 알았겠는가?"

이때 구리다는 이렇게 생각하였다.

"오파저사는 총명하고 지혜로우니 스승의 처소에서 마땅히 묘법을 얻었으나, 나에게는 가르쳐주지 않았을 것이다."

이와 같이 생각하고 곧 알려 말하였다.

"우리는 함께 맹세를 하세. 만약 누구라도 먼저 높은 묘법을 증득하면 마땅히 서로를 제도하여 해탈하도록 하세."

이렇게 맹세를 마치고 인간세상을 유행하였다.

이때 보살께서는 나이가 스물아홉으로 왕궁에 머물러 다섯 가지의 욕락을 누릴 수 있었으나 이미 생로병사를 보고서 마음에서 떠나고자 하는 마음을 일으켜 밤중에 성(城)을 넘어 숲속으로 나아갔다. 육년을 고행하였으나 모두 얻은 것이 없었다. 뜻에 따라 수식관(喘息)을 닦았으나 곧 맛이 좋은 유락(乳酪) 등을 드시고, 소유(酥油)를 몸에 바르고서 향탕(香湯)에 목욕을 하시고는 곧 군대가 있는 마을로 가시어 환희(歡喜)와 환희력(歡喜力)의 소를 기르는 두 명의 여인으로부터 십육 배(倍)의 우유죽을 받아 드시었다. 보살께서 죽을 드시자, 이때 흑색용왕(黑色龍王)이 '매우 좋도다(善哉).'라고 찬탄하였으며, 다시 상주(常住)라는 이름의 사람은 보살께 길상초(吉祥草)를 드리니, 곧 보리수 아래에 가서 그 풀을 깔았는데 그 풀은 흩어지지 않고 오른쪽 방향으로 정리되었다. 보살께서는 풀 위에서 가부좌를 하시고 몸을 단정히 하고서 생각을 바로 하고 곧 마음으로 때를 기약하면서 발원하셨다.

'내가 만약 모든 번뇌를 없애지 못하면 이 자리에서 일어나지 않으리라.'

이때 보살께서는 아직 깨달음을 증득하지 못하셨으나, 곧 삼십육만 구지(俱胝)[2]의 악마들에게 항복을 받으셨다. 그 악마들은 각각 백천의 귀신 권속이 있었으나, 이때 보살께서는 자비의 갑옷(鎧仗)으로 악마에게 항복받으시고는 곧 무상정등보리(無上正等菩提)를 증득하셨다. 이때 범천이 세존께 와서 청하였다.

---

2) 산스크리트어 koṭi의 음사로서 숫자의 단위로, 10^7을 가리킨다.

"바라니사(波羅尼斯)에 오시어 법륜(法輪)을 세 번 굴리십시오."

이때 모인 청중 가운데에는 대신의 아들 오십여 명이 있었으며, 법을 듣고서 모두 출가를 청하여 구족계(近圓)를 받았다. 이때 세존께서는 다시 다른 마을인 백첩림(白疊林)으로 가시어 육십 명의 좋은 도반들에게 설법을 듣게 하여 곧 바른 믿음을 얻게 하셨다. 다시 군주(軍住)라는 마을로 가셨다. 그 마을의 촌장(聚落主)에게는 두 딸이 있었으니, 첫째는 난타(難陀)였고, 둘째는 난타바라(難陀波羅)였으며, 부처님의 설법을 듣고서 바른 믿음을 얻은 것이 앞서와 같다. 다시 우루빈나(憂樓頻螺)의 연못이 있어 그곳에 큰 선인이 살고 있었으니 가섭(迦攝)이라고 이름하였고, 천 명의 제자와 함께 부처님의 법을 듣고 모두 출가를 청하여 구족계를 받았다.

부처님께서는 가야정제저(伽耶頂制底)에 이르시니 가야가섭(伽耶迦攝)이 있었고, 세 가지의 신통변화를 나타내 보이시어 가섭이 반열반(圓寂處)에 머무르게 하셨다. 다음은 장림(杖林)으로 가시어 마갈타국의 주인인 영승대왕에게 진제(眞諦)를 보고 얻게 하시니, 팔만 명의 하늘의 대중과 마갈타국의 바라문과 거사가 함께 왕사성으로 와서 죽림(竹林)에 머물렀다. 세존께서는 죽림원의 갈란탁가(羯蘭鐸迦) 연못가에 머무르셨다. 이때 오파저사와 구리다가 인간세상을 유행하다가 왕사성에 이르러 성안이 적정(寂靜)한 것을 보고 곧 이렇게 생각하였다.

"저렇게 큰 성안이 적정한 것은 두 가지 까닭이 있을 것이다. 혹은 다른 사람의 원한과 두려움이 있기 때문이고, 혹은 큰 위덕(威德)이 있는 사문이나 바라문이 있을 것이다."

이렇게 생각을 하고 다니며 얼굴을 살펴보니 다른 원한과 두려움이 없이 얼굴에 세 점(點)을 그리고 점차로 유행하였다. 다시 무량한 백천만의 사람이 뒤를 따랐다. 뒤에 다른 때에 얼굴에 화장을 마치고 점차로 유행하였으나, 한 사람도 뒤따르지 않아서 곧 이렇게 생각하였다.

'내가 먼저 유행할 때는 무량한 백천의 사람들이 뒤를 따랐으나 지금은 한 사람도 없으니 이 일은 무엇일까?'

이때 세존께서는 모든 부처님들의 항상한 법(常法)대로 이렇게 생각하셨다.

"이 다른 학인(學人)은 한 사람은 지사라고 이름하고, 다른 사람은 구리다라고 이름한다. 이미 과거의 모든 부처님들의 처소에서 여러 가지의 선근(善根)을 심었고 오랫동안 복업을 닦았다. 비유하면 종기(熱腫)가 때가 되어 인연으로 터지면 곧 낫는 것과 같이 이 사람들의 근기가 성숙한 때는 바로 지금이구나."

세존께서는 또한 그 근기(根器)를 살피시고, 어떻게 제도할 것이며, 또한 누구의 처소에서 인연을 얻었는가를 살피시었다. 이 두 사람이 마땅히 율의를 구족한 사람의 처소에서 발심한 것을 관(觀)하여 아시었다. 세존께서는 곧 마승(馬勝) 필추에게 가서 그들을 제도하게 하셨다. 이때 마승 필추의 위의는 매우 단정하여 모든 천인(天人)과 사람들이 그를 보면 발심하였다. 부처님께서는 마승에게 말씀하셨다.

"그대가 그 두 사람을 섭수(攝受)하도록 하게."

세존의 가르침을 받고서 환희(歡喜)와 묵연(默然)으로 부처님 발에 정례하고 곧 떠나갔다. 이때 마승은 날이 밝아 때가 되자 가사를 입고 발우를 들고서 성 안으로 들어가 차례로 걸식하였으며, 그 위의가 단정하고 뒤돌아 오는 모습은 소(牛)의 왕과 같았다. 오파저사 범지는 밖으로 유행하다가 위의를 갖춘 마승존자를 보고 세상에서 매우 드물고 특이한 위의로서 아직까지 본 것이 없다고 찬탄하였다. 이때 오파저사는 곧 이렇게 생각하였다.

'이 성안에 있는 모든 출가자는 그 사람과 비교할 수 없구나. 나는 그에게 가서 누구에게 출가하였고, 어떠한 법을 배우며, 스승이 누구인지 물어보아야겠구나.'

이렇게 생각하고서 곧 길의 근처에 가서 존자를 기다렸다. 이때 존자가 저쪽에서 오자 오파저사가 보고서 곧 물어 말하였다.

"그대의 스승은 누구이고, 어떠한 법을 배우며, 누구에게서 출가하였습니까?"

마승이 대답하여 말하였다.

"나의 스승은 큰 스승(大師)으로서 석가의 종족이며, 사문인 교답마(喬答摩)이시고, 지금 무상(無上)의 정등보리(正等菩提)를 증득하셨습니다. 그분께서는 나의 스승이시며, 나는 그 분을 의지하여 머리털을 깎고서 출가하여 범행을 수행하고, 교법(敎法)을 독송(讀誦)하고 있습니다."

이때 오파저사가 알려 말하였다.

"구수여. 원하건대 나에게 법을 설하여 듣게 하여 주십시오."

마승이 대답하여 말하였다.

"여래의 교법은 매우 깊고 미묘(微妙)하여 이해하기도 어렵고 아는 것도 어렵습니다. 나는 최근에 출가하여 자세하게 설명하지 못합니다. 그리고 나는 지금 문구들을 기억할 수는 없으며 뜻을 간략하게 말할 수 있습니다."

오파저사가 대답하여 말하였다.

"원하건대 그 뜻을 말해 주십시오."

이때 마승은 곧 게송으로 알려 말하였다.

모든 법은 연기(緣起)를 따르나니
여래께서는 이러한 인(因) 말씀하시네.
저 법도 인연에서 없어지는 것이니
이것을 대사문께서 설하신다네.

이 게송을 마치니 오파저사는 곧 번뇌를 없애고 법안을 증득하여 법 가운데에서 법안을 얻었다. 법을 본 뒤에는 마음의 의혹이 없어지고 마음에 두려움이 없어져 홀연히 일어서 공경스럽게 합장하고 이렇게 말하였다.

"이 분이 나의 스승이시며, 이 법이 바른 법이다. 이 법에 머무르는 사람은 다시는 타락하지 않으니 이것이 걱정이 없는 곳이네. 나는 무량하고 광대(曠大)한 겁(劫)으로부터 이와 같이 깊고 중요한 법을 들어보지 못하였다."

곧 말하였다.

"구수여. 큰 스승이신 세존께서는 지금 어느 곳에 계십니까?"

대답하여 말하였다.

"나의 큰 스승께서는 왕사성의 갈란탁가 연못의 옆에 계십니다."

이때 오파저사는 뛸듯이 기뻐하며 공경히 합장하고 오른쪽으로 세 번을 돌고서 인사하고 떠나서 곧바로 구리다의 처소로 갔다. 이때 구리다는 멀리서 오는 것을 보고서 오파저사에게 말하였다.

"지금 그대의 얼굴과 모습은 이상하게 깨끗하고 모든 근이 청정하니 감로의 높은 묘법을 얻었는가?"

오파저사가 대답하여 말하였다.

"그렇다네. 그렇다네. 그대의 말과 같네."

이때 오파저사는 이전에 일을 자세히 말하고 다시 게송으로 말하였다.

모든 법은 인연을 따르나니
여래께서 이러한 인을 설하네.
저 법도 인연에서 없어지는 것이니
이것을 대사문께서 설하신다네.

이때 구리다는 이 법을 듣고서 다시 말하였다

"구수여. 나를 위하여 다시 설하게."

이때 오파저사가 거듭 말하였다.

모든 법은 인연을 따르나니
여래께서 이러한 인(因)을 설하네.
저 법도 인연에서 없어지는 것이니
이것을 대사문께서 설하신다네.

이 법을 설하여 마치자 이때 구리다는 곧 번뇌를 없애고 법 가운데에서 법안을 얻었다. 법을 본 뒤에는 공경스럽게 합장하고 매우 기뻐하며, 정례(頂禮)하고서 이렇게 말하였다.

"이것이 바른 법이니 만약 이 법에 머무르면 타락하지 않을 것이며, 나는 무량한 구지의 겁으로부터 이러한 법을 아직 듣지 못하였다."

이때 구리다가 오파저사에게 물어 말하였다.

"큰 스승이신 세존께서는 지금 어느 곳에 계시는가?"

대답하여 말하였다.

"왕사성의 갈란탁가 연못가에 계신다네."

이 말을 듣고 다시 오파저사에게 말하였다.

"지금 마땅히 함께 가서 스승께 출가하여 범행을 닦도록 하세."

대답하여 말하였다.

"매우 좋네."

구리다가 말하였다.

"모든 제자들에게 함께 출가할 것인가를 물어보아야겠네."

오파저사가 대답하여 말하였다.

"좋고, 좋네. 그대의 명예와 복덕은 많은 사람들이 알고 있으니 제자들에게 가서 마땅히 물어보게나."

이때 구리다가 제자들에게 알리고 물었다.

"나와 오파저사는 지금 불세존의 처소에 가서 출가하고 도를 배우며 범행을 닦고자 하네. 그대들은 어떠한가?"

제자들이 대답하여 말하였다.

"우리들이 배우는 것은 모두 스승을 의지하였습니다. 지금 오바타야께서 세존을 따라 출가하시니 우리들도 역시 세존을 따라 출가하는 것을 원합니다."

스승이 알려 말하였다.

"좋네. 지금이 가장 알맞은 때이네."

이때 오파저사와 구리다는 각각 이백오십명의 제자와 함께 왕사성을 나와서 갈란탁가 죽림의 연못가에 가고자 하였다. 이때 구수 마승 필추는 세존과 멀지 않은 나무 아래에서 고요히 앉아 좌선을 하고 있었는데 오파저사가 멀리서 보고서 구리다에게 알려 말하였다.

"먼저 세존께 가서 예를 올릴 것인가? 오바타야가 있는 곳으로 먼저 가서 법을 듣겠는가?"

구리다가 말하였다.

"마땅히 법을 듣는 곳으로 가세나."

이렇게 말을 마치고 함께 존자 마승 필추가 있는 곳으로 가서 그의 발에 예를 드리고 뒤로 물러나 한쪽으로 앉았다. 이때 여래의 대중 가운데에 한 바라문이 있었으며, 이전에는 달의 신(月神)을 섬겼었다. 세존께서는 이 바라문을 위하여 게송을 설하셨다.

　　만약 사람이 능히 법을 알고자 한다면
　　늙음과 젊음을 논하지 않고서
　　마땅히 공경의 마음 일으킨다면
　　마치 달이 처음 뜨는 것과 같으리.

이때 법회의 대중 가운데는 또 불을 섬기던 바라문이 있었으므로 세존께서는 그를 위하여 게송을 설하셨다.

　　만약 사람이 능히 법을 알고자 한다면
　　늙음과 젊음을 논하지 않고서
　　마땅히 공경의 마음 일으킨다면
　　마치 불이 더러움을 깨끗하게 하는 것과 같으리.

이때 오파저사와 구리다 등은 존자 마승의 발에 예를 올리고 곧 부처님의 처소로 나아갔다. 이때 세존께서는 무량한 백 천의 필추들에게 앞뒤로 둘러싸이시어 법을 설하고 계시었다. 세존께서는 멀리서 구리다 등을 보시고서 곧 모든 필추에게 알려 말씀하였다.

"그대들도 이 두 사람이 대중에게 둘러싸인 상수(上首)인 것을 보았는가?"

대답하여 말하였다.

"그렇습니다. 우리들도 보고 있습니다."

세존께서 다시 말씀하셨다.

"그대들은 마땅히 알아야 한다. 이 두 사람은 나의 법에 출가하여 도를 배우고 성문 중에서 신통과 지혜가 가장 뛰어나리라."

이때 구리다와 오파저사는 세존의 처소로 와서 발에 예를 올리고 뒤로 물러나 한쪽에 앉아 부처님께 아뢰었다.

"세존이시여. 원하옵건대 우리들은 선법에 출가하여 구족계를 받고 필추가 되어 범행을 닦고자 합니다."

이때 부처님께서 두 사람에게 말씀하셨다.

"잘 왔구나! 필추여. 범행을 닦도록 하라."

부처님께서 이렇게 말씀을 마치시니 이때 두 사람은 머리카락이 저절로 떨어지고 가사가 몸에 입혀져 승려가 삭발한 것과 같았다. 일주일이 지나 위의가 갖추어졌고 백년의 필추와 같았다. 섭수하여 계송으로 말하리라.

세존께서 '잘 왔다.'고 말씀하시니
모든 근이 적정하여지고
머리카락이 떨어지고 가사가 입혀졌으며
위의가 백년의 필추와 같았네.

이때 많은 필추 대중들이 공양할 시간이 되어 가사를 입고 발우를 들고 왕사성으로 들어가 차례로 걸식하였는데, 그 성 안에 있던 산서이의 여러 제자들이 여러 필추들을 보고서 함께 비방하고 비난하면서 계송으로 말하였다.

세존은 왕사성과
마갈타에서 가장 뛰어난 분이나
산서이가 제도하여 마쳤으니
그대들이 지금 누구를 제도하겠는가?

이때 모든 필추들은 이 말을 듣고서 위의와 덕행을 잃어버렸으며 마음이 즐겁지 않았다. 걸식을 마치고 본래의 처소로 돌아와 공양을 마치고는 가사를 벗고 발을 씻고, 세존의 처소로 가서 세존의 발에 예를 올리고 뒤로 물러 한쪽에 앉아서 부처님께 아뢰었다.

"세존이시여. 우리들이 공양 시간이 되어 성안에서 걸식을 하는데 산서이의 제자들이 여러 가지로 비난하였습니다."

앞의 일을 갖추어 자세히 말씀드렸다.

"우리들은 조용히 있었고, 위의와 덕행이 없었으며, 마음이 즐겁지 않았습니다."

세존께서 말씀하셨다.

"그들이 다시 이렇게 말하면 그대들은 이와 같이 대답하라."

무릇 제도(濟度)는 마땅히 법에 맞아야 하나니
세존의 가르침은 이와 같이 올바른 것이네
그대들이 어떻게 알 수 있겠는가?
그대들도 이 법에 의지해 제도되어야 하는 것을

"이렇게 대답하면 위의와 덕행을 잃고서 말없이 떠나갈 것이다."

이때 여러 필추들은 가사를 입고 발우를 지니고 성안에 들어가 차례로 걸식을 하였는데 이때 산서이의 재자들이 앞에서와 같이 비난하면서 게송을 말하였다.

세존은 왕사성과

마갈타에서 가장 뛰어난 분이나
산서이가 제도하여 마쳤으니
그대들이 지금 누구를 제도하겠는가?

이때 여러 필추들은 이 말을 듣고 곧 게송으로 대답하였다.

산서이의 제자들은 이 말을 듣고서 위의와 덕행을 잃고 말없이 물러나
흩어졌다. 뒤에 어느 때 마타라 바라문과 아내가 함께 죽었고, 저사 바라문
의 아내인 사리도 또한 목숨을 마쳤는데, 구슬치라가 남쪽 지방에서
돌아와 무후세론을 가지고 나자타(那刺陀)의 마을에 이르렀다. 문지기가
물었다.
"구수여. 당신은 구슬치라가 아니십니까?"
대답하여 말하였다.
"그렇습니다."
이렇게 되어 많은 사람들이 알게 되었고 문지기에게 물었다.
"마타라 바라문은 지금 어느 곳에 있습니까?"
대답하여 말하였다.
"이미 죽었습니다."
다시 그의 아내와 저사 바라문 등을 물으니 앞에서와 같이 갖추어
대답하였다. 다시 물었다.
"사리의 아들은 지금 어디에 있습니까?"
대답하여 말하였다.
"왕사성에 큰 스승이 한분 있으며 산서이라고 이름합니다. 그 산서이가
요즘에 세상에 나왔는데 그 사람에게 출가하였습니다."
구슬치라는 곧 이렇게 말하였다.
"바라문 법에는 마땅히 출가하지 않는 것이니 이것은 좋은 일이 아니다."
점차 유행하여 왕사성에 이르러 사람들에게 물었다.
"산서이라는 큰 스승은 지금 어느 곳에 있습니까?"

여러 사람들이 대답하였다.

"큰 스승은 이미 죽었고 그의 제자들은 모두 사문 교답마에게 출가하였으며, 모든 좋은 일이라고 찬탄하였습니다. 선인이 이전에 수기하여 말하기를 '마땅히 전륜성왕이 될 것이라'고 하였으니, 만약 그가 왕이 되었으면 사리자도 마땅히 대신이 되었을 것입니다."

이때 구슬치라는 이 말을 듣고서 곧 세존의 처소로 나아가서 이와 같이 아뢰었다.

"사문 교답마시여. 모든 아법(我法)과 견해(有見) 등은 모두 내가 하고 싶은 것이 아니며, 불을 섬기는 일을 이렇게 보고 이렇게 말합니다. 나의 견해에서는 모든 것을 떠났고 없앴으며 또한 변화(變易)도 떠났습니다. 이러한 견해를 떠나서 상속(相續)하지 않고 다시 나머지의 견해도 취하지 않습니다. 사문 교답마시여. 나는 이렇게 보고 이렇게 이해합니다. 세상 사람들의 견해는 불을 많이 섬기는 일은 서로가 위배됩니다. 또한 이렇게 보고 이렇게 이해하면서도 모두 이 도(道)에 머문다고 말합니다. 그대 교답마시여. 이렇게 보고 이렇게 이해하십니까?

또한 사화론자(事火論者)들이 논하기를 '만약 사문과 바라문 등이 능히 이러한 견해를 버리고 나머지 견해를 취하지 않으면 이러한 사람들을 진실로 사문과 바라문으로서 미묘하게 머무르는 것이다.'라고 말할 수 있습니까?

또한 불을 섬기는 사람들은 '모두 세 가지 견해에 머무르나니 무엇을 말하는가? 첫째는 모든 것을 하지 않는 것이고, 둘째는 모든 것을 하고자 하는 것이며, 셋째는 모든 것을 원할지라도 하지 않고서 나아가 출가하는 일이다.'라고 말을 합니다.

세존께서 모든 필추들에게 말씀하셨다.

"나의 성문의 제자 가운데서 명석하게 이해하고 총명하고 뛰어난 것은 구슬치라 필추가 제일이로다."

이때 구수 사리자가 모든 번뇌를 끊고 아라한과를 증득하였다 이때 여러 필추들이 모두 의심이 일어나 세존께 여쭈었다.

"이 사리자는 이전에 무슨 업을 지었고 이 업에 의하여 뛰어난 지혜와 깊은 지혜와 의심이 없는 지혜를 얻게 되었습니까?"

부처님께서 말씀하셨다.

"모든 필추들이여. 그대들은 마땅히 들으라. 사리자는 이전에 지은 업을 돌이켜 스스로 얻은 것이며, 다른 것에서 얻은 것이 아니다. 나아가 자세히 말하겠으나, 과보는 돌이켜 스스로 받는 것이다.

옛날에 한 마을에 바라문이 있었으며 아내를 맞이한 지 얼마되지 않아 한 아기를 낳았고, 오래지 않아 다시 한 여자아이를 낳았다. 아이들이 점차로 자라났으나 부모들이 병을 얻어 모두가 죽었다. 이때 그 동자는 걱정하면서 숲속으로 가겠다고 생각하고 곧 여동생을 데리고 함께 숲속으로 가서 꽃과 열매를 구하여 스스로 목숨을 이어갔다.

그대들 필추들이여. 큰 검은 뱀(黑蛇)에게는 다섯 가지 허물이 있다. 무엇이 다섯 가지인가? 첫째는 화를 많이 내는 것이고, 둘째로 원한이 많은 것이며, 셋째는 악을 짓는 것이고, 넷째는 은혜를 모르는 것이며, 다섯째는 날카로운 독을 가진 것이다. 마땅히 알지니라. 여자에게도 다섯 가지 허물이 있다. 첫째는 화를 많이 내는 것이고, 둘째로 원한이 많은 것이며, 셋째는 악을 짓는 것이고, 넷째는 은혜를 모르는 것이며, 다섯째는 날카로운 독을 가진 것이다. 무엇을 여인의 날카로운 독이라 하는가? 일반적으로 모든 여인들은 맹렬하고 날카로운 욕심에 물들어 있다. 이때 여자아이는 성인이 되자 점점 욕심이 많아져 오빠에게 말하였다.

"나는 지금 항상 꽃과 열매로는 스스로 목숨을 잇지 못하겠으니 인간세상으로 가서 음식을 구해야겠어요."

이때 오빠는 누이동생을 데리고 숲속을 나와서 바라문의 집에 가서 걸식을 하였는데 두 사람이 함께 주인을 부르자 주인이 나와서 보고 말하였다.

"은거(隱居)하는 사람도 또한 아내가 있는가?"

오빠가 말하였다.

"나의 아내가 아니고 누이동생입니다."

그는 곧 오빠에게 물어 말하였다.

"이전에 혼인을 한 것이 있는가?"

그에게 대답하였다.

"아직 없습니다."

"만약 그러하다면 여동생을 나에게 줄 수 있겠는가?"

대답하여 말하였다.

"나는 이미 세간의 나쁜 법을 멀리 떠났습니다."

누이동생은 욕심이 많아서 오빠에게 알려 말하였다.

"나도 어찌 숲속에서 꽃과 열매로써 살아갈 수 없겠습니까? 그러나 번뇌의 핍박을 감당하지 못하여 숲을 버리고 멀리 있는 사람들이 사는 마을로 온 것이니, 지금 이 바라문에게 시집가게 해 주세요."

오빠가 말하였다.

"나는 진실로 너를 시집보낼 마음이 없다. 이것은 악법(惡法)이고, 내가 하고 싶은 일이 아니다. 네가 재가에 마음이 있다면 네 마음대로 하여라."

이때 바라문은 여인의 마음을 알고 집으로 데리고 들어가 종친들이 많이 모인 자리에서 아내로 맞았다. 오빠에게 알려 말하였다.

"지금 별도의 방을 주겠으니 나와 함께 한집에서 살아요."

오빠가 말하였다.

"나는 욕망은 원하지 않고 오로지 출가를 원하고 있다."

동생이 말하였다.

"함께 중요한 약속을 해 주시면 뜻에 따르겠어요."

오빠가 말하였다.

"무슨 약속을 원하는가?"

동생이 말하였다.

"수승한 과(果)를 증득하면 서로 만나기로 해요."

오빠가 말하였다.

"좋다. 너의 소원대로 하자."

곧 이별하고 은거하는 스승의 처소에 이르러 출가하였다. 전생의 선근

(善根)의 힘 때문에 마침내 삼십칠 보리분법(菩提分法)을 스승 없이 스스로 깨달아 독각과(獨覺果)를 증득하고는 곧 이렇게 생각하였다.

'내가 이전에 동생과 중요한 것을 약속하였으니 지금 가서 만나 보아야 겠다.'

곧 그곳으로 가서 허공 위로 몸을 날려 신통의 변화를 나타내니, 위로는 불꽃이 쏟아지고 아래로는 푸른 물이 흐르는 등 기이한 모습이 한두 가지가 아니었다. 몸이 아래에 내려오니 여러 범부들이 신통을 구경하는 동안 마음이 빠르게 회전(回轉)하는 것이 오히려 큰 나무가 땅에 쓰러지는 것 같았다. 누이가 발에 예를 올리고 말하였다.

"대형(大兄)이여. 지금 이렇게 수승하고 묘하며 뛰어난 덕을 증득하셨네요."

대답하여 말하였다.

"내가 증득하였다."

알려 말하였다.

"오빠는 몸을 위해 음식을 얻어야 하고 나는 복을 구하여 공양을 오리고자 하니 내 집에 머무르세요."

대답하여 말하였다.

"네가 마음대로 할 수 없는 일이니 남편에게 말하여라."

동생은 곧 남편에게 말하였다.

"당신은 아십시오. 지금 나의 오빠께서 출가하여 금계(禁戒)를 성취하고 높은 묘과를 증득하여 세상에서 제일이 되었습니다. 내가 공양을 올리고 싶으나 감히 내 마음대로 할 수가 없으니 만일 허락한다면 석 달 동안 음식을 베풀어 드리겠습니다."

대답하여 말하였다.

"현수여. 그가 출가하지 않았더라도 내가 끝까지 보살펴 주었어야 하거늘 하물며 출가하여 수승한 도를 성취하였으니, 지금 그대의 뜻대로 석 달 동안 공양을 올리도록 하시오."

그 석 달 동안 여러 가지 최상의 것으로 오빠를 공양하였다. 석 달이다 되어 그녀는 최상의 담요와 칼과 바늘을 받들어 보시하였다. 오빠는 그것을 받았고 받은 칼을 가지고 자르니 매우 날카로워 빠르게 잘라졌다. 동생이 이것을 보고 곧 꿇어앉아 이렇게 말하였다.

"나의 근기와 성품도 이 칼처럼 빠르고 날카로워 미래의 세상에는 뛰어난 지혜를 성취하게 발원합니다."

이때 독각이 옷을 바느질 하였는데 바늘을 잘 사용하여 아무런 걸림이 없는 것을 보고 동생은 곧 발원하였다.

"지금 나의 몸이 미래의 세상에는 나의 지혜가 이 바늘처럼 깊고 멀리 통달하여 걸림이 없기를 발원합니다."

이때 세존께서 다시 모든 필추들에게 말씀하셨다.

"다른 생각은 하지 말라. 옛날 그 바라문의 아내가 어찌 다른 사람이겠는가? 바로 지금의 사리불이다. 그는 과거에 독각에게 칼과 담요를 보시하고 서원을 크게 세운 선근에 의하여 지금 뛰어난 지혜와 총명이 제일이 되었느니라. 그대들 필추들이여. 마땅히 알지니라. 나쁜 업은 나쁜 과보를 다시 얻게 되고 착한 업은 다시 착한 과보를 얻게 된다. 나아가 자세한 것은 앞에서와 같으니 마땅히 알지니라."

이때 모든 필추들은 모두 의심이 있어 부처님께 아뢰었다.

"구수 사리불은 과거에 어떠한 업을 지어 고귀한 귀족의 종성도 아니고 지극한 천민도 아닌 중간 종성에 태어나 출가할 수 있었습니까?"

세존께서 필추들에게 말씀하셨다.

"그대들은 들으라. 오랜 과거에 한 나라에 왕이 있었는데 왕비를 맞아 오래되지 않아 스스로가 욕락을 즐기고 나아가 제멋대로 즐겼으나 몇 년을 지나지 않아서 곧 한 아기를 낳았다. 그 아들은 장성하여 부왕이 비법(非法)으로 교화하는 것을 보고 이렇게 생각하였다.

'나의 아버지는 죽어서 반드시 지옥에 떨어질 것이요, 내가 왕위를 이어 받으면 나도 또한 이러한 고통을 받을 것이니, 나는 마땅히 좋은 법과 율에 출가하여 도를 닦고 나아가 범행을 닦아야겠구나.'

이렇게 생각하고 아버지에게 나아가서 알려 말하였다.

"대왕이시여, 제가 출가하도록 놓아주시기를 원하옵니다."

왕이 아들에게 알려 말하였다.

"여러 가지로 하늘 등에 제사지내는 것은 모두 부귀(富貴)를 구하는 것이며, 너는 태자로서 코끼리를 타는 종족이고, 왕위에 있을 것인데, 무슨 까닭으로 출가하려고 하는가?"

여러 가지로 꾸중하고 출가를 허락하지 않았다. 뒤의 어느 때에 태자가 코끼리를 타고 성을 살피면서 어떤 가난한 사람이 나뭇잎을 가지고 걸식하는 것을 보고서 물었다.

"현수여. 나는 귀족의 종족이라서 출가를 못하였으나, 그대는 귀족이 아니면서 어찌 출가하지 못하였는가?"

대답하여 말하였다.

"옷과 발우가 없는데 어찌 출가하겠습니까?"

대답하여 말하였다.

"현수여. 내가 그대에게 세 가지 가사와 발우 등을 주겠으니 출가하시오."

대답하여 말하였다.

"매우 감사합니다."

태자가 앞에서와 같이 사주는 이때에 다섯 가지의 신통력을 가진 선인(仙人)이 나무 아래에 앉아 고요함을 즐기고 있었다. 이때 태자와 걸사는 함께 선인이 있는 곳으로 갔다. 태자는 코끼리에서 내려 선인의 처소에 가서 알려 말하였다.

"성자여. 출가를 받아주십시오."

이때 선인이 출가를 허락하니 태자가 알려 말하였다.

"나는 지금 가야 하오. 그대가 만약 도(道)와 증과(證果)를 얻으면 알려주기 바라오."

그는 곧 대답하여 말하였다.

"그렇게 하겠습니다."

이렇게 출가하여 곧 고요한 곳에서 자리잡고 정(定)을 닦아 마침내 삼십칠품의 보리분법을 스승이 없이 스스로 깨우쳐 독각과를 증득하고서 문득 생각하였다.

'내가 과위를 증득한 것은 모두 태자 때문이다. 나는 마땅히 그를 찾아가서 보고 신통변화를 나타내리라.'

이렇게 생각하고 곧 처소로 가서 허공으로 올라 여러 가지 신통변화를 나타내니 위로는 불이 뿜어지고 아래로는 맑은 물이 흐르는 등의 자세한 것은 앞에서 설명한 것과 같았다.

이때 모든 사람들은 신통변화를 보고서 마음이 빠르게 움직이는 것이 마치 큰 나무가 무너져 쓰러지는 것과 같아서 모두 함께 정례를 올리고 성자에게 말하였다.

"지금 이러한 수승한 과(果)를 성취하셨습니까?"

대답하여 말하였다.

"내가 증득하였습니다."

태자는 이것을 보고 생각하였다.

'저렇게 성취한 것은 모두 나 때문이구나. 내가 출가하여 이러한 과위를 증득하지 못하는 것은 모두가 고귀한 종족의 집안에 태어났기 때문이구나.'

이렇게 생각을 마치고 곧 서원하였다.

'내가 앞으로 태어날 때마다 귀족의 집안이나 천민의 집에 태어나지 않으며 중간 계층에 태어나서 나에게 장애가 없이 출가함이 쉬워질 것을 발원합니다.'

"그대들 필추들이여. 다른 생각은 하지 말라. 옛날의 태자가 어찌 다른 사람이겠는가? 지금의 사리불이니라. 저러한 과거의 서원의 힘 때문에 현재의 삶에 출가하는 것에 장애가 없었으니 마땅히 알아야 한다. 과보는 스스로 짓고 스스로 받는 것이다. 좋은 업을 지으면 돌이켜 좋은 과보를 받고 나쁜 업을 지으면 돌이켜 나쁜 과보를 받는 것이며, 나아가 선악에 대한 자세한 설명은 앞에서 말한 것과 같다. 그대들 필추들은 마땅히 이와 같이 배울지니라."

이때 필추들은 모두가 다시 의심이 생겼고, 오로지 세존께서 능히 의심을 끊어주실 것이라 생각하고 모든 필추 등이 아뢰어 말하였다.

"이 구수 사리불은 어떤 복업을 지었고 선근이 성숙되어 성문 중에서 지혜가 가장 뛰어나게 되었습니까?"

부처님께서 말씀하셨다.

"오랜 과거에 발원한 힘 때문이니라."

모든 필추 등이 아뢰어 말하였다.

"세존이시여, 어떤 서원을 세웠습니까? 원하옵건대 자비로써 우리들을 위하여 자세히 설하여 주시옵소서."

부처님께서 모든 필추들에게 말씀하셨다.

"그대들은 마땅히 들으라. 이 현겁(賢劫) 중에서 사람의 수명이 2만 세(歲)일 때에 부처님께서 세상에 출현하셨고, 가섭파(迦攝波)라 이름하셨으며, 열 가지의 명호를 원만히 갖추셨다. 사리불에게는 한 스승이 있었으며, 그는 가섭 부처님의 처소에서 출가하였고, 가섭 부처님께서는 사리불의 스승에게 수기(受記)하셨다.

"그대는 성문의 무리 중에서 총명과 지혜가 제일이며 나아가 범행에도 제일이다. 그러나 어그러짐(虧缺)이 없으므로 과를 얻지 못하는 것이 아니라 과보(果報)가 없느니라."

그 스승은 목숨을 마칠 때 크게 서원을 발원하였다.

"내가 닦은 범행과 공덕 등의 이러한 선근으로 가섭 부처님께서 올달라(嗢怛囉) 바라문에게 수기를 주셨듯이, 오는 미래에 사람의 수명이 백세가 될 때 세상에 출현하실 것이며, 석가모니정등각(釋迦牟尼應正等覺)이라고 이름하시고 열 가지의 명호를 구족하실 것이다. 그 부처님의 가르침에 출가하여 모든 번뇌를 끊고 무명을 벗어나 아라한과를 증득하여야겠다."

"그때의 사리불과 지금의 얻은 과보가 스승의 발원과 같아서 그 원력 때문에 지금 사리불이 모든 성문 중에서 지혜 제일이 된 것이다."

이때 필추들은 모두가 다시 의심이 생겼으며, 오로지 세존께서 능히 의심을 끊어주실 것이라 생각하고 모든 필추 등이 아뢰어 말하였다.

"그 구수인 대목건련은 과거에 어떤 복업을 지었고 선근이 성숙되어 성문 중에서 신통이 가장 뛰어나게 되었습니까?"

부처님께서 모든 필추들에게 말씀하셨다.

"그대들은 마땅히 들으라. 대목건련은 과거 세상에 선행과 선업으로 선근을 쌓았고, 나아가 그 과보를 얻은 자세한 내용은 앞에서와 같으니라."

부처님께서 모든 필추들에게 말씀하셨다.

"과거의 세상에 바라나성에서 멀지 않은 곳에 한 선인이 살고 있었으며, 마음에 자비를 실천하여 유정들을 불쌍하게 생각하였다. 그때 한 가난한 나무꾼이 땔나무를 지고 가다가 몹시 피로하여 잠시 누워 쉬고 있는 모습을 보고서 매우 불쌍한 마음이 일어나 마침내 이렇게 생각하였다.

'이 가난한 사람은 과거의 세상에 여러 선근을 수행하지 않아 비록 사람의 몸은 받았으나 이렇게 고통을 받으며 옷과 음식을 얻는구나. 나는 지금 이 사람을 제도하여 출가하여 범행을 닦게 해야겠구나.'

알려 말하였다.

"어진 사람이여. 그대는 이렇게 고통 받으면서 어찌 출가하지 않는가?"

대답하여 말하였다.

"큰 선인이시여. 나는 가난한 사람으로서 나무를 하여 살아가는데 누가 나를 제도하여 출가시키겠습니까?"

알려 말하였다.

"현수여. 내가 그대를 제도하여 출가시키겠으니 만약 과위를 얻으면 원하건대 서로 알리도록 하세나."

대답하여 말하였다.

"성자시여. 만약 과위를 증득한다면 반드시 서로 알리도록 하겠습니다."

이때 선인은 나무꾼을 출가시켰고, 그는 출가하여 고요한 곳에 이르러 선(禪)을 수행 정진하여 마침내 삼십칠품의 보리분법을 스승이 없이 스스로 깨우쳐 독각과를 증득하고서 문득 생각하였다.

'내가 과위 증득한 것은 모두 선인 때문이니 내가 이전에 맹세한 것과 같이 가서 그에게 알려야겠다.'

　이렇게 생각하고 선인의 처소로 가서 허공으로 올라 여러 가지 신통변화를 나타내니 위로는 불이 뿜어지고 아래로는 맑은 물이 흐르는 것의 열여덟 변화 등의 자세한 것은 앞에서 설명한 것과 같았다.

　이것을 선인이 보고서 마음이 빠르게 움직이는 것이 마치 큰 나무가 무너져 땅에 쓰러지는 것과 같아 곧 발원하였다.

　"내가 닦은 무량한 공덕으로 오는 미래에는 위덕을 지니어 신봉제일이 될 것을 발원합니다."

　"그대들 필추들이여. 다른 생각은 하지 말라. 과거의 선인이 어찌 다른 사람이겠는가? 곧 대목건련이니라. 마땅히 알지니라. 과보의 좋고 나쁜 것은 앞에서 설명한 것과 같으니, 그대들 필추들은 마땅히 이렇게 배울지니라."

　이때 필추들은 모두가 의심이 생겼으며, 오로지 세존께서 능히 의심을 끊어주실 것이라 생각하고 모든 필추 등이 아뢰어 말하였다.

　"저 구수인 대목건련은 과거에 어떤 복업을 지었고 선근이 성숙되어 성문 중에서 신통이 가장 뛰어나게 되었습니까?"

　부처님께서 모든 필추들에게 말씀하셨다.

　"그대들은 마땅히 들으라. 과거의 현겁 중에서 가섭파 부처님께서 세상에 출현하셨을 때 서원을 세운 까닭과 자세한 내용은 앞에서와 같다."

　이때 필추들은 모두가 의심이 생겼으며, 오로지 세존께서 능히 의심을 끊어주실 것이라 생각하고 모든 필추 등이 아뢰어 말하였다.

　"그 구수인 교진여(憍陳如)는 과거에 어떤 복업을 지었고 선근이 성숙되어 능히 사여의해(四如意解)를 갖추고 지금과 같이 근기가 날카롭고 명료(明了)합니까?"

　부처님께서 모든 필추들에게 말씀하셨다.

　"현겁 중에서 과거의 세상에 출현하셨으며 가섭파 부처님이라고 이름하였느니라. 그때 어떤 스승이 있어서 범행을 닦았으나 과위를 얻지 못하였고, 목숨을 마칠 때 서원을 발원하였으며 자세한 내용은 앞에서의 설명과 같다."

세존께서 이 세상에 머무르실 때 출가하여 구족계를 받으려고 세존의 처소에 왔다. 세존께서 "잘 왔구나. 필추여"라고 말하면 머리카락이 저절로 떨어지고 가사가 입혀졌으며 발우도 저절로 지녀져서 곧 출가하여 구족계를 받았다. 다른 사람이 먼 나라에서 필추들의 처소로 와서 출가를 구하니 필추들이 그 사람을 데리고 세존의 처소에 이르러 구족계를 받도록 하였으나 그 사람이 도중에 죽어서 출가하지 못하였다. 세존께 와서 인연을 갖추어 자세히 아뢰었다. 이때 세존께서는 이렇게 생각하셨다.

"나의 성문들을 피곤하게 하였구나. 만약 출가를 구하는 사람이 먼 나라에 있으면 필추의 대중들에게 허락하여 그곳에서 구족계를 받도록 해야겠다."

이때 세존께서는 모든 필추들을 모으시고 알려 말씀하셨다.

"이 일을 인연으로 지금부터는 출가를 구하는 사람이 있으면 필추 대중들이 출가시키고 구족계 주는 것을 허락하느니라."

세존님께서 이러한 일을 허락하셨으나 필추 대중들은 어떻게 출가시키고 어떻게 구족계를 주는가를 알지 못하여 이 인연으로 부처님께 아뢰었다. 이때 세존께서는 여러 필추들에게 알리셨다.

"다만 한사람이 와서 출가를 구하면 마땅히 여러 수행에 장애를 묻고서 만약 장애가 없으면 삼귀계(三歸戒)를 주어라. 곧 호궤(胡跪) 합장하고 이름을 스스로 말하고 외치기를 '나 누구는 이 한 몸이 마칠 때까지 양족존(兩足尊)이신 부처님께 귀의합니다. 이욕존(離欲尊)이신 법에 귀의합니다. 중중존(衆中尊)이신 스님들께 귀의합니다.'라고 하게 하라. 뒤에 다섯 가지의 학처(學處)와 십계와 이백오계를 줄 것이며, 자세한 것은 다른 곳에서 설명한 것과 같다."

이미 출가하여 구족계를 받았으나 아차리야와 오바타야의 처소에서 스승에게 삼가고 어려운 마음과 짓는 일에 대하여 전혀 묻는 것이 없었다. 이때 여러 필추들이 이러한 인연으로 세존께 아뢰었다. 이때 세존께서 여러 필추들에게 알려 말씀하셨다.

"내가 지금 모든 제자들을 위하여 학처를 제정하겠노라. 만약 제자들이

338 근본설일체유부비나야출가사 根本說一切有部毗奈耶出家事

울력으로써 물로 땅을 청소하고, 쇠똥(瞿摩)으로 단(壇)을 바르며, 마당을
쓸고, 가사와 발우를 수선하고, 음식을 먹는 등의 일은 스승에게 알리지
않는 것이며, 나아가 모르는 객필추가 오면 반드시 스승에게 알려야
한다. 오직 다섯 가지의 일을 제외하고는 모두 알려야 한다. 만약 이렇게
하지 않으면 월법죄를 얻는다."

다섯 가지의 일이라고 말하는 것은 말하자면 양치질하는 것·물을 마시
는 것·대소변을 보는 것·사십구 심(尋) 안에서 예(禮制)를 갖추는 것이니,
이러한 때에는 두 스승들에게 알리지 않는다. 두 스승이 옷 바느질 등을
할 때에 제자는 마땅히 '스승께서는 손수 수고하지 마십시오. 제가 대신하
겠습니다.'라고 말할 것이며, 이렇게 하면 좋으나 이렇게 하지 않으면
월법죄(越法罪)를 얻는다.

만약 스승이 복을 짓기 위한 것이며, 여러 대중을 위해 짓는 일은
대신하지 않아도 범하는 것이 없다. 또 두 스승이 병을 얻으면 부지런히
간병하고 모시며 마땅히 스승에게 알리고 약과 음식을 드리며 스승의
뜻을 따르고 어기지 않아야 한다. 이렇게 하면 좋으나 이렇게 하지 않으면
앞에서와 같이 죄를 얻는다.

만일 두 스승이 죄를 범하였으면 함께 사는 제자들은 마땅히 좋은
방편으로 두 스승에게 '두 스승께서는 이러한 나쁜 죄를 범하셨으니
스승께서는 마땅히 드러내야 합니다.'라고 말하여야 하며, 자세한 설명은
앞에서와 같다. 두 스승이 삿된 견해에 빠져 대중이 구빈갈마 등을 지어
처소에서 내쫓으려고 하면 제자는 마땅히 대중의 처소에서 은근(慇懃)하게
사죄를 구하여 대중들이 환희심을 일으켜야 하고, 또한 반드시 스승에게
말하기를 '나쁜 견해를 짓지 마십시오.'라고 방편과 올바른 충고로써
나쁜 견해를 버리게 하고, 대중과 스승이 화합하여 즐겁게 머무르게
해야 한다. 만약 이와 같이 하지 않으면 월법죄를 얻으며, 자세히 설명한
것은 앞에서 같음을 마땅히 알지니라.

만일 두 스승이 승가벌시사죄(僧伽伐尸沙罪)를 범하였으면 제자들은
마땅히 스승들이 죄를 드러내게 해야 하고, 만약 다시 대중이 그 두

스승에게 편주법(遍住法)을 주었으면 마음이 편안하게 할지라도 죄가 없는 필추와 같은 방에서 잠자거나 눕게 하지 말라. 만약 법에 맞게 참회하여 죄의 뿌리와 그 업이 모두 없어지면 죄가 없는 필추와 함께 지내고, 나아가 본래의 상태로 돌아가게 하는 등의 자세한 내용은 앞에서와 같다. 만약 이렇게 하면 좋으나 이렇게 하지 않으면 월법죄를 얻는다. 그 제자들은 은근히 충고하여 참회하도록 하고, 제자에게 허물이 있으면 스승이 또한 은근히 꾸중하여 고치도록 해야 한다.

근본설일체유부비나야출가사 제3권

세존께서는 실라벌성(室羅筏城) 서다림(逝多林)의 급고독원(給孤獨園)에 머무르셨다. 이때 구수 근군(近軍) 필추가 세상을 유행하다가 석 달의 우안거(雨安居)를 마치고는 한 제자를 제도하여 점차로 유행하여 실라벌성에 이르렀다. 이때 근군 필추는 발을 씻고 세존의 처소로 가서 부처님의 발에 정례를 드리고 물러나 한쪽에 앉았다. 모든 부처님의 항상한 법에는 만약 객필추가 오면 먼저 "잘 왔느니라. 어디에서 왔는가? 다시 어느 곳에서 석 달의 여름 안거를 지냈는가?"라고 묻는 것이었다.

세존께서 근군 필추에게 말씀하셨다.

"그대는 어디에서 왔으며 어느 곳에서 석 달 동안 안거하였는가?"

근군 필추가 아뢰어 말하였다.

"세존이시여. 나는 다른 나라에서 왔으며 그곳에서 석 달 동안 안거하였습니다."

부처님께서 물어 말씀하셨다.

"이 선남자는 누구의 제자인가?"

근군이 대답하여 말하였다.

"이 사람은 나의 제자입니다."

부처님께서 말씀하셨다.

"그대는 출가한 때가 언제인가?"

대답하여 말하였다.

"지금 2년이 지났고, 이 제자를 제도한 지는 1년이 지났습니다."

부처님께서 여러 필추들에게 알려 말씀하셨다.

"이 근군은 허물을 일으켜 스승이 되었다. 나는 지금 여러 필추들에게

율을 제정하노라. 출가하여 일 년이 지나면 마땅히 다른 사람을 제도하고,
구족계를 주지 못하며, 함께 머무르지 못하고, 마땅히 혼자 의지하여야
한다. 만일 출가하여 십년이 지나지 않았으면 구적(求寂)을 제도하지 못하
고, 나아가 구족계를 주지 못한다. 객스님이 오면 이전부터 서로를 알지
못하면 함께 의지하지 말라.

만약 십년이 지났고 『별해탈계경(別解脫戒經)』에 대하여 잘 알고서 막힘
이 없으면 구적을 제도하고, 의지사(依止師) 등의 일을 모두 마땅히 지을
수 있다. 스스로도 조복을 받지 못하면서 다른 사람을 조복시킨다는
것이 어디에 있겠는가? 이와 같이 어리석은 사람은 또한 마땅히 제도하지
못한다. 스스로가 해탈과 적정과 열반을 스스로 증득하지 못하고서 다른
사람을 위하여 설하는 것이 어디에 있겠는가? 스스로도 진흙탕에 떨어져
아직 벗어나지도 못하면서 다른 사람을 건지고자 한다면 이것도 또한
옳지 않다."

이때 나이는 많으면서 무지(無知)한 필추가 계율을 잘 모르고서 어느
외도를 제도하고 나아가 구족계를 주었다. 구족계를 받은 뒤에 오바타야에
게 말하였다.

"지금 나에게 가르침을 주십시오."

그 스승은 아는 것이 없었으므로 대답이 없이 조용히 있으니 드디어
싫어하고 업신여기는 마음이 일으켰다. 여러 필추들이 알고서 이 인연으로
세존께 아뢰니 세존께서 말씀하셨다.

"나는 지금 십년이 지난 필추들이 제자를 제도하는 것을 허락하노라.
구족계에 대한 것도 앞에서와 같고, 의지하여 머무르지 않아도 되나니
다섯 가지 법을 성취하였기 때문이다. 무엇이 다섯 가지인가? 첫째는
구족계를 받은 것이 십년이 지났고, 둘째는 제자가 병을 얻으면 보살필
수 있으며, 셋째는 악한 일을 범했다고 의심되면 일에 따라 드러내어
고칠 수 있고, 넷째는 그릇된 견해가 있으면 바른 견해로 가르칠 수
있으며, 다섯째는 만약 법을 즐거워하지 않으면 부지런히 섭수하여 즐거이
머물게 하는 등의 이것이 다섯 가지이니라.

다시 다섯 가지가 있으니 무엇인가? 첫째는 계를 구족하고, 둘째는 들은 것이 많으며, 셋째는 경전을 지녔고, 넷째는 율을 지녔으며, 다섯째는 모론(母論)을 잘 아는 것이니, 이것이 다섯 가지이니라.

다시 다섯 가지가 있으니 무엇인가? 첫째는 계를 구족하여 결점이 없는 것이고, 둘째는 들은 것이 많으며, 셋째는 경전의 뜻을 확실히 아는 것이고, 넷째는 비나야(毘奈耶)에서 잘 알고서 막힘이 없는 것이며, 다섯째는 마실리가장(磨窒哩迦藏)의 뜻을 잘 아는 것이니, 이것이 다섯 가지이다.

다시 다섯 가지가 있으니 무엇인가? 첫째는 계를 구족하는 것이고, 둘째는 들은 것이 많으며, 셋째는 경전을 지니고 뜻을 잘 아는 것이고, 넷째는 비나야를 잘 아는 것이며, 다섯째는 마실리가장을 잘 아는 일이니. 이것이 다섯 가지이며, 자세히 설명한 것은 앞에서와 같다.

다시 다섯 가지가 있으니 무엇인가? 이 다섯 가지는 앞과 같으나 다만 하나하나의 앞에 극언(極言)이라는 말만 더하였으며, 그 자세한 설명은 앞과 같다. 다시 다섯 가지가 있으니, 이것 또한 하나하나의 앞에 승(勝)자를 더한다. 다시 다섯 가지가 있으니, 역시 앞에서의 설명과 같으며, 앞에 능(能)자를 더하는 것이고, 자세한 설명은 앞과 같다.

다시 다섯 가지가 있으니 무엇인가? 첫째는 계를 성취하는 것이고, 둘째는 듣는 것을 많이 성취하는 것이며, 셋째는 뛰어난 해탈을 성취하는 것이고, 넷째는 증지(證智)로써 뛰어난 해탈을 성취하는 일이며, 다섯째는 지혜를 성취하는 것이니, 이것이 다섯 가지이다.

다시 다섯 가지가 있다. 첫째는 믿음을 성취하는 것이고, 둘째는 계를 성취하는 것이며, 셋째는 많이 듣는 것을 성취하는 것이고, 넷째는 버리는 것을 성취하는 것이며, 다섯째는 지(智)를 성취하는 것이니, 자세한 설명은 앞에서와 같다.

다시 다섯 가지가 있으니 무엇인가? 첫째는 계를 구족하는 것이고, 둘째는 들은 것이 많은 것이며, 셋째는 정진(精進)하는 것이고, 넷째는 염(念)하는 것이며, 다섯째는 지혜이니, 이것이 다섯 가지이며 자세한 설명은 앞에서와 같다.

다시 다섯 가지가 있으니 무엇인가? 첫째는 계를 구족하는 것이고, 둘째는 들은 것이 많은 것이며, 셋째는 정진하는 것이고, 넷째는 선정(定)에 들어가는 것이며, 다섯째는 반야(般若)이니, 이것이 다섯 가지이며 자세한 설명은 앞에서와 같다.

다시 다섯 가지가 있으니, 앞의 네 가지는 앞과 같고, 다섯째는 적정(寂靜)을 즐거워하는 것이다. 다시 다섯 가지가 있다. 첫째는 유학의 계온(戒蘊)을 성취하는 것이고, 둘째는 유학의 정온(定蘊)을 성취하는 것이며, 셋째는 유학의 혜온(慧蘊)을 성취하는 것이고, 넷째는 유학의 해탈온(解脫蘊)을 성취하는 것이며, 다섯째는 유학의 해탈지견온(解脫知見蘊)을 성취하는 것이며, 자세한 설명은 나머지와 같다.

다시 다섯 가지 무학(無學)의 성취가 있으니, 그것은 유학 성취의 설명과 같다. 다시 다섯 가지가 있다. 첫째는 허물이 있음을 아는 것이고, 둘째는 나타내 보이는 것이며, 셋째는 뜻을 나타내 보이는 것이고, 넷째는 버리는 것이며, 다섯째는 해결하는 것에 따르는 것이다.

다시 다섯 가지가 있다. 첫째는 어려움이 있는 것을 아는 것이고, 둘째는 어려움이 없는 것을 아는 것이며, 셋째는 가르침을 보이고 따르도록 설명하는 것이고, 넷째는 제자에게 의지할 곳이 되어주는 것이며, 다섯째는 거두어 받아주는 것이며, 자세한 설명은 앞에서와 같다.

다시 다섯 가지가 있다. 첫째는 범하는 것이 있음을 아는 것이고, 둘째는 범하는 것이 없음을 아는 것이며, 셋째는 가벼움을 아는 것이고, 넷째는 무거움을 아는 것이며, 다섯째는 바라저목차(波羅底木叉)를 넓게 알고서 설명하는 것이다. 다섯 가지 법을 성취하여 십년이 지난 필추는 다른 사람을 출가시고, 구족계를 주며, 의지할 스승이 되고, 나아가 가르쳐 보일수가 있으나, 다섯 가지 법을 성취하지 못한 필추는 마땅히 다른 필추에게 의지해야 한다."

이때 구수 오파리가 부처님께 아뢰어 말하였다.

"세존이시여. 세존께서 설하신 것과 같이 다섯 가지 법을 성취하고 십년이 지난 필추는 마땅히 제자를 제도하고 다른 사람에게 의지할 필요가 없으나, 만약 필추가 구족계를 받고서 육십년이 지났어도 아직 별해탈(別解脫)을 이해하지 못하고 다섯 가지 법도 성취하지 못하면 마땅히 다른 필추를 의지해서 머물러야 합니까?"

세존께서 말씀하셨다.

"마땅히 다른 필추를 의지하여 머물러야 하느니라."

여쭈어 말하였다.

"어떻게 의지해야 합니까?"

세존께서 말씀하셨다.

"늙은 필추에게 의지해야 하느니라."

여쭈어 말하였다.

"만약 늙은 필추가 없으면 어디에 머물러야 합니까?"

세존께서 말씀하셨다.

"젊은 필추를 의지하면서 오로지 예배하는 일은 제외하고서 나머지는 모두 가르침을 받아야 하느니라."

세존께서 실라벌성 서다림의 급고독원에 머무르실 때에 한 필추가 있었다. 그 필추는 어리석고 무지하여 선악의 구별을 못하여, 마침내 외도를 제도하여 구족계를 주었으나, 결국 여러 필추들과 항상 다투고 논쟁하여서 세속으로 되돌아갔다. 여러 가지로 비방하였고 마침내 싫어하고 미워하는 마음을 일으켰다. 이때 여러 필추들이 이 인연으로 세존께 아뢰니 세존께서 말씀하셨다.

"어떻게 이러한 일이 있는가? 어리석고 무지하게도 선법을 버리고 잘못된 견해를 가지게 되었구나. 비유하면 배고픈 사람이 불로 다가가며 좋은 음식을 버리고 여러 나쁜 음식을 먹는 것과 같이 이 사람도 또한 이렇게 어리석은 까닭으로 좋은 법을 버리고 외도의 잘못된 견해를 즐기게 되었구나. 이러한 까닭으로 필추들이여. 마땅히 외도를 제도하여 제자를 삼지 않을 것이며, 오로지 석자(釋子)을 제도하라.

만약 석자가 외도의 옷을 입고 와서 출가하고, 나아가 구족계를 구하면 마땅히 이러한 사람을 제도하여 필추의 성(性)을 성취하게 하라. 이러한 석자(釋子) 종족 이외의 다른 외도는 모두를 마땅히 네 달 동안 함께 머물러야 하느니라. 세존께서 외도를 제도하여 이미 4개월을 함께 머무르면서 필추를 받들어 공양하도록 허락하셨으나 뒤에도 본래의 옷을 버리지 않았다. 이때 여러 필추들은 함께 머무르는 것과 제도하는 법을 알지 못하여 이 인연으로 세존께 여쭈었다. 세존께서 말씀하셨다.

"만약 외도가 와서 출가를 구하면 마땅히 먼저 몸에 장애와 어려움이 없는가를 물어보라. 만약 장애와 어려움이 없으면 삼귀의계와 나아가 학처를 주고 대중에게로 데리고 와서 승가 앞에 호궤합장을 한 뒤에 그에게 이와 같이 말하게 하라.

'대덕 스님들은 들으십시오. 나는 외도로서 이름은 누구이고, 지금 출가를 구하며 4개월을 나의 본래의 옷을 입고 스님들께 공양을 올리겠습니다. 원하건대 대중 스님들께서는 허락해 주십시오.'

대중은 눈에는 잘 보이지만 귀에는 잘 들리지 않는 자리에서 마땅히 한 필추를 뽑아서 갈마를 지어 이렇게 말하게 하라.

'대덕 스님들은 들으십시오. 나는 외도로서 이름은 누구이고, 지금 출가를 구하며, 네 달 동안 오바타야와 스님들께 공양을 올리겠습니다. 만약 대중 스님들께서 때가 이르렀음을 인정하신다면 스님들께서는 허락하시고 만약 허락하시지 않으면 말씀하십시오.'

이렇게 세 번 말하라.

'스님들께서 묵연히 계신 까닭으로 이미 허락하셨습니다. 나는 지금 이와 같이 지니겠습니다.'

4개월에 모든 일은 다른 구적들과 같이 친교사가 주는 옷을 입고 승가가 먹는 음식을 함께 먹어야 한다. 만약 4개월 안에 외도의 견해를 바꾸면 출가를 허락할 수 있으나, 만약 마음으로 외도의 견해를 즐기면 마땅히 내쫓아야 한다."

이때 구수 오파리가 세존께 여쭈었다.

"세존이시여. 세존께서 말씀하신 것과 같이 이전의 견해를 바꾸었으면 어떻게 이전 견해를 바꾼 것을 알 수 있겠습니까?"

세존께서 말씀하셨다.

"마땅히 그의 앞에서 삼보를 찬탄하고 부처님의 공덕을 말하며, 마땅히 외도들을 헐뜯고 여러 가지로 비방하였을 때, 만약 그가 불·법·승의 삼보를 찬탄하는 것을 듣고 본래의 종족을 헐뜯는 말을 듣고서 환희하는 마음을 일으키는 사람은 출가시킬 것이고, 삼보를 찬탄하는 말을 듣고 마음으로 환희하지 않으며, 외도를 헐뜯는 말을 듣고서 마음에서 근심과 걱정을 일으키는 사람은 마땅히 제도하지 않고서 내쫓아야 한다. 외도의 종족을 헐뜯는 말을 듣고도 마음으로 화내고 원망하지는 않으며, 환희하는 마음을 일으키면 이전의 견해를 바꾼 것이니라."

세존께서 말씀하셨다.

"만약 불을 섬기는 외도가 와서 출가를 구하면 마땅히 그를 제도하고 나아가.구족계도 주라. 왜 그러한가? 이 불을 섬기는 외도들은 세 종류의 업을 믿고 있기 때문이다. 무엇이 세 종류인가? 이른바 유업(有業)과 소작업(所作業)과 작인업(作因業)이다. 이러한 까닭으로 마땅히 제도하고 그대들 필추들도 이렇게 배울지니라. 그들의 유업과 소작업과 작인업은 그대들도 배워야 한다."

세존께서는 왕사성 갈란탁가 연못의 죽림원에서 세 달 동안의 여름 안거를 마치시었다. 이때 왕사성에는 나이가 많은 필추는 적고 젊은 필추는 많았다. 이때 세존께서는 남산(南山)을 가시고자 세상을 유행하시며 아난에게 말씀하셨다.

"그대는 마땅히 여러 필추들에게 세존을 따라가고자 하는 필추는 마땅히 지벌라(支伐羅)[1]를 잘 수선하도록 말하여라."

이때 아난은 하교를 받들어 곧 여러 처소로 가서 필추들에게 알렸다.

"세존께서 인간세상을 유행하고자 하시니, 따르고자 하는 필추는 지벌라를 잘 수선하라고 말씀하셨습니다."

이때 나이 많은 필추가 구수 아난에게 말하였다.

---

1) 산스크리트어 cīvara의 음사로서 가사(袈裟)로서 삼의(三衣)를 가리킨다.

"나는 세존의 유행을 따라다닐 수 없습니다."

아난이 알려 말하였다.

"무슨 까닭으로 가실 수 없습니까?"

대답하여 말하였다

"나는 늙었기 때문입니다."

이때 젊은 필추들이 말하였다.

"우리들도 갈 수 없습니다."

물어 말하였다.

"무슨 까닭인가?"

대답하여 말하였다.

"우리 스승께서 따라 갈 수 없으니, 지금 저희들이 마땅히 오바타야를 모시고 보살펴야 하기 때문입니다."

이때 세존께서는 적은 수의 제자들과 함께 가사와 발우를 지니고 인간세상의 길을 유행하시면서 좌우(左右)를 돌아보시니 코끼리왕과 같으셨으나 다른 여러 필추들은 병과 발우를 지닌 것이 법에 맞지 않았다. 세존께서 돌아보시다가 필추의 수가 적음을 보시고 아시면서도 아난에게 물으셨다.

"어떠한 까닭으로 필추 대중들이 줄어들었는가?"

이때 아난이 앞에서의 일을 갖추어 세존께 대답하였다. 세존께서는 여러 필추들에게 말씀하셨다.

"나는 지금 마땅히 오년이 지난 필추가 다섯 가지의 법을 성취하면 배움을 얻고자 인간세상을 유행하고, 의지하여 머무르지 않는 것을 허락하노라. 무엇이 다섯 가지 법인가? 첫째는 범하는 것이 있는 것을 아는 것이고, 둘째는 범하는 것이 없는 것을 아는 것이며, 셋째는 죄의 무거움을 아는 것이고, 넷째는 죄의 가벼움을 아는 것이며, 다섯째는 바라저목차를 잘 지니고서 능히 널리 설명하는 일이니, 이것을 다섯 가지 법이라 이름하며, 세상을 유행하며 어느 곳을 다니면서 배워도 되는 것을 의심하지 말라."

구수 오파리가 세존께 여쭈었다.

"세존이시여. 육년이 지나고 다섯 가지 법을 성취하면 세상을 유행하면서 배울 수 있습니까?"

세존께서 말씀하셨다.

"할 수 있느니라."

다시 세존께 여쭈었다.

"삼년에 다섯 가지 법을 성취하고 유행할 수 있습니까?"

세존께서 말씀하셨다.

"아니 되느니라."

세존께서 말씀하셨다.

"내가 지금 계율을 제정하나니 오년 이상이 되고 다섯 가지 법을 성취하면 마음대로 떠날 수 있으며, 만일 이 기간이 되지 않았으면 비록 삼장(三藏)을 밝게 알지라도 또한 유행하면서 배울 수 없느니라."

세존께서는 실라벌성의 서다림 급고득원에 머무르실 때에 구수 대목건련이 열일곱 명의 대중에게 출가를 허락하고 아울러 구족계를 주었으며, 이들은 모두 나이가 어렸으며 오파리(鄔波離)가 상수(上首)였다. 밤중에 배고픔을 참지 못하여 새벽까지 우니 세존께서는 아시면서도 아난에게 물으셨다.

"무슨 까닭으로 밤중에 아이들의 울음소리가 들리는가?"

아난이 인연을 갖추어 대답하니 세존께서 여러 필추들에게 알리셨다.

"내가 지금 계율을 제정하나니 나이가 스무 살이 되지 않으면 마땅히 구족계를 줄 수 없으며, 필추의 성을 얻을 수 없다. 왜 그러한가? 스무 살이 되지 않으면 굶주림·추위·더위·목마름 등과 모기·벌레 등에 물리고 나아가 병(病) 등을 참지 못한다. 또한 스승이 꾸중하면 참지 못하고, 나아가 모든 고뇌(苦惱)도 이렇게 어린 까닭으로 능히 앞에서와 같은 고통을 견디지 못하기 때문이다."

세존께서 다시 아난에게 말씀하셨다.

"만약 스무 살이 되었으면 곧 열정적인 뜻이 있고, 앞에서와 같은 꾸중 등의 고통을 능히 견딜 수가 있으나, 나이가 되지 않았으나 구족계를 주었기에 이러한 허물이 생겼다. 이러한 까닭으로 필추들이여. 만약 스무 살이 되지 않았으면 마땅히 구족계를 주지 말라. 만약 구적이 와서 구족계를 구하면 필추는 마땅히 스무 살이 되었는가를 물어라. 만약 묻지 않으면 월법죄를 얻느니라.”

세존께서 실라벌성의 서다림 기수급고독원에 머무르실 때에 이 성 안에 한 장자가 있었다. 아내를 맞이하고 조금 지나서 곧 아들을 낳았는데 아이가 점차 자라면서 가업(家業)이 점점 흩어지고 기울어졌다. 곧 이렇게 생각하였다.

‘내가 지금 가난하므로 마땅히 출가해야겠다.’

곧 아들에게 말하였다.

“나는 지금 나이가 많아서 너에게 가업을 잇게 하여줄 수가 없으니, 나는 지금 선법에 출가하고자 한다. 너의 뜻은 어떠한가?”

아들이 아버지에게 말하였다.

“만약 아버지께서 출가하시면 저도 또한 마땅히 아버지를 따라 출가하 겠습니다.”

아버지가 대답하여 말하였다.

“좋다.”

이때 아버지와 아들은 함께 서다림의 필추의 처소로 가서 알려 말하였다.

“성자여. 원하건대 우리들을 출가시켜 주십시오.”

필추가 대답하여 말하였다.

“알겠습니다.”

다시 물어 말하였다.

“현수여. 이 어린 동자는 그대와 친인척입니까?”

대답하여 말하였다.

“나의 아들로서 또한 출가하고자 합니다.”

이때 필추는 그들을 갖추어 출가시키고, 네 가지 위의와 나아가 음식을 먹는 법을 가르쳐주고 며칠이 지나자 알려 말하였다.

“그대들은 이곳을 떠나게. 사슴은 사슴을 기르지 않는 것이네. 실라벌성은 우리들의 경계로서 매우 넓으며 많은 백성들이 삼보를 공경하며 믿고 있으니 그대들은 마땅히 다른 곳에서 스스로 옷과 음식을 구하여 생활하게."

이 말을 듣고서 가사와 발우를 엄숙히 지니고 함께 실라벌성으로 가서 차례로 걸식하였다. 마침내 네거리를 지나면서 한 부인이 전병을 만들고 있었다. 이때 어린 구적은 곧 달려가서 구걸하자 여인이 대답하여 말하였다.

"나에게 전병 값을 주세요."

구적이 대답하여 말하였다.

"나는 사문으로서 재물을 가진 것이 없습니다."

이미 값을 줄 수 없어서 전병을 얻지 못하였다. 이때 어린 구적은 큰소리로 울면서 땅바닥에 뒹굴었다. 이때 많은 사람들이 마침내 비난하고 싫어하였다.

"어떠한 까닭으로 필추들은 이런 핏덩이를 제도하는가?"

이때 여러 필추들은 이 인연으로 세존께 아뢰니 세존께서 말씀하셨다.

"이러한 허물은 모두가 어린 아이를 제도하여 출가시켰기 때문이다. 그러므로 지금부터는 열다섯 살이 지나지 않았으면 출가시킬 수 없느니라. 만약 어린 아이가 와서 출가를 구하면 필추는 마땅히 나이가 열다섯 살이 되었는가를 물어라. 만일 묻지 않으면 월법죄를 얻느니라."

세존께서 실라벌성의 서다림 급고독원에 머무르실 때에 구수 오바난타(鄔波難陀)에게 두 구적이 있었으며, 서로가 희롱하는 것이 오히려 여인과 장부(丈夫)의 희롱과 같았고, 또한 남자가 여인을 희롱하는 것과 같았다. 이때 여러 필추들이 이 인연으로 세존께 아뢰니 세존께서 말씀하셨다.

"이러한 허물은 두 구적을 함께 출가시켰기 때문이다. 만약 함께 출가시키면 월법죄를 얻느니라."

세존께서 이미 제정하신 뒤에 어느 때 두 형제가 있었다. 나이가 서로 비슷하였으며 와서 출가를 구하였다. 이때 여러 필추들은 감히 그들을 어떻게 제도하는가를 몰라서 이 인연으로 세존께 아뢰니 세존께서 말씀하셨다.

"만약 형제가 동시에 출가를 구하면 마땅히 제도하여도 범하는 것이 아니다. 그 두 명의 구적이 아직 나이가 되지 않았으면 마땅히 한 사람을 남겨두고서 가르치고, 다른 한 사람은 선지식의 처소, 또는 대덕의 처소에 맡기고서 나이가 되면 마땅히 구족계를 주라. 그 나이가 되지 않은 구적을 남겨도 범하는 것이 없다. 만약 스무 살이 되었는데도 그들에게 구족계를 주지 않으면 월법죄를 얻느니라."

부처님께서 실라벌성의 서다림 급고독원에 머무르실 때에 이 성 안에 한 거사가 있었으며, 그의 집에는 한 사람의 노비가 있었다. 부지런히 일하여서 조금도 게으르지 않았고 모든 해야 할 일은 남보다 먼저 마쳤다. 뒤의 다른 때에 주인이 그에게 화를 내어 곧 이렇게 생각하였다.

'주인을 섬기는 일이 매우 어려우니 내가 마땅히 도망을 가야겠구나.'

다시 이렇게 생각하였다.

'태어난 곳을 버리는 것은 어려우나 이러한 성문(聲聞)인 석자(釋子)들은 왕의 은혜를 얻어서 능히 해칠 수 없으니 나는 그곳으로 가서 출가해야겠다.'

그 노비는 곧 서다림의 원림(園林)의 필추 처소에 가서 알려 말하였다.

"성자여. 나는 출가를 구합니다."

이때 필추들은 곧 출가를 허락하고 나아가 구족계를 준 뒤에 여러 가지로 가르침을 보이니 가르침에 의거하여 수행하고 연구(硏求)하여 능히 모든 번뇌를 없애서 아라한과를 증득하였으며, 자세한 설명은 나머지와 같다.

이때 장자는 이에 마음으로 후회하면서 곧 이렇게 생각하였다.

'나의 노비는 하는 일에서 모든 게으름이 없었으니 나는 마땅히 화내지 않았어야 했구나. 그것이 나를 버리게 하였구나. 내가 만약 그를 만나면 참회를 해야겠다.'

곧 실라벌성의 성문 옆에 서 있었다. 그리고 그 필추는 공양 시간이 되어 가사와 발우를 가지고 성 안으로 들어와 걸식하였고 그를 보고서 알려 말하였다.

"현수여. 그대는 출가하였는가?"

대답하여 말하였다.

"그렇습니다."

다시 말하였다.

"현재 나의 일을 해 주는 사람이 없으니 함께 집으로 돌아가세."

이때 필추는 곧 하늘로 올라 여러 가지의 신통과 변화를 나타내었다. 이때 거사는 뉘우치는 마음을 일으켜 곧 신심으로 귀의하였으며, 그 마음을 바꾸는 것이 마치 큰 나무가 부러져 쓰러지는 것과 같았다. 그의 발에 정례하면서 말하였다.

"성자시여, 이러한 공능(功能)을 증득하였구려. 원하건대 지금부터는 나의 의복과 와구와 음식과 탕약을 받으십시오."

그의 명성(名稱)이 "누구의 노비가 출가하여 아라한과를 증득하였으며. 이와 같은 뛰어(勝妙)난 공덕을 얻었다."고 널리 퍼졌다.

이때 승광왕(勝光王)이 이러한 소문을 듣고서 말하였다.

"어느 장자의 노비가 출가하여 수승(殊勝)한 깨달음을 증득하였고, 능히 사과(四果)²⁾를 얻었다고 한다."

이 말을 마치고 곧 여러 신하에게 명하였다.

"그대들은 마땅히 알지니라. 나는 관정찰리왕의 종족이다. 지금부터는 모든 관료나 장자들의 노비들이 출가를 원하면 곧 풀어주어 출가시키고 방해하지 말라."

이때 실라벌성에 한 장자가 있었으며 한명의 노비가 항상 부지런하였고 게으름이 없었으며, 자세한 설명은 앞에서와 같다. 곧 출가하였고 아울러 구족계를 받고서 법식(法式)을 배우는데 알려 말하였다.

"현수여. 사슴은 사슴을 기르지 못하네. 그 실라벌성은 땅도 넓고 부모님

---

2) 성문(聲聞)들이 탐(貪)·진(瞋)·치(癡)를 끊고 성도(成道)에 들어가는 네 단계의 증과 (證果)로서 수다원과(須陀洹果)·사다함과(斯陀含果)·아나함과(阿那含果)·아라한 과(阿羅漢果)를 일컫는다.

이 거처하는 곳이니 그대는 지금 그곳에 가서 걸식하며 생활하게."

이때 장자는 후회하는 마음을 일으켜 곧 이렇게 생각하였다.

"그 노비는 부지런히 일하여 항상 게으르지 않았으니 만일 그를 만나면 마땅히 참회를 구해야겠다."

이때 장자는 마침내 실라벌성의 문 옆에 서있었다. 공양 시간이 되어 필추는 걸식하고자 가사와 발우를 들고 성 안으로 들어왔다. 장자가 보고서 알려 말하였다.

"현수여. 그대가 출가하였으니 누가 나의 일을 하겠는가? 함께 집으로 돌아가세."

곧 팔을 잡으니 필추가 알려 말하였다.

"만약 나를 잡으면 마땅히 팔을 자르겠소."

승광왕은 칙명으로 여러 필추에게 은혜를 주기를 오로지 태자처럼 하였으므로 그 장자는 필추를 헐뜯는 말을 하였다.

"사문인 석자가 나의 성황(城隍)3)을 무너뜨리고 나아가 범행의 마음을 무너뜨리고서 어찌하여 합당하게 노비가 출가할 수 있는가?"

이때 여러 필추들이 이러한 말을 듣고서 이 인연으로 세존께 아뢰었다. 이때 세존께서는 곧 이렇게 생각하시고 말씀하셨다.

"이미 이러한 허물이 있었구나. 지금부터 이후로 그대들 필추들은 노비가 출가하는 것을 마땅히 허락하지 말라. 출가를 구하는 사람이 있으면 마땅히 '그대는 노비인가?'를 물을 것이며, 만일 노비를 출가시키면 월법죄를 얻는다."

이때 세존께서 실라벌성의 서다림 급고독원에 머무르셨다. 이 성 안에 한 장자가 있었으며, 매번 과전(課錢)을 빌려주었다가 혹은 이자를 거두어 들이기도 하고, 혹은 원금과 이자를 함께 거두어들이기도 하였다. 뒤의 다른 때에 빚진 사람에게 원금과 이자를 함께 받고자 오랫동안 붙잡아 두고서 놓아주지 않았으며, 곧 함께 기한을 정하고서 비로소 놓아주었다.

---

3) 도성(都城)의 성황신(城隍神)의 이름으로 도성의 수호신(守護神)을 말한다.

빚진 이는 돌아와 이렇게 생각하였다.

'이 장자는 성품이 매우 사납구나. 내가 원금과 이자를 모두 갚을 수 없으니 나는 마땅히 도망쳐야겠다.'

다시 이렇게 생각하였다.

'고향을 버리는 것은 어려운 일이나 사문인 석자들을 왕이 태자와 같이 대하니 나는 지금 그들에게 가서 출가를 구해야겠구나.'

곧 서다림의 여러 필추들의 처소로 나아가 알려 말하였다.

"성자시여. 나는 출가를 구합니다."

필추들은 출가를 허락하고 구족계를 주었으며 아울러 법식을 가르쳤다. 구족계를 받고서 쉬지 않고 용맹하게 정진하여 얼마 지나지 않아 곧 아라한과를 증득하였다. 이때 장자는 곧 뉘우치는 마음을 일으키고 이렇게 생각하였다.

'나에게 빚을 진 그 사람은 때때로 항상 원금과 이자를 갚았는데, 무슨 인연으로 그를 업신여겼을까? 만약 지금과 같이 다시 그를 보게 되면 마땅히 사과하리라.'

곧 성문에서 오래도록 기다리고 있었고, 이때 필추는 아침이 되자 옷과 발우를 챙겨서 성 안으로 들어가 걸식하였다. 장자가 곧 보고서 물었다.

"현수여. 그대가 출가하였으니, 다시금 누가 때때로 원금과 이자를 갚겠는가? 지금 함께 집으로 돌아갑시다."

곧 그의 손을 잡고서 데리고 가려고 하니 이때 필추는 곧 하늘로 올라가 열여덟 가지의 신통변화를 나타내었고 자세한 내용은 앞에서와 같다. 이때 그 장자는 곧 귀의하는 마음이 마치 큰 나무가 땅에 쓰러지듯이 빨리 뒤바뀌어 땅에 엎드려서 말하였다.

"성자여. 이렇게 수승한 공덕과 최상의 묘과를 증득하셨습니다. 지금부터는 성자께서 반드시 필요한 물건과 의복과 음식을 내가 마땅히 공양하겠으니 성자께서 받아주십시오."

이때 사방의 먼 곳까지 누구의 채무자가 이러한 묘과를 증득하였다는 소문이 퍼져 모두가 듣게 되었다. 이때 승군왕(勝軍王)이 이것을 듣고서 대신에게 칙령을 내려 명하였다.

"지금부터는 빚이 있고 아직 갚지 못한 사람이라도 세존께 출가하기를 원하면 그 사람에게 어려움이 없게 하라."

이때 실라벌성의 한 장자가 많은 사람들에게 돈을 빌려주었다. 이때 한 사람이 이 물건으로 이익을 얻다가 출가하였고, 나아가 사슴은 사슴을 기르지 않는다는 등의 자세한 설명은 앞에서와 같다. 다시 뒤에 다른 때에 발우를 지니고 걸식하는데 장자가 우연히 마주쳐서 알려 말하였다.

"필추여. 그대가 이미 출가하였으니 누가 다시 때때로 나의 원금과 이자를 갚아주겠는가? 지금 함께 돌아갑시다."

그의 손을 잡고자 하니 곧 필추가 말하였다.

"당신은 나를 잡지 마시오. 만약 나를 잡으면 마땅히 당신의 손을 끊어버리겠소."

대답하여 말하였다.

"무슨 뜻인가?"

필추가 말하였다.

"당신은 듣지 못하였소? 왕께서 칙명을 내려 출가하고자 하는 사람에게는 모든 부채(負債)를 면제한다고 하였소."

이때 장자는 함께 비난하고 싫어하며 이렇게 말하였다.

"출가한 석자는 매우 오만(傲慢)하게 생각하고, 현재 남의 부채가 있어도 제도하여 출가시키는구나."

필추들이 이 인연으로 세존께 아뢰니 세존께서는 이러한 생각을 지으셨다.

'부채가 있는 사람을 제도하여 이러한 허물이 있는 것이다.'

필추들에게 알려 말씀하셨다.

"지금부터는 부채가 있는 사람은 마땅히 제도하지 말라. 만약 제도하면 월법죄를 얻느니라."

이때 세존께서 실라벌성의 급고독원에 머무르실 때 한 장자가 아내를 맞은 지 얼마 지나지 않아서 아들을 낳았다. 점점 자라서 장성하여 아버지로부터 꾸중을 듣고 남몰래 도망가다가 이렇게 생각을 하였다

'고향인 나라를 떠나는 것이 어렵지만, 그러나 여러 석자들은 왕자처럼 여러 가지 일들을 면제받을 것이다. 나도 지금 마땅히 그들에게서 출가하리라.'

곧 급고독원의 필추의 처소에 가서 말하였다.

"성자여. 나는 출가를 원합니다."

필추들은 곧 출가를 허락하고 나아가 구족계를 주었다. 뒤의 다른 때에 그의 아버지가 아들을 찾아 필추의 처소에 와서 알려 말하였다.

"성자여. 이와 같은 동자가 이곳에 온 것을 보았습니까?"

대답하여 말하였다.

"지금은 이미 출가하였습니다."

장자가 알려 말하였다.

"당신들 필추들은 항상 칼을 잡고 있습니까? 오는 사람의 머리를 곧바로 깎아줍니까?"

다시 말하였다.

"어떻게 7일이나 8일을 기다리지 않고서 무슨 까닭으로 제도하는 것입니까?"

필추들이 이 인연으로 세존께 아뢰니 세존께서 말씀하셨다.

"마땅히 바로 제도하지 말라. 만약 어린 동자가 멀지 않은 곳에서 와서 출가를 구하면 마땅히 7일이나 8일을 기다리고서 출가시킬 것이니라. 먼 곳에서 와서 출가를 구하면 7일이나 8일을 기다리지 않고서 제도하여도 범하는 것이 없다."

세존께서 실라벌성의 서다림 급고독원에 머무르실 때 한 장자가 아내를 맞아 얼마 되지 않아서 곧 아들을 낳았다. 장자가 아내에게 말하였다.

"현수여. 아들이 자라면 나를 원망하겠으나 나는 지금 외국으로 가서 장사를 하려고 하오. 나의 부채는 아들이 대신 갚았으면 하오."

이와 같이 말하고서 곧 떠나가서 마침내 돌아오지 않았다. 그의 아내가

길러서 아이가 성장하여 학교에 보내어 외전(外典)을 배우게 하였는데, 같이 배우는 아이들은 논전(論典)을 모두 바르게 이해하였으나, 오직 이 동자는 전혀 이해하지 못하였다. 뒤의 다른 때에 그 어머니는 학당(學堂)에 가서 박사(博士)에게 물어 말하였다.

"똑같이 학비를 내는데 어떠한 까닭으로 다른 아이들은 학문이 갖추어졌으나, 오직 우리 아이는 모두 이해하는 것이 없습니까?"

박사가 대답하였다.

"무릇 배움이라는 것은 두 가지의 일이 있어야 학업이 성취됩니다. 무엇이 두 가지인가? 첫째는 부끄러워하는 마음을 갖추는 것이고, 둘째는 두려움이 있어야 합니다. 그러나 이 아이는 두 가지 모두를 갖추지 못하였습니다."

아이의 어머니가 대답하여 말하였다.

"박사님께서는 어찌하여 회초리를 들지 않으셨습니까?"

뒤의 다른 때에 박사가 비로소 회초리로 때리며 여러 가지로 꾸중하자 곧 울면서 어머니께 가서 있었던 일을 갖추어 말하였다. 그때 어머니도 그를 때리니, 이때 그 동자는 이렇게 생각하였다.

'내가 고통스러운 일을 만났구나. 이전에는 한 처소에서 맞았는데 지금은 두 처소에서 맞아야 하니 고통을 견디지 못하겠다. 차라리 서다림으로 도망쳐 가야겠다.'

서다림에 이르러 한 구적이 꽃을 따는 것을 보고서, 감탄하면서 말하였다.

"매우 즐거워 보입니다."

물어 말하였다

"무슨 까닭입니까?"

대답하여 말하였다.

"출가한 까닭입니다."

구적이 다시 말하였다.

"그대는 왜 출가하지 않습니까?"

대답하여 말하였다.

"성자여. 누가 능히 나를 출가시키겠습니까?"

구적이 대답하였다.

"이리 오세요. 함께 오바타야께 가서 물어봅시다."

스승을 뵙고서 말하였다.

"스승이시여. 이 선남자(善男子)가 출가를 구합니다."

이때 스승은 곧 출가를 허락하였다. 그 어머니가 뒤의 다른 때에 학당에 가서 박사에게 물었다.

"제 아들은 어디에 있습니까?"

박사가 대답하였다.

"내가 때렸더니 곧장 돌아갔습니다."

어머니가 말하였다.

"나도 돌아오는 것을 곧 다시 때렸더니 나를 버리고 도망을 갔습니다."

이때 자애로운 어머니는 여러 처소를 다니면서 찾았으나 뜻을 이루지 못하고 왕사성의 문에 서있으며 동서(東西)를 바라보면서 있었다. 오래 지나지 않아서 동자가 머리를 깎고 다른 구적들과 함께 물병(甁)과 발우를 들고서 따라오고 있었다. 어머니는 곧 아들을 알아보고서 손으로 가슴을 치면서 슬피 울면서 큰소리로 말하였다.

"어리석은 아들아. 나는 여러 처소에서 찾았으나 찾지 못하였고 여러 곳을 다녔으나 볼 수 없었고, 소식(音信)도 들을 수 없었다. 너는 지금 무슨 까닭으로 이 천박한 사문에게 출가하였느냐?"

손을 잡고 장차 데려가기 위하여 가사와 발우를 빼앗고 억지로 환속(還俗)시키고자 하였다. 이때 여러 필추들이 이 인연으로 세존께 아뢰니 세존께서는 이렇게 생각하셨다.

'부모에게 알리지 아니하고 출가를 허락하여 과실(過失)이 많이 생겼구나.'

세존께서 여러 필추들에게 알리셨다.

"내가 지금 계율을 제정하나니, 출가하고자 하면서 부모님께 알리지 않고서 출가를 허락하면 월법죄를 얻느니라."

세존께서 왕사성의 죽림원 갈란탁가 연못에 머무르실 때, 한 바라문이 아내를 얻고서 얼마 지나지 않아서 아들을 낳았다. 아이가 점점 자라면서 갑자기 병을 얻어 의사를 찾아 치료하였으나 치료가 되지 않았다. 어머니가 아들에게 말하였다.

"시박가(侍縛迦)⁴⁾ 장자의 처소로 가서 병을 치료하여 보세."

곧 시박가의 처소로 가서 알려 말하였다.

"장자시여. 나를 치료하여 주십시오."

장자가 대답하여 말하였다.

"그대의 병은 매우 심하여 치료할 수가 없네. 그리고 나의 의술은 두 종류의 사람을 고친다네. 어떤 사람의 두 종류인가? 첫째는 세존과 승가이고, 둘째는 왕궁(王宮) 안에 있는 사람이네. 그대들의 병은 치료할 시간이 없으니, 그대는 지금 집으로 돌아가게나."

아들이 집으로 돌아오니 어머니가 물었다.

"병은 치료하였는가?"

아들이 말하였다.

"나의 병은 치료할 의사가 없습니다."

자세한 설명은 앞에서와 같다.

어머니가 아들에게 알려 말하였다.

"너는 마땅히 출가하라."

아들이 어머니에게 대답하여 말하였다.

"나는 바라문 종족이므로 어찌하여 잡종(雜種)인 사문 석자들에게 출가하겠습니까?"

---

4) 인도 사위성의 의사로서 기파가(耆婆伽)·시박가(時縛迦)·시파(時婆)·지파(祇婆) 등으로 불리며 부모도 누구인지 확실치 않다. 덕차시라국의 반가라에서 7년간 배운 뒤 본국인 바가타성에 귀국하여 불교에 귀의하였고, 세존의 풍병, 소경인 아나률, 아난의 창병 등을 고쳐주어 의왕(醫王)으로 존경을 받았다. 부왕을 살해한 후 뉘우치고 있는 아사세왕을 불교에 귀의시킨 것으로 유명하다.

다시 아들에게 알려 말하였다.

"네가 거짓으로 출가하였으나, 병이 치료되면 환속하는 것이 어렵지 않다."

아들이 대답하였다.

"만약 출가하면 반드시 머리카락을 깎아야 하는데 어찌 합니까?"

어머니가 말하였다.

"머리카락을 깎고서 자라지 아니하면 이것은 잘못된 것이나, 뒤에 다시 자라날 것이므로 무엇을 걱정하겠는가?"

곧 죽림원 필추의 처소로 가서 발에 정례하고 말하였다.

"성자여, 나의 출가를 허락하십시오."

이미 출가를 허락하였으나 저녁에 문 밖으로 나가서 머무르며 방으로 들어오지 않아서 스승이 물었다.

"어찌하여 들어오지 않는가?"

대답하여 말하였다.

"나의 몸에 병이 있어 들어갈 수 없습니다."

스승이 말하였다.

"그대는 지금 출가한 몸인데 무슨 병이 있단 말인가?"

대답하여 말하였다.

"오바타야시여. 나는 재가에 있을 때부터 병이 있었습니다."

스승이 말하였다.

"그대는 어찌하여 나에게 알리지 않았는가?"

알려 말하였다.

"스승께서 묻지 않으셨습니다."

스승은 문득 화를 냈고, 날이 밝자 오래된 제자들이 모두 와서 안부를 물었다.

"묻겠습니다. 오바타야시여. 무슨 까닭으로 즐겁지 않으십니까?"

스승이 곧 대답하여 말하였다.

"나의 처소에 병자가 있네. 모든 병자들이 모두 이곳에 와있다."

구적이 알려 말하였다.

"세존께서 법을 말씀하신 것에는 두 가지가 있습니다. 첫째는 마땅히 무거운 짐을 지도록 하지 않을 것이고, 둘째는 이미 제도한 사람은 마땅히 버리지 않는 것입니다. 스승께서는 이미 나를 제도하셨으니 어떻게 하시고 자 합니까?"

이 말을 할 때에 시박의왕(待縛醫王)이 곧 와서 도착하였다. 스승이 의왕에게 물었다.

"이 필추의 병을 치료할 수 있습니까?"

의왕이 대답하여 말하였다.

"이 병은 매우 위중한 병입니다. 그러나 승광왕이 약을 만족하게 주면 나는 마땅히 치료할 수 있습니다."

치료를 마치자 필추는 스승에게 알려 말하였다.

"나는 병을 치료하기 위하여 출가하였으나, 이미 치료가 되었으니 지금 돌아가고자 합니다."

스승이 말하였다.

"그대는 아라한과를 증득하였는가?"

대답하여 말하였다.

"증득하지 못하였습니다."

다시 물었다.

"그대는 불환과(不還果)·일래과(一來果)·수다원과(須陀洹果)를 얻었는 가?"

"모두 얻지 못하였습니다."

"그대는 무슨 까닭으로 돌아가려 하는가?"

대답하여 말하였다.

"나는 병을 치료하기 위하여 출가하였으며, 이미 병을 치료하였으니 어찌 머무르겠습니까?"

스승이 말하였다.

"출가자의 법에는 네 가지의 수승한 과가 있으나, 그대는 모두 얻지 못하였다. 그대는 마땅히 이곳에 있으면서 약값을 갚아야 한다. 만약 그렇게 하지 않으면 뒤에 다시 병을 얻어 죽는 것을 의심할 필요도 없을 것이다."

그는 스승의 말을 듣지 않고 곧 돌아갔으나, 그 의왕의 은혜를 갚으려고 시박가를 모시며, 꽃·과일·씹는 치목(齒木) 등을 제공하였다. 이때 모시는 시박가가 알려 말하였다.

"현수여. 그대는 나의 처소에서 무엇을 구하는가?"

그 바라문이 대답하여 말하였다.

"나는 어느 것도 구하지 않습니다. 다만 은혜를 갚고자 할 뿐입니다."

장자가 대답하여 말하였다.

"내가 그대에게 어떠한 이익을 주었던가?"

대답하여 말하였다.

"제가 병을 얻었었는데 나를 치료해 주셨기 때문입니다."

이때 시박가가 대답하여 말하였다.

"나는 전혀 기억할 수 없소."

바라문이 대답하여 말하였다.

"제가 기억을 되살려 스스로 알도록 하겠습니다."

이때 시박가가 말하였다.

"그대는 바른 법률(法律)을 설(說)하는 가운데 출가하였을 때 네 가지 사문의 과(果)를 마땅히 증득했어야 하였으나, 남들이 신심의 물건을 받아서 지금 오히려 곧 나쁜 일에 떨어졌구나!"

이렇게 말하고서 곧 이러한 생각을 하였다.

'나는 마땅히 이 일로서 세존의 처소에 가야겠구나.'

나아가 머리숙여 발에 예배하고 한쪽으로 물러나 앉아서 세존께 아뢰었다.

"세존이시여. 여러 필추들이 병자들을 출가시키고 구족계를 주었으며, 이것으로 인하여 왕의 창고가 점점 줄어들고 나도 역시 몸이 피곤합니다. 또한 성자들의 선법을 닦는 것이 줄어드니, 원하옵건대 세존께서 계율을 제정하여 다시는 병자들을 제도하지 않도록 하여주십시오."

부처님께서 곧 묵연히 허락을 하셨고, 시박가는 세존께서 묵연히 허락하신 것을 알고서 정례하고 물러갔다. 이때 세존께서는 이렇게 생각하셨다.

'모든 과실(過失)이 생긴 것은 모두가 병자들을 제도하였기 때문이다.'

세존께서 모든 필추들에게 알려 말씀하셨다.

"지금부터는 마땅히 환자(患者)를 제도하지 말라. 만약 출가하고자 오면 먼저 병이 없는가를 물으라. 묻지 않으면 월법죄를 얻느니라."

세존께서 겁비라성(劫比羅城)의 니구타(尼瞿陀) 숲에 머무르셨다. 이때 정반왕(淨飯王)이 교령(敎令)을 선포하였다.

"겁비라성의 석가종족은 집집마다 한 사람의 자식을 출가시켜라."

그들의 모든 친한 권속(眷屬)들이 와서 보았다. 이때 출가한 사람들이 그들의 권속들에게 법을 설하니, 듣고서 기뻐하며 모두 신심을 일으켜 곧 출가하였다. 그들 중에는 혹은 아버지이고, 혹은 형이며, 혹은 남편이고, 혹은 숙부이며, 혹은 아들이었으므로, 그 가족들은 근심과 고통으로 밤낮으로 소리 높여 울었다. 이때 정반왕은 석가종족이 우는 소리를 듣고 알려 말하였다.

"무슨 까닭으로 모든 석가종족들이 밤낮으로 슬프게 울고 있는 것인가?"

이때 석가종족들이 왕에게 알려 말하였다.

"우리들의 권속이 만약 숲속에 있으면 그 성자들이 곧 출가시켜 근심과 걱정이 되어 슬프게 울고 있습니다."

왕은 이 말을 듣고 생각하였다.

'내가 마땅히 세존의 처소로 가야겠구나.'

처소에 도착하여 세존의 발에 정례하고 한쪽으로 물러앉아서 세존께 아뢰었다.

"오로지 바라옵건대 세존이시여. 나의 원(願)을 들어주십시오."

세존께서 물으셨다.

"대왕이시여. 무슨 원을 구하십니까?"

왕이 말하였다.

"작은 원을 말씀드리면 석가종족들이 말하기를 '세존께서 전륜성왕이 되어 하늘로 올라 사천하(四天下)를 다니시면 우리들도 세존을 따르려고 하였으나, 이미 출가하셨으니 저희들의 소망(所望)도 모두 이룰 수 없습니다. 다음으로 난타(難陀)가 마땅히 강력한 전륜성왕이 되는가 하였으나, 그 또한 세존께서 제도하시어 출가시켰으니 우리들의 그 희망도 끊어졌습니다. 나호라(羅怙羅)도 큰 위덕이 있어서 대왕이 마땅히 될 것이나 세존께서 지금 역시 출가시켜 우리 석가종족들의 희망은 끊어졌다.'라고 말합니다. 대덕이시여. 부모는 자식에게 은애(恩愛)가 매우 깊은 것이니, 원하옵건대 세존께서 계율을 제정하시어, 부모가 허락하지 않는 출가를 금지하여 주십시오."

세존께서 묵연히 부왕(父王)의 청을 받아들이셨으며, 왕은 허락한 것을 보고서 세존의 발에 정례하고 물러갔다. 세존께서는 이렇게 생각하셨다.

'모든 과실(過失)이 생긴 것은 모두가 부모의 허락을 받지 않고서 출가시키고 구족계를 주었기 때문이다.'

"만약 출가를 구하는 사람이 오면 먼저 부모에게 묻고서 허락한 뒤에 출가를 허락하라. 만약 부모에게 먼저 묻지 않고 출가시키면 월법죄를 얻는다."

세존께서 이와 같이 계율을 제정하셨다.

"부모에게 묻지 않고서 출가를 허락하지 못하느니라."

이때 한 사람이 멀리 다른 지방에서 왔고, 부모의 허락을 받았으나, 모든 필추들이 감히 곧 제도하고 출가시키지 못하여 곧 출가를 포기하였다. 이때 여러 필추들이 이 인연으로 세존께 아뢰니 세존께서 말씀하셨다.

"만약 먼 곳에서 왔고, 먼저 부모의 허락을 받았으면 마땅히 출가를 허락하라. 묻지 않아도 범하는 것이 없느니라."

근본설일체유부비나야출가사 제4권

어느 때 상주(商主) 등이 해안(海岸)으로 돌아왔으나 바다에 있을 때의 고통과 괴로움으로 모두 피로와 권태가 생겨서 잠을 자고 있었다. 이때 승호(僧護) 필추가 바다를 바라보면서 또한 이러한 생각을 지었다.

'세존의 말씀에 다섯 가지의 일은 보아도 싫증이 없다고 하셨다. 무엇을 다섯 가지라고 말하는가? 첫째는 상(相)을 갖춘 코끼리이고, 둘째는 전륜성왕이며, 셋째는 큰 바다이고, 넷째는 묘고산왕(妙高山王)이며, 다섯째는 여래응정등각(如來應正等覺)의 다섯 가지를 이름하니라.'

오랫동안 이렇게 바라보다가 오경(五更)에 이르러 곧 잠이 들었다. 이때 모든 상주들은 코끼리와 수레를 갖추고 물건을 싣고 길을 떠났고, 날이 밝아 승호 필추가 보이지 않아서 곧 크게 놀라서 사방으로 찾았으나 결국 찾을 수 없었다. 그 중에서 앞에 마땅히 먼저 갔다고 말하였고, 뒤에 있을 것이라고 말하여 사방으로 찾아보았으나 결국 찾지 못하여 모두가 걱정하면서 이렇게 말하였다.

"우리들이 성자를 버렸으니, 이것은 상서롭지 못하니 마땅히 되돌아가서 찾아야 한다."

다시 이렇게 말하였다.

"그러나 그 성자는 큰 위덕을 있어 큰 바다의 험난(險難)한 것도 잘 견디었으니, 평지이므로 장애가 없을 것이니 어찌 쉽게 오지 못하겠는가?"

이렇게 말을 하고서 곧 길을 계속 갔다. 이때 승호 필추는 모래사장 위에서 잠을 자다가 햇볕이 뜨거워 깨어나서 사방을 돌아보았으나, 모두 한 사람도 없어서 곧 이렇게 말하였다.

"이 상주들이 나를 버리고 떠났구나. 나도 멈추지 않고 마땅히 빨리

가야겠다."

점차로 길을 재촉했으나 사람의 발자취는 없었고 다만 작은 길이 하나 보였다. 그 길을 찾아가니 큰 숲에 이르렀다. 숲속의 사찰을 보니 엄숙하고 아름다웠으며, 정묘(精妙)하였고, 평상 침대(床座)·평상 의자(榻席)·양탄자(氈褥)·담요(毯氄)·전당(殿堂)·누각(樓閣)·창문(窓牖) 등이 매우 묘(妙)하였다. 그 안에는 또한 흐르는 물과 깨끗한 연못이 있었고, 보배나무(寶樹)가 줄지어 서있으며, 여러 가지의 기이하고 아름다운 가지와 잎들이 햇빛을 가리고 있었다. 연못 속에는 여러 가지 새들이 있었으니, 백학(白鶴)·공작(孔雀)·앵무(鸚鵡)·사리(舍利)·백아(白鵝) 등이 있어 오히려 천궁(天宮)과 같았다. 사찰에는 여러 필추들이 있었고 위의를 구족하였다. 이때 승호는 같은 범행자(梵行者)를 보고 그에게로 나아가 공경히 정례하였다. 그 필추가 말하였다.

"잘 오셨습니다. 잘 오셨습니다. 승호여. 그대는 어디에서 오셨습니까?"

승호 필추는 이전의 일들을 갖추어 대답하였다. 이때 그 필추는 승호를 잠시 쉬게 하고서 잠시 후에 사찰 안으로 들어가서 보니 모든 자리가 좋았으며, 묘한 음식이 있었다. 필추가 물어 말하였다'

"그대는 배고프고 목이 마르지 않습니까?"

대답하여 말하였다.

"배고프고 목이 마릅니다."

대답하여 말하였다.

"그대가 배고프면 음식을 드십시오."

대답하여 말하였다.

"여러 대중들을 기다리고, 나는 마땅히 함께 먹겠습니다."

필추가 대답하여 말하였다.

"그대는 먼 길을 오면서 매우 피곤하고 배고플 것이니 마땅히 먼저 드십시오. 만약 공양할 때가 되면 여러 과실(過失)이 있습니다."

승호는 공양을 마치고 한쪽에 앉아 있었다. 공양할 때가 되어 건치가 울리고 대중들이 각자 발우를 가지고 식당으로 모여 차례로 앉았다.

이때 갑자기 사찰이 없어지고 발우는 철채찍(鐵槌)으로 변하였다. 각자가 이 철채찍을 사용하여 서로가 상대방을 때려 머리가 부서지고 피가 땅바닥에 가득 흘러 극심한 고통을 받았다. 공양 시간이 지나자 사찰이 다시 나타났고 모든 필추들도 앞에서와 같이 평상(平常)을 회복하여 모든 근(根)이 적정(寂靜)하고 다시 차례로 자리에 앉았다. 이때 승호는 필추의 처소로 나아가 말하였다.

"성자여. 어떠한 업으로 인(因)하여 이러한 일이 있으며, 모든 고통을 받습니까?"

대답하여 말하였다.

"대덕 승호여. 그 남섬부주 사람들은 신심이 없기 때문입니다."

승호가 대답하여 말하였다.

"내가 지금 현재를 보고 있는데 무슨 까닭으로 신심이 없다고 합니까?"

알려 말하였다.

"승호여. 우리들은 옛날의 가섭 부처님의 처소에서 성문이었습니다. 공양할 때가 되면 마침내 서로를 때렸고 그 업을 까닭으로 지금 우리들이 이와 같으며, 별도의 지옥의 고통을 받는 것입니다. 그러나 이것은 가벼운 고통이고, 이 목숨을 마치면 더 큰 지옥에 떨어질 것입니다. 그대는 지금 마땅히 남섬부주의 승가에 가서 공양할 때에 서로 싸우고 때리지 않을 것이며, 만약 싸우고 때리면 반드시 이러한 과보를 받는다고 알리십시오."

승호가 대답하였다.

"반드시 전하겠습니다."

곧 대답하고 그곳을 떠나 점차로 길을 갔다. 다시 하나의 사찰이 보였고, 그 사찰의 장엄과 아름다움도 앞에서와 다르지 않았으며, 돌아보니 필추들도 위의를 구족하였다. 나아가 앞에서와 같이 사찰이 사라졌고, 그 필추들의 발우 안에는 끓는 구리물이 담겨져 있었다. 다시 서로가 그 구리물을 건겨서 나아가[자세한 내용은 생략한다.] 사찰이 다시 나타나고 필추들은 차례로 자리에 앉았다.

승호가 물어 말하였다.

"대덕이여. 어떠한 업을 까닭으로 지금에 이르러 이러한 고통을 받습니까?"

필추가 알려 말하였다.

"중생들이 신심이 없기 때문입니다."

대답하여 말하였다.

"내가 지금 현재를 보고 있는데 무슨 까닭으로 신심이 없다고 합니까?"

"승호여. 마땅히 아십시오. 우리들은 가섭 부처님의 처소에서 성문이었습니다. 매번 공양 때가 되면 매우 좋은(上妙) 음식인 소(酥) 등의 맛있는 음식을 먹었고, 그때 마침 객(客)필추가 왔으나 우리들은 음식에 인색하여 곧 이렇게 생각하였습니다.

'저 객필추가 떠나면 뒤에 우리끼리 먹어야겠다.'

이때 하늘에서 비가 7일 동안이나 내렸고 객필추는 비에 젖었으므로 떠날 수 없었습니다. 그 음식을 7일 동안 먹지 않아 모두 상하였고 감히 먹을 수가 없게 되었고 곧 가져다 버렸습니다. 신심이 있는 시주자로부터 받았으나 공평하게 나누어 먹지 않고 모두 버린 이 업을 까닭으로 별도의 지옥(別獄)에 태어나서 지금은 가벼운 고통을 받고 있으나, 이 목숨을 마치면 큰 지옥에 떨어질 것입니다."

알려 말하였다.

"승호여. 그대는 인간 세상의 필추들에게 알려 이러한 일을 하지 않게 하시오. 만약 이렇게 하면 반드시 큰 지옥의 고통을 초래할 것입니다."

이 말을 듣고서 곧 헤어진 뒤에 점차로 길을 가면서 다시 하나의 사찰을 보았다. 장엄함과 아름다움이 앞에서와 같았고, 필추들이 공양할 때가 되어 앞에서와 같이 앉았으나, 그 사찰에 불길이 일어났고 맹렬하고 치성(熾盛)한 불길 속에서 모든 필추들도 함께 불타고 있었다. 공양 때가 지나자 사찰은 본래의 모습으로 되돌아왔고, 모든 필추들도 모든 근이 조복(調伏)되어 차례대로 자리에 앉아 있었다. 승호는 앞에서와 같이 묻고 대답하였다.

(필추가) 알려 말하였다.

"잘 들으십시오. 우리들은 과거 가섭 부처님의 처소에 있을 때 성문이었습니다. 곧 계율을 깨트리고서 승가에서 쫓겨났고, 마침내 다른 곳에서 같은 부류의 사람들과 함께 지냈습니다. 뒤의 다른 때에 계율을 지키며 정진하는 한 필추가 이곳에 왔고, 다시 다른 때에 계율을 잘 지키고 결점이 없는 필추가 또한 왔습니다. 올바르고 이치에 맞게 우리들을 꾸중하였고 마침내 참지 못하였습니다.

뒤의 다른 때가 되어 대중이 공양할 때에 마침내 마음을 모아서 사찰에 불을 질렀습니다. 나아가 사찰은 모두 불탔고, 그 업력(業力)을 까닭으로 지금 이곳에 태어나서 다시 별도의 고통을 받고 있으나, 목숨을 마치면 다시 더 큰 지옥에 떨어질 것입니다. 그대는 마땅히 이 사실을 섬부주의 필추들에게 알려서 이러한 일이 없게 하십시오. 만약 이렇게 하면 반드시 우리들과 같이 고통을 받게 될 것입니다."

또 다시 다른 유정(有情)을 보니 형체(形體)가 벽(壁)과 같았고, 혹은 큰 나무와 같았으며, 혹은 잎과 같았고, 혹은 꽃과 같았으며, 혹은 열매와 같았고, 혹은 기둥과 같았다. 이 유정들은 모두 밧줄로 얽어매고 이 밧줄을 잡아당겨서 서로를 죽이고 있었다. 이때 승호는 점차로 길을 가다가 어느 곳에 이르렀고, 5백 명의 선인(仙人)은 승호가 오는 것을 보고 서로에게 말하였다.

"이 사문 석자는 말이 많으니 그대들은 저 사문과 말하지 마십시오."

묵연히 앉아있었고, 이때 승호는 그곳으로 가서 여러 선인들에게 말하였다.

"나에게 편안히 머무를 수 있는 곳을 마련해 주십시오."

선인들은 묵연히 한사람도 함께 말하지 않았으나, 그중에서 자비와 연민의 마음을 가진 한 선인이 있어서 여러 선인들에게 말하였다.

"어떻게 사문인 석자를 불편하게 할 수 있겠습니까?"

여러 선인들이 말하였다.

"마땅히 자리는 주겠으나 함께 말하면 아니됩니다."

승호가 대답하여 말하였다.

"좋습니다."

빈 방에 승호를 혼자 있게 하였으므로 발을 씻고 자리를 펴고 단정히 앉아 정념(正念)에 들었다. 선인들이 사는 곳에는 옛날부터 많은 천녀들이 있었다. 초저녁이 되자 승호가 있는 곳으로 와서 알려 말하였다.

"성자여. 원하건대 우리들에게 법요(法要)를 설해주십시오."

승호가 대답하여 말하였다.

"자매들이여. 그대들에게 큰 즐거움을 주고 싶으나, 나는 모든 선인들에게 말하면 아니되는 제지를 받고서 이 조용한 방을 얻어 머물고 있습니다. 자매들이 나에게 설법하게 하는 것은 나를 떠나게 하는 것입니다."

이때 모든 천녀들은 곧 이렇게 생각하였다.

'이 사문 석자는 먼 곳에서 왔으니 마땅히 몸이 피로할 것이다. 그러므로 마땅히 돌아가야겠다.'

이렇게 생각하고서 모든 천녀들이 곧 떠나갔다. 밤중이 되어 다시 돌아와서 승호에게 알려 말하였다.

"성자여. 우리들을 위해 설법하여 주십시오."

승호가 대답하여 말하였다.

"결국 나를 이곳에서 쫓아내려는 것입니까?"

모든 천녀들은 다시 생각하였다.

"저 사문은 아직 잠이 부족한 것 같으니 돌아가야겠다."

새벽이 되자 천녀들은 또 다시 승호에게 돌아와서 말하였다.

"성자여. 우리들을 위해 설법하여 주십시오."

승호가 다시 말하였다.

"자매들이여. 그대들은 나를 이곳에서 쫓겨나게 하고 싶습니까?"

천녀가 말하였다.

"날이 밝았는데 무슨 까닭으로 떠나지 않나요? 어찌 다시 세존의 설법을 듣지 못하고 공포(恐怖)의 장소에 이르면 마땅히 굳게 참아야 하는가요?"

이때 승호는 곧 이렇게 생각하였다

'천녀들이 나를 싫어하니 나는 마땅히 빨리 떠나야겠다.'

다시 이렇게 생각하였다.

'이 선인들은 모두 이학(異學)들이니, 마땅히 내가 배웠던 게송을 외워 그 이학들이 듣고서 모두 환희(歡喜)하게 해야겠다.'

이렇게 생각하고, 곧 게송을 설하여 말하였다.

> 노형외도와 장발외도가
> 재(恢)를 바르고 단식(斷食)하고
> 땅에 누워서 몸을 씻으며
> 꿇어앉아 삿된 생각을 하는구나.
>
> 이러한 여러 삿된 법으로는
> 마침내 생사를 벗어날 수 없으니
> 오로지 오랜 진실한 묘법(妙法)으로
> 스스로의 몸을 장엄하리라.
>
> 정견(正見)에 머물러 사유(思惟)하며
> 탐욕과 성냄을 끊을 것이고
> 자비와 희사(喜捨)를 행(行)하며
> 유정(有情)의 목숨을 끊지 않는다네.
>
> 학처(學處)를 부지런히 닦으면
> 이것이 진실한 사문이고
> 또한 역시 바라문이며
> 이것은 필추의 성품이 아니라네.

이 게송을 설할 때에 모든 선인이 듣고서 함께 서로에게 말하였다.

"이 게송은 우리의 경전이다."

이때 모든 선인들이 각자 일어나서 묵연히 그 말을 들었으나, 모든 천녀들은 그 선인들을 미혹하려고 서로를 볼 수가 없었다. 이때 승호는

『성유경(城喩經)』을 설하여 그들이 깨닫게 하였고, 경을 설하여 마쳤다. 이때 모든 선인들은 제3과(第三果)를 증득하였고, 모든 천녀들은 모든 선인들이 본 마음(本心)이 회복되었으므로 서로를 알아보고서 모두 함께 말하였다.

"좋은 설법이요. 좋은 설법이요. 미묘한 경전이다."

이렇게 찬탄하면서 서로에게 알려 말하였다.

"그대들도 사문의 본래의 법을 들었는가?"

대답하여 말하였다.

"그렇다."

다시 말하였다.

"우리들은 이곳에서 미묘하고 좋은 이익을 얻었구나."

이때 모든 선인들이 함께 알려 말하였다.

"성자여. 원하건대 우리들을 출가시키고 구족계를 주시어 범행을 닦고 지녀서 존자와 같게 하여 주십시오."

승호가 알려 말하였다

"여러 구수들이여. 그대들은 능히 이와 같은 매우 높은(增上) 신심이 있으니, 이것은 좋은 일입니다. 세존께서 말씀하신 것과 같이, '출가하게 되면 다섯 가지의 이익을 얻는다.'고 하셨습니다. 무엇을 다섯 가지라고 말하는가? 첫째는 출가한 공덕은 자신에게 이익이 되고, 다른 사람과 나눌 수 없는 것이니, 이러한 까닭으로 지혜로운 사람은 마땅히 출가를 구해야 한다. 둘째는 자신의 신분이 낮은 사람으로서 남에게 복종하다가, 이미 출가한 뒤에는 남들의 공양과 예배·찬탄을 받으니, 이러한 까닭으로 지혜로운 사람은 마땅히 출가를 구해야 한다. 셋째는 이 목숨을 마치면 마땅히 천상에 태어나고 세 가지의 악도(惡道)를 떠나게 되니, 이러한 까닭으로 지혜로운 사람은 마땅히 출가를 구해야 한다. 넷째는 세속을 버린 까닭으로 생사에서 벗어나고, 마땅히 안은(安穩)하고 무상(無上)의 열반을 얻으니, 이러한 까닭으로 지혜로운 사람은 마땅히 출가를 구해야 한다. 다섯째는 항상 모든 부처님과 나아가 성문들과 모든 수승(勝上)한

사람들의 찬탄을 받으니, 이러한 까닭으로 지혜로운 사람은 마땅히 출가를
구해야 한다.

그대들은 마땅히 이러한 이익을 관(觀)하고 은근하고 소중한 마음으로
재가의 그물처럼 얽힌 모든 것들을 버리고서 큰 공덕을 구하라. 이러한
까닭으로 내가 지금 그대들을 제도하고 출가시키고자 한다. 그대들은
이곳에서 출가하겠는가? 세존의 처소에서 마땅히 출가하겠는가?"

모든 선인들이 대답하여 말하였다.

"존자와 함께 세존의 처소에 가서 출가하고자 합니다."

모든 선인들이 다시 말하였다.

"존자의 신통력을 이용하여 가시겠습니까? 우리들의 신통력을 이용하
여 가시겠습니까?"

승호는 이 말을 듣고서 마음이 즐겁지 않아 이렇게 생각하였다.

'모든 선인들은 나의 설법을 듣고 높은 도과(道果)를 얻었다. 내가 비록
해석하여 설하였으나 이러한 신통력은 얻지 못하였구나.'

모든 선인들에게 말하였다.

"잠시 기다리시오. 나는 지금 할 일이 있소."

한 그루의 나무 밑으로 가서 자리를 펴고 결가부좌하였고, 몸을 단정히
하여 정념으로 마음을 고요(寂然)히 하여 다시 이렇게 생각을 지었다.

'세존의 설법을 많이 들으면 사람에게 다섯 가지의 이익이 있다.'고
하셨고,[자세한 설명은 나머지와 같다.] 그렇게 정진하여 번뇌를 단숨에
끊고서 마침내 아라한과를 얻었다. 삼계(三界)를 벗어나 헐뜯고 칭찬하며
성냄과 원한을 일으키지 않았고, 금을 흙처럼 차별이 없이 보았으며,
마땅히 제석천왕과 모든 천인과 범왕의 공양을 받을 수 있었다. 곧 선인들
에게 알려 말하였다.

"나의 옷자락을 잡으시오. 내 신통력으로 세존의 처소로 가겠소."

곧 허공으로 오르니 오히려 큰 기러기왕과 또한 매(鷹隼)와 같았다.
이때 5백 명의 상인(商人)들은 아직도 도착하지 못하여 각자 수레를 멈추고
기다리다가 멀리서 승호가 오는 것을 보고서 알려 말하였다.

"성자여. 잘 오셨습니다. 지금 어디로 가시고자 합니까?"

대답하여 말하였다.

"이 5백 명의 선인들이 세존의 처소에서 출가를 구하므로 내가 지금 함께 장차 세존의 처소로 가고자 합니다."

이때 5백 명의 상인들이 모두 함께 알려 말하였다.

"성자여. 우리들도 함께 가서 출가하고 싶습니다."

다시 말하였다.

"성자여. 잠시 내려오시어 우리들을 기다려 주십시오. 우리들은 모든 재물(財物)들을 집에 부탁하고 곧 따라가겠습니다."

재물들을 나누어 부탁하고서 승호 필추와 천 명이 함께 세존의 처소로 갔다. 이때 세존께서는 올바른 무량(無量) 백천의 대중들에게 둘러싸여 법을 설하시고 계셨다. 세존께서는 멀리서 승호 등이 오는 것을 보시고 대중에게 모든 대중에게 알리셨다.

"그대들은 승호 필추가 천 명의 사람들에게 앞뒤로 둘러싸여 함께 오는 것이 보이는가?"

필추들이 대답하여 말하였다.

"우리들도 모두 보고 있습니다."

세존께서 말씀하셨다.

"세간(世間) 의 봉헌(奉獻) 중에서 사람들을 교화하여 출가시키고 조복하여 제도하는 일보다 중요한 것은 없느니라."

이때 승호 등은 세존의 발에 예를 올리고 뒤로 물러나 한쪽에 앉았다. 구수 승호가 세존께 아뢰었다.

"세존이시여. 이들은 여러 족성으로서 그 숫자가 천 명입니다. 모두가 세존의 선법과 계율에 출가하여 구족계를 받고 필추의 성(性)을 이루고자 하옵니다. 원하건대 세존의 자비로 애민히 여기시어 허락하여 주십시오."

세존께서 말씀하셨다.

"잘 왔느니라. 필추여. 나의 법 안에서 범행을 잘 닦아서 대사문(大沙門)을 성취하라."

이렇게 말씀을 마치시자 모두의 머리카락이 스스로 땅에 떨어지고 승가지도 자연히 몸에 입혀졌다. 삭발한 머리는 일주일이 지난 것과 같았고, 병과 발우가 손에 들려져 위의가 구족된 것은 백 세(歲)의 필추와도 같았다.[자세한 설명은 나머지와 같다.]

세존께서 그들을 위하여 법에 의지하여 가르침을 보여주셨고, 각자가 부지런히 정진하여 모든 번뇌를 끊고 아라한과를 증득하여 삼계의 욕망을 벗어났으며, 자세히 설명한 것과 같아서 제석천이 공양하였다. 이때 구수 승호가 세존께 아뢰었다.

"세존이시여. 내가 어느 곳에 이르러 유정들을 보니 모습이 담장과도 같고, 혹은 기둥과도 같았으며, 나뭇잎·꽃·열매와 같았고, 혹은 빗자루(掃帚)·솥(鑊)·국자(杓)·절구(臼)의 모양이었습니다. 그들은 전생에 몸으로 어떠한 업을 지어서 이러한 과보를 받았습니까?"

세존께서 승호에게 말씀하셨다.

"모든 유정들은 스스로 지은 업을 되돌려 스스로가 받는 것이고, 다른 사람이 대신할 수 없느니라.[자세한 설명은 나머지와 같다.] 나아가 과보도 스스로가 되돌려 받느니라.

지난 옛날의 현겁 중에서 인간의 수명이 2만 세(歲)였을 때에 부처님께서 세간에 출현하셨으니, 명호는 가섭파불(迦攝波佛)이라고 이름하셨고, 선인들과 떨어져 시록림(施鹿林) 가운데에 머무르셨다. 가섭파불의 처소에 구적이 있었고, 인연을 지어 필추가 되었느니라."

"승호여. 그대가 보았던 담장의 모습은 그 여러 중생들이 승가의 담장을 더럽힌 까닭으로 이와 같은 과보를 받은 것이고, 기둥의 모습으로 보이는 것은 그 여러 유정들이 과거에 승가의 기둥에 코를 풀고 침을 뱉어 더럽힌 까닭으로 이와 같은 과보를 받은 것이다. 국자의 모습으로 보이는 것은 과거에 구적이었을 때 승가의 내원(內院)에서 꿀물을 나눠주고 있었고, 객필추가 구적의 처소로 왔었다. 그 구적은 국자를 씻고 있었고, 그 객필추는 물어 말하였다.

'승가의 내원에서 아직 때가 아니어도 꿀물을 주는가?'

구적이 대답하여 말하였다.

'꿀물은 이미 드렸습니다. 내가 지금 국자를 씻고 있는 것이 보이지 않습니까?'

마침내 화를 내면서 꾸짖었고, 그 업력을 까닭으로 이러한 과보를 받는 것이다.

그대가 보았던 절구(臼)의 모습은, 지난 옛날에 필추가 발우를 만들고자 하였을 때 한 구적이 승가의 창고를 맡고 있었다. 발우를 만드는 필추가 구적의 처소에서 절구를 빌리려고 말하였다.

'내가 절구(擣物)를 사용하고자 하오.'

이때 구적이 알려 말하였다.

'대덕이시여. 잠시 기다려 주십시오. 제가 지금 매우 바쁘니 잠시 뒤에 드리겠습니다.'

필추는 곧 화를 내면서 욕하였다.

'내가 만약 자유(自由)가 있으면 절구를 빌리고자 논쟁하지 않고, 절구로써 삼의 기름을 찧듯이 역시 너의 몸을 찧어버리겠다.'

이때 구적은 곧 이렇게 생각하였다.

'만약 내가 대답하면 반드시 다시 크게 화를 낼 것이다.'

묵연히 있었고 그 필추는 화를 가라앉히고 안정을 찾았다. 이때 구적은 곧 필추의 곁에 가서 알려 말하였다.

'당신은 지금 내가 누구인가 아십니까?'

존자가 알려 말하였다.

'그대는 가섭 부처님의 가르침 가운데에 출가한 구적이다.'

구적이 대답하여 말하였다.

'당신은 출가하여 할 일을 노력하여 짓지 않았습니다. 당신은 일체의 번뇌에 얽혀있으나 나는 해탈을 얻었습니다. 당신이 욕한 것을 마땅히 진실하게 참회하여야 죄가 곧 가벼워질 것입니다.'

그는 곧 참회하였으나 마침내 절구 모습의 몸을 받게 된 것이다.

그대가 보았던 솥(鐺)의 모습은, 지난 옛날에 사찰의 정인(淨人)이 필추를 도와서 소임을 맡아 필추의 약을 달이고 있었다. 이때 필추는 약을 달이는 것을 보고서 화를 내었고, 그 정인도 이것을 까닭으로 한탄하면서 곧 일부러 솥을 때려서 깨트렸다. 그 업력을 까닭으로 솥과 같은 모습이 된 것이다.

그대가 보았던 끈으로 묶고 잡아당겨 죽이는 모습은, 지난 옛날에 수사(授事)[1]로 있을 때 외부의 시주물이 있으면 승가에게 춥고 더울 때에 사용해야 한다. 그때 수사는 여름옷을 되돌려 겨울에 사용하게 하였고, 겨울옷을 여름에 사용하게 하였다. 그 업력을 까닭으로 이러한 고통을 받는 것이다."

이때 여러 필추들이 모두가 의심이 있어서 이 인연으로 세존께 아뢰었다.

"구수 승호는 이전에 어떠한 업을 지었고, 어떠한 업력을 까닭으로 큰 부유한 장자의 집안에 태어났으며, 다시 출가하여 아라한과를 증득하는 등의 이러한 큰 이익이 되는 일을 능히 지을 수 있었습니까?"

세존께서 여러 필추에게 말씀하셨다.

"그대들은 잘 들어라. 승호 필추는 스스로 복업(福業)을 지었고, 스스로 받은 것이며, 자세한 설명은 앞에서와 같다.

지나간 과거에 가섭파불께서 출현하셨을 때에 인간의 수명은 2만 세이었다. 이때 가섭파불께서는 선인들이 떨어진 곳인 시녹림의 가운데 머무르셨고, 승호도 그곳으로 출가하여 대중 가운데 중심이 되어 5백 명의 제자가 있었으며, 멀리 사방에서 남녀들도 모두 그에게 귀의하였다. 이때 그는 대중의 중심이 되었고, 나아가 목숨을 마칠 때까지 범행을 굳게 지켜 조금도 범하지 않았으나, 어떠한 과(果)도 얻지 못하였다. 뒤에 목숨을 마치며 문득 이렇게 말하였다.

'내가 가섭파불의 선한 법 안에서 범행을 정근(精勤)하고 게으르지 않았으나, 수승(殊勝)한 과보를 얻지는 못하였습니다. 이러한 나의 공덕 등으로 석가모니불께서 이 세상에 출현하실 때에 그 부처님의 법에 출가하

---

1) 산스크리트어 karma-dāna의 음사로서 갈마타나(羯磨陀那)라고 음역하고, 수사(授事)라고 번역한다. 사찰의 일상적인 소임을 살피는 필추를 가리킨다.

여 범행을 닦아 모든 번뇌를 끊고 아라한과를 증득하기를 발원합니다.'

이때 5백 제자가 스승에게 와서 말하였다.

'아룁니다. 오바타야시여. 수승한 과위를 얻으셨습니까?'

스승이 말하였다.

'아직 얻지 못하였네.'

다시 스승에게 물어 말하였다.

'수승한 발원을 하셨습니까?'

스승이 말하였다.

'앞에서와 같은 발원을 하였다네.'

제자들이 함께 말하였다.

'만약 오바타야께서 이러한 과위를 증득하시면 우리들도 따라서 출가하여 함께 아라한과를 증득하겠습니다.'

이때 마을(聚落)의 5백 명들도 이 스승의 앞에 와서 같이 묻고 대답하였고,[자세한 설명은 앞에서와 같다.]

'우리들도 또한 아라한과를 증득하기를 발원합니다.'

그대들 필추들이여. 다르게 생각하지 말라. 과거 그때의 대중 가운데 중심적인 역할을 한 사람이 누구이겠는가? 지금의 승호가 그 사람이며, 지난날의 5백 명의 제자는 곧 5백 명의 선인들이고, 지난 과거의 5백 명의 마을 사람들은 지금의 이 상주(商主) 등이니라. 과거에 대중의 중심이 되어 승가에게 공양을 하였으니 그 업력을 까닭으로 부유한 장자의 집에 태어났고, 다시 발원한 까닭에 아라한과를 얻은 것이다. 또한 지나간 과거에 널리 능히 조복한 까닭으로 지금 생(生)에서도 돌이켜 많은 사람을 조복하였고, 널리 유정들을 제도하여 이익이 되게 한 것이다.

그대들 필추들이여. 만약 착한 업(白業)을 뿌리면 돌이켜 착한 과보를 얻고, 나아가 여러 가지의 업 등에 이르기까지,[자세한 설명은 앞에서와 같다.] 그대들 필추들은 마땅히 이와 같이 배울지니라."

이때 여러 필추들이 다시 의심이 생겨서 이 인연으로 세존께 아뢰었다.

"그 화룡(化龍) 필추는 어느 처소에서 처음으로 발심하였습니까?"

세존께서 말씀하셨다.

"지나간 과거의 현겁 가운데에서 인간의 수명이 2만 세이었을 때에 부처님이 세상에 출현하셨으니 명호는 가섭파불이시며,[나아가 자세한 설명은 앞에서와 같다.] 시녹림 가운데에서 여러 성문들을 위하여 법요를 설하셨다.

'그대들 필추들이여. 마땅히 난야(蘭若)·숲속(山間)·나무 아래(樹下)·고요한 시림(屍林)·오두막(草菴)·암자(逈地)·동굴(龕窟) 등에서 몸을 단정히 하고 정념(正念)으로 적정(寂靜)히 앉아 마땅히 부지런히 정진하여 방일하지 말라. 마땅히 나의 가르침을 따라 이와 같이 배울지니라.'

이때 여러 필추들이 이런 말을 듣고서 부처님의 가르침을 따라서 혹은 묘고산(妙高山)으로 갔고, 혹은 무열지(無熱池)로 갔으며, 그 가운데에서 혹은 칠금산(七金山)으로 갔고, 혹은 성읍(城邑) 마을에 머무르고 있었다. 이때 한 마리의 용이 태어난 뒤 얼마 지나지 않아서 마침내 금시조왕에게 붙잡혀 허공으로 끌려가다가 필추들이 모든 근(根)을 적정하게 하고 단정히 앉아서 입정(入定)한 것을 멀리서 보고 이렇게 생각하였다.

'그 필추들은 매우 안락하여 이러한 고통을 받는 나와는 다르구나.'

곧 귀의하고 은근하고 소중한 신심을 이렇게 생각하고 지으며 곧 목숨이 끊어졌고, 바라니사국(婆羅尼斯國)의 여섯 가지 법을 갖춘 바라문의 집안에 태어났다. 나아가 장성하여 곧 부처님의 처소로 가서 출가하여 구족계를 받고, 부지런히 범행을 닦아 모든 번뇌를 끊고 아라한과를 증득하였으며, 나아가 제석천의 공양을 받게 되자 곧 스스로 관찰(觀察)하였다.

'어떠한 업을 까닭으로 또한 죽었고 이곳에 태어나서 이러한 과(果)를 얻었을까?'

드디어 곧 관하여 용의 몸으로 죽어서 사람으로 태어난 것을 보았고, 또 한 대성문(大聲聞)의 처소에서 은근하고 소중하게 발심한 것을 보았으며, 또한 과거 용이었을 때 부모가 용궁(龍宮)에 있는 것도 보았다. 그는 곧 신통을 지어 용궁에 도착하여 부모가 슬퍼하고 괴로워하며 울고 있는 모습을 보고 물어 말하였다.

"무슨 까닭으로 울고 있습니까?"

대답하여 말하였다.

"성자여. 나에게 아들이 한명 있었으나 오래 지나지 않아서 금시조왕이 나의 아들을 잡아가서 있는 곳을 알지 못하고 있습니다."

어머니에게 대답하여 말하였다.

"내가 사랑하는 아들입니다. 목숨이 끊어져서 바라문 집안에 태어났고, 또한 가섭파불께 출가하여 부지런히 범행을 닦아 모든 번뇌를 끊고 아라한 과를 증득하였습니다."

용의 어머니가 알려 말하였다.

"성자여. 이것은 진실로 믿기 어렵습니다. 사랑하는 내 아들은 성품이 매우 악(惡)하여 좋은 곳(善趣)에 태어나기도 어려울 것인데, 하물며 어떠한 까닭으로 아라한과를 얻을 수 있습니까?"

다시 어머니에게 대답하여 말하였다.

"나는 진실로 과를 증득하였습니다. 이것은 거짓말이 아닙니다."

용의 어머니가 알려 말하였다.

"만약 말이 사실이라면 지금부터는 매일매일 나를 위하여 공양을 받으십시오."

곧 묵연히 그 청을 받아들여 매일 뛰어난(上味) 여러 가지의 음식을 공양받았고, 공양이 끝나면 본래의 처소로 돌아왔다. 그러나 그 필추에게는 한명의 구적이 있었고, 그때 여러 필추들이 그 구적에게 물었다.

"그대의 스승은 매일 어느 곳에서 음식을 먹으며, 오지 않는가?"

구적이 대답하여 말하였다.

"나도 모르겠습니다."

필추들이 대답하여 말하였다.

"그대의 스승은 매일 여러 가지 맛있는 음식을 먹는데, 그대는 어찌 따라가서 먹지 않는가?"

구적이 대답하여 말하였다.

"나의 스승께서는 큰 위덕이 있으니 가면 음식을 얻겠으나, 나는 아무 위덕도 없으니 어떻게 갈 수가 있겠습니까?"

필추들이 대답하여 말하였다.

"그대의 스승이 떠나려고 할 때에 그대는 마땅히 말없이 스승의 지벌라(支伐羅)의 끝자락을 잡도록 하게."

구적이 대답하여 말하였다.

"제가 잡는 것은 어렵지 않으나, 혹시 땅에 떨어질까 두렵습니다."

필추들이 대답하여 말하였다.

"그대 스승의 옷자락은 소미노산(蘇迷盧山)[2]을 매달아도 떨어지지 않는데, 하물며 그대의 한 몸이 떨어지겠는가?"

이미 이러한 권유를 받은 뒤에 공양 시간이 되어 곧 말없이 스승의 처소로 가서 몰래 숨어 있었다. 스승이 하늘로 오르려 하자 그 순간 구적은 말없이 스승의 옷자락을 붙잡고 하늘로 올라갔다. 이때 용궁에서는 두 개의 자리와 두 개의 만다라가 있었으므로 스승이 보고서 용들에게 물어 말하였다.

"무슨 까닭으로 두 개의 자리와 단(壇)을 두었는가?"

이때 용들이 대답하여 말하였다.

"마땅히 뒤를 살펴보십시오. 또 한 사람이 있지 않습니까?"

스승이 뒤를 돌아보니 구적이 있었다.

"그대도 왔는가?"

대답하여 말하였다.

"그렇습니다."

"잘 왔구나. 저기에 앉게나."

모든 용들이 생각하였다.

"이 스승은 수승한 과(果)를 얻어 큰 위덕이 있으니, 하늘의 음식(天食)을 공양받을 수 있으나, 이 제자는 아직 수승한 과를 얻지 못하였으니 일반 음식을 주어야겠다."

---

2) 수미산(須彌山)을 다르게 부르는 이름이다.

이와 같이 생각하고 용들의 생각에 의지하여 공양을 준비하였다. 공양을
마친 뒤에 구적이 스승의 발우를 거두는데 그 발우 안에 밥알 하나가
남아있었다. 구적이 밥알을 먹어보니 감미(甘美)로운 것이 세상의 맛과
비교가 되지 않았다. 구적이 먹고서 생각하였다.

'두 사람이 함께 먹는데 음식을 두 가지로 차렸구나.'

마음에 성냄을 일으켜서 이렇게 발원하였다.

'나도 가섭파불께 출가하여 범행을 닦는 공덕으로 미래에 용의 몸이
되어서 대위덕을 갖추고서 이 궁전을 취(取)하여 모든 용들을 쫓아내겠습
니다.'

매우 심한 성냄과 원한을 짓는 까닭으로 몸과 목숨을 아끼지 않아서
발원을 마치자 곧 두 손에서 맑은 물이 흘러나와 용궁내의 모든 용들이
두통(頭痛)을 일으켰다. 모든 용들이 알려 말하였다.

"성자여. 이 구적은 착한 일을 생각하지 않으니 마땅히 가로막고 멈추어
주십시오."

스승이 말하였다.

"이러한 것은 악취(惡趣)이니라. 그대는 지금 무슨 까닭으로 이렇게
생각을 하는가?"

이때 구적은 곧 게송으로 친교사(親教師)에게 대답하여 말하였다.

내 마음은 이미 멀리 떠났으니
다시 곧 되돌리는 것이 어렵다네.
무슨 까닭으로 어려운 회한(悔恨) 쫓았던가?
이미 두 손에 맑은 물이 흐르고 있구나.

게송을 마치고 구적은 용이 되어 곧 여러 용들을 쫓아내고 자신이
용궁에서 살았느니라."

세존께서 필추들에게 말씀하셨다.

"그 용을 교화(教化)한 필추는 그때 쫓겨난 용왕이니라. 그때 그 용왕은

이러한 까닭으로 하였고, 이것이 최초의 발심이니라."

세존께서는 실라벌성의 서다림 급고독원에 머무르셨다. 이때 한 외도가 급고독원에 와서 여러 필추들의 주처에서 침상·좌복·의자(椅席) 등을 수용하는 생활필수품과 여러 음식을 보고서 곧 생각하였다.

'사문 석자의 음식과 와구 등은 수용하는 것이 매우 좋구나. 그러나 법은 나보다도 부족하니, 마땅히 여기에 출가하여 음식과 와구는 이곳에서 수용하고, 법을 들을 때는 마땅히 나의 처소로 가야겠다.'

이렇게 생각하고서 곧 필추의 처소로 가서 알려 말하였다.

"성자여. 나는 출가하고자 합니다."

그 필추들은 곧 출가시키고 구족계도 주었다. 외도의 항상한 법(常法)에는 매월 14일에 포쇄타를 하였고, 필추들은 15일에 포쇄타를 하였으므로, 그 외도는 14일이 되면 외도의 본래 처소로 가서 포쇄타를 하고, 15일이 되면 필추의 처소에서 장정(長淨)을 하였다. 뒤의 다른 때 흑월(黑月)³⁾의 14일에 승가가 장정을 하게 되었다. 이때 외도는 곧 생각하였다.

'지금 두 처소에서 장정을 하니 어느 처소에서 장정을 해야 하는가?'

다시 이렇게 생각하였다.

'사문 석자는 자비심과 애민이 있고 법이 곧 너그러우나, 그 외도들은 법칙(法則)은 매우 엄하니 내가 가지 않으면 반드시 내게 중벌을 내리고 나에게 화내고 꾸중할 것이다.'

이렇게 생각하고 곧 그곳으로 갔다. 이때 모든 필추들은 건치를 울리고 승가를 모았다. 대중이 모이자 이때 병법(秉法) 필추가 알려 말하였다

"승가께서는 모두 모이셨습니까?"

모든 필추 대중들은 아무도 그 외도 필추를 볼 수 없었고 곧 장정을 하였다. 다음 날에 그가 돌아오자 여러 필추들이 물어 말하였다.

"그대는 어제 어느 곳에 갔었는가?"

대답하여 말하였다.

---

3) 인도력(印度曆)에서는 음력 16일에서 다음달 15일까지를 월(月)의 단위로 하는데, 16일부터 30일까지의 전반을 가리킨다.

"나는 본래의 범행처(梵行處)를 다녀왔습니다."

다시 말하였다.

"음식과 와구는 여기서 수용하나, 법을 받을 때는 본래의 처소에서 받습니다."

이때 모든 필추들이 이 인연으로 세존께 아뢰었다. 세존께 말씀하셨다.

"그 외도는 삿된 도(道)를 고집하고, 그 법을 마음으로 즐기며, 삿된 견해를 버리지 않는구나. 그리고 나의 가르침에서 결국 이익이 없고, 법안을 증장할 수 없으므로 마땅히 쫓아내고 재가(在家)로 돌려보내라. 지금부터는 출가를 구하러 오면 필추는 마땅히 '그대는 외도가 아닌가? 나아가 삿된 법을 마음에서 즐기지 않는가?'라고 물어라. 만약 그렇다고 대답하면 마땅히 쫓아내야 한다. 만약 묻지 않으면 월법죄를 얻는다."

이때 구수 오파리가 세존께 아뢰었다.

"세존이시여. 문득 외도를 제도하고, 마땅히 쫓아내고자 하면 어떠한 외도를 반드시 쫓아내야 합니까?"

세존께서 말씀하셨다.

"첫째는 외도의 옷을 입고 지니는 사람이고, 둘째는 그들의 견해를 마음으로 즐기는 사람이며, 셋째는 돌아와서는 본래의 옷을 입고서 날이 밝으면 바꾸어 입는 사람 등으로 이 세 부류는 모두 쫓아내라."

실라벌성에 한 장자가 있었으며 아내를 맞아 오래 지나지 않아서 아들을 낳아서 젖을 먹여 길렀다. 이때 장자가 그 아내에게 말하였다.

"현수여. 태어난 아들이 비록 나의 재산을 사용하고 있으나, 역시 능히 나를 대신하여 모든 부채(負債)를 갚을 것이오."

이렇게 말하고 곧 모든 재산들을 가지고 외국으로 가서 크게 무역하여 이익을 얻었으나, 얼마 후 죽어서 돌아오지 못하였다. 그의 아내는 자신의 노력과 여러 친척들의 도움으로 여러 가지로 양육하여 아이는 장성하였다. 이때 이 아이는 여러 동자들을 따라 다니다가 어느 장자의 집에 가게 되었다. 이때 장자의 집에는 한 소녀가 있었고 이 동자를 보고서 문득 화만(花鬘)[4]을 동자에게 던졌다. 이때 여러 동자들이 물어 말하였다.

"너는 그 여자아이와 만날 것을 약속하였는가?"

대답하여 말하였다.

"약속하였다."

모든 동자들이 말하였다.

"이 집의 장자는 성품이 매우 악하니 너는 그 일을 하지 말라. 그 여자아이는 손해를 끼칠 것이다."

모든 동자들은 날이 저물자 이 동자를 지키고 비법(非法)을 하지 못하도록 함께 따라다니다가 어머니의 집으로 가서 개인적으로 알려주었다.

"당신의 아들이 어느 장자의 딸과 비법을 행하려고 하여 우리들이 멈추도록 권유하였으나 듣지 않습니다. 우리들은 지금 집으로 돌아가니 오늘 밤에 마땅히 막으셔야 합니다."

어머니가 말하였다.

"너희들이 이미 함께 멈추게 권유한 것은 매우 잘한 일이구나."

그 어머니는 곧 동자를 방 안에 두고서 촉병(觸瓶)⁵⁾과 촉반(觸盆)⁶⁾까지 넣어주고서 어머니 자신은 문밖의 평상을 놓고서 누워있었다. 늦은 밤이 되어 아들이 어머니에게 말하였다.

"문을 열어주세요. 밖에서 대변을 보고 싶습니다."

어머니가 곧 알려 말하였다.

"방 안에 변기를 넣어 두었으니 그곳에 대변을 보아라."

잠시 뒤에 아들이 다시 말하였다.

"문을 열어주세요."

어머니가 문을 열어주지 않아서 마침내 아들은 화를 내었고, 어머니가 말하였다.

"네가 가고 싶은 곳을 나는 알고 있다. 내가 지금 차라리 여기에서

---

4) 범어로는 'Kusumamāla'이며 화만이라고 번역된다. 실로써 많은 꽃을 꿰거나 묶어 목이나 몸에 장식하기도 하였다. 꽃은 여러 종류가 다 적용되나 대체로 향기가 많은 것을 사용한다.
5) 화장실에 가지고 가서 손을 씻을 물을 담은 병. 더러움을 씻는 병이라는 뜻이다
6) 대소변을 보는 그릇을 가리킨다.

죽을지라도 너에게 문을 열어줄 수 없구나.”

무릇 염심(染心)이 타오르면 악을 짓지 않을 수 없고, 악업을 피할 수 없다. 마침내 이때 그 칼을 빼어 어머니를 죽여 시체를 땅에 놓고서 장자의 집으로 이르렀다. 소녀를 보았으나 몸이 매우 떨렸다. 소녀가 말하였다.

“그대는 두려워하지 마세요. 오직 나 혼자 있고 다른 사람은 없어요.”

동자는 생각하였다.

‘내가 지금 마땅히 어머니를 죽이고 온 것을 알려야겠구나.’

알려 말하였다.

“소녀여. 나는 그대를 위하여 어머니의 목숨을 끊고 살해하였소.”

소녀가 말하였다.

“그녀는 생모(生母)입니까? 그대의 유모(嬭母)입니까?”

대답하여 말하였다.

“이분은 나의 생모이시오.”

그 소녀는 생각하였다.

‘이 사람은 화가 나서 오히려 친어머니까지 죽였으니 하물며 다른 사람은 말하여 무엇하겠는가!’

이렇게 생각하고서 대답하여 말하였다.

“당신은 잠시 기다리세요. 나는 잠시 누각에 올라가겠어요.”

소녀는 누각에 올라서 큰 소리로 외쳤다.

“이곳에 도둑이 있어요.”

동자는 이 소리를 듣고 하수구를 통하여 몸을 낮추고 빠져나와서 자기의 집에 도착하여 칼을 땅에 던지면서 큰 소리로 외쳤다

“도둑이 나의 어머니를 죽였다. 도둑이 나의 어머니를 죽였다.”

곧 세간의 법에 의거하여 그의 어머니를 화장(火葬)하였고, 스스로 마음으로 생각하니 매우 악인(惡人)이었으며, 극역죄(極逆罪)를 지었으므로 마음에 큰 두려움을 품고 있었다. 드디어 여러 곳을 다니면서 하늘에 제사를 지냈고, 가는 곳마다 물었다.

"어떠한 업을 닦고 수행하면 중죄(重罪)를 없앨 수 있습니까?"

어떤 사람은 "불에 뛰어들어라."고 말하고, 어떤 사람은 "높은 봉우리에서 뛰어내려라."고 말하며, 어떤 사람은 "물에 몸을 던지라."고 말하고, 어떤 사람은 "스스로 목을 매라."고 말하여, 각기 말하는 것과 시키는 방편은 모두가 스스로 목숨을 끊으라는 것이므로 벗어날 길이 없었다. 뒤에 다른 때에 서다림에 갔다가 필추들이 경론을 염송(念誦)하는 것을 보았다. 그 가운데 이런 게송이 있었다.

어떤 사람이 악업을 지었으면
착한 업을 닦으면 능히 소멸되니
그것은 능히 세간을 비추는 것이
햇빛이 구름에서 벗어나는 것과 같네.

이때 동자는 곧 이렇게 생각하였다.

'출가하여 석자가 되면 죄를 없애는 법이 있으니, 나도 마땅히 지금 출가하여 모든 선업을 닦아서 죄를 없애야겠구나.'

곧 필추의 처소로 가서 알려 말하였다.

"성자여. 나는 출가하고자 합니다. 원하건대 애민하게 보아주십시오."

이때 필추들이 출가시키고 아울러 구족계를 주었다. 출가한 뒤에 부지런히 독송하여 삼장의 가르침을 모두 이해하였고, 변재(辯才)에 막힘이 없어 묻고 답하는 것을 잘하였다. 어떤 필추가 물어 말하였다.

"구수여. 무슨 인연으로 부지런히 고행을 하는가? 별도로 구하는 것이 있는가?"

그 필추에게 대답하여 말하였다.

"나는 중죄를 소멸하고자 합니다."

물어 말하였다.

"그대는 무슨 죄를 지었는가?"

대답하여 말하였다.

"어머니를 죽였습니다."

다시 물었다.

"친어머니인가? 유모인가?"

대답하여 말하였다.

"친어머니입니다."

이때 필추들이 이 인연으로 세존께 아뢰었다. 이때 세존께서 여러 필추들에게 알려 말씀하셨다.

"만약 어머니를 죽인 사람이 곧 출가를 구하여서 출가를 허락하면 마땅히 나의 법을 무너뜨리게 된다. 반드시 이 사람은 쫓아내고 지금부터 나의 법과 율의 가운데에서 어떤 사람이 출가를 구하면 마땅히 '그대는 어머니를 죽이지 않았는가?'라고 물을지니라. 만약 묻지 않으면 월법죄를 얻는다."

그 사람은 대중들에게 쫓겨나서 곧 스스로 생각하였다.

'나는 지금 재가로 돌아갈 수 없으니 마땅히 멀리 변경(邊境)으로 가서 머물러야겠구나.'

곧 변경으로 가서 한 장자를 교화하여 그 장자는 이 필추에게 믿음과 공경심을 일으켜 사찰을 지어 주었다. 여러 지방에서 온 객필추들이 이 사찰에 왔고, 오는 필추들에게 설법하여 많은 필추가 아라한과를 증득하였다. 뒤의 다른 때에 병이 있어서 온갖 뿌리·열매·줄기·잎 등의 약초를 사용하여 치료하였으나, 낫지 않고 점점 나빠지고 목숨이 조금 남아서 제자에게 알려 말하였다.

"욕실(浴室)을 짓게나."

이때 여러 제자들은 가르침에 의거하여 곧 욕실을 지었다. 이때 스승은 게송으로 말하였다.

쌓여 모인 것은 모두 흩어지고
아주 높은 것은 반드시 무너지며
만나는 것은 결국 헤어지는 것이고

생명은 모두 죽음으로 돌아간다네.

이러한 게송을 설하고 곧 목숨을 마치고 무간지옥(無間地獄)[7]에 떨어졌다. 그러나 여러 제자들은 아라한과를 증득하여 정(定)에 들어 모든 것을 관)하였다.

'오바타야께서는 어느 곳에 태어나셨는가?'

여러 천궁(天宮)을 모두 살펴보아도 찾을 수 없었고, 다시 인간 세상을 관하였으며, 방생세계와 아귀세계를 찾아도 볼 수 없었다. 다시 지옥을 살펴보니 무간지옥에 있었다. 이때 제자들은 함께 이와 같이 생각하였다.

'우리 오바타야께서는 살아있을 때에 지계(持戒)와 다문(多聞)으로서 법을 섭수하셨는데 일찍이 무슨 업을 지어서 무간지옥에 떨어진 것인가?'

다시 자세하게 살펴보았다. 어머니를 죽인 업으로 지옥에 떨어져서 맹렬한 불꽃이 몸을 태우고 있었으나, 자신이 지었던 욕실을 생각하고는 드디어 외쳤다.

"욕실이여. 욕실이여. 사나운 불꽃이 극심하게 나를 태우는구나."

이때 지옥문을 지키는 옥졸(獄卒)들이 방망이로 그의 머리를 때리면서 알려 말하였다.

"복이 없는 죄인아. 여기는 무간지옥이다. 왜 욕실이라고 말하는가?"

머리를 때릴 때에 선심(善心)을 일으켜 곧 목숨을 마치고 사천왕궁(四天王宮)에 태어났다. 무릇 천상(天上)에 태어나는 사람은 세 가지의 생각을 일으킨다. 나는 어디에서 왔는가? 금생(今生)에는 어디에 태어나는가? 다시 어떤 업을 인연하였는가? 이렇게 생각을 지었을 때 스스로가 무간지옥에서 죽었고, 사천왕궁에 태어났으며 욕실을 지어 필추들을 목욕시킨

---

7) 범어(梵語) 아비치(Avici)를 음역하여 아비지옥(阿鼻地獄)이라고도 한다. 팔열지옥(八熱地獄)의 하나로서, 무간이라고 한 것은 그곳에서 받는 고통이 간극(間隙)이 없이 계속되기 때문이다. 무간지옥에 떨어져서 이러한 고통을 받게 되는 까닭은 부모나 덕이 높은 스승을 죽이는 등의 오역죄(五逆罪) 중 어느 하나를 범하거나, 인과(因果)를 무시하고 절이나 탑을 무너뜨리며, 성중(聖衆)을 비방하거나 수행하지 않고 시주가 주는 음식만을 먹는 경우라고 한다.

인연과 그 복력으로 이 사천왕궁에 태어난 것을 보았다. 이때 천자(天子)가 되고서는 다시 이렇게 생각을 하였다.

'나는 세존의 선방편(善方便)을 인연하여 하늘에 태어났으니 마땅히 편안하게 머무를 수가 없다. 반드시 세존의 처소로 가서 이 은혜에 보답해야겠다.'

세존의 처소에 이르러 묘한 법문을 듣고서 곧 초과(初果)를 증득하였고, 견제(得見)를 얻고서 다시 천궁으로 돌아왔다. 이때 그의 상수제자인 아라한이 대중과 공양하는 때에 상좌에 앉았고 그의 어린 제자가 승가를 위하여 물을 돌렸다. 이때 상좌가 발우에 물을 받는데 손가락 끝에 물이 닿아서 매우 시원함을 느끼고 문득 이렇게 생각하였다.

'나는 지금 이곳에서 이렇게 시원한 물을 마시고 있으나, 오바타야께서는 지옥에 있으면서 구리물을 마시겠구나.'

곧 지옥을 모두 살펴보았으나 어디에도 보이지 않았고 다시 인간·방생·귀취(鬼趣)[8]를 모두 살펴보았으나 볼 수 없었으므로 곧 천상을 살폈으며, 사천왕에 태어나 있는 것을 보았고, 다시 세존의 처소에서 초과를 증득한 것을 보았다. 이것을 보고서 미소를 지으며 말하였다.

"이것이 불(佛)이고, 이것이 법(法)이며, 이것이 승(僧)이고, 크고 청정하며 묘한 일이고, 불가사의하구나. 이렇게 극심하게 무거운 업으로 지옥에 떨어졌으나, 수승한 공능(功能)이 있어 천상에 태어나는구나."

그때 물을 돌리는 어린 제자가 존자에게 말하였다.

"오바타야께서 죽어 상좌가 되신 것이 환희(歡喜)하여 웃으십니까?"

알려 말하였다.

"구수여. 지금 그대가 물은 것은 시기가 적당하지 않네. 만약 승가가 모이는 때에 이 일을 물으면 말해주겠네."

뒤의 다른 때에 필추 승가가 모여서 어린 제자는 대중 가운데에서 물어 말하였다.

---

8) 취(趣)는 중생(衆生)의 업인(業因)에 의하여 나아간다는 뜻이고, 아귀(餓鬼)의 세계 (世界)를 가리킨다.

"대덕이시여. 이전에 무슨 일을 환희하며 웃으셨습니까? 오바타야께서 죽어서 상좌가 된 까닭으로 환희하며 웃으셨습니까?"

이때 대중의 상수인 그는 승가를 마주하고,[자세한 설명은 앞에서와 같다.]

이때 모든 제자들은 모두 크게 기뻐하면서 모두가 칭송하였다.

"불·법·승의 삼보는 크게 수승한 이익이다. 나의 오바타야께서 이러한 중죄를 짓고서도 천상에 태어났도다."

아버지를 죽인 오역죄를 범한 것도 이것에 의거하며, 널리 설한 것은 앞에서와 같다.

어느 때 세존께서 실라벌성의 서다림 가운데에서 왕을 위하여 법을 설하시니 승광왕(勝光王)이 견제(見諦)를 증득하였다. 이때 8만 명의 천인들도 동시에 견제를 증득하였고 아울러 무량한 백천의 범지와 바라문과 거사 등이 함께 있었다. 승광왕은 북을 울리고 칙명으로 알렸다.

"나의 나라에 머무르는 사람들은 마땅히 도둑질을 하지 말라. 만약 도둑질을 범한 사람은 마땅히 사형에 처할 것이고, 도둑질을 당한 사람에게는 내가 스스로 물건을 보상하겠노라."

그때 세존께서는 다시 『소년경(少年經)』을 설하시어 왕을 조복하시니 왕이 다시 북을 울리고 칙명으로 알려 말하였다.

"나의 나라에 머무르는 사람들은 마땅히 도둑질을 하지 말라. 만약 도둑질을 범한 사람은 마땅히 사형에 처할 것이고, 도둑질을 당한 집에는 내가 창고 안에 있었던 물건을 보상하겠노라."

그때 마게타국(摩揭陀國)에 도둑들이 있었고, 교살라국(憍薩羅國)에 와서 두 나라의 국경을 왕래하는 상인들의 물건을 모두 겁탈(劫奪)하였다. 이때 마게타국의 상인들이 함께 교살라국으로 가서 서로 의논하였다.

"두 나라의 국경에는 물건을 겁탈하는 도둑들이 많고, 또한 거두는 세금도 많다."

이때 상인들의 많은 숫자가 길을 돌아서 다녔고, 적은 숫자의 상인들이 이전과 같이 다니고 있었는데 도중에 도둑떼가 경쟁적으로 나타나 빠르게

겁탈하였다. 그 상인들 중에는 혹은 살해된 사람도 있었고, 혹은 재물을
버리고 달아나기도 하였다. 그 상인들 가운데 아라한이 있었으나, 이러한
일을 보고 오로지 깊이 생각하여 도둑들을 알아보지 못하고 살해되어
목숨이 끊어졌다. 상인들은 흩어져 달아났고, 죽음을 벗어난 사람은 온
몸이 진흙투성이가 되어 울부짖으면서 승광왕의 처소로 가서 합장하고
알려 말하였다.

"우리들은 왕의 국경에서 무역하다가 도둑들에게 지금 겁탈을 당하였
습니다."

이때 왕이 물어 말하였다.

"어느 지역인가?"

알려 말하였다.

"어느 지방의 어느 곳입니다."

왕이 대장(大將) 비루로택가루뢰타(毘樓盧澤迦樓賴吒)에게 명령하였다.

"빠르게 그곳으로 가서 도둑을 잡아오라."

대장군은 명에 의거하여 사병(四兵)을 이끌고 잡으러 갔다. 이때 모든
도둑들은 숲속 가운데에서 두려움도 없이, 갑옷도 입지 않고서 빼앗은
물건들을 고르게 나누고 있었다. 비루로택가루뢰타는 사병들에게 도둑들
을 사면(四面)으로 에워싸고 한꺼번에 북을 울리고, 소라(螺)를 불게 하니
그 도둑들은 크게 놀라서 물건을 버리고 도망치고, 혹은 죽음을 당하였으
며, 혹은 사로잡혔다. 이때 대장군은 겁탈당한 물건과 사로잡은 도둑들과
함께 왕에게 가서 알려 말하였다.

"이 사람들이 도둑들이고, 아울러 겁탈한 물건 등을 지금 가져왔습니
다."

왕이 도둑들에게 알려 말하였다.

"내가 이전에 북을 울리고 칙령을 내리기를 '내 나라에서 도둑질을
하여서는 아니된다. 만약 범한 사람은 그 목숨을 빼앗을 것이고, 겁탈을
당한 집에는 나의 창고의 물건으로 갚아주겠다.'고 하였느니라."

도둑이 왕에게 대답하여 말하였다.

"나도 왕께서 북을 울리고 칙령을 내린 것을 들었으나, 재물에 탐심이 있어서 칙령을 어기고 도둑질을 하였습니다."

왕이 말하였다.

"너희들은 다른 사람을 겁탈하면서 무슨 까닭으로 목숨을 해쳤는가?"

대답하여 말하였다.

"사람들에게 무섭고 두렵게 하기 위해서입니다."

왕이 알려 말하였다.

"너희들이 다른 사람들에게 무섭고 두렵게 하였으니, 나도 지금 너희들에게 일찍이 없는 일을 보여주어 너희들을 무섭고 두렵게 할 것이다."

왕이 대신에게 명하였다.

"이 도둑들을 목을 베어 죽여라."

대신은 도둑들을 끌고 네거리로 나가서 여러 사람들에게 알려 말하였다.

"이 도둑들은 겁탈하였으니 죽이겠노라."

죽이려는 순간에 한 도둑이 도주하고 탈출하여 서다림에 이르러 한 필추에게 알려 말하였다.

"성자여. 나는 출가하고자 합니다."

이때 그 필추는 곧 출가를 허락하고 구족계를 주었으며, 나머지 다른 도둑들은 왕에 의하여 모두 죽었다. 뒤의 다른 때에 여러 필추들이 시림(屍林)9)의 처소로 갔고, 도둑으로 출가한 필추도 또한 시림으로 왔으며, 왕이 죽인 도둑들을 보고서 눈물을 흘렸다. 다른 필추들이 각자가 함께 말하였다.

"새롭게 출가한 필추는 많은 신심이 있어 죽은 사람을 보고서 눈물을 흘리는구나."

다른 필추들이 찬탄하는 것을 보고서 더욱 큰 소리로 울부짖었다. 필추들이 물어 말하였다.

"어떠한 까닭으로 큰 소리로 우는가?"

---

9) 산스크리트어 śīta의 음사로서 시다림의 다른 이름이고, 마가다국의 왕사성(王舍城) 부근에 있던 숲으로 시체를 버리던 곳을 가리킨다.

대답하여 말하였다.

"이들은 나의 아버지고, 나의 형이며, 나의 동생입니다."

다시 물었다.

"이 도둑들은 일찍이 아라한을 죽였는데 너도 같이 죽였단 말이냐?"

대답하여 말하였다.

"일찍이 죽였습니다."

이때 필추들이 이 인연으로 세존께 아뢰었다. 세존께서 말씀하셨다.

"아라한을 죽이는 것은 복전(福田)을 끊는 오역죄를 범하는 것이고, 또한 나의 법을 무너뜨리는 것이니 반드시 쫓아내고 재가로 돌려보내라. 그대들 필추들이여. 만약 어떤 사람이 와서 출가를 구하면 필추는 반드시 물어야 한다. '그대는 아라한을 죽이지 않았는가?' 만약 묻지 않으면 월법죄를 얻느니라."

구수 오파리가 세존께 여쭈었다.

"만일 어떤 사람이 이전에 출가하여 화합승가를 파괴하고서 뒤에 다시 와서 출가를 구하면 마땅히 출가를 허락해야 합니까?"

세존께서 말씀하셨다.

"마땅히 아니된다."

세존께서 다시 오파리에게 말씀하셨다.

"지금부터 만약 출가하고자 사람이 오면 필추는 마땅히 물어라. '그대는 일찍이 승가를 파괴하였는가?' 만약 아니면 제도하라. 만약 묻지 않으면 월법죄를 얻느니라."

다시 세존께 여쭈었다.

"다시 어떤 사람이 세존께 나쁜 역심(逆心)을 일으켜 세존의 몸에서 피를 흐르게 하고서 그 사람이 불·법·승에 뜻을 구하고, 출가하여 마음이 안락하고 범행을 닦고자 하면 이와 같은 사람은 마땅히 제도해야 합니까?"

세존께서 말씀하셨다.

"아니된다. 만약 어떤 사람이 와서 출가를 구하면 반드시 필추는 물어야 한다. '그대는 나쁜 마음으로 부처님의 몸에 피를 흐르게 하였는가?'

만약 아니면 제도하라. 만약 묻지 않으면 월법죄를 얻느니라.”

다시 세존께 여쭈었다.

“다시 어떤 사람이 이전에 출가하여 네 가지의 바라시가법(波羅市迦法) 중에서 어느 한 가지를 범하고 곧 재가로 되돌아갔다가, 다시 이 선법에서 출가하여 마음이 안락하고자 출가하려고 하면 마땅히 제도해야 합니까?”

세존께서 말씀하셨다.

“아니된다. 만약 어떤 사람이 와서 출가를 구하면 반드시 필추는 물어야 한다. ‘그대는 네 가지 중죄를 범한 일이 있는가?’ 만약 아니면 제도하라. 만약 묻지 않으면 월법죄를 얻느니라.”

세존께서 실라벌성의 서다림 급고독원에 머무르셨다.

세존께서 여러 필추들에게 알리셨다.

“만약 어떤 필추가 지은 죄를 드러내지 않고서 이 까닭으로 재가에 되돌아갔다가 다시 돌아와 출가하여 또한 구족계를 받고서 구족계를 받은 뒤에 다시 여러 죄를 짓고서 드러내지 않으면서 ‘나는 죄를 짓지 않았다.’고 하면 이와 같은 사람은 반드시 승가에서 멸빈시켜라.”

세존께서 말씀하셨다.

“만약 필추가 구족계를 받은 뒤에 참회하지 않고, 나쁜 견해를 버리지 않아서 대중이 그것을 드러내자, 곧 재가에 되돌아갔다가 다시 돌아와 출가를 구하면서 본래의 견해를 버리지 않으면 이것은 반드시 멸빈시켜라.”

세존께서 실라벌성의 서다림 급고독원에 머무르셨다. 육중 필추가 제도한 제자가 육중 필추들의 성품을 알지 못하고 그들을 의지하여 머물렀으나, 악한 성품을 알고서 모두 처소를 버리고 다른 처소에 의지하여 각자의 소임을 보고 삼시(三時)에 청하여 물었다.

이때 육중 필추가 서로 함께 의논하여 말하였다.

“그 여러 흑발(黑鉢)[10]들이 억지로 우리들이 제도한 제자들을 빼앗아

---

10) 필추들을 다르게 부르는 말이다.

갔으니, 만약 다시 제도한다면 마땅히 이와 같은 색깔의 부류들을 제도하세."

뒤의 다른 때에 오바난타가 손이 없는 사람을 보고서 알려 말하였다.

"현수여. 그대는 지금 어떤 까닭으로 출가하지 않는가?"

대답하여 말하였다.

"누가 나와 같이 손이 없는 사람을 제도하겠습니까?"

오바난타가 말하였다.

"세존께서 가르치는 법은 자비하시고 너그러우시니 내가 마땅히 제도하겠네."

구족계를 주었고 3~5일 동안에 위의와 공양법 등의 일을 모두 가르쳐주고서 곧 알려 말하였다.

"그대는 듣지 못하였는가? 사슴은 사슴을 기르지 못하네. 실라벌성은 매우 크고 넓으니 그대는 마땅히 그 곳에 가서 걸식하여 스스로 공양하게나."

제자가 대답하여 말하였다.

"나는 지금 이러하니 어떻게 걸식하라고 말씀하십니까?"

오바난타가 알려 말하였다.

"구수여. 내가 마땅히 그대에게 가르쳐 주겠네."

곧 입고 있는 삼의를 모두 끈으로 묶고 자루에 발우를 넣어 왼쪽 어깨에 매고 석장(錫杖)은 오른쪽 어깨에 묶어서 실라벌성으로 들여보냈다.

이때 한 여인이 보고서 가슴을 치면서 소리쳤다.

"누가 이와 같은 비법으로 혹독한 피해를 주어서 필추의 두 손을 잘랐단 말인가?"

필추가 알려 말하였다.

"자매여. 나는 재가에 있을 때 다른 사람에게 손을 잘렸고, 출가한 뒤에 잘린 것이 아닙니다."

대답하여 말하였다.

"누가 제도하였습니까?"

필추가 대답하여 말하였다.

"나의 오바타야는 오바난타입니다."

오바사가가 말하였다.

"악행을 저지르고 부끄러움을 모르는 육중 필추를 제외하면 누가 이러한 사람을 능히 제도하겠는가?"

이때 필추들이 이 인연으로 세존께 아뢰니, 세존께서 말씀하셨다.

"여러 필추들의 과실(過失)은 이러한 완전하지 않은 사람을 제도한 까닭이다. 완전하지 않은 사람은 이를테면, 손이 없고, 손가락이 없으며, 발이 없고, 입술이 결함이 있으며, 입술이 없는 등의 여러 근이 갖추어지지 못한 사람을 가리키고, 모두 제도할 수 없다. 만약 이러한 부류의 사람을 제도하면 월법죄를 얻는다."

세존께서 말씀하셨다.

"만약 곤장을 맞았고, 몸에 얼룩이 있으며, 너무 늙었고, 너무 어린 사람은 또한 마땅히 제도하지 않아야 하고, 일체의 승가의 와구를 더럽힌 사람도 마땅히 모두 제도하지 않아야 한다. 또한 절름발이·녹색 눈·눈이 없는 사람·곱추·난장이·목에 혹이 있는 자·벙어리·귀머거리·수병(水病)[11]이 있는 가진 사람 등의 이러한 부류의 사람도 제도하지 않아야 한다. 만약 이러한 부류의 사람을 제도하면 월법죄를 얻는다.

또한 음욕이 과도(過度)하여 여색으로 손상된 사람·무거운 것 때문에 손상된 사람·길을 가다가 손상된 사람·대소변을 가리지 못하는 사람 등의 이러한 부류의 사람도 역시 제도하지 않아야 한다. 만약 제도하면 월법죄를 얻는다."

다시 세존께 여쭈었다.

"옴(癬疥)·문둥병(瘡癩)·부스럼(癃癃)[12]·마른버짐(乾癬)[13]·진버짐(濕

---

11) 아래로는 정강이가 붓고 배가 부어 커지며 위로는 숨이 가쁜 병이다.
12) 목 뒤나 귀 뒤, 겨드랑이, 사타구니 쪽에 크고 작은 멍울이 생긴 병증. 일종의 문둥병으로 목, 귀 뒤, 겨드랑이 등에 큰 멍울이 생긴 병을 가리킨다.
13) 작은 홍반(紅斑) 또는 은백색의 반점을 이루고 운모(雲母) 모양의 비늘이 일어나는 버짐을 가리킨다.

癬)14)·수명(瘦病)·기침병(患嗽)·상기(上氣)15)·초갈(燋渴)16)·학질(瘧病)17)·정신병(癲狂)·현벽(痃癖)18)·치병(痔病)19)등 이러한 병을 가진 사람은 제도할 수 있습니까?"

　세존께서 말씀하셨다.

"마땅히 제도할 수 없다. 만약 제도하면 월법죄를 얻는다."

---

14) 피부가 짓무르고 진물이 많이 나는 버짐을 가리킨다.
15) 지나친 정서적 흥분이나 긴장에 의하여 심신의 활동이 흐트러져서 정신을 집중하거나 자기를 통제할 수 없게 된 상태를 말한다.
16) 입술이 타고 목이 마른 병을 말한다.
17) 말라리아를 한방에서 이르는 말이다.
18) 옆구리 아래 부위에 벽기(癖氣)가 활줄 모양으로 불거지고 기침이나 가래를 뱉을 때 당기고 아픈 병증을 가리킨다.
19) 치질(痔疾)을 다르게 부르는 말이다.

근본설일체유부비나야안거사
根本說一切有部毘奈耶安居事

근본설일체유부비나야안거사

세존께서는 실라벌성의 서다림 급고독원에 머무르셨다.

이때 세존께서는 여러 필추들과 이 처소에서 3개월의 우안거(雨安居)를 하셨다. 이때 여러 대중 필추들이 여름 중에 다른 곳을 향하여 인간세상을 유행(遊行)하면서 몸을 잘 보호하지 못하여 벌레와 개미들을 죽이고 다치게 하였다. 이때 여러 외도들 모두가 비난하고 싫어하면서 이와 같이 말하였다.

"이 사문 석자(釋子)들은 자비심이 없어 여름 안거 중에 유행하면서 많은 벌레들을 죽이고 있으니 세속의 흐름과 다르지 않구나. 그러나 여러 짐승과 새들도 사월(四月)에는 오히려 보금자리와 굴속에 있으면서 밖으로 멀리 다니지 않는다. 그러나 대머리 사문들은 안거(安居)를 짓지 않으니 이는 거두고 섭수하는 것을 모르는 것이다. 한 곳에 머무르기는 할지라도 법도(軌則)가 없으니 누가 다시 이들에게 옷과 음식을 보시하겠는가?"

이때 필추들이 이 인연으로 세존께 아뢰니, 세존께서 말씀하셨다.

"나는 이 일을 인연으로 지금부터 필추들의 안거법(安居法)을 제정하나니 곧 3개월은 한 처소에 머물러야 하느니라."

이때 여러 필추들은 이 말을 듣고서 어떻게 안거하는가를 알지 못하였다. 세존께서 말씀하셨다.

"먼저 5월 15일에는 머물 처소를 물을 뿌려 쓸고, 깨끗이 닦으며 쇠똥을 땅에 바른다. 소유하고 있는 와구(臥具)와 나아가 필추를 한곳으로 모두 모이게 한다. 대중 모두가 모였으면 마땅히 한 필추를 뽑아서 와구를 돌보게 하라. 만약 다섯 가지가 있는 사람은 뽑을 수 없다. 무엇을 다섯

가지라고 말하는가? 말하자면 탐냄·성냄·두려움·어리석음이 있는 필추와
와구를 나누어 주는가와 나누어 주지 않는가를 분별하지 못하는 필추이다.
앞의 다섯 가지 법을 분별하는 필추를 뽑아야 하고, 이렇게 뽑아야 한다.
자리를 깔고 건치를 울려 알려서 말하여라.

'대중들은 모두 모이셨습니까? 필추 누구는 모두가 안거하는 승가를
위하여 와구를 갖추어서 나누고자 합니다.'

승가는 대답한다.

'가능합니다.'

다음은 한 필추가 마땅히 먼저 알리고서, 다음으로 갈마를 한다.

'대덕 승가는 들으십시오. 이 필추 누구는 하안거를 보내는 승가를
위하여 즐겁게 와구를 나누어 주고자 합니다. 만약 승가께서 때에 이르렀으
면 승가는 마땅히 허락하십시오. 승가시여. 필추 누구를 하안거를 하는
승가를 위하여 와구를 나누어 주는 사람으로 뽑겠습니다. 이와 같이
아룁니다.'

'대덕 승가는 들으십시오. 이 필추 누구는 하안거를 보내는 승가를
위하여 즐겁게 와구를 나누어 주고자 합니다. 승가시여. 지금 필추 누구를
하안거를 하는 승가를 위하여 와구를 나누어 주는 사람으로 뽑고자 합니다.
만약 모든 구수들께서 필추 누구를 하안거를 하는 승가를 위하여 와구를
나누어 주는 사람으로 뽑는 것을 허락하신다면 묵연히 계시고, 만약
허락하시지 않는다면 말씀하십시오. 승가시여. 이미 필추 누구를 하안거
를 보내는 승가를 위하여 와구를 나누어 주는 사람으로 뽑았습니다.
승가께서 이미 허락하신 것은 묵연히 계셨기 때문입니다. 나는 이와
같이 지니겠습니다.'"

세존께서 말씀하셨다.

"내가 지금 모든 필추를 위하여 와구를 나누는 법을 제정하노라. 그
수사인(授事人)은 마땅히 먼저 승가를 구별하기[1] 위하여 산가지(籌)[2]를

---

1) 원문에는 '요리(料理)'이라고 표기되어 있다.
2) 산스크리트어 śalākā의 음사로 대·나무·뿔 등으로 만든 작고 평평한 조각으로,

만든다. 다음 날에 자리를 깔고 건치를 울려 널리 말하여 주위에 알려라. 그 산가지는 모두 끝에 꽃을 묶고 향이 있는 진흙으로 문지르고 꾸며서 대나무 상자에 넣어두면 그 향기가 널리 퍼질 것이니, 백첩(白疊)³⁾으로서 위를 덮어놓고 산가지의 길이를 1주(肘)로 만들어 상좌 앞에 놓는다. 다음은 제정된 계율을 알린다.

'대덕 승가께서는 들으십시오. 이 주처에서 지니는 법을 제정하겠습니다. 만약 여러 대덕께서는 안거를 즐거워하고 떠나지 않으신다면 마땅히 산가지를 받으십시오. 모든 필추들께서는 마땅히 이 하안거 중에는 파견(破見)·파계(破戒)·파정행(破正行)·파정명(破正命) 등에 관하여 서로 힐책(詰責)⁴⁾하지 않아야 합니다. 만약 당신들께서 범한 것을 알았으면 곧 지금 그때의 일을 의논하고, 마땅히 하안거 중에는 서로가 고뇌하며 의논하고, 안락하지 않는 것이 없어야 합니다.'

이렇게 알리고서 다음은 와구를 나눈다. 한 필추에게 산가지를 그릇에 떠받치고 앞서가게 하고, 그것을 거두는 필추는 빈 그릇을 들고서 뒤를 따라간다. 먼저 교주(敎主)⁵⁾이신 대사(大師)께 산가지 하나를 놓고, 다음은 상좌의 앞에서 멈추면 상좌는 역시 본래의 자리에서 조금 떨어져 무릎 꿇고 합장하며 그 산가지를 취하고서 마음을 평안하게 하고서 빈 그릇 위에 놓는다. 이와 같이 차례를 따라 하좌까지 행하고, 만약 구적이 아직 이곳에 오지 않았으면 아차리야나 오바타야가 대신 그 산가지를 받는다. 다음은 사찰을 보호하는 천신주(天神籌)를 취하고, 이미 모든 행을 마치면 마땅히 산가지를 세어서 대중에게 알려 말한다.

'이 주처에서 현재 산가지를 받은 사람은 필추로서 이미 안거를 허락하였고, 구적이 약간 남았습니다.'

의식을 행하는 장소에 모인 승가의 숫자를 계산하거나 다수결로 결정할 때의 투표 등에 사용한다.
3) 산스크리트어 karpāsaka의 음사로 갈파사가(羯播死迦)로 음역되고 백첩(白疊)이라 번역된다. 면(綿)으로 만든 옷을 가리킨다.
4) 잘못을 따지고 꾸중하는 것을 말한다.
5) 세존을 가리키는 말이다

다음은 와구를 나누는 필추는 자물쇠와 열쇠(鎖鑰)를 상좌 앞에 놓고서 알려 말한다.

'대덕이시여. 어떤 방은 옷이 있고 이익도 있으니, 만약 그 방이 좋으시면 취(取)하십시오.'

만약 상좌가 취하지 않으면, 마땅히 둘째 상좌에게 준다. 만약 둘째 상좌가 방을 취하면 그 이전의 방은 마땅히 셋째 상좌에게 주고, 이와 같이 방을 배정하는 것을 나아가 승가 대중의 하좌의 필추까지 한다. 제1상좌가 제2상좌에게 주는 것을 보았을 때 곧 다시 찾으면 처음 찾을 때는 주지 않을 것이고, 두 번째 찾을 때도 주지 않을 것이며, 세 번째 찾을 때는 마땅히 주어라. 그러나 상좌는 악작죄(惡作罪)를 얻는다. 이와 같이 나누어 주며, 나아가 대중의 하좌에까지 이르며, 앞에서와 같이 차례에 따라 월법죄(越法罪)를 얻는 것을 앞에 의거하여 마땅히 알지니라."

또한 이 주처에서 소유한 방사(房舍)를 모두 나누었으나, 객필추(客苾芻)가 오자 방을 줄 수 없었다. 세존께서 말씀하셨다.

"마땅히 하나의 방과 아울러 와구를 객필추를 위하여 남겨두어라."

이때 여러 필추들이 마침내 문옥(門屋)의 아래·행랑채(廊)·처마(簷)·답도(踏道)[6]를 객필추에게 주었으므로 세존께서 말씀하셨다.

"마땅히 문옥의 아래부터 답도까지는 객필추에게 주어서는 아니된다. 이곳은 새들이 사는 곳이고, 사람이 머무르는 곳이 아니니라."

세존께서 다시 말씀하셨다.

"마땅히 한 필추에게 승가의 이양(利養)을 알게 하고, 별도로 하나의 방과 와구를 갖추어 놓아라. 그리고 그 필추는 마땅히 스스로 소유한 모든 물건을 지키고 다시 벌레나 벌집 등을 잘 살펴야 한다. 만약 벌이 벌집에서 나왔으면 곧 벌집을 없애고, 만약 새끼벌이 나오지 않았으면 마땅히 실에 매달아 다른 곳에 두었다가 성장하여 스스로 떠나게 하라. 그 객필추가 오면 마땅히 와구를 제공하고, 만약 객이 적으면 한 필추에게

─────────────

6) 궁궐에서 왕의 가마가 지나가는 길을 답도라고 말한다.

하나를 주고, 많을 때는 두 필추에게 하나를 주며, 혹은 세 필추에게 하나를 주어야 한다.”

여러 기숙(耆宿)[7] 필추가 무거운 큰 담요를 얻었으나 옮기는 것이 어려워 어떻게 해야 하는가를 알지 못하였다. 세존께서 말씀하셨다.

“‘만약 기숙 필추가 옮길 수 없으면 나이 어린 필추에게 의지하도록 하라.’

와구를 나누어 주는 것을 마치면 곧 마땅히 알려 말하여야 한다.

‘만약 속옷을 입지 않았으면 똑바로 눕지 않고, 또한 마땅히 작은 물건으로서 더러운 것·기름때가 있는 것·부서진 것·거칠고 얇은 것의 종류와 승가의 와구를 함께 사용하면 아니됩니다.’”

그 수사인은 방을 다니면서 살펴보고 잘못을 발견하면 그 일에 의거하여 벌(罰)을 내린다. 만약 나이가 어리면 마땅히 두 스승에게 알려서 꾸중하도록 한다. 방을 살펴보는 필추는 매월 15일에 방을 다니면서 관찰하고, 만약 수용한 와구가 법에 알맞지 아니하면 대중에게 알리고 와구를 회수하며 나아가 벌로써 다스린다. 만일 의지문인(依止門人)[8]이 잘못을 범하면 마땅히 그 스승에게 알리고 와구를 회수한다. 대중이 화합하여 모일 때에 마땅히 알려 말하여라.

“모든 구수여. 지금 이 주처(住處)에서 이미 허락하였으니, 마땅히 누구에게 의지하여 시주(施主)[9]로 삼을 것이고, 어느 마을을 의지하여 그곳을 걸식처(乞食處)로 삼으며, 누구는 영사인(營事人)[10]으로 삼고, 누구를 간병인으로 삼아서 이 주처에서 안거를 하겠습니다.”

이때 여러 필추들은 마땅히 근처 마을의 걸식처를 검사(撿行)하여 살펴보고서 마음에서 좋고 즐거운 것을 각자가 생각하며 말하여야 한다.

---

7) 덕이 높고 나이가 많은 필추를 가리키는 말이다.
8) 의지사에게 의지하여 5년 동안 계행(戒行)을 익히고 가르침을 받는 의지제자(依止弟子)를 가리킨다.
9) 산스크리트어 danapati의 음사로 단월(檀越)이라 음역한다. 절이나 사문에게 금전과 물건 등을 베풀어주는 사람을 가리킨다.
10) 사찰에서 소임을 보는 재가인을 가리킨다.

"나는 이 처소에서 기쁘게 안거를 하겠습니다. 나아가 함께 하는 범행자들에게 번뇌를 일으키지 않을 것이고, 설령 번뇌를 일으키더라도 빠르게 없앨 것이며, 안락한 마음을 아직 일으키지 않은 필추는 안락한 마음을 일으키게 할 것이고, 이미 안락한 마음을 일으킨 필추는 권유하여 증진시키겠습니다. 마을의 걸식처에서 노고(勞苦)를 일으키지 않을 것이고, 만약 나에게 병이 있으면 시주들이 나에게 약을 제공할 것이며, 음식 등도 반드시 모두 충족되어 구제되게 하십시오."

이와 같이 생각하고서 마땅히 가려진 곳으로 가서 한 필추를 마주하고 위의를 갖추어 나이에 따라 예(禮)를 드리고 꿇어앉아 이와 같이 말하여야 한다.

"구수여 항상 생각하여 주십시오. 지금 승가는 5월 16일에 안거를 짓고자 하고, 나 필추 누구도 역시 5월 16일에 안거를 짓고자 합니다. 나 필추 누구는 이 주처의 결계 안에서 3개월의 안거를 하고, 누구를 시주로 하겠으며, 누구를 영사인으로 하고, 누구를 간병인으로 하겠습니다. 이 주처에서, 나아가 만약 (벽이) 무너지고 (천정) 뚫어지면 마땅히 보수하여 주십시오. 나는 지금 하안거를 이 처소에서 하겠습니다.

두 번째·세 번째에도 이와 같이 말한다.

마주앉은 필추는 마땅히 말한다.

'오산가(奧算迦).'[11]

대답하여 말한다.

'바도(娑度).'

만약 인연이 있어 전안거(前安居)[12]를 하지 못하였으면, 후안거(後安居)를 청할 것이고, 앞에 의거하여 지어라. 이미 안거를 마쳤어도 마땅히 경계를 벗어나서 잠을 자지 않고, 만약 인연이 있어 반드시 떠나더라도

---

11) 산스크리트어 aupayika의 음사로 오비가(奧箄迦)를 말하며, 이 문장에서는 '비(箄)'의 글자를 '산(算)'으로 표기하고 있다.

12) 4월 16일부터 7월 15일까지의 안거를 전안거(前安居)라 하고, 5월 16일부터 8월 15일까지의 안거를 후안거(後安居)라 하였다

며칠 밤을 지내지 말라."

이때 중촌(衆村)[13]에 한 장자가 있어 우타연(憂陀延)이라 이름하였고 그 집안이 부유하여 재물과 의복이 많았다. 이때 장자는 집안에 많은 옷과 음식을 별도의 창고를 두고서 필추 승가에 공양하고자 하였다. 이때 사람을 보내어 실라벌성에 소식을 전하며, 여러 필추 승가에게 청하여 말하였다.

"어느 중촌의 장자 누구는 이와 같이 말하였습니다. 나의 집에는 옷과 음식이 많이 있어서 지금 대덕들께 공양하고자 하오니 원하건대 나를 가엾이 여기시어 받아 주십시오."

이때 여러 필추들은 심부름을 하는 사람에게 말하였다.

"그 장자의 집이 여기서 먼 곳인가? 가까운 곳인가?"

대답하여 말하였다.

"이곳에서 아마도 3유선나(踰繕那)[14]를 가셔야 합니다."

여러 필추들은 곧 이렇게 생각하였다.

'이곳에서 매우 먼 곳이니 우리들이 가면 모두가 저녁에 돌아올 수 있을까?'

각자가 이와 같이 말하였다.

"이곳에서 매우 먼 곳이니 저녁에도 돌아오지 못할 것이다. 세존께서 우리들의 안거법을 제정하시어 이곳을 떠나서 잠을 자지 않도록 하셨으니 어떻게 하여야 하는가를 알지 못하겠구나."

곧 떠나지 않았다. 이때 상촌(象村) 근처에 다른 필추들이 그곳에서 안거를 하고 있었고, 곧 그 청을 받아들여 많은 의복과 음식을 얻었다. 3개월의 안거를 마치고 가사를 입고 발우를 지니고 실라벌성으로 점차로 유행하여 마침내 그 성의 사찰에 도착하였다. 이때 어떤 필추가 앞에서

---

13) 아래의 문장과 기타의 여러 대장경에 상촌(象村)이라고 표기되어 있으므로 이 부분은 오기(誤記)된 것으로 보인다.

14) 산스크리트어 yojana의 음사. 고대 인도의 거리의 단위로, 실제 거리는 명확하지 않지만 보통 약 8km로 간주한다.

맞이하여 옷과 발우를 받아서 방 안에 두었으며, 주인 필추가 물었다.

"어디에서 왔으며 어느 처소에서 안거를 하였습니까?"

객필추가 곧 대답하여 말하였다.

"우리들은 상촌 근처에서 머무르며 3개월의 안거를 마치고 그 처소에서 왔습니다."

주인 필추가 물었다.

"그대들은 안거 기간에 화합하였고, 걸식하는 것도 다른 어려움이 없었습니까?"

대답하여 말하였다.

"우리들이 그 처소에서 안거할 때는 매우 안락하였고, 옷과 음식도 풍족하여 아무 어려움이 없었습니다."

곧 다시 물어 말하였다.

"그대들은 어찌하여 그 처소에서 안거할 때 옷과 음식이 풍족하여 부족함이 없었습니까?"

대답하여 말하였다.

"그 처소의 가까운 근처에 하나의 마을이 있어 상촌이라고 이름하였고, 마을에 장자가 있어 우타연이라고 이름하였습니다. 집안이 매우 부유하고, 신심이 매우 깊어서 복업을 짓고자 많은 음식과 의복을 가지고 와서 은혜롭게 보시하여 풍족하였습니다."

이때 주인 필추는 곧 이와 같이 말하였다.

"그 장자는 또한 이전에 와서 공양을 요청하였고, 또한 그에게 물었습니다.

'이곳에서 얼마의 거리나 됩니까?'

대답하여 말하였습니다.

'3유선나입니다.'

이와 같이 생각하고 말하였습니다.

'만약 그곳에 가면 밤이 되어도 돌아오지 못할 것입니다. 세존께서는 안거의 기간은 경계 밖에서 잠을 자지 않도록 하셨으므로 곧 떠나지 않았습니다."

이때 여러 필추들이 이 인연으로 세존께 아뢰었다. 세존께서는 이렇게 생각하셨다.

'나의 성문 제자는 비록 옷과 음식에 탐착심(貪着心)은 없으나, 나는 필추들을 안락하게 머무르게 하려는 까닭과 다시 시주를 수용하여 복을 얻게 하고자 하므로, 마땅히 7일을 열어서 그 요청에 가도록 해야겠다.'

이 인연으로 승가를 모으고 여러 필추들에게 알려 말씀하셨다.

"안거하는 가운데 일이 있어서 반드시 결계의 밖으로 나가는 필추는 마땅히 7일에서 하루까지를 요청하고 떠나라."

세존께서 떠나도록 하셨으나, 필추들은 어떠한 일에 마땅히 떠나야 하는가를 알 수 없어서 이 인연으로 세존께 아뢰니 세존께서 말씀하셨다.

"이것은 오바색가·오바사가·필추·필추니·정학녀(正學女)15)·구적남·구적녀 등의 일(事)을 말한다."

필추들이 무엇이 오바색가의 일인가를 알지 못하자 세존께서 말씀하셨다.

"만약 오바색가의 집에 일이 있어서 곧 몸에 입을 옷과 음식을 준비하고서 심부름 하는 사람을 보내어 여러 필추에게 요청하기를 '원하건대 성자여. 오시어 공양을 받으십시오.'라고 하면 이것은 곧 오바색가의 일이니라. 이때 한 필추를 마주하고 꿇어앉아 합장하고 7일법을 수지(受持)하고 떠나라. 이것을 오바색가의 인연이이라고 이름한다."

만약 오바색가가 필추에게 와구 등의 물건과 여러 가지 옷과 음식을 베풀고자 하면 필추를 부르면서 말하였다.

"오로지 원하건대 성중(聖衆)이시여. 애민하게 여기시어 제가 베푸는 옷과 음식을 받아주십시오."

세존께서 말씀하셨다.

---

15) 산스크리트어 śikṣamāṇa의 음사로 식차마나(式叉摩那)로 음역되고, 필추니가 되기 위한 구족계(具足戒)를 받기 전에 2년 동안 육법(六法)을 지키며 수행하는 여자 출가자를 가리킨다.

"필추는 마땅히 7일법을 수지하고 밖으로 나갈 것이니, 이것을 오바색가의 인연이라고 이름한다."

어떤 오바색가가 여러 필추들이 음식이 없는 까닭으로 매우 맛있고 좋은 음식들을 많이 준비하고서 필추들을 오도록 청하였다. 세존께서 말씀하셨다.

"마땅히 7일법을 수지하여 경계 밖으로 나가라. 이것은 오바색가의 일이라고 이름한다."

다시 어떤 오바색가는 솔도파(窣睹波)16)를 조성하여 타도(馱都)17)를 안치하고, 아울러 여러 가지의 향과 꽃으로 장엄하고서 필추에게 오도록 청하며 "오로지 바라건대 대덕들께서 나의 공덕을 도와주십시오."라고 말하였다. 세존께서 말씀하셨다.

"마땅히 7일법을 수지하여 경계 밖으로 나가라. 이것은 오바색가의 불사(佛事)이라고 이름한다."

다시 오바색가가 탑(塔)을 조성하여 상륜(相輪)18)을 안치(安置)하고, 혹은 당번(幢幡)19)을 세우고, 천개(天蓋)20)를 만들며, 혹은 단향(檀香)21)으로 장엄하고, 나아가 울금향(鬱金香)22) 등의 여러 가지 향 등으로 탑에 공양하

---

16) 산스크리트인 'stūpa'를 한자로 음역(音譯)하여 탑파(塔婆)·솔도파(率堵婆)라고도 한다.
17) 산스크리트어 dhātu의 음사로서 사리(舍利)를 가리키는 말이다. 다비(茶毘)하기 전의 색신사리(色身舍利)와 다비 후의 쇄신사리(碎身舍利)로 분류하였는데, 보통은 후자를 가리키며 다투(馱都)라고도 한다
18) 탑(塔)의 꼭대기에 있는 기둥 모양의 장식 부분으로, 구륜(九輪)이라고도 한다. 불탑 최상층의 꼭대기에선 최상단부, 청동제, 철제가 많으며, 석탑, 벽돌탑 등에서는 석제, 벽돌제가 보통이다.
19) 장대 끝에 용머리의 모양을 만들고 비단 촉으로 깃발을 달아 드리운 것으로 불보살들의 위신력과 공덕을 표시한 장엄구(莊嚴具)로 불전이나 불당 앞에 세우는 것을 말한다.
20) 불상의 머리 위에 씌우는 일산을 말한다. 천공에 있으며 항상 불의 두상에 있기 때문에 화개(華蓋), 보개(寶蓋), 현개(懸蓋) 등으로 불린다.
21) 단향 상록(常綠)의 기생 식물인 단향목에서 채취한 향으로, 독특한 향과 신경 안정 작용을 하기 때문에 종교 의식에 많이 사용된다.
22) 생강과의 식물인 울금·온울금·광서아출·봉아출를 포함하며 강황을 가을의 울금

며, 아울러 음식과 의복으로 공양하고자 필추를 청하였다. 세존께서 말씀하셨다.

"마땅히 7일법을 수지하여 경계 밖으로 나가라. 이것은 오바색가의 일이라고 이름한다."

어떤 오바색가가 소달라(蘇呾囉)²³⁾를 서사(書寫)²⁴⁾하고 배우며, 구리가(口里迦)²⁵⁾를 배우고, 아울러 모든 부처님의 말씀을 이미 서사하고서 공양을 배풀고자 필추를 청하였다. 세존께서 말씀하셨다.

"마땅히 7일법을 수지하여 경계 밖으로 나가라. 이것은 오바색가의 일이라고 이름한다."

어떤 오바색가가 약전(略詮)²⁶⁾ 가운데에서 여러 가지의 의문이 있어 명료(明了)하게 해결하지 못하여 필추에게 묻고서 그 의구(義句)를 해결하려고 음식을 차려놓고 필추를 청하여 의문을 해결하려고 하였다. 세존께서 말씀하셨다.

"마땅히 7일법을 수지하여 경계 밖으로 나가라. 아울러 이것은 오바색가의 법사(法事)라고 이름한다."

어떤 오바색가가 홀연(忽然)히 삿된 견해로써 인과를 믿지 아니하고서 필추를 청하여 그 삿된 소견을 제거하고자 하였다. 세존께서 말씀하셨다.

"마땅히 7일법을 수지하여 경계 밖으로 나가라. 아울러 이것은 오바색가의 일이라고 이름한다."

어떤 오바색가의 아내가 임신을 하였으나, 집안의 재난(災難)을 두려워하여서 모자(母子)가 편안하도록 복발공양을 하고자 승가를 청하였다.

이라 하여 울금에 포함시키기도 한다. 중국 남부와 인도에서 자생하며 우리나라의 중남부 지역에서도 재배된다.

23) 산스크리트어 'sūtra'의 음사로서 불전(佛典)·성전(聖典) 등으로도 부른다. 석존의 교설(經), 교단을 통치하는 계율(律), 교설·계율의 해설(論)인 삼장(三藏)을 뜻한다.

24) 경전을 베껴 씀. 사경은 신앙적 의미를 지닌 공덕경(功德經)이다. 초기의 사경은 불교경전을 서사(書寫)하는 것을 말한다.

25) 논장을 가리킨다.

26) 세존께서 깨달은 그 진리(眞理)를 간추려 지니는 것을 가리킨다.

세존께서 말씀하셨다.

"마땅히 7일법을 수지하여 경계 밖으로 나가라. 아울러 이것은 오바색가의 법사라고 이름한다."

어떤 오바색가가 병환(病患)이 있어서 여러 가지의 음식과 의복을 마련하고서 필추를 청하여 알려 말하였다.

"나의 병이 목숨을 마치는 것이 두려워 승가께 공양하고자 합니다."

이와 같은 일이 있으니 세존께서 말씀하셨다.

"마땅히 7일법을 수지하여 경계 밖으로 나가라. 아울러 이것은 오바색가의 일이라고 이름한다."

무엇이 우바사가의 일인가? 자세한 내용은 오바색가의 일과 같다.

무엇이 필추들의 일인가? 어떤 필추가 주처와 원림(園林)을 만들어 사방승가(四方僧伽)[27])께 시주하여 이러한 까닭으로 경찬(慶讚)[28])을 받고 아울러 음식과 의복을 베풀어 승가에 공양하고자 심부름하는 사람에게 필추를 초청하는 때는 모든 필추들은 마땅히 7일법을 수지하고 떠나라. 이것을 필추의 인연이라고 이름한다.

다시 어느 것이 필추의 인연인가? 여러 필추들에게 원림을 시주하고, 다시 와구를 베풀며, 아울러 항상 공양을 청하고 혹은 사리탑을 세워서 단향과 울금향 등의 여러 향을 칠하고, 상륜을 안치하며, 당번을 세우고, 천개를 설치하며, 아울러 사부대중에게 공양하고, 경전을 서사하는 등 이와 같은 모든 연으로 초청하면 필추는 마땅히 7일법을 수지하고 떠나라. 이것을 필추의 인연이라고 이름한다.

어떤 필추가 악인을 벌(罰)로써 다스리고자 하여 여러 갈마 등을 짓고자 필추 승가를 청하여 함께 돕도록 하려고 하면 필추 승가는 마땅히 7일법을 수지하고 떠나라. 이것을 필추의 인연이라고 이름한다.

필추 승가가 악인에게 벌로써 다스리는 여러 갈마를 짓고자 하여 필추를 청하였다.

___
27) 삼세에 존재하는 모든 승가를 가리키는 말이다.
28) 세존의 공덕(功德)을 찬탄(讚歎)하는 것을 말한다.

"당신은 나를 도와주십시오."

필추는 마땅히 7일법을 수지하고 떠나라. 이것을 필추 승가의 인연이라고 이름하느니라.

어떤 필추가 중병으로 매우 고통받는 까닭으로 사람을 보내어 필추가 와서 자신을 위하여 설법하고 나아가 간병을 청하였다. 세존께서 말씀하셨다.

"필추는 마땅히 7일법을 수지하고 떠나라. 이것을 필추의 인연이라고 이름한다."

무엇을 필추니 등의 인연이라고 말하는가? 대부분은 필추와 같으나, 그 가운데에서 다른 것은 필추승가에 공양하는 것이다. 혹은 법에 맞게 공양하고, 혹은 때에 맞게 물건을 베풀며, 아울러 불법을 배우고, 나아가 식차마나녀(式叉摩拏女)가 구족계를 받고자 필추와 필추니들에게 청하였다.

"원하건대 오시어 나에게 구족계를 주십시오."

이때는 필추와 필추니가 마땅히 7일법을 수지하고 떠나라. 이것을 필추니와 식차마나의 인연이라고 이름한다.

무엇을 구적의 인연이라 이름하는가? 앞에서의 법과 같다.

무엇을 구적녀의 인연이라고 말하는가? 나머지는 앞에서 설명한 것과 같으나, 그 가운데에서 다른 것은 만 열두 살의 여자아이가 열여덟 살이 되어 필추승가에게 청하였다.

"원하건대 나를 위하여 육법과 육수법을 주십시오."

필추는 마땅히 떠나라. 이것을 구적녀의 인연이라고 이름한다.

어떤 필추가 이미 안거를 시작하고서 생각하였다.

'혹시 내가 이곳에서 안거하는데 나에게 음식을 제공하는 사람이 없어 혹시 죽지는 않을까? 혹은 일찍이 경전을 배우지 않았으므로 반드시 배워야 하는가? 일찍이 선정을 익혔으나 마땅히 사유하여야 하는가? 혹은 증득하지 않았으나 마땅히 증득하였는가? 보지 않았으나 보았다고 말하고, 얻지 않았으나 얻었다고 말하였는가?'

만약 이것을 인연으로 주처를 떠나고자 하였다. 세존께서 말씀하셨다.

"범한 것이 아니고, 안거를 깨트린 것도 아니다."

만약 필추가 안거를 마칠 때 홀연히 병이 생겼고 의약(醫藥)이 없는 것을 알고서 '만약 이곳에서 머무르면 목숨을 보전하는 것이 어렵겠구나.' 이와 같은 인연으로 떠나갔다. 세존께서 말씀하셨다.

"범한 것이 아니고, 안거를 깨트린 것도 아니다."

어떤 필추가 안거를 마치고 병이 생겨 비록 탕약(湯藥)은 있었으나 간병인이 없어 목숨을 잃는 것을 두려워하였다. 세존께서 말씀하셨다.

"떠나는 것을 허락하노라. 이것은 안거를 깨트린 것이 아니다."

어떤 필추가 안거를 마치니 어떤 여인이 필추에게 와서 이렇게 말하였다.

"제가 며느리와 노비를 대덕께 보내어 공양하고자 합니다."

필추는 생각하였다.

'내가 만약 이곳을 떠나지 않으면 범행을 잃을까 두렵고, 아울러 목숨을 보전하기도 어렵겠구나.'

이것을 범행 등의 인연이라고 이름한다. 세존께서 말씀하셨다.

"다른 곳으로 떠나가도 범한 것이 아니고, 안거를 깨트린 것도 아니다."

만약 남자와 황문(黃門)29) 등의 인연이 있을 때에도 앞의 일에 의거하여 마땅히 떠나라. 만약 필추가 안거를 마치고 여자를 보아서 욕상(欲想)이 일어나 번뇌를 능히 멈추지 못하고 범행을 잃는 것이 두려우면 또한 마땅히 떠나라.

만약 필추가 안거를 마치고 복장(伏藏)30)을 보고 곧 이렇게 생각을 지었다.

'내가 이곳에 머무르면 마땅히 내 마음을 억제하지 못하여 곧 그 물건을 훔칠까 두렵구나.'

---

29) 남자로서 남근(男根)을 갖추고 있지 않거나 남근이 불완전한 남자이다. 중국에서 대궐문을 노란색으로 칠하고 이 문을 내시에게 지키게 하여 이것에서 유래하여 황문이라고 부른 것에서 유래한 말이다.
30) 땅속에 묻혀 있는 보물을 가리킨다.

세존께서 말씀하셨다.

"다른 곳으로 떠나가도 죄가 없느니라."

만약 필추가 안거하는 중에 홀연히 친척이나 권속이 찾아와서 필추에게 머무르게 부탁하였으나 필추가 천(賤)하게 생각하여 다른 곳으로 옮겨가도 앞에서와 같이 허물이 없다.

또한 필추가 어떤 남녀와 반택가(半擇迦)[31] 등이 와서 안거를 청하여 이미 그들의 청을 받아들였다. 그러나 이 시주들이 혹은 다른 사람의 물건을 가지고 오고, 혹은 다른 사람을 죽이며, 혹은 다른 사람의 재물을 겁탈(劫奪)한 것이었으며, 또는 주처(住處)에서 호랑이·늑대·사자 등의 악한 짐승들이 여러 가지 고통을 주어서 시주를 두렵게 하고, 혹은 두려워서 달아났으며, 혹은 때로는 시주를 죽이기도 하였다. 이때 필추가 이렇게 생각하고서 말하였다.

"이 시주는 나에게 안거를 청하였으나, 다시 앞에서와 같이 여러 가지 어려운 일이 계속해서 일어나므로, 내가 지금 이곳에서 머무르면 혹은 범행을 잃을 것이고, 혹은 목숨까지 잃는 등의 인연이 오겠구나."

(이 인연으로) 안거의 처소를 다른 곳으로 옮기면 앞에서와 같이 범한 것이 없다.

어느 때 주처에서 많은 병고(病苦)가 생겨 그곳에 머무는 필추는 안락하지 못하였다. 세존께서 말씀하셨다.

"다른 곳으로 옮겨 안거하여도 앞에서와 같이 범하는 것이 아니니라."

또한 다시 남자와 여자 및 반택가 등이 와서 필추에게 안거를 청하여 갔으나, 혹은 왕이 와서 그 시주를 체포하고, 혹은 죽였으며, 혹은 재물을 빼앗았다. 이때 시주가 다른 곳으로 도망가서 필추는 생각하였다.

'이 시주는 이러한 공포(恐怖)를 만나서 이미 도망을 갔으니 내가 만약 여기에 머무르면 혹은 범행을 잃고, 나아가 목숨을 보전하기가 어렵겠구나.'

---

31) 산스크리트어 paṇḍaka의 음사로 황문(黃門)·불남(不男)이라 번역된다.

이러한 인연으로 다른 곳으로 옮겨도 앞에서와 같이 범한 것이 아니다.

또 어떤 시주가 와서 청하여 필추가 안거하였으나 그 시주의 집안이 갑자기 불이 나서 혹은 죽고, 혹은 다시 도망을 갔으므로 필추는 생각하였다.

'이 시주는 지금 갑자기 불을 만나서 혹은 죽었고, 혹은 도망을 갔으므로 내가 홀로 여기에 머무르면 목숨을 보전하기도 어렵고 아울러 범행을 닦는 것도 어렵겠구나.'

(이 인연으로) 다른 곳으로 옮겨도 앞에서와 같이 범한 것이 없다.

또 시주가 와서 청하여 필추가 안거하였으나 그 주처의 아래가 습(濕)하고 물이 많아 뒤에 병을 얻는 것이 두려워서 다른 곳으로 옮겨도 앞에서와 같이 범한 것이 없다.

어떤 시주가 와서 청하여 필추가 안거하였으나 주처에 대하여 곁에서 말하였다.

"어찌 이곳에 머물면서 머리를 잘리고 굶주리는 고통을 받으려고 합니까? 숲속에 머무르거나 집으로 돌아가서 많은 복업을 지을 것이고, 출가를 하지 마십시오."

필추가 생각하였다.

'내가 만약 이곳에서 오래 머무르면 혹시 범행을 잃을 것이다.'

만약 이러한 인연으로 떠나가면 죄가 없다.

만약 필추가 안거하는 곳에 혹은 왕이 사병(四兵)에게 엄하게 명령하여 그 주처에 와서 필추를 체포해 가면서 이렇게 말하였다.

"마땅히 재가법에 따라서 노역(驅役)을 시키고, 혹은 환속(還俗)을 시키며, 혹은 아내를 얻게 하고, 혹은 의발(衣鉢)을 빼앗는 등의 여러 가지로 괴롭힐 것이다."

이러한 어려움이 닥쳐오면 즉시 떠나도 범한 것이 아니며 안거를 깨트리는 것이 아니다.

만약 필추의 주처에 남자와 여자 및 반택가가 와서 필추를 청하여 안거하도록 하고 아울러 옷과 음식을 공급하였다. 뒤에 왕 등의 환란이

와서 모두가 스스로 도망을 가서 옷과 음식을 공급할 사람이 없었다. 필추가 이 인연으로 다른 곳으로 떠나가도 범하는 것이 없다. 만약 필추가 안거하는 곳에 여러 도둑들이 와서 혹은 소와 양 등을 훔치고, 죽이는 등의 여러 가지 비법(非法)을 지으며 필추의 처소에 와서 이렇게 말하였다.

"그대들은 떠나라. 내가 이곳에서 살고자 한다."

만약 이와 같은 악한 도적이 절 안에 들어와서 필추를 괴롭히고 어지럽게 하면 곧 떠나가도 범하는 것이 없다.

또한 만약 필추가 남자와 여자 및 황문 등에게 의지하여 안거를 하였다. 이때 그 시주가 다른 사람에게 붙잡혀 원수의 집에 묶여 있었고, 다른 사람들은 두려워하여 다른 곳으로 도망을 가서 목숨을 부지하였다. 이때 필추가 이렇게 생각하였다.

'내가 이곳에서 안거하면 여러 가지의 허물(過患)이 있고, 다시는 시주하는 사람이 없겠구나. 이 인연을 까닭으로 나의 범행도 어그러질 것이다.'

사문이 어려운 인연을 까닭으로 다른 곳으로 옮겨도 하안거를 깨트리는 죄는 없고, 도착한 곳에서 안거를 할 수 있다. 곧 도착한 곳에서 안거하여도 마땅히 결계를 벗어난 것이 아니다.

또한 이전에는 이곳에 사람이 살지 않았던 주처이므로 필추가 이곳에서 안거하였다. 여러 늙고 젊으며 무지(無知)한 부류들이 이 사찰에 들어와서 부정(不淨)한 것을 버리고, 필추를 가까이 하지도 않았다. 또한 근처의 강물이 넘쳐서 시주들의 집이 재물과 옷 등의 물건을 잃어버리게 되었고, 혹은 죽었고, 혹은 도망을 갔다. 필추가 생각하였다.

'이 시주들이 물난리를 만났으니 내가 만약 이곳에 머무르면 목숨을 보전하는 것과 범행을 닦는 것이 어렵겠구나.'

(이 인연으로) 다른 곳으로 옮겨도 앞에서와 같이 범하는 것이 없다.

만약 필추가 안거하는 가운데 한 필추가 다른 필추를 시켜서 혹은 파승가(破僧伽)의 일을 짓고, 아울러 여러 필추들에게 권유하여 파승가의 방편을 지었다. 이때 그 필추는 곧 이렇게 생각하였다.

'지금 이 처소에서 파승가의 일을 지었다. 내가 만약 이곳에서 안거하면 그 필추는 파승가를 하고자 하고, 혹은 파승가를 가르치며, 나아가 권유(勸化)하고, 아울러 방편을 지을 것이다.'

다시 이렇게 생각하였다.

'내가 지금 이곳에서 좋은 말로 권유하여도 그는 반드시 받아들이지 않을 것이고, 나를 악하게 대할 것이다. 만약 이곳에 오래 머무르면 먼저 배운 것은 반드시 잃어버릴 것이고, 아직 배우지 않은 것은 능히 증진하지 못할 것이다. 이곳에 머무르는 것은 마땅하지 않으니 다른 곳으로 옮겨야겠구나.'

다른 곳으로 가서 안거하여도 앞에서와 같이 범한 것이 없다.

만약 필추가 안거를 하면서 다른 필추로부터 파승가의 일을 짓는 것을 들었다. 그 필추는 친구(親友)인 지식(知識)이었으므로 곧 이렇게 생각하였다.

'내가 만약 그의 말을 취(取)하면 파승가의 죄를 짓는 것이 두렵고, 만약 그의 말을 취하지 아니하여도 다시 이것은 친구인 것이다.'

마땅히 7일법을 수지하고 경계 밖으로 나가야 한다. 만일 7일이 지나도 그 일이 해결되지 않으면, 7일이 넘어도 죄가 없다. 만약 떠나지 않으면 월법죄를 얻는다.

만약 어느 필추가 다른 필추에게서 다른 처소에서는 3개월 안거에 많은 이익과 재물을 얻었다는 말을 들었다. 이 필추는 곧 다른 처소에서 다시 안거를 하고자 하였다. 다시 한 필추는 이 처소에도 역시 이양이 있고, 다른 처소의 안거에서 이양을 얻어도 이미 한 종류이니, 그 처소에 가지 않았고, 이 처소에서 안거하였으나 마침내 이양을 얻지 못하였다. 그렇지만 다른 처소를 먼저 말하였던 필추는 월법죄를 얻는다.

만약 어느 필추가 다른 필추에게서 어느 곳이 안거에 알맞다는 말을 듣고서 곧 그 처소에 갔다. 함께 산가지를 받았으나 마땅히 얻을 물건을 모두 얻지 못하였으면 먼저 말하였던 필추는 월법죄를 얻는다. 어느 필추가 다른 필추로부터 어느 처소는 3개월의 전안거의 처소라는 말을 듣고 곧 그 처소로 가서 함께 산가지를 받았으나 와구를 받지 못하였고,

또한 머무르는 것이 알맞지 않으면 먼저 말하였던 필추는 돌색흘리다죄를 얻는다.

만약 어느 필추가 다른 필추로부터 어느 처소가 3개월의 전안거에 알맞은 처소라는 말을 듣고 곧 그 처소로 갔다. 이미 함께 산가지를 받았고 와구도 분배를 받았으나 곧 다른 처소로 떠나고, 또한 안거하지 않으면 악작죄(惡作罪)를 얻고, 안거는 성립되지 않는다.

만약 어느 필추가 다른 필추로부터 어느 처소는 3개월의 전안거의 처소라는 말을 듣고 곧 그 처소로 갔다. 산가지를 받았고 함께 와구도 나누어 안거를 하였으나, 개인적인 일을 인연하여 7일법을 수지하지 않고서 결계를 벗어나면, 전안거는 성립되지 않고, 악작죄를 얻는다.

만약 어느 필추가 다른 필추로부터 어느 처소는 3개월의 전안거의 처소라는 말을 듣고 곧 그곳으로 갔다. 이미 그 처소에서 안거의 산가지를 받았고 와구를 나누어줄 것을 요청하였으나, 일을 인연하여 7일법을 수지하고서 결계를 벗어나고 그 주처에서 3개월의 안거를 짓지 못하면, 먼저 말한 사람은 이 까닭으로 돌색흘리다의 죄를 얻고, 7일법을 수지하고 서 경계를 벗어난 필추가 7일이 지나도 돌아오지 않으면 안거를 깨트린 것이다. 그러나 이 여섯 종류의 전안거법(前安居法)은 후안거법(後安居法) 과 다르지 않다. 아울러 전안거에 의거하여 짓는 것이고 오로지 후삼월(後 三月)이라고 말하는 것이 다르다.

나머지는 백일갈마의 가운데에 자세히 설명되어 있다.

근본설일체유부비나야수의사
根本說一切有部毘奈耶隨意事

근본설일체유부비나야수의사

　어느 때 박가범(薄伽梵)께서는 실라벌성의 서다림 급고독원에서 3개월의 우안거(雨安居)를 하셨다. 이때 많은 필추들이 각기 다른 처소에서 안거를 시작하면서 함께 입제(立制)를 하고 이와 같이 말하였다.

　"여러 구수들이여. 우리들은 3개월 안거를 하면서 마땅히 파계(破戒)·파견(破見)·파궤의(破軌儀)·비정명(非正命) 등을 말하지 마십시오. 만약 화장실에 풀이 부족하고, 나아가 물병(君持)¹⁾에 물이 없으면 마땅히 채워놓고 아울러 이전의 장소에 놓으십시오. 만약 혼자서 할 수 없으면 마땅히 도반을 손짓으로 불러서 함께 하도록 하십시오."

　입제를 마치고 각자 이전에 안거하던 처소로 돌아갔다. 이와 같이 말을 하지 않고서 3개월의 안거를 마치고서, 옷을 세탁하였으며 수선하는 것을 마치고 가사를 입고 발우를 지니고 안거하였던 처소를 떠나 점점 유행하여 실라벌성으로 갔다. 도착하여 각자 가사와 발우를 한쪽에 두고 발을 씻고서 세존의 처소로 가서 머리를 땅에 대고서 발에 예를 올리고 한쪽으로 물러나서 앉았다. 모든 부처님의 상법(常法)에는 객필추가 오면 먼저 안부를 묻게 되어 있다.

　"그대들은 어디에서 왔으며, 오는 길은 안락하였고, 어느 처소에서 안거를 하였는가?"

　아뢰어 말하였다.

　"우리들은 선나발다(禪那鉢多)에서 안거를 하였고, 그곳에서 안거를 마치고 왔습니다. 그 처소에서 안거는 매우 안은(安穩)하였고, 화합하였으며, 또한 걸식에도 어려움이 없었습니다. 다만 우리들은 대중인 필추의

---

　1) 산스크리트어 kuṇḍikā의 음사로서 물병을 가리킨다.

숫자가 많은 인연으로 그 처소의 3개월의 안거에 각자가 함께 입제하였으나 안거 중에는 서로가 함께 말을 하지 않았습니다."

나아가 앞에서와 같이 입제법(立制法)을 갖추어 설명하고 편안하게 머물렀으며 걸식에도 걱정이 없었다고 아뢰었다.

세존께서 여러 필추들에게 말씀하셨다.

"그대들은 모두 어리석고 지혜로운 필추는 한명도 없도다. 그대들은 어찌하여 비법(非法)을 제정하여 서로가 말을 하지 않았는가? 오히려 원수(怨讐)의 집에 함께 머무르며 원수의 밥을 먹는 것과 같아서 매우 고통스러운 것인데 어떻게 안락하게 머물렀다고 말하는가? 이것은 외도의 법이고, 어리석은 법이며, (생사를) 벗어나는 중요한 법(要法)이 아니니라."

세존께서 다시 말씀하셨다.

"그대들 필추들은 지금부터 말하지 않는 법(啞默法)을 지으면 월법죄를 얻느니라."

세존께서 말씀하셨다.

"만약 필추들이 안거를 끝마치면 마땅히 삼사견문의(三事見聞疑)를 청해서 수의사(隨意事)[2]를 해야 한다."

이미 필추들에게 삼사견문의를 짓도록 하셨으나, 이때 여러 필추들은 어떻게 짓는가를 알지 못하였다. 세존께서 말씀하셨다.

"수의(隨意)를 하기 7·8일 전에 이전부터 머물렀던 여러 필추들은 마땅히 가까운 마을의 처소에서 널리 모두에게 두루 알려라.

'늙고 젊은 필추와 나아가 구족계를 받지 않은 사람들은 모두 함께 공양할 물건들을 손질하십시오.'

8월 14일이 되면 마땅히 불전(佛殿)의 주위를 정리하고, 공양을 올리며, 향을 올리고, 번(幡)을 걸고서 모든 것을 장엄하는 것을 마땅히 모두

---

2) 산스크리트어 pravāraṇa의 음사로서 하안거(夏安居)가 끝나는 7월 15일에 보고(見), 듣고(聞), 의심(疑)이 있는 3사(事)에 대하여 자기반성을 하고, 자기의 허물(罪過)을 스스로 말하며, 스스로의 과오를 고백함과 아울러 다른 사람에게 무례를 참회하고 신심을 모두 청정하게 하는 의식이다.

함께 하여야 한다. 만약 오바타야와 아차리야에게 여러 문도(門徒)가 있으면 모두 함께 노력하고, 함께 빗자루로 쓸며, 물을 뿌리고, 쇠똥(瞿摩)을 땅에 바르고, 승가에게 맛있는 음식을 공양하며, 아울러 연유(酥) 등의 여러 공양물을 때에 알맞게 차려놓고 여러 필추들이 서로 위로하며 물어야 한다.

'우리들의 안거가 매우 안락하였습니까?'

14일 밤에 경전을 수지(受持)한 필추가 밤을 새워 송경(誦經)하며 날이 밝으면 때를 알아서 수의사를 짓는데 새벽(明相)을 넘기지는 않아야 한다. 이미 날이 밝았으면 마땅히 다섯 가지의 덕(德)으로 대중을 위하여 수의를 지을 수 있는 필추를 혹은 한두 명이나 다수를 선출한다. 반드시 다섯 가지의 덕을 갖춘 필추는 만약 대중이 화합하지 않았으면 화합시키고, 대중이 화합하였으면 더욱 안락하게 머무르게 하여야 한다.

무엇을 다섯 가지의 덕이라고 말하는가? 애욕(愛欲)이 없고, 화내지 않으며, 두려움이 없고, 어리석지 않으며, 수의 등의 일을 잘 분별하는 것을 말한다. 만약 이 다섯 가지의 덕을 갖추지 않았으면 마땅히 뽑지 않아야 하고, 이 다섯 가지의 덕을 갖추었으면 마땅히 뽑아야 한다. 자리를 깔고 건치를 울려서 승가를 모으고, 앞에서의 방편을 짓고서, 대중에게 물어서 허락하면 마땅히 권장(勸獎)하여야 한다.

"그대들 누구들은 모든 하안거 승가를 위하여 능히 삼사견문의로서 수의를 할 수 있습니까?"

그 필추들이 대답하여 말한다.

"할 수 있습니다."

다음은 한 필추가 마땅히 먼저 아뢰고서, 갈마를 한다.

"대덕 승가께서는 들으십시오. 이 필추 누구는 지금 하안거 승가를 위한 수의필추가 되고자 합니다. 만약 승가께서 때에 이르렀음을 인정하시면 승가는 허락하십시오. 승가시여. 승가께서 허락하셨으니 이 필추 누구를 수의필추로 뽑고자 합니다. 이 필추 누구를 마땅히 하안거 승가를 위하여 수의필추로 뽑겠습니다. 이와 같이 아룁니다.

대덕 승가께서는 들으십시오. 이 필추 누구를 지금 하안거 승가를 위하여 수의필추로 뽑겠습니다. 승가시여. 지금 이 필추 누구를 수의필추로 뽑았고, 이 필추 누구는 하안거 승가를 위하여 수의필추가 되었습니다. 만약 모든 구수께서 이 누구를 수의필추로 삼아 마땅히 하안거 승가를 위하여 수의를 짓는 것을 허락하신다면 묵연히 계시고, 만약 허락하지 않으신다면 말씀하십시오. 승가시여. 이미 필추 누구를 하안거 승가를 위하여 수의필추로 삼는 것을 마치겠습니다. 승가께서 이미 인정하시고 허락하신 것은 묵연히 계셨기 때문입니다. 나는 지금부터 이와 같이 지니겠습니다.”

다시 세존께서 말씀하셨다.

“그대들 모든 필추들이여. 나는 지금 마땅히 수의필추가 지녀야 하는 행법을 제정하겠노라. 그대들은 잘 들어라. 내가 지금 마땅히 설하겠노라. 수의를 받는 필추는 마땅히 살아있는 띠풀(茅)을 모든 필추에게 주어서 자리를 만들게 하여야 한다. 만약 한 사람이 수의를 받으면 마땅히 상좌부터 수의하여 하좌에 이르게 하여야 한다. 만약 두 필추가 수의를 받으면 한 필추는 상좌부터 수의를 받고, 다른 한 필추는 대중의 반(半) 다음부터 아래로 내려가면서 수의를 받으며 하좌까지 이르게 한다. 만약 세 필추를 뽑았으면 세 곳에서 수의를 받을 것이고 앞의 일에 의거하여 알지니라.

여러 필추 등이 함께 띠풀의 좌석에 꿇어앉으면 상좌는 마땅히 단백갈마를 하여야 한다.

‘대덕 승가께서는 들으십시오. 지금 승가는 15일에 수의사를 짓겠습니다. 만약 승가께서 때에 이르렀음을 인정하시면 승가는 허락하십시오. 승가시여. 지금 승가의 수의를 짓겠습니다.’

이와 같이 아룁니다.

그 수의를 받는 필추는 마땅히 상좌를 향하여 꿇어앉고, 이때 상좌부터 나머지의 하좌까지 마땅히 띠풀을 펼치는데 뒤집어서 가로로 펼친다. 곧 몸을 움직여 앞으로 가서 두 발을 모으고 손을 조금 구부려서 마땅히 앞에 있는 것을 잡고서 이와 같이 말하여야 한다.

'구수여. 생각하여 주십시오. 지금 승가는 15일에 수의를 지으며 나 필추 누구도 역시 15일에 수의를 짓고자 합니다. 나 필추 누구는 승가와 대덕들을 향하여 삼사견문의로서 수의사를 짓겠습니다. 대덕 승가께서는 마땅히 섭수하시어 나에게 가르쳐 보여주시고, 마땅히 나를 애민하게 여기시어 요익(饒益)[3]하십시오. 이렇게 능히 애민한 사람이 애민하게 원하는 까닭입니다. 만약 죄를 보아서 아시면 나는 마땅히 율에 따라 참회하여 말하겠습니다.'"

이와 같이 두 번·세 번을 말한다. 수의를 받는 필추가 마땅히 말한다.

'오비가(奧箄迦).'

대답하여 말한다.

'바도(娑度).'

이와 같이 차례로 행하여 하좌까지 이르게 하며 또한 이와 같이 말하여야 한다.

그 수의를 받는 필추들은 마땅히 다시 서로를 향하여 수의사를 짓고, 역시 세 번을 말한다. 만일 수의를 받는 필추가 혹은 두 사람이고, 혹은 세 사람이며, 네 사람이고, 또는 많은 사람이면 서로를 상대하여 수의를 짓는다. 만약 한 사람이면 마땅히 이미 수의를 지은 사람을 마주하고 수의를 짓고, 그 작법은 앞에 의거하여 알지니라.

필추들의 수의를 끝내면 다음은 필추니 대중을 부르고 한 사람·한 사람이 대중에게 들어와서 수의필추를 마주하고 대필추법과 같이 수의사를 짓는다.

다음은 차례로 식차마나·구적남·구적녀를 불러서 모두 반드시 차례에 따라 한 사람·한 사람이 다섯 가지의 덕을 갖춘 필추를 마주하여 앞에서와 같이 작법을 짓는다. 그 수의를 받는 필추는 상좌를 향하여 앞에 서있으며 이와 같이 아뢰어 말한다.

"대덕이신 여러 자매(妹)들과 이부승가시여. 수의를 마치겠습니다."

---

3) 중생들에게 자비로운 마음으로 넉넉하게 이익을 주는 것을 뜻한다.

이부승가는 아울러 마땅히 말해야 한다.

"좋은 일입니다. 이미 수의를 지어 끝마쳤습니다."

뜻을 수순하여 지어 끝마치면 매우 좋으나, 외쳐 말하지 않는 사람은 악작죄를 얻는다.

수의를 받는 필추는 마땅히 작은 칼을 지니고, 혹은 바늘과 실을 지니며, 혹은 사문의 여러 가지의 자구(資具)를 지니고서 상좌 앞에 서있으며 이와 같이 말한다.

"대덕이시여. 이러한 여러 물건들 모두가 얻은 것이므로 안거를 끝마친 사람에게 수의할 때 베풀 수 있습니까? 만약 이곳에서 다시 여러 가지의 이익이 되는 물건을 얻으면 화합승가에게 마땅히 나누어 주어도 합당합니까?"

모든 대중은 같이 대답한다.

"나누어 주는 것이 합당합니다."

만약 이것을 다르게 말하면 수의필추와 나아가 대중들은 모두가 월법죄를 얻는다.

구수 오파리가 부처님께 아뢰었다.

"세존이시여. 수의를 짓는 것에 몇 종류가 있습니까?"

세존께서 말씀하셨다.

"네 종류가 있으니라. 첫째는 비법(非法)으로 대중을 분별하는 것이고, 둘째는 비법으로 화합하는 것이며, 셋째는 여법(如法)하게 화합하지 않는 것이고, 넷째는 여법하게 화합하는 것이다."

세존께서 말씀하셨다.

"오파리여. 이 네 종류에서 여법하게 화합하는 것이 가장 좋은 것이다. 이것은 법으로써 화합한 까닭이니라."

15일에 수의를 지을 때에 세존께서는 승가에 나아가 자리에 앉으셨다. 세존께서 여러 필추에게 말씀하셨다.

"저녁이 이미 깊었는데 어찌하여 수의를 짓지 않는가?"

이때 어떤 필추가 대중 가운데에서 일어나 가사의 한쪽 끝을 올바르게 하고 합장하여 세존께 정례하고 아뢰어 말하였다.

"어느 방에 이전부터 필추가 머무르고 있으나, 몸에 중병을 얻어 지극히 괴로움을 겪고 있습니다. 그 병든 필추가 모일 수 없으니 어떻게 하는가를 알지 못하고 있습니다."

세존께서 말씀하셨다.

"마땅히 수의를 위한 욕(欲)[4]을 받아와야 하느니라."

필추들은 어떻게 욕을 받아 오는가를 알지 못하였다. 세존께서 말씀하셨다.

"혹은 한 필추와 한 필추가 욕을 취하고, 혹은 두 필추와 혹은 세 필추, 나아가 많은 대중들에게 받아와야 한다."

어떻게 받아오는 것인가를 알지 못하였다. 세존께서 말씀하셨다.

"마땅히 병든 필추에게 도착하면 꿇어앉아 합장하고 위의를 갖추고 장정법과 같이 욕을 주고서 이와 같이 말한다.

'구수여. 항상 생각하여 주십시오. 지금 승가는 15일에 수의를 짓고자 합니다. 나 필추 누구도 역시 15일에 수의를 짓고자 합니다. 나 필추 누구는 스스로 말하는 것에 여러 장애되는 법이 없습니다. 병을 얻은 까닭으로 그 법에 알맞은 승사(僧事)에 내가 지금 여욕(與欲)을 주는 것이니, 이곳에서 내가 알았던 일들을 마땅히 나를 위하여 말하여 주십시오.'

이와 같이 두 번·세 번을 말한다. 만약 이와 같이 여욕을 주면 좋으나, 만약 말로써 할 수 없어서 몸으로 알려주어도 또한 여욕이 성립된다. 만약 말을 할 수 없고, 다시 몸으로 알릴 수 없으면 모든 승가는 마땅히 그 병을 얻은 필추의 처소로 간다. 만약 병을 얻은 필추가 오지 않았으나 대중이 가지 않고서 수의를 지으면 작법이 성립되지 않으며 월법죄를 얻는다."

세존께서 말씀하셨다.

---

4) 수의를 하는 때에 개인적인 사정에 의하여 참석을 못할 때 참석의 뜻이 있는 것을 '욕(欲)'이라 하고, 그 뜻을 다른 사람에게 의탁하는 것을 '여욕(與欲)'이라 하며, 다른 사람이 위탁을 받는 것을 '수욕(受欲)'이라고 말한다.

"내가 지금 수의욕(隨意欲)을 받는 필추를 위하여 그에 따르는 행법을 지금 마땅히 설하겠노라. 그 욕을 받는 필추는 급히 달리는 것들을 하여서는 아니되고, 나아가 장정법에서 자세히 설명한 것과 같다. 그 욕을 수지한 청정한 필추는 대중 가운데 들어가거나, 혹은 상좌의 옆에서 말한다. 만약 이것이 불가능하면 다음 좌차의 옆에서 말할 수 있고, 마땅히 이와 같이 말하여야 한다.

'구수여. 항상 생각하여 주십시오. 어느 방에 있는 필추 누구는 몸에 병을 얻어 고통이 많습니다. 지금 승가는 15일에 수의를 지을 것이고, 그 필추 누구도 역시 15일에 수의를 짓고자 합니다. 그 필추는 스스로 알려도 여러 가지의 장애되는 법은 없으나, 병을 인연하여 법에 맞게 승사에 여욕하였으니 그 필추가 알았던 승사를 내가 지금 앞에서와 같이 갖추어 말하겠습니다.'

만약 의지하지 않은 사람은 월법죄를 얻는다."

구수 오파리가 세존께 아뢰었다.

"대덕이시여. 만약 수의욕을 받고서 돌아오는 길에서 갑자기 죽으면 욕을 수지한 것이 성립됩니까?"

세존께서 말씀하셨다.

"성립되지 않는다. 마땅히 다시 욕을 받아야 하며, 포쇄타의 가운데에서 자세하게 설명한 것과 같다."

구수 오파리가 세존께 아뢰었다.

"대덕이시여. 만약 주처에 오로지 필추가 혼자 머무르면 이때에는 어떻게 수의사를 지어야 합니까?"

세존께서 말씀하셨다.

"마땅히 주처에 물을 뿌리고, 마당을 쓸어 깨끗하게 청소하며, 쇠똥을 바르는 것을 끝내고, 마땅히 자리를 펴고서 대중의 일과 같이 지어 마친다. 그 능력에 따라서 스스로가 적고 많은 경전을 독송하여 마친다. 마땅히 높은 곳에서 사방을 바라보아서 필추가 오는 것을 보이면 이곳이 청정한 처소인 것을 알게 하고, 만약 두 명이나 세 명이 오면 곧 마땅히 서로를 불러 빠르게 와서 모두가 수의를 한다. 그리고 곧 객필추의 처소에서 대수법(對首法)⁵⁾을 지었으면 이와 같이 말한다.

'구수여. 항상 생각하여 주십시오. 지금은 15일로서 수의를 짓는 날입니다. 나 필추 누구도 역시 15일에 수의를 수지(守持)하고자 합니다. 만약 뒤의 다른 때에 화합대중을 만나면 마땅히 그 화합대중과 함께 이와 같은 법으로 수의를 하겠습니다.'

이와 같이 두 번·세 번을 말한다.

만약 그 대중에 무지(無智)하고 어리석은 사람이 많으면 대중의 숫자로는 수의하는 것을 충족하나, 수의는 성립되지 않으니, 마땅히 현명한 필추가 오기를 기다려서 함께 수의를 하여야 한다.

만약 대중이 없으면 마땅히 머무는 본래의 자리에서 마음으로 염(念)하여 수의를 짓고서, 마음으로 염하며 이와 같이 말한다.

'지금은 15일로서 수의를 짓는 날입니다. 나 필추 누구도 역시 마음으로 염하며 수의를 짓고자 합니다. 만약 뒤의 다른 때에 법에 맞는 대중이 있으면 함께 수의를 짓겠습니다.'

이와 같이 세 번을 말한다.

만약 한 명·두 명·세 명의 필추가 함께 거주하면 또한 마땅히 앞에서와 같이 대수법을 짓고서 함께 수의를 짓는다. 만약 네 명의 승가가 있으면 수의를 지을 때에 모두 대수법으로 수의를 짓고, 다섯 가지의 덕을 갖춘 필추를 선출하지 않고 수의사(隨意事)를 한다. 만약 다섯 사람이면 곧 대중의 법에 따라 마땅히 작백(作白)⁶⁾을 하고 수의사를 한다. 설령 병든 필추가 있어 마땅히 대중에 들어오고자 하면 마땅히 욕을 하지 아니한다. 만약 여섯 사람과, 혹은 여섯 사람을 넘으면 함께 단백갈마를 짓고서 수의사를 한다. 수의를 할 때에 만약 병자가 있으면 마땅히 욕을 하도록

---

5) 산스크리트어 pratideśanīya의 음사로서 바라제제사니(波羅提提舍尼)로 한역되고, 향피회(向彼悔)라고 의역된다. 걸식 때와 식사 때의 규칙을 어긴 가벼운 죄로서 청정한 필추에게 참회하면 죄가 소멸된다.
6) 자기가 지은 죄를 다른 필추들의 앞에서 고백하고 참회하는 것이다.

한다. 혹은 일여법지주수의(一如法止住隨意)·일시비법(一是非法)·삼시법
(三是法)·일비법(一非法)·오시법(五逢法) 등이 있다.

무엇을 일여법지주수의와 일시비법이라고 하는가? 다만 한 번을 설(說)
하고서 곧 지주(止住)[7]하게 하는 것을 비법이라고 이름한다. 만약 여러
가지를 갖추어 설하면 이것을 여법(如法)한 수의라고 이름한다.

무엇을 삼시법과 일시비법이라고 하는가? 세 번을 널리 설하고서 수의
를 마치고 지주하게 하는 것을 여법이라고 이름하고, 한 번을 널리 설하여
지주하도록 하는 것을 비법이라고 이름한다.

무엇을 오시법과 일비법이라고 하는가? 이 가운데서 하나는 여법하게
합하여 세 번을 설하여 수의하고, 곧 한 번을 널리 설하여 지주하게
하는 것을 비법지주수의라고 이름한다.

혹은 한 번을 설하여 수의가 성립되기도 하고, 혹은 두 번·세 번을
설하여 수의가 성립되기도 하며, 혹은 그때 대중이 동시에 설하여 수의가
성립되는 것도 있으니, 이것은 어떠한 뜻에 의거하여 한 번을 설하여
수의가 성립되는가? 만약 15일에 많은 필추가 한 처소에 모여 수의를
하고자 하였으나 대중 가운데 치질병으로 고생하는 필추가 많았다. 만약
세 번을 말하면 여러 병이 있는 필추 등이 오래 앉지 못하는 것을 인연으로
세존께서 일설수의(一說隨意)를 허락하신 것이다. 다시 많은 필추가 한
처소에 모여 수의사를 하는데 혹은 비가 내리고, 혹은 비가 내리려고
하였다. 이때 여러 필추들은 이와 같이 생각하였다.

'만약 세 번을 설하면 비가 내려서 와구를 적실까 두렵구나.'

이러한 까닭으로 세존께서 일설수의를 허락하신 것이다.

다시 많은 필추가 한 처소에 모여 수의사를 하는데, 만약 주처에 혹은
왕이 왔고, 아울러 여러 권속이 왔으며, 혹은 대신과 관속(官屬)이나 성의
안과 밖의 사람들이 또한 모두가 와서 여러 음식과 나아가 옷 등을 필추승가
에 시주하고 주원(呪願)을 하게 하여 필추들이 밤의 늦은 시간까지 주원하

---

7) '안거'를 다르게 부르는 말이다.

여 그 고통이 매우 심하였다. 그래서 여러 필추들이 이렇게 생각하였다.

'왕 등이 와서 여러 가지로 보시하여 주원하였으나, 매우 고통스럽고 날이 밝을까 두렵구나.'

이러한 인연으로 세존께서 일설수의를 열어서 허락하신 것이다.

또한 수의를 할 때에 여러 필추가 함께 모여 수의를 짓고자 하여 그 가운데 소달라(蘇怛羅)와 비나야(毘奈耶)와 마질리가(摩咥里迦)를 여러 필추들이 밤을 지새워 송경하고 설법하였다. 이때 여러 필추들은 각자 이렇게 생각하였다.

'삼장을 이해하는 필추는 밤을 지새워 송경과 설법을 하니, 그 고통이 매우 크고 날이 밝아 세 번을 설하지 못하는 것이 두렵구나.'

이러한 인연으로 세존께서 일설수의를 열어서 허락하신 것이다.

또한 수의를 할 때에 만약 사종(四種)8)에 대한 논쟁이 일어나면 마땅히 삼장을 이해하는 필추에게 나아가 그 죄를 결정하는데 그 죄가 이미 소멸되어, 그 여러 필추들은 이렇게 생각하였다.

'이 삼장 필추는 밤을 지새워 논쟁을 해결하면서 그 고통이 매우 크고 또한 날이 밝으면 삼설수의에 장애가 되는 것이 두렵구나.'

이러한 인연으로 세존께서 일설수의를 열어서 허락하신 것이다.

또한 수의를 할 때에 혹은 왕이 네 종류의 병사를 엄숙히 하여 처소에 왔으며, 혹은 상병(象兵)·마병(馬兵)·차병(車兵)·보병(步兵)을 데리고 와서 왕이 크게 화를 내면서 이렇게 말하였다.

"이 사문 석자를 잡아서 묶어라. 장차 코끼리와 말을 돌보게 시키고, 내가 지금 여러 가지의 잡일을 시키며, 그에게 부역하게 할 것이다."

혹은 칙명하여 말하였다.

"사문을 붙잡아 그들의 옷과 발우를 빼앗고 모두 죽여라."

여러 필추는 이렇게 생각하면서 말하였다.

"만약 내가 삼설수의를 하면 왕이 화가 나서 꾸중할 것이니, 무익한

8) 경(經)·율(律)·논(論)의 삼장과 해탈(解脫)의 네 가지를 가리킨다.

일을 짓는 것이 두렵구나.”

이러한 인연으로 세존께서 일설수의를 열어서 허락하신 것이다.

만약 수의를 할 때에 도둑 등이 와서 혹은 성을 파괴하고, 촌락을 파괴하며, 혹은 다른 사람의 소와 양 등을 훔치고, 혹은 소와 양을 죽여 피를 가지고 집과 대문과 나아가 창문에 바르는 등의 모든 비법을 저질렀으며, 혹은 다시 사람을 보내어 여러 필추를 불렀다. 여러 필추는 곧 이렇게 생각하였다.

‘만약 내가 삼설수의를 하고자 하면, 그 여러 도둑들이 와서 성을 파괴하고, 촌락을 파괴하며, 아울러 소와 양을 죽이는 비법을 이미 저지를 것이다. 그가 와서 나를 부르면 이익이 되는 일이 없을 것이고, 혹은 옷과 발우를 빼앗으며, 혹은 죽일 것이다.’

이러한 인연으로 세존께서 일설수의를 열어서 허락하신 것이다.

만약 수의를 할 때에 그 주처에 늙은 필추로서 성품이 무지하고, 눈물과 침이 많은 필추도 있었으며, 혹은 멀리서 와서 여행에 피곤한 필추도 있었고, 혹은 여인도 있었으며, 혹은 다시 어린 여자아이도 있었고, 혹은 싸웠다. 믿음이 없는 천마(天魔)와 여러 악한 귀신(鬼神)이 문 앞에 와서 이와 같이 말하였다.

“사문이여. 그대들은 부정한 일을 지었고, 혹은 여러 평상과 자리에 침을 뱉었으며, 혹은 위로는 구토하고 아래로는 설사를 하는구나.”

또는 여러 신들이 필추에게 귀신 등의 병을 간병하게 하였으므로 필추는 이렇게 생각하였다.

‘만약 내가 삼설수의를 하고자 하면, 현재의 모든 액난이 나를 불안하게 할 것이다.’

이것을 까닭으로 세존께서는 말씀하셨다.

“열어서 일설수의를 허락하였으니 범(犯)한 것이 없느니라.”

여러 필추가 사나운 짐승이 사는 곳에 스님들의 방사를 지었으나, 이 처소에는 혹은 늙은 여인과 지혜가 없는 여인 아울러 여자아이 등의 성품이 정결(淨潔)하지 않은 사람들이 있었으므로, 여러 필추들은 더럽혀

진 모든 평상과 자리와 법에 맞지 않게 대소변을 보아 찢어진 옷을 세탁하여 햇볕에 말렸다. 혹은 귀신들이 화를 내어 여러 독으로 피해를 주었고, 악한 짐승들이 와서 필추에게 손해를 주도록 하였으니, 이를테면 호랑이·표범·승냥이·늑대·곰 등이 승방에 들어오고, 혹은 별도로 있는 방·담장·식당의 처소와 모든 장소를 두루 다니며 여러 환란을 일으키니, 삼설수의를 하고자 하여도 환란이 오는 것이 두려워서 세존께서 열어서 일설수의를 허락하셨다.

어떤 필추가 용이 살고 있는 근처에 머무르면서 여러 가지로 더럽게 하였고, 혹은 침과 눈물을 많이 흘렸으며, 위로는 구토하고 아래로는 설사를 하였고, 대소변을 편리하게 보았으므로 여러 가지가 부정(不淨)하여 용을 화나게 하였으며, 혹은 여러 독벌레를 놓아서 필추를 손해되게 하였고, 혹은 용이 스스로 필추에게 와서 알려 말하였다.

"그대는 내가 있는 곳에 와서 여러 가지로 부정한 것을 앞에서와 같이 비법을 저질렀다."

필추는 생각하였다.

'만약 내가 삼설수의를 하고자 하면, 용의 환란 등이 두렵구나.'

이러한 일을 까닭으로 세존께서 일설수의 혹은 일시대설(一時對說)을 여시었다.

어느 때 승방이 재가인들의 집 근처에 있었는데, 필추가 수의를 하고자 할 때에 여러 재가인의 집에서 갑자기 불이 났으며, 그 불이 점점 승방 가까이 다가오니 혹은 목숨을 잃는 것이 두렵고, 범행 등을 닦는 것이 어려운 것이 두려우며, 혹은 옷과 발우 등을 잃는 것이 두려웠다. 만약 삼설수의를 하게 되면 불이 가까이 오는 것이 두려웠다. 이러한 까닭으로 열어서 일설수의를 하고, 혹은 동시에 대설수의(對說隨意)[10]를 하여도 범한 것이 없다.

만약 승가의 주처인 근처에 큰 산의 계곡이 있었다. 수의를 할 때에

---

9) 매우 깨끗하고 깔끔한 것을 말한다.
10) 간략하게 줄여서 수의를 하는 것을 뜻한다.

하늘에서 큰 비가 내려 물이 넘쳐 왕택(王宅)과 촌사(村舍)와 임원(林園)의 나무까지 물에 떠내려가고 점점 승방(僧坊)으로 다가와서, 만약 삼설하면 모든 필추의 목숨이 위험하고 옷과 발우, 의발 등도 간직하기가 어렵게 되었다. 이러한 까닭으로 세존께서 열어서 일설과 일시대설을 허락하셨다.

만약 필추의 주처가 먼 광야(曠野)에 있었는데 공포(恐怖)와 환란이 발생하여 목숨 등을 잃는 것이 두려워 여러 필추들이 서로에게 알려 말하였다.

"지금은 15일이며 수의를 할 때이나 우리에게 급박한 어려움이 다가와서 수의를 할 수가 없게 되었으니 마음에 따라 흩어지고서 뒤에 여법하게 수의사를 하는 것이 마땅합니다."

만약 이러한 인연 등이 이르러서 동시에 급하게 일어나 흩어져 떠나가도 범한 것이 없다.

구수 오파리가 세존께 아뢰어 말하였다.

"만약 많은 필추들이 함께 안거할 때에 혹은 어느 때 끝마치지 아니하였으나 다른 처소로 유행하고자 하면 곧 수의를 할 수 있습니까?"

세존께서 말씀하셨다.

"할 수 없느니라."

어느 필추가 말하였습니다.

"우리들이 지금은 또한 수의를 멈추었으나, 뒤에 마땅히 다른 처소에서 수의를 하겠습니다."

여러 필추들도 대답하여 말하였습니다.

"구수여. 우리들은 이 처소에서 안거할 것이고, 마땅히 다른 처소에서는 수의를 하지 않으며, 따라서 수의를 멈추지도 않을 것입니다. 세존께서는 우리들에게 여법하게 안거를 끝마치고 뒤에 마땅히 여법하고 청정한 수의를 하게 하셨습니다."

어느 필추가 말하였습니다.

"나는 인연이 있어 떠나야 하니 마땅히 수의를 하거나, 수의를 멈추고 뒤에 다른 때에 수의를 짓는 필추를 기다릴 수 있겠습니까?"

세존께서 말씀하셨다.

"오파리여. 이것은 수의가 성립되지 않느니라."

오파리가 아뢰어 말하였다.

"나는 본래 수의를 하는 것과 수의를 멈추는 것이 합당하지 아니하니 안거를 끝마치고서 뒤에 여법하고 청정한 수의를 할 것입니다. 허락하지 않으시며 우리들의 수의도 여법하지 않습니까?"

세존께서 말씀하셨다.

"오파리여. 앞에서 말한 것과 같이 이것을 의지하여 실천하지 않는 필추는 비법을 짓는 것과 같으며 악작죄를 얻느니라."

어느 필추가 15일의 수의를 할 때가 되었으나, 갑자기 왕에게 붙잡히고, 대신에게 붙잡혔으며, 혹은 도적에게 붙잡히고, 혹은 원수에게 붙잡혔을 때에 다른 필추대중들이 마땅히 사람을 보내서 알려 말하였다.

"사소한 일을 인연하여 잠시 필추를 풀어주십시오."

만약 그들이 풀어주면 좋으나, 풀어주지 아니하면 마땅히 소계(小界)[11]에 나아가서 수의를 한다. 그 붙잡혔던 필추가 뒤에 풀려났으면 마땅히 다시 수의를 해야 하며, 만약 수의를 하지 않으면 월법죄를 얻는다.

만약 필추가 수의를 할 때에 죄가 있는 것을 기억하여 알고서 다른 처소에 있는 필추에게 가서 말하여 참회를 하고서, 곧 수의를 할 때에 만약 그 죄를 말하지 않으면 수의가 성립되지 않으며, 장정법의 가운데에 자세히 설명되어 있고, 10사(事)[12]에도 역시 자세히 설명되어 있다.

---

11) 임시적으로 작은 구역을 선택하여 결계를 맺는 것을 뜻한다.

12) 제2결집의 원인되는 내용으로 세존이 열반하신 뒤에 기원전 3세기 경에 개최된 것으로 전해진다. 중인도 마갈타국의 상업도시인 비사리(毘舍離)에 거주하는 필추들이 독자적으로 정한 10가지의 계율(十事)이 기존의 율과 배치된다는 문제를 따지기 위한 결집이다. 첫째는 각염정(角鹽淨)이고, 둘째는 이지정(二指淨)이며, 셋째는 취락간정(聚落間淨)이고, 넷째는 주처정(住處淨)이며, 다섯째는 수희정(隨喜淨)이고, 여섯째는 상법정(常法淨)이며, 일곱째는 생화정(生和淨)이고, 여덟째는 음도누의정(飮闍樓疑淨)이며, 아홉째는 무연좌구정(無緣坐具淨)이고, 열째는 금은정(金銀淨)이다. 이 가운데에서 주처정(住處淨)은 동일한 경계의 다른 주처에서 포살을 할 수 있다는 내용으로 본문의 내용과 연관되는 것이다.

만약 수의를 할 때에 필추가 자기의 죄를 기억하여 알고서 참회를 하고자 하였으나, 만약 이것이 바라시가죄(波羅市迦罪)13)이면 대중은 마땅히 쫓아낸 뒤에 수의를 한다. 어떤 승가가 승가벌시사죄(僧伽伐尸沙罪)14)를 범하였으면 마땅히 별도로 남겨두고 먼저 수의를 마치고 뒤에 마땅히 죄를 다스린다. 만약 바일저가(波逸底迦)15)와 바라저제사니(波羅底提舍尼)16) 및 돌색흘리다(突色訖里多)17)의 죄가 있으면 마땅히 먼저 참회를 시키고 수의를 짓는다.

어느 필추가 수의를 할 때에 타승죄(他勝罪)18)에 대하여 의심이 일어났거나, 혹은 타승죄가 아닐지라도 타승죄를 범한 것과 같다면 함께 머무를 수 없고, 수의도 성립되지 않는다. 만약 타승죄가 아니고, 함께 머무르지 않았으면 마땅히 머무르게 하고서 뒤에 수의를 한다. 만약 수의를 할 때에 어느 필추가 혹은 죄를 말하고, 혹은 갈마에서 그 죄를 말하면 마땅히 먼저 죄를 말하고서 뒤에 수의를 한다. 만약 그 갈마에서 벗어난 필추는 마땅히 먼저 갈마를 마치고서 곧 수의를 한다.

---

13) 산스크리트어 pārājika의 음사로서 바라시가(波羅市迦)라고 한역되고, 타불여(墮不如)·타승(他勝)·무여(無餘)·무잔(無殘)이라 의역된다. 승단에서 추방되어 필추·필추니의 자격이 상실되는 가장 무거운 죄를 뜻한다.

14) 산스크리트어 saghāvasaa의 음사로 승가바시사(僧伽婆尸沙)라 한역되고, 승잔(僧殘)이라 의역된다. 이 죄를 저지른 필추·필추니는 일시적으로 그 자격이 상실되더라도 정해진 벌칙을 받고 참회하면 신분이 회복되는 특징이 있다.

15) 산스크리트어 pāyattika의 음사로 바일제(波逸提)라고 한역되고, 타(墮)라고 의역된다. 가사나 발우 등의 물건을 규정 이상으로 소유하거나, 사소한 거짓말이나 욕설 등을 한 가벼운 죄를 말한다. 이 죄를 저지른 필추·필추니는 필추들에게 참회하면 죄가 소멸되지만, 참회하지 않으면 죽어서 지옥에 떨어진다고 한다.

16) 산스크리트어 pratideśanīya의 음사로서 바라제제사니(波羅提提舍尼)로 한역되고, 향피회(向彼悔)라고 의역된다. 걸식 때와 식사 때의 규칙을 어긴 가벼운 죄이며, 청정한 필추에게 참회하면 죄가 소멸된다.

17) 산스크리트어 duṣkṛta의 음사로서 돌길라(突吉羅)라고 한역되고, 악작(惡作)·악설(惡說)이라 의역된다. 행위와 말로 저지른 가벼운 죄로서 좁게는 악작만을 뜻하며, 넓게는 악작과 악설을 포함한다. 고의로 이 죄를 저질렀을 때는 한 명의 필추 앞에서 참회하고, 고의가 아닐 때는 마음 속으로 참회하면 죄가 소멸된다.

18) 바라이(波羅夷)를 의역하여 부르는 말이다.

만약 수의를 할 때에 혹시 어느 필추가 스스로 다른 필추에게 말하기를 "그대는 신업(身業)에 죄가 있다."고 하였으나, 그 죄를 들추어낸 필추가 신(身)·구(口)·의(意)가 올바르지 못하면 반드시 다른 말을 못하게 하고 수의를 한다. 만약 수의를 할 때에 어느 필추가 죄를 들추어내면 마땅히 먼저 그 필추가 신·구·의를 잘 호지(護持)하였는지를 관(觀)하라. 만약 그 필추가 신업은 잘 호지하였으나 구업을 호지하지 못하였으면 마땅히 그 필추의 말을 수용하지 않고 수의를 한다. 만약 구업은 잘 호지하였으나 신업을 호지하지 못하였으면 역시 그 필추의 말을 수용하지 않는다. 비록 신업과 구업은 잘 호지하였으나 삼장을 익히지 않은 필추의 말도 역시 수용하지 않고 수의를 한다.

또한 수의를 할 때에 혹은 죄를 들추어내는 필추가 신업과 구업을 잘 호지하고, 비록 삼장을 배웠으나 깊은 뜻을 알지 못하며, 역시 분명하게 익히지 못하였으면 마땅히 그 필추에게 말하라.

"자세히 관찰하고 이후에 우리와 함께 여법하게 죄를 제거하고 마땅히 수의를 하십시오."

만약 수의를 할 때에 어느 필추가 신업과 구업을 잘 호지하고, 역시 삼장을 배워서 그 뜻을 잘 알며, 수의하는 일에도 밝았다. 그러나 다시 마음이 혼미하여 승가의 가운데에서 법을 비법이라 설하고, 비법을 법이라고 설하였으며, 옳은 비나야를 그릇된 비나야라고 설하고, 그릇된 비나야를 올바른 비나야라고 설하며 와서 수의를 방해하면, 승가는 마땅히 물어야 한다.

"대중 가운데에 누가 그 죄가 있으며 다시 그것은 무슨 죄입니까? 무엇이 타승죄가 되고, 무엇이 승가벌시사·바라저제사니·돌색흘리다죄입니까? 밤에 지은 것·낮에 지은 것·길을 갈 때 지은 것·길의 옆에서 지은 것·걸으며 지은 것·머무르며 지은 것·서있으며 지은 것·앉아서 지은 것·누워서 지은 죄는 무엇입니까?"

만약 "4타승죄(他勝罪)를 범하였다."고 말하면 승잔(僧殘)과 나아가 악작(惡作)을 범한 것이 아니다. 만약 "승가벌시사를 범하였다."고 말하면

4타승부터 나아가 악작을 범한 것이 아니다. 만약 "바일저가를 범하였다."고 말하면 바라시가와 나아가 악작을 범한 것이 아니다. 만일 "제사니를 범하였다."고 말하면 타승과 나아가 악작을 범한 것이 아니다. 만약 "돌색흘리다를 범하였다."고 말하면 타승과 나아가 제사니를 범한 것이 아니다.

만약 처음으로 "타승(他勝)을 범하였다."고 말하면 두 번째·세 번째의 타승죄는 범한 것이 아니고, 나아가 네 번째의 타승죄도 역시 이와 같다. 만약 "두 번째의 타승죄를 범하였다."고 말하면 첫 번째의 타승죄를 범한 것은 아니고, 더 나아가 세 번째의 타승죄도 범한 것이 아니며, 네 번째의 타승죄도 역시 이와 같다. 만약 세 번째의 "타승죄를 범하였다."고 말하면 첫 번째의 타승죄와 두 번째의 타승죄를 범한 것이 아니고, 네 번째의 타승죄도 역시 이와 같다.

만약 "처음으로 승가벌시사를 범하였다."고 말하면 두 번째는 범한 것이 아니고, 나아가 열세 번째의 승가벌시사를 범한 것도 아니다. 만약 "두 번째의 승잔죄를 범하였다."고 말하면 첫 번째를 범한 것도 아니고, 나아가 열세 번째도 범한 것이 아니다. 만약 "세 번째의 승잔죄를 범하였다."고 말하면 첫 번째·두 번째 나아가 열한 번째를 범한 것도 아니고, 이와 같이 열세 번째의 승잔죄까지 돌고 돌아서 상하(上下)로 구(句)를 지어도 역시 이와 같다.

만약 "처음으로 바일저가죄를 범하였다."고 말하면 두 번째는 범한 것이 아니고, 나아가 이것은 아흔 번째까지 범한 것이 아니다. 만약 "이것으로 두 번째를 범하였다."고 말하면 이것은 첫 번째·세 번째 나아가 아흔 번째까지 범한 것이 아니다. 이와 같이 돌고 돌아서 아흔 번째에 이르기까지 구를 지어도 역시 이와 같다.

만일 "바라저제사니를 범하였다."고 말하면 이것은 첫 번째 것이고, 이것은 두 번째 나아가 네 번째도 역시 이와 같다. 만약 "두 번째의 바라저제사니를 범하였다."고 말하면 이것은 처음과 나아가 세 번째·네 번째도 아니고, 구를 지어도 역시 이와 같다. 만약 "돌색흘리다를 범하였다."고 말하면 이것은 첫 번째의 것이고, 두 번째의 것은 아니며 나아가 끝에 이르러도 역시 이와 같다.

만약 이것은 "밤중에 범한 것이다."고 말하면 이것은 낮에 범한 것이 아니며, 혹은 "낮에 범한 것이다."고 말하면 이것은 밤에 범한 것이 아니며, 혹은 "길에서 범한 것이다."고 말하면 이것은 길가에서 범한 것이 아니고, 혹은 "길가에서 범한 것이다."고 말하면 이것은 길에서 범한 것이 아니다.

혹은 "움직일 때 범한 것이다."고 말하면 이것은 머무를 때 범한 것이 아니고, 혹은 "머무를 때 범한 것이다."고 말하면 이것은 움직일 때 범한 것이 아니며, 혹은 "서있을 때 범한 것이다."고 말하면 이것은 앉아있을 때 범한 것이 아니고, 혹은 "앉아있을 때 범한 것이다."고 말하면 이것은 서있을 때 범한 것이 아니며, 혹은 "앉아있을 때 범한 것이다."고 말하면 이것은 누워있을 때 범한 것이 아니니, 역시 앞에서와 같다.

(앞에서의) 여러 가지 일을 대중은 마땅히 갖추어 물어야 한다. 만약 앞의 일을 뒤에 인용하면 위배되므로 이와 같이 일정하지 않은 필추면 마땅히 그의 말을 취하지 않는다. 만약 승가가 묻기를 마쳤으나 그 말이 다르지 않으면 곧 마땅히 물어야 한다.

"범하는 것을 보았을 때 어떠한 모습을 하였고, 어떠한 말을 하였으며, 어떠한 뜻을 지녔습니까?"

만약 "타승죄를 범하였습니다."라고 말하면 대중은 마땅히 그 필추를 쫓아내고서 수의를 한다. 만약 "승가바시사죄를 범하였습니다."고 하면 곧 마땅히 그 일은 덮어두고 먼저 수의를 한다. 만약 필추가 "바일저가·제사니 나아가 돌색흘리다를 범하였습니다."고 말하면 마땅히 먼저 참회시키고 곧 수의를 한다.

만약 15일이 되어 수의를 지을 때에 대중에서 옛날에 같이 머물렀던 필추가 한 곳에 모이게 되었고, 만약 다섯 명이나 혹은 다섯 명이 넘으면 수의를 한다.

다시 적은 숫자의 옛날에 머물렀던 필추들이 와서 함께 모이지 않으니 수의하는 필추는 곧 생각하였다.

'이 필추들은 이곳에 오지 않았구나.'

드디어 함께 의심하였다.

'우리들이 그 필추들을 기다리지 않고 지금 수의를 하면 수의가 성립되는가? 성립되지 않는가?'

이러한 의심을 지었으나 곧 수의를 하였고 그 적은 숫자의 필추들이 뒤에 이곳의 대중에게 오자 마땅히 다시 수의를 하였다. 먼저 수의를 한 필추는 비법으로 수의한 까닭으로 월법죄를 얻으며, 나머지는 장정법에 이미 설명한 것과 같다.

구수 오파리가 세존께 아뢰어 말하였다.

"세존 대덕이시여. 어느 필추가 안거하고서 수의를 지을 때 물었습니다.

'이 가운데 싸움하는 필추와 조롱하는 필추와 비난하는 필추와 장차 왕가(王家)·관가(官家)로 등에 갈 필추와 잡아가두는 필추와 비법으로 죄를 들추어내는 필추와 이 주처에 와서 현재 필추로서 이러한 것을 참괴(慚愧)[19]하는 필추가 있는가?'

다시 묻겠습니다.

'이와 같이 싸우고 논쟁하는 악인이 오면 어떻게 수의를 해야 하는가를 모르겠습니다.'"

세존께서 오파리에게 말씀하셨다.

"만약 이와 같은 악인이 와서 급할 때는 마땅히 두세 필추가 소계(小界)의 장소에서 스스로 수의를 하도록 한다. 만약 수의를 한 필추는 좋으나, 만약 수의를 하지 않은 필추는 마땅히 나가 그를 맞이하고 옷과 발우를 받아들고서 안위(安慰)[20]를 묻고 여러 가지로 상냥하게 말하고 방안에서 편안히 있게 하며, 마땅히 스스로가 급하게 수의를 한다. 만약 수의를 한 필추는 좋으나, 만약 수의를 하지 않은 필추는 목욕하고서 한 필추에게 그의 설법을 듣도록 하며, 마땅히 스스로 급하게 수의를 한다. 만약 수의를

---

19) 산스크리트어 hrī-apatrāpya를 의역한 말이다. 자신의 죄나 허물을 스스로 부끄러워하는 마음 작용을 참(慚), 자신의 죄나 허물에 대하여 남을 의식하여 부끄러워하는 마음 작용을 괴(愧)라고 한다.

20) 몸이 편안한 것과 마음이 편안한 상태를 말한다.

한 필추는 좋고, 수의를 하지 않은 필추는 소계의 장소로 가서 장정을 한다.

만약 그 필추가 물었다.

'지금 수의를 할 때인데 그대들은 무슨 까닭으로 장정을 합니까?'

눈빛을 맞추어 대답하여야 한다.

'당신 객필추는 당연히 아십시오. 나는 이전부터 머물던 사람으로서 스스로의 법칙이 있습니다.'

그 객필추는 말하였다.

'그대의 말이 맞습니다.'

이렇게 말하면 함께 장정을 하고, 장정이 끝나고 그 객필추가 떠나가면 다시 화합하여 별도로 수의를 한다.

만약 주처에서 수의를 할 때에 병이 있는 필추가 수의하는 방으로 오지 못하여 어떻게 수의를 짓는가를 알지 못하면 마땅히 대답하여 말하여라.

'만약 능히 올 수 있으면 오고, 만약 올 수 없으면 마땅히 욕(欲)을 주어서 수의에 보내십시오.'

심부름하는 필추를 병든 필추에게 보내야 한다.

'당신은 수의하는 처소로 가시겠습니까?'

만약 갈 수 있으면 좋으나, 만약 갈 수 없으면 욕을 주어 수의를 하여야 한다.”

수의를 할 때에 네 가지의 일이 있으니, 혹은 일은 있으나 사람이 없는 것이고, 혹은 사람은 있으나 일이 없는 것이며, 혹은 두 가지가 있거나 혹은 두 가지가 없는 것이다. 무엇을 일은 있으나 사람은 없다고 이름하는가? 만약 수의를 할 때에 이해하여 아는 것이 없고, 성품으로써 아는 것이 없으며, 좋은 일을 잘 알지 못하고, 또한 선(善)을 짓는 것을 알지 못하며, 혹은 천신(天神)의 주처에 가까이 있고, 혹은 천신의 주처로 향하며, 혹은 부녀자 및 여자아이에게 향하고, 혹은 그 천신을 여러 가지의 나쁜 말로써 꾸중하며, 혹은 다시 부정을 짓고, 혹은 천신을 화나게 하여 절의 문 앞에 와서 이와 같이 말한다.

"현수들이여. 그대들이 지은 것은 선한 것이 아니고, 매우 여법하지 않다. 그대들 여러 현수들이여. 어찌하여 이렇고 이러한 일을 화합하여 짓지 않는가?"

그러나 누구에게 허물이 있다고 명확하게 말하지 않나니, 이것을 일은 있으나 사람은 없는 것이라고 한다.

무엇을 사람은 있으나 일은 없는 것이라고 이름하는가? 수의를 할 때에 이르러 일은 앞에서 자세히 설명한 것과 같고, 천신이 화를 내면서 절문 앞까지 와서 이와 같이 말한다.

"어느 필추가 나에게 죄를 범하였다."

그러나 이와 같은 죄가 있다고는 말하지는 않나니, 이것을 사람은 있으나, 일은 없는 것이라고 이름한다.

무엇을 일도 있고 사람도 있다고 이름하는가? 그 죄와 허물과 그 필추의 이름을 말하는 것을 사람도 있고 일도 있다고 이름한다.

무엇을 사람도 없고 일도 없다고 이름하는가? 두 가지를 갖추지 않은 까닭이니, 이것을 네 가지 일이라고 이름한다.

근본설일체유부비나야피혁사
根本說一切有部毘奈耶皮革事

근본설일체유부비나야피혁사 상권

어느 때 박가범께서 실라벌성의 서다림 급고독원에 머무르셨다. 이때 바색가(婆索迦) 마을에 한 장자가 있었으니, 역군(力軍)이라고 이름하였고, 재산은 비사문천왕(毘沙門天王)1)과 같았다. 아내를 얻어서 오래 지났으나 자식 한 명도 없어서 근심하며 생각하였다.

'나는 지금 크게 부유하여 진귀한 재물은 많이 있으나 자식이 없으니, 내가 죽으면 하루아침에 뒤를 이을 자식이 없어서 재물은 관청에 몰수될 것이다.'

친척들이 이 걱정을 듣고 함께 와서 위로하면서 물었다.

"무슨 까닭으로 이렇게 걱정을 하면서 머무르고 있습니까?"

대답하여 말하였다.

"나는 아들과 딸이 없으니 죽은 뒤에 재물이 나라에 몰수되는 것이 두려워서 이러한 까닭으로 걱정하고 있습니다."

여러 친척들이 대답하여 말하였다.

"마땅히 하늘의 신과 땅의 신을 청하여 기도하면 마땅히 아들과 딸을 얻을 것입니다."

곧 대답하여 말하였다.

"이와 같으면 나는 마땅히 청하여 구하겠습니다."

아들을 구하는 까닭으로 곧 대자재천(大自在天)2)·사대해신(四大海神)과 ·비사문천(毘沙門天)·제석(帝釋)3)·범왕(梵王)4) 등의 여러 천신들에게 자식

---

1) 수미산의 북방을 수호하는 사천왕 중 한 명으로 다문천왕이라고 부른다.
2) 산스크리트어 Maheśvara의 번역으로 마혜수라(摩醯首羅)·마혜습대라(摩醯濕代羅)라 음역하고 줄여서 자재천(自在天)이라고도 한다.
3) 수미산(須彌山) 정수리에 있는 도리천(忉利天)의 왕으로 삼십삼천(三十三天)을

을 얻는 기도를 청하였고, 모든 원림신(園林神)·광야신(曠野神)·사구도신
(四衢道神)·수재신(受祭神)·동생신(同生神)5)·동법신(同法神)·상수신(常隨
神) 등 모든 신들에게 자식을 얻고자 기도하였다. 여러 사람들은 그가
여러 신들을 청하여 기도하였으나 아직도 자식이 없는 것을 보고 함께
이렇게 말하였다.

"만약 천신에게 구하여 자식을 얻을 수 있다면 세상의 모든 사람이
구하여 자식을 얻을 것이고, 곧 아이들이 세상에 가득할 것이니, 전륜왕(轉
輪王)과 같아서 조금도 다르지 않을 것이다. 그러나 세 가지가 눈앞에
나타나야 자식을 얻을 수 있으니 무엇이 세 가지인가? 이를테면, 부모의
간절한 욕심(欲心)이 한 곳으로 모아져야 하고, 어머니가 매월의 생리
때가 일정해야 하며, 중유(中有)6)가 현전(現前)하는 것 등의 이러한 여러
인연이 갖추어져야 비로소 자식을 얻을 수 있는 것입니다."

그렇지만 그 장자는 자식을 얻기 위하여 청하는 기도를 쉬지 않았고,
뒤의 다른 때에 한 살타(薩埵)7)가 다른 곳에서 목숨을 마치고 드디어
장자 아내의 배에 의탁하여 임신이 되었다. 지혜가 있는 여인은 다섯
가지의 일을 잘 아는 것이니, 무엇이 다섯 가지인가? 첫째는 남자에게
염심(染心)이 있는가와 없는가를 아는 것이고, 둘째는 시간(時)을 알고
계절(節)을 아는 것이며, 셋째는 임신을 한 것을 아는 것이고, 넷째는
어느 남자로부터 임신하였는가를 아는 것이며, 다섯째는 뱃속의 아이가
남자이거나 여자인가를 아는 것이니, 만약 남자 아이일 때는 태가 오른쪽에
있고 여자 아이일 때는 태가 왼쪽에 있다. 그 장자의 아내는 이미 임신하고

통솔하는 왕을 말한다.
4) 범천왕(梵天王) 또는 대범천왕(大梵天王)이라고도 함. 불교를 보호하는 호법신(護法
   神)의 하나. 범왕(梵王)·범천(梵天)이라고도 한다.
5) 모든 중생의 오른쪽 어깨 위에 있으면서 밤낮으로 그 사람의 악업을 기록한다는
   여신을 말한다.
6) 사유(四有)의 하나로서 사람이 죽어서 다음의 생(生)을 받을 때까지의 동안을
   가리킨다.
7) 산스크리트어 sattva의 음사로서 중생을 가리킨다.

서 매우 기뻐하면서 남편에게 알려 말하였다.

"현수여. 당신은 지금 아십니까? 이미 나에게 자식이 생겼고, 지금 오른쪽에 있으니 반드시 아들인 것을 알 수 있습니다."

장자는 듣고서 매우 기뻐하며 오른손을 들고서 얼굴은 위를 쳐다보며 미소를 짓고 이와 같이 말하였다.

"나는 많은 시간을 천신에게 기도하여 자식을 얻고자 하였다. 나의 집안일을 돕고, 나를 대신하여 자식을 낳아서 기르면서 고생을 하는 것이 나의 노력에 미치지 못할지라도 마땅히 나를 위하여 자손이 번창하고 오래 지속되며, 내가 만약 죽으면 나를 위하여 추억하며 복을 빌어주고, 나의 이름을 부르면서 '마땅히 나의 아버지가 좋은 처소에 태어나십시오.' 라고 발원하게 하십시오."

이미 자식이 있는 것을 알고 곧 높은 누각 위에 편안히 머무르게 하였고, 마음대로 노닐게 하였으며, 추울 때는 따뜻하게 하고, 더울 때는 시원하게 하였으며, 음식을 먹을 때를 알아 마땅하게 제공하였고, 육시(六時)[8]에 맞게 순응하여 시간에 의지하여 나아가는 것을 모두 법에 맞게 하였다. 몸을 장엄한 영락(瓔珞)[9]은 하나같이 환희원(歡喜園)[10]에서 노니는 천녀들의 것과 같았고, 평상에서 평상까지 걸을 수 있게 하였으며, 발은 땅을 밟지 않게 하였고, 또한 나쁜 소리가 들리지 않게 하였다.

---

8) 하루를 6등분한 것으로 신조(晨朝)·일중(日中)·일몰(日沒)·초야(初夜)·중야(中夜)· 후야(後夜)를 가리킨다. 또한 1년을 기후에 따라 여섯 기간으로 나누어, 음력 1월 16일부터 3월 15일까지를 점열(漸熱), 3월 16일부터 5월 15일까지를 성열(盛熱), 5월 16일부터 7월 15일까지를 우시(雨時), 7월 16일부터 9월 15일까지를 무시(茂時), 9월 16일부터 11월 15일까지를 점한(漸寒), 11월 16일부터 1월 15일까지를 성한(盛寒)이라 한다.

9) 범어(梵語)로는 muktahara라 한다. 즉, 구슬을 꿰어 몸에 달아 장엄하는 장신구를 말하고, 인도의 귀인들은 남녀가 모두 영락을 두르며, 영락의 종류는 손목 장식 영락(手瓔珞), 발을 장식하는 영락(脚瓔珞), 팔뚝 장식 영락(臂瓔珞), 목 장식 영락(咽瓔珞) 등의 여러 형상이 있다.

10) 도리천(忉利天)에 있는 동산으로 세존께서 환희원에 있는 파리질다라수(波利質多羅樹)라는 나무 아래 계시면서 석 달 동안 안거하셨다고 한다.

열 달을 채워 태어날 때에 이르러 문성(聞星) 아래에 있을 때 태어났고, 아이가 단정하여 보는 사람들을 즐겁게 하였다. 귀에는 보배로 된 귀걸이가 달려있었으며 구슬이 스스로 자연스럽게 나왔다. 장자는 아랫사람에게 말하였다.

"그대들은 보석을 식별(識別)하는 사람을 불러오게."

보석을 식별하는 사람이 도착하니 알려 말하였다.

"이 보배의 가치는 얼마나 되겠습니까?"

대답하여 말하였다.

"능히 가치를 평가할 수 없습니다. 상식으로 가치를 평가할 수가 없는 보배로서 모두 일구지(一俱胝)[11]의 금전에 해당됩니다."

이때 장자의 아들이 태어나서 이미 삼칠일이 지났으므로 여러 친척들을 모아놓고 이름을 지으려고 하였다. 이때 친척들이 함께 서로 의논하여 말하였다

"어떤 이름을 지어주고자 하십니까?"

대답하여 말하였다.

"이 아이는 문성 중에서 태어났고, 또한 귀에는 보배구슬인 귀고리로 장엄하였으며, 이 보배의 가치는 구지에 해당된다고 합니다. 이와 같은 까닭으로 아이의 이름을 문구지이(聞俱胝耳)라고 짓겠습니다."

아이가 태어나던 날에 장자의 집에서 하인이 두 명의 아이를 낳았으니, 첫째는 노(奴)라고 이름하였고, 둘째는 옹호(擁護)라고 이름하였다. 장자는 아이를 곧 우유로 양육하고 여덟 명의 유모(乳母)가 보살피게 하였다. 두 명은 항상 아이를 안고 있었고, 두 명은 항상 우유를 먹였으며, 두 명은 목욕시키고, 두 명은 항상 함께 놀아주어 즐겁게 하였다. 여덟 명의 유모는 밤낮으로 돌보면서 항상 우유와 낙소(酪酥)[12] 및 제호(醍醐)[13]와

---

11) 산스크리트어 koṭi의 음사로서 숫자의 단위로 10^7을 가리킨다.
12) 낙은 산스크리트어 dadhi의 음사로서 우유를 발효시킨 음료를 말하고, 소는 산스크리트어 ghṛta의 음사로 우유를 가공한 식품으로 치즈를 말한다.
13) 우유에 칡뿌리 가루를 섞어 쑨 죽을 말하고 유락(乳酪)·우락(牛酪)이라고 부른다.

가장 맛좋은 음식을 제공하여, 연꽃이 물에 있는 것과 같이 빠르게 성장하였다.

아이가 장성하자 학예를 가르쳤는데 먼저 문자(文字)와 산수(算數)를 가르쳐서 물건의 값을 알게 하였고, 의복을 구별하며, 나무를 구별하고, 보배를 구별하며, 코끼리를 구별하고, 남자와 여자를 구별하는 등 이러한 여덟 종류를 가르쳤는데 모두를 분명하게 알았다.

그의 아버지는 또한 세 종류의 집을 지었는데 이를테면, 겨울의 집과 여름의 집과 가을의 집이었다. 다시 세 종류의 원림(園林)과 세 종류의 궁전(宮殿)을 상·중·하로 구별하여 지었고, 문구지이는 여러 채녀들과 함께 누각 위에 가서 노닐었다. 역군 장자는 집안일과 농사일을 모두 스스로 경작하였다. 아들은 아버지가 스스로 농사짓는 것을 보고서 아버지에게 말하였다.

"무슨 까닭으로 스스로 농사일을 고집하십니까?"

장자가 알려 말하였다.

"나도 이전에는 역시 너와 같이 누각 위에서 즐겁게 노닐 때가 있었으나 그 즐거움이 오래가지 아니하고 곧 없어지더구나."

아들이 아버지에게 말하였다.

"만일 그러하시면 마땅히 나누어 처분하십시오. 내가 마땅히 바다에 들어가 보배를 구해오겠습니다."

아버지가 말하였다.

"사람들이 먹을 마미(麻米)[14]와 오곡(五穀)[15]과 네가 먹는 보배로운 음식을 내가 능히 모두 제공하여도 나의 재물은 결국 줄어들지 않을 것인데, 너는 어찌하여 바다에 들어가려고 하는 것인가?"

아들은 다시 세 번을 청하면서 아버지에게 말하였다.

"원하건대 재물을 나누어 처분하시고 내가 바다에 들어가는 것을 허락

---

14) 천마(天麻)의 다른 이름이다.
15) 인도에서는 보리·밀·쌀·콩·깨를 5곡이라 하였으며, 중국에서는 참깨·보리·피·수수·콩의 5종류나, 또는 수수·피·콩·보리·쌀의 5종을 5곡이라고 하였다.

해 주십시오.”

아버지는 아들의 청을 들어주지 않았다. 아들이 다시 말하였다.

“내가 바다에 들어가는 것을 허락해 주십시오.”

아버지는 아들이 결심한 뜻을 바꾸지 않을 것을 알고서 곧 떠나게 하였다. 이때 장자는 마을에 가서 방울(鈴)을 흔들면서 말하였다.

“이곳에 머무르는 사람들이여. 나의 아들이 지금 바다에 들어가서 보배를 캐려고 하는 것을 들었습니까? 만약 가고자 하는 사람은 육로(陸路) 의 세금과 수로세(水路稅) 등을 내지 않아도 되나니, 마땅히 스스로의 재물을 준비하십시오.”

이때 5백 명의 상인이 각자 쌀과 식량을 준비하였다. 다시 이때 바라선(婆羅仙) 장자는 5백 명의 상인을 초청하여 집에 음식을 차려놓고 여러 상인들 에게 말하였다.

“내가 사랑하는 아들은 또한 그대들의 아들과도 같습니다. 만약 나쁜 것과 이익이 되지 않는 일을 짓는다면 마땅히 권유하여 악한 짓을 짓지 않게 하여주십시오.”

이때 여러 상인은 모두 공경하며 허락하였다. 또한 아들에게 알려 말하였다.

“너는 나의 말을 마땅히 모두 받들어 지킬 것이고, 만약 상인들의 가르침이 있으면 또한 나의 말처럼 생각할 것이며, 앞서 가지도 않고 뒤에 따라가지도 않아야 한다. 무슨 까닭인가? 혹은 강한 도둑도 있고 약한 도둑도 있는데, 강한 도둑은 상인의 앞에서 오고 약한 도둑은 뒤에서 오기 때문이다. 만약 상주(商主)가 손해를 입으면 모든 상인이 손해를 보기 때문이다.”

아들이 아버지의 말을 모두 들었다. 아버지는 다시 그 집에서 태어난 두 명의 하인을 불러서 말하였다.

“그대들은 마땅히 잘 들어라. 그대들 두 사람은 누구도 잠시도 나의 아들의 곁을 떠나서는 아니된다.”

두 명의 하인이 말하였다.

"진실로 성인의 말씀처럼 생각하겠습니다."

그 장자는 다시 생각하였다.

'나의 아들을 무엇에 태워 보내야 하는가? 만약 코끼리나 말에 태워 보내면 코끼리와 말의 먹이의 비용이 많아질 것이니 마땅히 나귀에 태워 보내야겠구나. 그러하면 비용이 줄어들 것이다.'

이렇게 생각하고서 곧 나귀를 준비하여 태워 길을 떠나게 하였고, 필요한 것은 모두 준비하였다. 그 장자의 아들은 어머니가 계신 곳으로 가서 말하였다.

"어머니. 나는 지금 바다에 들어가서 보배를 캐어 오겠습니다."

이때 어머니는 듣고서 마음이 혼미하여 슬프게 울면서 떠나지 못하게 권유하면서 말하였다.

"너를 어느 때에 다시 볼 수 있겠는가?"

아들이 화내면서 대답하였다.

"악취(惡趣) 중에서 서로 만나겠지요."

어머니가 아들의 말에 대답하였다.

"네가 지금 말한 것은 매우 거칠고 불손하며 좋지 아니하니 마땅히 잘못을 뉘우쳐 죄를 없애야 한다."

곧 어머니 앞에서 잘못을 뉘우치고 나귀를 타고 떠나갔다. 이때 여러 바라문들은 길상(吉祥)이 있게 주원(呪願)을 마쳤고, 곧 필요한 물건을 싣고서 기다리던 사람들도 모두 짐을 챙겨 떠나서 점점 유행(遊行)하여 무량(無量)한 마을과 성읍(城邑)을 지나서 마침 큰 바다에 이르렀다. 곧 5백 명의 상인들이 함께 5백의 금전(金錢)을 사용하여 배와 다섯 사람의 뱃사람을 고용하여 한 사람은 키를 잡았고, 한 사람은 전진하는 것을 맡았으며, 한 사람은 후진하는 것을 맡았고, 한 사람은 배를 수리하였으며, 한 사람은 물의 깊이를 구별하였는데, 이미 의복을 갖추어 입고 두 번 세 번을 기원(祈願)하였다.

이때 상주인 장자의 아들은 북을 치면서 바다의 좋은 점과 주의해야 할 일들을 알려주었다. 배는 이미 떠나 곧 보배가 있는 곳에 이르렀고 보물을 많이 채취하여 안은(安穩)하게 돌아와 해변에 도착하였다. 이때 상주인 장자의 아들은 별도로 한쪽 모래사장에 있으면서 두 명의 하인과 함께 집에서 가지고 온 물건들의 사용량을 계산하고 있었다. 그 장자의 아들은 노비에게 말하였다.

"타색가(馱索迦)여. 그대는 가서 여러 상인들이 지금 무슨 일을 하는가를 살펴보아라."

하인이 급하게 가서 보니 상인들이 모두 잠을 자고 있었으므로 하인도 곧 잠을 잤다. 그 장자의 아들은 뒤에 옹호(擁護)에게 상인들이 지금 무엇을 하고 있는가를 가서 살펴보라고 명령하였다. 그때 파락가(波洛迦)는 모든 상인들이 모두 짐을 챙겨 떠나려는 것을 보았고, 타색가에게 말하였다.

"타색가여. 보고하게."

파락가는 다시 말하였다.

"타색가여. 그 상주에게 보고하게."

이때 두 하인은 마침내 상인을 따라 떠났고 날이 밝아 두 하인이 이미 보이지 않았으므로 장자의 아들은 동서(東西)로 뛰어다니면서 찾았다. 여러 상인들이 물어 말하였다.

"장자의 아들은 지금 어느 곳에 있습니까?"

혹은 앞에 있다고 말하고, 혹은 뒤에 있다고 말하였으며, 모두가 찾았으나 보이지 않으니 여러 상인들이 각기 서로 말하였다.

"우리들이 상주를 버린 것은 도리가 아니다. 반드시 급히 가서 찾아야 한다."

이때 여러 상인들이 말하였다.

"이 길은 매우 험하다. 만약 이 길에서 상주를 찾다가는 우리들도 모두 죽을 것이고, 결국 상주도 찾지 못할 것이니, 우리들은 함께 방편을 써야 한다. 만약 집에 도착하였을 때 상주의 아버지가 상주를 앞에서 있는 사람에게 물으면 상주는 뒤에 있다고 대답하고, 만약 뒤에 있는 사람에게 물으면 상주는 앞에 있다고 말하며, 그 상주를 잃어버렸다고 말하지 않아야 한다."

이렇게 말하고서 점차로 나아가 본래의 마을에 도착하였다. 그 바라문 장자는 여러 상인들이 도착하였다는 말을 듣고 크게 기뻐하면서 앞으로 가서 여러 상인들에게 물었다.

"나의 아들은 어디에 있는가?"

앞에 있는 상인들은 대답하였다

"뒤에 있습니다."

뒤에 있는 상인들은 대답하였다.

"앞에 먼저 갔습니다."

그 바라선은 곧 이렇게 생각하였다.

'이 사람들은 모두가 나를 속이고 있구나. 나의 아들은 마땅히 죽었거나 잃어버렸을 것이다.'

이때 장자는 희망의 마음이 없어지고, 큰 고뇌가 생겼으며, 친척들도 모두 모여 함께 슬피 울었고, 여러 사람들도 모두 장자의 집으로 가서 큰소리로 울었다. 그 장자와 부인은 많이 울어 모두 눈이 멀었고, 사방의 먼 곳의 여러 사람들도 모두 장자의 아들이 바다에 빠져 죽은 것을 알게 되었다. 그 바라선 장자는 오랫동안 상복(孝服)을 입고서 아들이 살아 있을 때 소유한 신발·옷·문서 등의 수용하였던 물건을 모두 마을의 비밀스러운 사당(祠堂)에 두고서 발원하며 말하였다.

"만약 나의 아들이 살았으면 그가 있는 곳에 안은하게 빠르게 전달하여 주시고, 만약 이미 죽었으면 원하건대 좋은 곳에 태어나게 하십시오."

그 장자의 아들은 잠을 자다가 햇빛이 몸에 비추자 깨어났으나, 바람에 모래가 날려서 길이 보이지 않았고 상인들이 어느 곳으로 갔는지도 알 수 없어서 곧 나귀를 타고 떠났다. 나귀는 이전의 길이 아닌 것을 알고서 천천히 갔다. 그 장자의 아들은 나귀가 천천히 걷자 회초리로 때렸고 나귀는 회초리를 맞고 지쳐서 곧 가지 못하였다. 장자의 아들은 다시 생각하였다.

'어느 누가 이러한 피곤한 일을 당하였는데 불쌍한 마음도 없이 다시 이 나귀를 때리겠는가?'

곧 스스로 걸으면서 나귀를 물고 가다가 하나의 철(鐵)로 이루어진
성(城)을 보았다. 그 성은 매우 크고 담벼락도 매우 높았으며 그 내부도
매우 넓었다. 성문이 있는 곳에 이르러 한 장부(丈夫)를 보니, 그 몸이
장대(長大)하고 검은색의 피부색에 눈은 붉은색이며, 온몸에 털이 있었고,
배가 많이 나와 매우 무서웠으며, 지팡이를 짚고 서 있었다. 이때 장자의
아들이 그 사람에게 물어 말하였다.

"장부여. 이 성 안에 물이 있습니까?"

그는 묵묵히 있을 뿐 대답하지 않았다. 장자의 아들은 묻고서 곧 성안에
들어갔다. 갈증이 심하여 정신이 혼미하여 동서로 물을 구하였으나 결국
구하지 못하였다. 물을 구하지 못하여 마침내 큰 소리로 "물, 물" 하면서
외쳤다. 이때 5백 명의 아귀들이 동시에 왔는데 불타는 나무기둥과 같아서
흰머리가 온몸을 뒤덮었고, 목구멍은 바늘구멍과 같았으며, 배는 큰 산과
같았고, 온몸은 마디마디에서 불이 나와서 활활 타오르고 있었다.

상주에게 알려 말하였다.

"그대는 대자비로 우리에게 물을 주시오. 우리들은 갈증이 심합니다."

장자의 아들이 말하였다.

"나도 갈증이 심하여 물을 구하는 까닭으로 이 성 안으로 들어 왔습니
다."

아귀가 대답하여 말하였다.

"이곳은 아귀들의 성이니 어느 곳에서 물을 구하겠는가? 12년 동안
우리들은 물이라는 이름도 듣지 못하였습니다."

장자의 아들이 물어 말하였다.

"무슨 죄업(罪業)을 지어 이 성 안에 태어났습니까?"

아귀가 대답하였다.

"섬부주(贍部洲)의 사람들은 많은 사람들이 믿지 않으니 내가 지금
그대에게 말을 하여도 역시 믿지 않을 것입니다."

장자의 아들이 알려 말하였다.

"내가 지금 험한 일을 앞에서 마주하고 있는데 어떻게 믿지 않겠습니

까?"

이때 아귀는 게송으로 말하였다.

나는 일찍이 욕설을 하고 항상 화를 내면서
재물을 탐하고 아끼어 남에게 주지 않았다네.
또한 일찍이 보시도 하지 아니하였으니
이러한 인연의 업을 받아 아귀로 태어났다네.

이때 장자의 아들은 번뇌를 벗어난 마음이 일어나 곧 급하게 성을 나와 그 장부에게 알려 말하였다.

"그대가 마땅히 나에게 이곳이 아귀의 성이라고 알렸다면 나는 들어가지 않았을 것입니다."

장부가 대답하였다.

"상주여. 그대는 아귀의 성에 들어가 보고 듣고서 다시 성을 나왔지 않는가. 그대는 큰 복과 위덕이 있었으므로 지금 다시 나올 수 있었으니 잘 가시오. 잘 가시오."

이때 장자의 아들은 점점 앞으로 걸어서 날이 저무는 때에 천궁(天宮)같이 변화하는 곳을 보았다. 한 천자(天子)가 네 명의 천녀(天女)와 함께 즐거워하며 천궁에서 놀고 있었으며, 그 천자는 멀리서 장자의 아들을 보고서 알려 말하였다.

"상주는 병은 없으나 배고프고 갈증이 심하지 않습니까?"

대답하여 말하였다.

"몹시 배고프고 갈증이 많습니다."

이때 천자는 상주에게 목욕하도록 하고 맛있는 음식을 제공하였으며 그 밤 동안 머무르게 하였다. 날이 밝아 해가 뜰 때가 되니 그 천궁은 변화하였고 이전의 네 명의 천녀는 검은 개(犬)로 변하여 천자를 붙잡아 얼굴을 가리고서 뜨거운 철상(鐵床) 위에 엎어놓았고, 맹렬한 불꽃이 별이 흐르듯이 빠르게 지나갔으며, 그 등의 살을 뜯어먹었다. 다시 날이 저물어

해가 질 무렵에 다시 천궁으로 변하였으며 개들은 천녀로 변하였다.
장자의 아들은 이 일을 눈으로 보고 모두 괴이(怪異)하게 생각하여 곧
그 천자에게 알려 말하였다.

"그대는 어떠한 업을 지어 지금 이곳에 태어났습니까?"
이때 천자가 대답하여 말하였다.
"상주여. 남섬부주의 사람들이 믿는 것에 많은 어려움이 있습니다."
장자의 아들이 말하였다.
"내가 지금 내 눈으로 보고 경험하였으니 어떻게 믿지 않겠습니까?"
그때 천자는 지난 날 업의 인연을 게송으로 답하여 말하였다.

  이전에 낮에는 다른 생명을 죽이고
  밤에는 계율을 지키며 삼가하며 수행하였네.
  이러한 인연으로 이곳에 태어나
  지금의 이와 같은 선악(善惡)의 업을 받는다네.

이때 장자의 아들은 이 게송을 듣고서 알려 말하였다.
"게송에는 무슨 뜻이 있습니까?"
천자는 대답하여 말하였다.
"상주여. 나는 지난 날에 바색촌(婆素村)에 살면서 백정(屠兒)이 되었고
항상 양을 죽여 그 고기를 팔아 내 몸을 양육하였소. 그때 성자인 가다연나
(迦多演那)라고 이름하는 필추가 나에게 참회하고 고쳐서 이 업을 짓지
않게 권유하였습니다. 마칠 때를 기약할 수 없어서 이미 권유를 받았으나
계속하였고, 이때 성자가 다시 나에게 권유하기를 저녁에는 계율을 지키게
하여 나는 곧 가르침에 의지하였습니다. 이러한 업을 까닭으로 지금
낮에는 고통을 받고 밤에는 계율을 지켰으므로 밤에 이러한 쾌락의 과보를
받는 것입니다. 상주여. 만약 그 마을에 가서 나의 아들과 딸을 보면
나를 위하여 알려주십시오.

'나는 그대들의 아버지가 매우 고통스러운 과보를 받는 것을 보았으니

그대들은 지금 참회하여 고치고 그 업을 그만두십시오.'

이렇게 말해주십시오."

이때 장자의 아들이 말하였다.

"그대는 지금 스스로가 남섬부주의 사람들은 교화하기 어렵고 믿는 것이 어렵다고 말하지 않았습니까?"

천자가 대답하여 말하였다.

"장차 한 번에 믿도록 나의 아들에게 이렇게 알려주십시오.

'양을 죽이는 곳의 지하에 금병(瓶金) 하나가 있으니, 그대가 파내어 취(取)하여 마음대로 사용하면 자연스럽게 쾌락(快樂)을 얻을 것이다. 또한 마땅히 때때로 성자인 가다연나께 공양하라. 이 분은 인천(人天)의 복밭(福田)으로서 공양할 분이시다. 보시를 할 때에는 내 이름을 부르면서 말하여라.

'원하건대 죄를 소멸하여 주십시오.'

이렇게 말해주십시오."

이때 상주는 이 말을 듣고서 점차 앞으로 걸어갔으며 다시 천궁이 보였다. 한 천자가 여러 천녀들과 함께 즐겁게 놀고 있다가 멀리서 장자의 아들을 보고서 말하였다.

"상주여, 그대의 무병(無病)을 발원합니다. 배고프고 갈증이 나지 않습니까?"

장자의 아들이 말하였다.

"몹시 배고프고 갈증이 많습니다."

이때 천자는 상주에게 목욕하도록 하고 여러 음식을 베풀었으며 편안히 누워 쉬게 하였다. 해가 저물 때가 되니 천궁이 다시 변하고 천녀는 큰 뱀으로 변하여 천자의 몸을 빙 둘러 감고서 천자의 뇌(腦)를 먹었다. 해가 뜰 때가 되니 다시 천궁이 복원되고 천자와 천녀의 모습이 되었다. 그 상주는 괴이하여 천자에게 물어 말하였다.

"이전에 어떠한 업을 지었기에 여기에 태어났습니까?"

천자가 대답하였다.

"남섬부주의 사람들은 교화하기도 어렵고 믿도록 하는 것도 어려우니 나는 말할 수 없습니다."

이때 장자의 아들이 대답하여 말하였다.

"내가 눈으로 직접 보았는데 어떻게 믿지 않겠습니까?"

이때 천자가 게송으로 말하였다.

　밤에는 다른 아내와 함께 잠자고
　낮에는 계율을 지켰다네.
　이러한 업의 과보를 인연하여
　이 선악의 과보를 받는다네.

이때 장자의 아들이 물었다.

"이 말은 무슨 뜻입니까?"

천자가 대답하였다.

"나는 이전에 바색바의 마을에 살았으며, 항상 음욕을 행하여 다른 부녀자들과 음행을 하였습니다. 뒤에 성자인 가다연나를 만났으며 나에게 그 비법(非法)의 악업을 짓는 것을 참회하게 권유받았으나 나는 이 일을 멈추지 못하였습니다. 성자가 다시 말하였습니다.

'그대가 항상 멈추지 못한다면 낮에는 계율을 지키고 밤에는 다시 비법을 행하시오.'

이러한 일을 까닭으로 낮에는 하늘의 쾌락을 받고 밤이면 고통의 과보를 받고 있습니다. 착한 장자의 아들이여. 마을로 돌아가면 나의 아들이 한 명이 있으니 진실로 전해주십시오.

'내가 그의 아버지를 만났고 이와 같이 말하였습니다. 나는 전생에 일찍부터 다른 부녀자들과 사음한 업을 지은 까닭으로 지옥의 고통을 받고 있다.' 이렇게 말하였습니다."

이때 장자의 아들이 말하였다.

"남섬부주의 사람들은 교화도 어렵고 믿게 하는 것도 어렵다고 하였으니 어떻게 받아들이도록 하겠습니까?"

천자가 대답하여 말하였다.

"만약 믿지 않으면 알려주십시오.

'내가 살아 있을 때에 제사를 지내는 화로(火爐)의 땅 아래에 금병이
두 개 있으니, 마땅히 땅을 파내고 취하여 스스로가 쾌락을 받을 것이고,
또한 때때로 인천이 받드는 대가다연나에게 공양을 올리며 큰 서원(誓願)
을 짓고서 내 이름을 부르면서 죄가 소멸되어 선취(善趣)[16]에 태어나게
기도하라.'

이렇게 말해주십시오."

이때 장자의 아들은 이 말을 듣고서 다시 앞으로 걸어갔으며, 멀지
않은 곳에서 다시 동산(園苑)을 보았다. 그 가운데에는 사자좌(師子座)가
있었고 그 좌석 위에는 한 부인이 앉아 있었고, 얼굴과 모습이 아름다워서
보는 사람을 기쁘게 하였다. 그 좌석의 네 다리 밑에는 각각 아귀가
하나씩 다리에 묶여 있었다. 이때 이 부인은 멀리서 장자의 아들이 오는
것을 보고 말하였다.

"상주여. 병도 없고 번뇌도 적으나, 배고프고 목마르지 않습니까?"

대답하여 말하였다.

"나는 매우 배고프고 갈증이 심합니다."

이때 부인은 장자의 아들에게 말하였다.

"그대에게 마실 것을 줄 것이니 그대는 지금 받는 마실 것을 이 네
아귀에게는 주지 않겠다고 맹세하세요."

장자의 아들이 대답하여 말하였다.

"공손히 말한 것을 따르겠습니다."

이미 맹세를 하니 마실 것과 맛있는 음식을 주었다. 이때 부인은 아귀의
업의 과보의 일을 나타내고자 곧 어느 방으로 들어가서 몸을 숨기고
있었다. 여러 아귀들이 곧 장자의 아들에게 말하였다.

---

16) 선업(善業)에 대한 과보(果報)로 태어나는 인간과 천상의 2취(趣)를 가리킨다.

"그대는 큰 자비심으로 원하건대 음식을 조금만 나누어 주십시오."

그 장자의 아들은 가엾고 애민한 생각이 일어나서 곧 음식을 던져주었다. 첫째의 아귀가 음식을 얻고자 하니 타오르는 쇠구슬로 변하였고, 둘째의 아귀가 음식을 얻고자 하니 보릿겨(麥糠)로 변하였으며, 셋째의 아귀가 음식을 얻으려 하니 더러운 피고름으로 변하였고, 넷째의 아귀가 음식을 얻으려 하니 오히려 자신의 살과 피를 먹고 있었다. 이때 불타는 쇠구슬을 삼킨 아귀의 몸이 모두 타서 역겨운 냄새가 났고, 부인이 냄새를 맡고서 곧 큰 소리로 장자의 아들에게 말하였다.

"그대가 지은 것은 몹시 도리에 어긋나며, 마땅히 그들에게 음식을 주지 않아야 합니다."

장자의 아들이 대답하여 말하였다.

"부인이시여. 그들이 나에게 구하는 것을 보고서 마음에서 자비심이 일어났는데 어떻게 주지 않겠습니까."

이때 부인이 말하였다.

"나의 마음의 자비심이 오히려 그대보다 클 것입니다. 첫째의 아귀는 나의 남편이고, 둘째의 아귀는 나의 아들이며, 셋째의 아귀는 며느리이고. 넷째의 아귀는 우리집의 하인입니다."

이때 장자의 아들이 물어 말하였다.

"이전에 무슨 죄를 지어 이곳에 태어났습니까?"

부인이 알려 말하였다.

"남섬부주의 사람들은 교화도 어렵고 믿게 하는 것도 어려우니 말하여도 어떤 이익이 있겠습니까?"

장자의 아들이 말하였다.

"내가 지금 눈으로 직접 보았으니 어떻게 믿지 않겠습니까?"

이때 부인이 말하였다.

"나는 이전에 바색바 마을에 살았으며 일찍이 범지의 딸이었습니다. 해마다 성절(星節)[17]의 날에 집에 음식을 차려놓았고, 이때 인천이 받드는 성자 가다연나가 오셔서 걸식하였으므로 나는 환희심이 일어나 발우에 가득 음식을 베풀고 나는 다시 ‘나는 남편에게 알려 음식을 베푼 이 인연을 그도 따라서 기쁘게 해야겠구나.’ 생각하고서 그 일을 말하였으나, 남편은 화내면서 나에게 말하였습니다.

“오히려 바라문들에게도 아직 공양하지 않았는데 무슨 까닭으로 대머리 사문에게 먼저 베풀었는가? 어찌하여 뜨거운 쇠구슬을 주지 아니하였는가?”

나는 이 마음을 다스릴 수 없어 다시 아들에게 권유하였으나 아들이 대답하였습니다.

“어찌 그 보릿겨를 주지 아니하였습니까?”

뒤의 다른 때에 내가 노비를 시켜 여러 친척에게 공양하게 하였으나, 그 노비는 길에서 맛있는 음식을 스스로 먹고 돌아왔습니다. 추궁하여 물었더니 그 노비가 곧 그 일을 변명하였습니다.

“내가 만일 길에서 그 음식을 먹었으면 원하건대 나는 마땅히 내 몸의 피와 고름을 먹겠습니다.”

뒤의 다른 때에 여러 친척들이 음식을 보냈으나 며느리가 훔쳐 먹어 내가 다시 그 일을 물었더니 대답하였습니다.

“먹지 않았습니다. 만약 내가 그 음식을 먹었다면 스스로 내 몸의 살을 먹겠습니다.”

알려 말하였다.

“상주여. 그 남편과 아들과 며느리와 노비가 이 아귀들이며 스스로 지은 까닭으로 아귀가 된 것입니다. 오로지 나는 성자 가다연나에게 한 번 음식을 보시하면서 이와 같이 말하였습니다.

“‘나는 그대들이 만약 과보를 받는다면 마땅히 지켜보겠습니다.’

나는 먼저 인천이 받드는 가다연나에게 보시를 하였기 때문에 마땅히 제석천궁(帝釋天宮)에 태어났으나 악하게 발원한 까닭으로 지금 아귀도에 떨어져 있습니다. 상주여. 그대가 만약 바색바 마을에 가면 나에게 딸이

17) 음력 7월 15일인 백중(百衆)을 가리킨다.

한 명 있고, 그 마을에서 음녀(淫女)가 되었으니 바라건대 전해주세요.

'그대의 부모와 오빠 및 올케와 노비가 아귀도에서 고통을 받는 것은 전생에 악을 지은 까닭으로 지금의 그 고통을 받는 것이오. 그대는 지금 마땅히 참회하고 이러한 악업을 지어 마땅히 고통의 과보를 받지 않게 하시오.'

이렇게 말해주십시오."

장자의 아들이 말하였다.

"남섬부주의 사람들은 믿음이 없는 사람이 많으니 나의 말을 받아들이지 않을 것입니다."

부인이 상주에게 알려 말하였다.

"그 아이가 만약 믿지 않으면 마땅히 곧 알려주세요. 내가 지난날 잠자던 침상 밑에 금병이 네 개가 있고, 아울러 금지팡이와 금주전자가 있으니 그대는 그 금병 등을 취하여 마음대로 수용하시오. 다시 반드시 때때로 인천이 공경하는 가다연나께 미묘(美妙)한 음식을 공양하고, 아울러 나의 이름을 부르면서 '내가 복을 얻어서 죄가 가벼워지게 하시오.'라고 말해주세요."

이때 장자의 아들은 이 말을 듣고서 곧 작별하고 방에 들어가 잠을 잤다. 이때 여러 아귀들이 서로에게 알려 말하였다.

"그대들은 마땅히 알지니라. 이 장자의 아들이 깊이 잠들면 바색바 마을에 가서 그 물건들을 영상(靈床)[18] 위에 놓아두도록 하자."

이때 여러 아귀들은 말에 의지하여 곧 갔고, 이때 상주는 날이 밝고 해가 드는 시간에 곧 잠에서 깨어나 여러 상과 작은 상과 신발 등의 물건을 보았다. 모든 물건 위에 이름이 있었고, 차례로 읽으면서 이러한 말을 보았다.

'내가 지금 베푸는 이 물건으로 원하건대 아들이 하루 빨리 돌아오게

18) 상례(喪禮)에서 입관을 마치고 병풍이나 포장으로 관을 가린 뒤에 마련하는 것으로 고인이 사용하던 침구, 의복 및 지팡이, 신, 수건, 붓, 벼루 등을 올려놓는 상을 가리킨다.

하십시오. 만약 죽었다면 그 태어나는 곳을 따라서 원하건대 이 모든 물건들도 모두 함께 따라가게 하십시오.'

이것을 보고서 곧 생각하며 말하였다.

'나의 부모는 내가 이미 죽은 것으로 알고 있으니 어찌 다시 돌아가겠는가. 마땅히 성자 가다연나의 처소로 가서 출가하여 범행을 닦아야겠다.'

이렇게 생각하고서 곧 가다연나의 처소로 갔다. 이때 구수 가다연나는 멀리서 장자의 아들이 오는 것을 보고 곧 알려 말하였다.

"잘 왔소. 상주여. 그대는 지금 이러한 삶과 죽음의 두려운 것을 보았는가?"

알려 말하였다.

"성자여. 나는 지금 이미 보았습니다."

다시 곧 말하였다.

"원하건대 출가하여 성자를 받들어 모시고, 음욕과 성냄과 어리석음을 끊고 범행을 닦는 것을 허락하여 주십시오."

이때 구수 가다연나가 말하였다.

"그대는 먼저 그들의 말을 전하고 이후에 와서 출가하라."

알려 말하였다.

"그렇게 하겠습니다."

이미 성자의 말을 듣고서 곧 마을의 양을 죽이는 곳으로 도착하여 그 사람의 처소에 이르러 알려 말하였다.

"그대는 지금 알지 못할 것이오. 악취(惡趣)에서 일찍이 그대의 아버지를 보았으며 이 말을 전합니다. 그대는 이 양을 죽이는 악업과 비법의 이 일을 멈추라고 하셨습니다."

그가 곧 대답하여 말하였다.

"나의 아버지는 죽은 지 12년이 지났는데 어찌 다른 생(生)의 일을 전하여 믿으라고 하십니까? 그대는 다른 사람에게서 듣고서 스스로 보았다고 하는 것입니까?"

대답하여 말하였다.

"나는 악취 가운데에서 왔습니다. 만약 믿지 않으니, 그대 아버지의 말을 전하겠습니다.

네가 양을 죽이는 곳의 지하에 금병이 하나 있으니 파내 취하여 금을 장차 수용할 것이고, 아울러 때때로 성자 가다연나께 음식을 공양하고 나의 이름을 부르면서 '원하건대 죄업이 소멸되게 하십시오.'라고 말하라고 하였습니다."

그리하여 이 백정의 아들은 곧 땅을 파고서 마침내 금병을 얻고서 증험(證驗)[19]을 알게 되었다.

이때 장자의 아들은 또한 음행하고 방일한 그의 아들을 찾아가서 말하였다.

"나는 그대의 아버지를 보았으며, 그대에게 이 일을 전하라고 하였습니다.

'내가 지은 업의 과보가 성숙되어 현재 많은 고통을 받고 있다.'"

그 사람이 대답하였다.

"나의 아버지는 죽은 지 12년이 지났는데 어찌 다른 생으로부터 왔다고 하며, 다시 다른 사람의 이야기를 듣고서 스스로 보았다고 하십니까?"

장자의 아들이 말하였다.

"나는 아귀의 세상 가운데에서 왔고, 이 일 등을 보았으며, 만약 믿지 않으면 그대의 아버지의 믿음을 말하겠습니다.

'그대가 일하는 화로 밑에 두 개의 금병이 있으니 그대는 마땅히 파내어 취하여 수용하며, 그 일부분은 때때로 성자 가다연나께 일단(一團)의 음식을 공양하고 나의 이름을 부르면서 '원하건대 죄업이 소멸되게 하십시오.'라고 말하라고 하셨습니다."

아들이 곧 땅을 파고서 곧 금병을 보고는 처음으로 증험이 나타난 것을 알게 되었다.

이때 장자의 아들은 다시 음녀가 있는 곳으로 가서 알려 말하였다.

---

19) 사실(事實)을 경험하는 것을 말한다.

"그대는 마땅히 아시오. 나는 악취(惡趣)에서 그대의 부모와 오빠와 올케와 노비를 보았고 그대에게 알리게 하였습니다.

'빠르게 과거의 악업의 일을 참회하라고 하셨소.'

여인이 상주에게 대답하였다.

'그분들이 함께 죽은 것이 지금 12년이 지났으니 누가 다시 보고 들었다는 말인가요? 그대는 어디에서 왔는가요?'

대답하여 말하였다.

"나는 지옥에서 왔고 만약 믿지 못하면 그대의 부모가 말하였소. '내가 잠자던 평상의 네 다리 아래에 각각 하나의 금병이 있고, 그 가운데에 아울러 금지팡이와 금주전자도 있으니 너는 파내어 취하여 기쁘게 수용할 것이며, 때때로 인천이 받드는 성자 가다연나께 공양하고 마땅히 나의 이름을 부르며 '나의 죄가 소멸되게 발원하라.'라고 하였습니다."

마땅히 곧 땅을 파니 전하는 믿음과 같았다.

이때 장자의 아들이 웃으면서 말하였다.

"사람들은 모두 금은 등은 믿으며 나의 말은 믿지 않는구나."

이를 드러내며 웃었고 여인이 금니를 보고서 이 사람이 그 장자의 아들인 것을 알았다. 물어 말하였다.

"성자여, 그대는 바라선의 아들이 아닌가요?"

대답하여 말하였다.

"모든 사람들이 모두 나를 그렇게 알고 있습니다."

그녀가 곧 달려가서 그 장자의 집에 이르러 급히 부모에게 알렸으나 부모는 듣고서도 믿지 않았다. 그 장자의 아들이 스스로 집으로 와서 헛기침 소리를 내니 부모가 처음에는 의심하였으나 곧 아들을 알아보고 머리를 감싸안고서 큰 소리로 부르면서 울었다. 부모는 먼저는 눈이 멀었으나 울었기 때문에 눈꺼풀이 제거되어 아들의 얼굴을 볼 수 있었다. 이때 장자의 아들이 부모에게 말하였다.

"나는 출가를 하고자 하오니 원하건대 허락하여 주십시오."

부모가 알려 말하였다.

"이전에는 너 때문에 두 눈이 멀었으니 우리 두 사람이 살아 있는 동안에는 출가를 허락하지 못한다. 차라리 우리가 죽고 난 뒤에 네 마음대로 하여라."

이때 장자의 아들은 비록 다시 집에 있었으나 항상 배우고 독송하여 마침내 예류과(預流果)20)를 얻었다. 다시 부모를 위하여 네 가지의 진실된 법을 설하여 부모가 듣고서 지혜의 금강저(金剛杵)21)로 스무 가지의 살가야견(薩迦耶見)22)의 큰 산을 부수고 예류과를 증득하게 하였으며, 그 뒤에 부모는 함께 죽었다. 이때 장자의 아들은 이별의 슬픔과 부모에 대한 그리움 때문에 널리 보시를 행하여 여러 복업을 닦았고, 성자 가다연나의 처소로 나아가 머리를 숙여 예를 올리고 알려 말하였다.

"성자시여. 원하건대 훌륭한 법과 율에 출가하여 범행을 닦고 아울러 구족계를 받고자 합니다."

이때 성자는 이미 관찰을 마치고 곧 억이(億耳)를 출가시켜 구적으로 삼고 일래과(一來果)를 증득하도록 하였다. 이때 억이가 머무르는 처소는 변두리 지역이어서 필추의 숫자가 적었으므로 구족계를 받는 것에 어려움이 있었다. 구적이 되었고 구적의 행법을 모두 가르침을 받고서 불환과(不還果)를 증득하였다.

모든 부처님의 상법(常法)에는 1년에 큰 모임(大會)이 두 번 있었으며, 모든 필추가 와서 모이게 되어 있었다. 두 번의 때(二時)는 늦은 봄과 늦은 여름으로서 크고 작은 모든 성문들이 널리 함께 모이게 된다. 구수인 성자 가다연나의 제자들과 모든 필추들이 다른 처소에서 석 달의 안거를

---

20) 산스크리트어 srota-āpanna의 음사로써 예류(預流)·입류(入流)라고 번역되며, 삼계의 견혹(見惑)을 끊은 성자로써 처음으로 성자의 계열에 들었으므로 예류라고 한다.
21) 산스크리트어 vajra의 음사로 발사라(跋闍羅)·벌절라(伐折羅)·발왈라(跋曰羅) 등으로 음역되고, 금강지저(金剛智杵)·견혜저(堅慧杵) 등으로도 의역된다.
22) 살가야(薩迦耶)는 산스크리트어 sat-kāya의 음사이고 견(見)은 산스크리트어 dṛṣti의 음사로써 유신견(有身見)이라 번역된다. 오온(五蘊)의 일시적 화합에 지나지 않는 몸에 불변하는 자아가 있고, 또한 오온은 자아의 소유라는 그릇된 견해를 가리킨다.

마치고서 옷들을 세탁하고 손질을 마치고 가사를 입고 발우를 가지고
점차 유행하며 바색바 마을에 도착하였다.

때가 되어 십중(十衆)[23]들도 도착하였다. 이때 성자 가다연나는 곧
억이에게 구족계를 주었고, 구족계를 받고서 모든 율행(律行)을 모두 배우
고 모든 번뇌를 끊고서 무학과(無學果)를 증득하였다. 무학과를 증득하고
서 깊이 인천(人天)의 사랑을 얻어 미묘한 공양을 받았으며 그 자세한
내용은 앞에서와 같다.

이때 여러 필추들은 성자 가다연나에게 가서 말하였다.

"대덕이시여. 요즘 이곳에서 머무르면서 성자께 공양하고 모든 사법(事
法)의 짓는 것을 모두 익혔습니다. 지금 대사(大師)이신 세존께 예를 올리고
자 합니다."

성자가 대답하여 말하였다.

"좋습니다. 떠나가십시오."

이미 허락하였으므로 가사와 발우를 엄숙히 지니고 실라벌성(室羅筏城)
으로 떠나갔다. 이때 성자 억이는 자리에서 일어나 옷을 단정히 하고
합장하고 공경하게 가다연나에게 말하였다.

"오바타야시여. 내가 말씀을 올리오니 원하건대 허락하여 주십시오.
나는 지금 다만 오바타야를 뵈었고, 세존을 뵙지 못하였으며, 비록 법신(法
身)은 보았으나, 색신(色身)은 뵙지를 못하였습니다. 만약 제가 여래의
색신인 상호(相好)를 뵐 수 있도록 친교사께서 허락하여 주시면 지금
떠나고자 합니다."

이때 성자 가다연나는 억이에게 알려 말하였다.

"모든 부처님과 여래는 뵙는 것이 매우 어렵고 시간이 오래 지나서
오담화(鄔曇花)[24]가 피는 것과 같다. 그대가 지금 떠나고자 하니 지금이

---

23) 십사(十師)라고도 부르며, 구족계를 주는 때에 참여하는 3사7증(三師七證)의 필추
를 말한다.
24) 산스크리트로 udumbara의 음사로 우담발라화(優曇跋羅花), 오담발라화(鄔曇鉢羅
花), 울담발화(鬱曇鉢花)로 음역되고, 서응화(瑞應花), 영서화(靈瑞花)라고 의역된

마땅한 때이다."

다시 가다연나가 알려 말하였다.

"그대가 세존의 처소에 이르면 나를 대신하여 이마를 발에 대고 예를 올리고 세존께 문신(問訊)[25]하게.

'병이 적으시고, 번뇌도 적으시며, 생활하는 모습(起居)이 가볍고 편안하시며 안락하게 머무르고 계십니까?'

아울러 지금과 같은 다섯 가지의 일을 세존께 아뢰게.

'바색바 마을은 변두리에 있어 구족계를 받고자 하여도 십중을 모시기가 어려운 것과, 다시 이 나라 사람들은 항상 물로써 깨끗하게 씻는 것과, 땅이 단단하게 굳어 있어 만약 소가 지나가면 발자국이 남아서 여러 나라의 부드럽고 무른 땅과 다른 것과, 다시 동쪽 나라의 사람들은 와구를 이를테면, 암양가죽·사슴가죽·소가죽 등으로 사용하는 것과, 다시 어떤 필추가 다른 필추에게 옷을 보내면 옷이 왔다는 소문은 있어도 아직 받지 못하여 10일이 지나서 옷을 버리는 죄를 범할까 두려우니, 어떻게 하여야 하는가를 모르는 것 등을 장차 이 모든 인연을 갖추어 세존께 청하여 아뢰게.'

세존께서 가르침을 내리시면 나는 공경히 봉행할 것이네."

이때 억이는 오로지 한마음으로 스승의 말씀을 간직하고서, 그날 밤은 바색바의 다른 곳에서 잤다. 날이 밝고 청명한 아침이 되어 가사를 입고 발우를 가지고 점점 유행하면서, 걸식을 마치고 밥을 먹은 뒤에 주인과 작별하고 와구도 돌려주고서 가사와 발우를 가지고 실라벌성으로 떠났다. 길을 따라가면서 여러 마을을 지나 마침내 그 성에 도착하여 서다림에 이르러 가사와 발우를 놓아두고 손발을 씻고서 곧 세존께 나아가 머리를 숙여 예를 올렸다. 이때 세존께서는 여러 사부대중과 여러 천룡(天龍)과 귀신과 국왕과 대신과 사문과 바라문 등에게 설법하고 계셨고, 세존께서는 이미 억이가 멀리서 오는 것을 보시고 아난에게 알려 말씀하셨다.

다.

25) 합장하고 머리 숙여 안부를 물음. 공경하는 마음으로 인사함.

"방 안에 억이의 평상과 깔개(褥)와 와구 등을 준비하게나."

아난이 가르침을 받들어 곧 가서 침상 위에 와구를 준비하고서 세존께 아뢰었다.

"원하옵건대 성자시여. 때가 되었습니다."

이때 부처님께서는 발을 씻으시고 방안으로 들어가셨고, 오른쪽으로 옆구리를 바닥에 붙여 누우셨으며, 양쪽 발을 서로 포개어 광명상(光明相)을 지으시고, 정념(正念)으로 마땅히 일어나고자 이렇게 마음을 지었다. 이때 억이도 절 문 밖에서 발을 씻고 방애 들어가 옷과 발우를 놓고서 오른쪽 옆구리를 바닥에 붙이고 누워 광명상을 짓고서, 마땅히 빨리 일어나겠다고 이렇게 마음 지으니 밤에 결국 말이 없어지고 묵연히 머물렀다. 밤이 지나려고 하자 억이는 곧 다시 결가부좌를 하고 곧은 자세로 마음을 바르게 하여 정념에 들었다. 세존께서 억이 필추에게 알리셨다.

"그대는 내가 설한 경률을 독송할 수 있는가? 내가 성도(成道)하고서 설하였던 경을 곧 송경하여 보게나."

억이가 송경을 마치니 세존께서는 곧 칭찬하며 말씀하셨다.

"훌륭하구나! 훌륭하구나! 그대의 송경은 매우 청정하고 미묘하구나."

이때 억이는 곧 이렇게 생각하였다.

'오바타야께서 나에게 부탁하신 것을 말씀드려야겠으니 바로 지금이구나. 마땅히 오바타야께서 묻고자 하시는 일들에 관하여 세존께 청하여 말씀드려야겠다.'

이렇게 생각하고서 곧 자리에서 일어나 세존의 발에 머리숙여 예를 올리고서 말씀드렸다.

"대덕이시여. 제가 머무르는 아습바란(阿濕婆蘭) 덕가국(德伽國)의 바색바 마을은 변방의 지역으로서 그곳에는 성자 가다연나가 살고 있으며, 나의 친교사입니다. 세존의 발에 머리숙여 예를 올리고, 세존께 문신하셨습니다.

'세존께서는 병도 적으시고, 번뇌도 적으시며, 생활하시는 모습이 가볍고 편안하시며 안락하게 머무르고 계십니까?'

아울러 다섯 가지의 일을 세존께 청하여 여쭈라고 하였습니다.

'이 나라는 변방이어서 구족계를 받을 때 열 분의 스승을 모시기가 어렵고, 다시 이 나라 사람들은 항상 물로 씻어서 청정하며, 이 나라의 토지는 매우 굳고 단단하여 소가 밟으면 발자국이 생기고, 햇살이 비치면 건조하여 사람이 다닐 수 없어서 다른 나라와 같지 않습니다. 다시 이 나라는 항상 양털 방석과 양가죽·사슴가죽·소가죽·암양가죽 등을 와구로서 사용합니다. 만약 어떤 필추가 다른 필추에게 옷을 보내면 옷이 왔다는 소문은 있어도 아직 받지 못하여 10일이 지나서 옷을 버리는 것을 범할까 두렵습니다. 이러한 일들을 어떻게 하는가를 모르겠습니다.'"

세존께서 억이 필추에게 말씀하셨다.

"그대가 물은 것에 대하여 지금은 때가 아니므로 지금 나는 설하지 않겠노라. 이 일은 잠시 미루고서 마땅히 내가 대중과 같이 있을 때에 대중에게서 그대를 위하여 의문을 결정하겠노라."

새벽에 이르자 세존께서는 자리에서 일어나시어 대중이 있는 처소로 가서 자리에 앉으셨다. 세존께서 자리에 앉았고 이때 억이 필추는 곧 자리에서 일어나 가사를 정돈하고 세존께 합장하여 정례하고 아뢰었다.

"동방의 변방에 있는 바색바 마을에는 성자 가다연나가 머무르고 있으며, 나의 오바타야이십니다. 세존의 발에 머리숙여 예를 올리고 문신하라고 하셨습니다.

'병도 적으시고, 번뇌도 적으시며, 생활하시는 모습이 가볍고 편안하시며 안락하게 머무르고 계십니까? 이 나라는 변방이라서 구족계를 받고자 하여도 열 분을 모시는 것이 어렵고, 이 나라의 백성들은 항상 물로 씻어 깨끗하게 하며, 나라 안의 땅은 매우 단단하여 소가 땅을 밟고 지나가면 발자국이 생기고, 햇살이 비추면 건조하여 사람이 다니지를 못하는 것이 다른 나라와는 같지 않습니다. 다시 이 나라의 법에는 양털이불·양가죽·사슴가죽·암양가죽 등으로 만든 와구를 사용하게 되어 있으며, 또한 어떤 필추가 다른 필추에게 옷을 보내면 옷이 왔다는 소문은 있으나 아직 그 옷은 도착하지 아니하여 10일이 지나서 옷을 버린 죄를 범할까

두렵습니다.'

이러한 일들을 어떻게 하는가를 모르겠습니다."

이때 세존께서는 이 일을 인연으로 여러 필추에게 말씀하셨다.

"모든 필추들은 잘 들을지니라. 지금부터 변방의 나라에서는 계율을 수지하는 다섯 명의 필추가 있으면 구족계를 받을 수 있고, 변방의 땅이 나쁜 지역은 한 겹의 가죽신을 신을 것이고, 두 겹·세 겹의 가죽신은 아니되며, 만약 바닥에 구멍이 생기고 찢어지면 꿰매어 신어라. 만약 필추가 다른 필추에게 옷을 보냈으나 그가 아직 옷을 받지 못하였으면 옷을 버린 죄를 범하는 것이 없느니라."

이때 구수 오파리가 대중에 있다가 자리에서 일어나 가사를 정리하고 합장하며 세존께 아뢰었다.

"대덕 세존이시여. 변방은 계율을 수지하는 필추가 다섯 명이 있으면 구족계를 받을 수 있다고 말씀하셨으나, 어느 곳을 변방이라고 하는가를 알지 못하고 있습니다."

세존께서 말씀하셨다.

"이곳에서 동방(東方)으로 가면 분다림(奔茶林)이 있고, 그곳에는 분다(奔茶)라는 물이 있으니 이곳을 지나면 변방이라고 이름한다. 남방(南方)에도 나라를 섭벌라불저(攝伐羅佛底)라고 이름하고, 여기에도 섭벌라불저라는 강이 있으니, 이곳부터 그 바깥이 변방이 된다. 서방(西方)에도 나라를 솔토노(窣吐奴)라고 이름하고, 여기에도 오파솔토노(鄔波窣吐奴)의 바라문 마을이 있으니, 이 바깥을 변방이라 이름한다. 북방(北方)에는 산을 온시라(嗢尸羅)라고 이름하고, 이 산의 바깥을 변방이라 이름한다."

여러 필들은 의문이 생겨서 세존께 아뢰었다.

"세존이시여. 이 억이 필추는 일찍이 무슨 업을 지어 큰 부잣집에 태어나서 재물과 보배가 무량(無量)하고, 어머니 태중에 있을 때는 귀(耳)에 자연스럽게 묘하고 보배로운 귀걸이가 생겨나 가치가 무량(無量)하며, 다시 출가하여 구족계를 받고서 세존을 뵙지 아니하고도 무학과를 증득하여 번뇌를 끊었습니까?"

세존께서 여러 필에게 말씀하셨다.

"이 억이 필추는 전생에 지은 업은 스스로 짓고 스스로 받은 것이다. 인연을 만나면 사나운 물이 흐르듯이 그 업을 받는 것이 결정되는 것이고, 지금 그 인연을 만나 그 과보를 모아서 받은 것이다. 또한 지(地)·수(水)·화(火)·풍(風)이 능히 무너뜨릴 수 있는 과보가 아니므로 몸이 반드시 스스로가 받는 것이니라."

게송에서 말하리라.

가령 백 겁이 지났어도
지은 업은 없어지지 않으니
인연을 만나는 때가 된다면
과보가 뒤돌아와 스스로 받는다네.

세존께서 여러 필추에게 말씀하셨다.

"지나간 과거의 현겁(賢劫) 가운데 사람의 수명이 2만 세(歲)였을 때에 부처님이 출세(出世)하셨으니 명호가 가섭파여래(迦攝波如來)이셨고, 열 가지의 명호를 구족하였으며, 바라니사국(波羅尼斯國)의 선인(仙人)이 내려오신 곳인 시녹림(施鹿林)에 머무르셨다. 그 나라에는 흘리가(訖里伽)라고 이름하는 왕이 있었고, 교화하여 백성들은 치성(熾盛)하였으며, 음식은 풍족하고, 어떠한 근심과 걱정이 없이 모두 안락하였으며, 도둑이 없어서 두려움도 없었고, 모든 것이 갖추어져 부족한 것이 없었으며, 법으로써 세상을 다스렸다. 그 왕에게는 선생(善生)이라 이름하는 아들이 있어 태자(太子)로 삼았다.

이때 가섭파여래께서는 화신의 인연을 이미 마치어 마치 땔감이 모두 타서 불이 꺼지는 것과 같이 열반에 드셨다. 이때 흘리가 왕은 곧 향나무를 구하여 다비(茶毘)하고 우유를 사용하여 불을 껐다. 그리고는 사리[26]를 수습하여 네 종류의 보물로 병을 만들어 네거리에 칠보탑을 세우고 사리를

---

26) 원문에는 '이라(利羅)'라고 표기되어 있다.

안치하였다. 탑의 높이는 1구로사(俱盧舍)로서 그 나라의 동쪽의 경계에서
바치는 모든 공물(資物)은 모두 이 탑에 보시하였다.

뒤에 그 왕이 목숨을 마치고 세상을 떠났고 다시 태자가 왕이 되었다.
곧 여러 대신들과 함께 창고에 저장된 물건의 많고 적음을 검사하였으며
아울러 이 나라의 동쪽 경계의 공물이 모두 이 탑에 보시된다는 것을
알고 여러 대신들이 왕에게 말하였다.

"선왕(先王)께서 탑에 보시하신 공물들을 마땅히 되돌리면 어떻겠습니
까?"

새로운 왕이 대답하였다.

"나의 아버지이신 선왕께서 하신 일은 마치 제석과 범천왕(梵天王)이
하신 일과 같으므로, 어떻게 감히 내가 지금에 그 공물을 다시 취하겠습니
까?"

그러나 모든 대신들은 즐거이 불법을 믿지 않아서 모두 생각하였다.

'지금 우리들이 방편을 사용하여 탑에 보시하는 공물을 거두어 취합시
다.'

곧 성의 동문을 폐지하여 모든 재물들이 들어오지 못하게 하여 그
탑은 채색(彩色)이 퇴락하고 아울러 파괴되었다. 북방에 한 상주가 있어서
여러 상인을 데리고 이 나라에 와서 탑의 근처에서 머물렀다. 이때 상주는
탑에서 공경히 절을 올리고 탑이 파괴된 것을 보았고, 다시 자식이 없는
어느 여인이 탑에 물을 뿌리고 쓸면서 공양하는 것을 보았다. 그러나
그 여인은 이미 가섭파여래·응·정등각을 보고서 부처님의 처소에서 발심
하여 수학(受學)하였었다. 상주가 여인에게 물었다.

"이 탑은 누구의 탑입니까?"

여인은 곧 자세히 인연을 설명하면서 이 탑은 가섭파불의 탑이라고
말하였다. 상주는 듣고서 마음에 환희심을 일으켜 곧 귀걸이를 벗어
주면서 그 여인에게 말하였다.

"이것을 팔아서 그 값으로 탑을 수리하는 것에 사용하십시오. 내가
만약 돌아오면 마땅히 다시 보시하겠습니다."

여인은 귀걸이를 받아서 그 탑을 곧 장엄하였다. 상주가 돌아와 그 탑의 주변에 도착하여 그 탑을 우러러 보고 매우 기뻐하였다. 그는 곧 발심하여 다시 보개(寶蓋)와 당번(幢幡)을 만들어 공양하면서 이와 같이 발원하였다.

"내가 지금 가섭파여래의 탑에 이렇게 공양한 선근(善根)이 있으므로 원하건대 내생의 태어나는 곳에 항상 부귀와 존귀함을 얻고, 마땅히 부처님의 처소에서 출가하여 번뇌를 끊고 무학과를 증득하기를 발원합니다."

세존께서 여러 필추에게 말씀하셨다.

"그 상주가 어찌 다른 사람이겠는가? 바로 이 억이 필추이니라. 가섭파불의 탑에 공양한 까닭으로 여러 생마다 항상 부귀한 집에 태어났으며, 어머니의 태의 가운데에 있을 때에 귀에는 보배로운 귀걸이가 자연스럽게 생겨났느니라. 다시 미래에 출가를 발원하여 번뇌를 끊고 아라한과를 얻었고, 다시 어머니의 처소에서 나쁘게 말한 까닭으로 이 업력에 의거하여 여러 지옥을 본 것이다."

세존께서 여러 필추에게 말씀하셨다.

"만약 선업[27]을 지으면 선업의 과보를 받는 것이고, 만약 악업[28]을 지으면 악업의 과보를 받는 것이며, 잡스런 업(雜業)을 지으면 잡스런 업의 과보를 받는 것이니, 그대들 필추들은 마땅히 잡스런 업과 악업을 떠나서 선업을 닦으라. 여러 필추들에게 알리나니 이것이 나의 가르침이니라."

모든 필추들은 세존의 법을 듣고서 환희하며 받들어 행하였다.

---

27) 원문에는 '백업(白業)'라고 표기되어 있다.
28) 원문에는 '흑업(黑業)'라고 표기되어 있다.

근본설일체유부비나야피혁사 하권

　어느 때 박가범께서는 실라벌성의 서다림 급고독원에 머무르셨다.

　구수 오바난타는 처음 출가하여 평상 하나를 얻었으나 심하게 부서져서 만약 몸을 움직이면 평상에서 곧 소리가 났고, 침상 위에 누우면 소리가 나는 것이 두려워 감히 옆으로 돌아눕지를 못하였다. 오바난타는 곧 이렇게 생각하였다.

　'내가 만약 좋은 평상을 얻지 못하면 나는 오바난타라고 이름하지 않겠다.'

　날이 밝아 아침이 되자 곧 승광왕(勝光王)의 처소로 갔다. 왕이 말하였다.

　"잘 오셨습니다. 성자 오바난타여. 안은하게 쉬었습니까?"

　곧 왕에게 알려 말하였다.

　"내가 비록 누워서 쉬더라도 마음은 항상 두렵습니다. 대왕께서도 아시는 것과 같이 제가 출가하기 전에는 여덟 겹의 부구(敷具)였으나, 지금 출가하여 이 소하(小夏)에 부서진 침상 하나를 얻어 조금만 부딪쳐도 심하게 소리가 나서 감히 돌아눕지도 못하여 심히 고통스러우니 어떻게 안은하게 쉴 수가 있겠습니까?"

　왕이 오바난타에게 말하였다.

　"그대는 여덟 겹의 부구를 사용하여도 합당합니까?"

　곧 왕에게 대답하여 말하였다.

　"그것은 이치에 합당합니다. 어느 곳에서는 세존께서 여러 겹의 부구를 허락하지 않으셨습니다."

　왕이 말하였다.

　"만약 법에 합당하다면 내가 지금 주겠으니 마음대로 가지고 가시오."

다시 왕을 향하여 말하였다.

"나는 국왕이 아니므로 어떻게 왕가의 물건을 가지고 가겠습니까? 왕께서 사람을 시켜 사찰로 보내주시면 제가 마땅히 받겠습니다."

왕은 여덟 사람을 시켜 네 사람은 와구를 함께 들고 네 사람은 침상을 함께 들고 가게 하니 오바난타는 기뻐하며 미소를 짓고 따라갔다. 길의 중간에서 여러 재가인과 바라문 등이 평상과 이불 등을 보고 물어 말하였다.

"이것은 누구의 것이니까?"

대답하여 말하였다.

"왕께서 주신 것입니다."

다시 물었다.

"장차 이 침상을 가지고 가면 왕은 어디에서 잠을 잡니까?"

오바난타가 대답하여 말하였다.

"자기 집에서 자겠지요. 이 평상과 이불 등은 나에게 준 것입니다."

모든 재가인들이 곧 싫어하며 비난하였다.

"대머리 사문이 이러한 와구를 쌓아놓고자 가지고 다니는구나."

오바난타는 곧 절에 도착하여 물을 뿌려 땅을 쓸고 쇠똥을 바르고서 그 침상과 이불을 문 옆에 펼쳐 놓았다. 세존께서 문에 이르시자 오바난타는 세존 오시는 것을 보고 기뻐하면서 세존께 아뢰었다.

"세존이시여. 나의 침상을 보십시오."

세존께서는 보시고 곧 묵연히 계셨으며 여러 필추 승가를 모으시고는 자리에 앉아 여러 필추에게 말씀하셨다.

"만약 큰 평상에 앉거나 눕는 사람은 모든 과실이 이것으로부터 일어나므로 지금부터 만약 필추가 높고 큰 침상에 앉거나 누우면 월법죄를 얻느니라."

어느 때 장자가 세존과 필추승가를 청하여 집에서 공양을 베풀었으며 높은 자리를 마련하였다. 그때 아난다가 먼저 그 집에 도착하여 높은 자리를 보고서 장자에게 말하였다.

"이 높은 자리는 법에 어긋나는 것이니 마땅히 거두어 주십시오."

그 장자가 바로 치우려고 하였으나 세존께서 곧 그 집에 도착하여 아시면서도 일부러 물으셨다.

"그대가 치우고자 하였는가?"

아난다가 아뢰어 말하였다.

"비법(非法)의 평상에 앉는 것을 치우려고 하였습니다."

세존께서 아난다에게 말씀하셨다.

"나는 모든 곳에서 높은 평상을 사용하는 것을 허락하지 않은 것은 아니다. 만약 단월[1]의 집에서는 (계율을) 여는 것은 허락하고, 비하라(毘訶羅)[2] 안에서 높고 앉거나 눕는 자는 월법죄를 얻는다."

이때 남방(南方)에 한 필추가 있었다. 몸에 다만 3의를 입고서 실라벌성으로 와서 세존께 정례하였으며, 가죽의 부구로써 몸을 두르고 있었다. 오바난타가 보고서 곧 그 뒤를 따라갔고 찬탄하면서 그가 잠시 쉬는 것을 기다려 곧 구걸하였다.

"그대는 걸식하는 필추이니 이 가죽을 능히 베풀어 주시겠습니까? 나는 여러 사찰을 유행하면서 매번 몸에 두르고 탑을 찾아다니고 성스러운 흔적(聖迹)들을 순례하고자 합니다."

그는 곧 대답하였다.

"오바난타여. 내가 지금 그대에게 이 가죽을 주면 그대는 당장 떠나겠습니까?"

오바난타가 대답하여 말하였다.

"나는 능력이 있으므로 이러한 가죽을 주지 않아도 구하는 일은 어렵지 않습니다."

오바난타에게 알려 말하였다.

"만약 그러하면 나는 지금 가죽을 그대에게 주지 않겠습니다."

---

1) 원문에는 '백의(白衣)'라고 표기되어 있다.
2) 산스크리트어 vihāra의 음사. 주처(住處)·유행처(遊行處)·사(寺)·정사(精舍)라고 번역한다. 수행승들이 머물면서 불도를 닦는 곳이나 집을 말한다.

오바난타는 이 말을 듣고서 마음에 화를 일으켰으나, 조용히 있으면서 곧 이렇게 생각하였다.

'승광대왕(勝光大王)의 소를 돌보는 사람을 바탁(婆吒)이라고 이름한다. 그는 곧 나의 오랜 친구이며 그는 가죽이 있을 것이니 내가 구걸하면 얻는 것에 어려움이 없을 것이다.'

이렇게 생각하고서 곧 그곳으로 갔다. 이른 봄이 되었을 때 어미소가 얼룩송아지를 낳았으며 매우 사랑스러웠다. 오바난타는 손으로 송아지를 어루만지며 곧 욕심을 일으켰다.

바탁이 이것을 보고 오바난타에게 말하였다.

"성자여. 우유가 필요한가?"

대답하여 말하였다.

"우유는 필요없고, 이 송아지 가죽을 보니 매우 욕심이 일어납니다. 만약 이 가죽을 얻어 부구로써 삼으면 만족스럽게 몸에 걸치고 안은하게 길을 갈 수가 있겠습니다."

바탁이 대답하였다.

"성자여. 그렇다면 돌아가 계십시오."

'이미 나의 뜻을 알았구나.'

돌아가고서 오래지 않아 바탁은 곧 사람을 시켜 그 송아지를 잡아 가죽을 벗겨 오바난타에게 보냈다. 그 사람은 말에 의지하여 어미소 앞에서 송아지를 잡아 가죽을 벗겨 장차 오바난타에게 보내려고 하였다. 그러나 어미소가 송아지의 가죽을 가져가는 것을 보고 새끼를 사랑하는 마음으로 큰 소리로 울부짖으며 그의 뒤를 따라갔다. 가죽의 심부름을 맡은 사람이 가죽을 가지고 서다림에 도착하여 그 사찰의 안으로 들어가니 어미소는 사찰의 문 밖에 서 있었다. 세존께서 어미소를 보셨으며, 그 까닭을 이미 아시고서 일부러 아난에게 물으셨다.

"이 소는 무슨 까닭으로 오랫동안 문밖에서 울고 있는 것인가?"

이때 아난다가 아뢰어 말하였다.

"대덕이시여. 오바난타가 송아지를 죽이고 그 가죽을 취하여 부구를 만들어 사용하였습니다. 그 송아지는 저 소가 낳았으므로 새끼를 사랑한 마음 때문에 새끼의 가죽을 따라와 문밖에 서 있는 것입니다."

이때 세존께서는 곧 이와 같이 생각하셨다.

'잘못과 근심은 그 가죽 때문에 일어난 것이다.'

곧 필추승가의 대중에 나아가서 자리에 앉으시고 여러 필추들에게 말씀하셨다.

"오바난타는 어리석고 무지하게 가죽을 사용하여 사문의 비법을 지었다. 이런 까닭으로 여러 필추들은 지금부터 마땅히 가죽을 사용하지 않을 것이다. 만약 가죽을 사용하면 월법죄를 얻는다."

세존께서 말씀하신 것과 같이 필추들은 마땅히 가죽을 사용하지 않았다. 어떤 다른 장자가 세존과 필추승가를 청하여 자기 집에서 공양을 베풀고자 가죽을 사용하여 앉는 자리를 준비하였다. 나아가 세존께서 아난다에게 알리셨다.

"마땅히 모든 처소에서 가죽을 사용하지 못하도록 하였다. 이 인연으로 나는 재가에서는 앉는 자리에 사용하는 것을 열었으나, 마땅히 사용하여서는 아니된다. 만약 비하라에 있을 때는 아울러 좌구와 와구를 사용하지 말라. 만약 사용하면 월법죄를 얻는다."

인연은 왕사성에서 이루어졌다.

이때 구수 필린다바차(順駱脚容婆朧)는 출가한 뒤에 항상 몸에 병이 있었다. 권속들이 와서 그의 설법을 듣고 집으로 돌아갔다. 어떤 장자가 아내에게 말하였다.

"지금 성자 필린다바차가 나를 위하여 법을 설하였는데 단맛이 오히려 꿀보다 좋아서 전혀 버릴 것이 없었네."

그의 아내가 대답하였다.

"당신의 과보가 성숙하였으니 부처님을 만나서 출가하면 묘법을 들을 수 있을 것입니다."

남편은 말하였다.

"당신은 무슨 까닭으로 법을 들으러 가지 않는가?"

대답하여 말하였다.

"나는 부끄러우므로 가서 성자의 법을 들을 수가 없습니다. 만일 성자께서 여기에 오시어 법을 설해 주시면 매우 좋겠습니다."

이때 남편은 곧 필린다바차의 처소로 가서 알려 말하였다.

"성자여. 나는 성자의 설법을 듣고 이익이 무량합니다. 나의 아내는 아녀자라서 부끄러움이 많은 까닭으로 이곳에 와서 설법을 들을 수 없으나 성자의 법을 매우 즐거이 듣고자 합니다. 만일 성자께서 덕을 내리시어 자비스럽게 법을 설하시면 나의 아내가 비로소 법을 들을 것입니다."

이때 구수 필린다바차가 알려 말하였다.

"나는 출가하고서 항상 병이 있으므로 갈 수 없습니다."

그 사람이 알려 말하였다.

"성자여. 우리들이 가마를 들고 가는 시자를 보내겠습니다."

대답하여 말하였다.

"세존께서 허락하지 않으실 것입니다."

이 인연으로 필추에게 알리고 필추는 세존께 아뢰었다. 세존께서는 이렇게 생각하셨다.

'나는 여러 필추들이 늙고 병이 있는 까닭으로 가마를 타는 것을 허락하여야겠구나.'

곧 여러 필추승가를 모으시고 대중 가운데에 나아가셔서 자리에 앉으시어 여러 필추에게 알려 말씀하셨다.

"지금부터는 중생을 이익이 되게 하는 까닭으로는 마땅히 가마를 탈 수 있느니라."

이때 육중 필추가 역시 대중 가운데 있으면서 세존께서 말씀하신 것과 같이 구수 필린다바차가 가마를 타고 많은 시자들에게 둘러싸여 범지 장자의 집으로 갔다는 말을 들었다. 육중은 듣고서 곧 여러 가지의 화려한 색깔의 그림이 그려진 보배수레를 타고 네거리를 지나서 재가인의 집을 드나들었다. 아울러 드나들면서 여러 사람들을 업신여기는 것이, 비유하면 풀과 나무가 앞뒤를 돌아보지 않는 것과 같았다. 바라문 장자가 물어 말하였다.

"성자여. 무슨 까닭으로 수레를 타십니까?"

대답하여 말하였다.

"세존께서 타는 것을 허락하셨습니다."

이때 많은 사람들이 모두 비난하고 싫어하면서 이렇게 말하였다.

"그대 등의 사문들은 욕심대로 하여도 됩니까?"

이때 여러 필추들이 이 인연으로 세존께 아뢰었다. 세존께서는 알려 말씀하셨다.

"그대들 필추들이여. 이미 이러한 허물이 있으니 마땅히 수레를 타지 말지니라. 다만 두 가지의 인연은 허락하나니 무엇이 두 가지인가? 첫째는 병을 얻어 약한 것이고, 둘째는 늙고 병이 있는 것이다. 이러한 인연이 있는 사람은 내가 마땅히 허락한다. 만약 인연이 없이 수레를 타는 자는 월법죄를 얻는다."

이때 어떤 필추가 인간 세상에 유행을 하면서 도중에 강을 만났는데 손에는 옷과 발우를 지니고 있어서 헤엄쳐 건너갈 수 없었다. 이때 여러 필추들이 인연을 갖추어 세존께 아뢰었다. 세존께서 말씀하셨다.

"그대들은 마땅히 헤엄치는 것을 배우도록 하라."

이때 여러 필추들은 세존께서 헤엄쳐 물을 건너는 것을 배우라고 하시는 말씀을 들었다. 어느 때 육중 필추는 아시다(阿市多) 강을 자주 헤엄쳐 건너다녔으며, 뒤에 거사녀(居士女)가 강변에 이르러 배가 없어 건너가지 못하고 오랫동안 번민(煩悶)하고 있는 것을 보았다. 이때 육중 필추는 그 여인에게 알려 말하였다.

"내가 마땅히 그대를 건네주겠소."

그러므로 여러 여인들은 이들이 출가한 사람인 것을 보고서 곧 믿어 함께 강을 건넜다. 마침내 물 가운데에서 여인의 몸을 여러 곳을 더듬었고, 저곳의 언덕에 이르러서 다시 여자에게 알려 말하였다.

"돌아갈 때도 내가 또 건네주겠소."

이때 그 여인이 알려 말하였다.

"그대들 대머리 사문이여. 매우 간사하고 악독한 성질을 품고 있구나. 나의 남편도 제멋대로 나의 몸 여러 곳을 더듬지 않거늘 하물며 그대들이 만진다는 말인가!"

곧 비난하고 꾸짖으며 욕을 하였다. 이때 여러 필추들이 이 인연으로 세존께 아뢰었다. 세존께서는 이렇게 생각하셨다.

'모든 허물이 일어난 것은 여인의 몸을 더듬은 까닭이니 나는 지금 여러 필추들에게 (학처를) 제정하여 여인의 몸을 더듬지 못하도록 해야겠구나.'

여러 필추를 모으시고 알려 말씀하셨다.

"육중 필추는 어리석은 사람이므로 세상에서 여러 가지 유루(有漏)인 사문의 비법을 지으며, 순리의 일을 따르지 않고, 비리와 부정으로 여인의 몸을 더듬었다. 그대들은 지금 이후에는 여인의 몸을 더듬지 않을 것이며 만약 몸을 더듬는 사람은 월법죄를 얻느니라."

세존께서 필추들은 여인을 더듬어서는 아니되는 계율을 제정하셨다.

어느 때 한 성주(城主)가 항상 경치가 좋은 동산과 연못을 사랑하여 아내와 자식과 권속을 데리고 의복을 치장하고는 동산에 갔다. 대중 가운데 한 여인이 병을 들고 강가에 가서 물을 뜨고 있었다. 이때 어느 필추가 강가에서 벌레가 물에 있는가를 살피며 물을 거르고 있었다. 여인은 필추가 강가에서 물을 뜨는 것을 보고 부끄러워 곧 멀리 가서 비좁고 험한 곳에서 물을 떴다. 병에 물을 담아 들어 올리면서 여인은 발을 잘못 밟아 물에 빠져 허우적거렸다. 이때 필추는 곧 이렇게 생각하였다.

'세존께서 학처를 제정하시어 여인의 몸을 만지지 말라고 하셨으며, 만약 만지는 사람은 월법죄를 얻는다고 하셨다.'

이때 필추는 구하지 않고 버리고 떠나갔다. 여인의 가족들은 늦어지는 것을 이상히 여겨 뒤에 서로가 찾아다니다가 필추에게 물어 말하였다.

"한 여인이 병에 물을 뜨는 것을 보셨습니까?"

필추가 대답하여 말하였다.

"물에 빠져 허우적거리고 있는 것을 보았습니다."

대답하여 말하였다.

"성자여. 유정(有情)을 불쌍히 여기어 물에 잇는 작은 벌레를 살피면서도 지금 여인이 물에 빠진 것을 보고도 어떻게 버리고 구해주지 않았습니까?"

필추가 알려 말하였다.

"세존께서는 여인의 몸을 만지지 말라고 하셨습니다."

이 말을 듣고서 비난하고 싫어하였다. 이때 여러 필추들이 이 인연으로 세존께 아뢰었다. 세존께서 말씀하셨다.

"만약 죽을 재난이 있으면 반드시 구해줄 것이며, 만약 스스로 구제할 수 있어 놓으라고 하면 곧 놓도록 할지니라."

이때 여러 필추들이 붙잡을 때에 염심이 일어났다.

세존께서 말씀하셨다.

"그대들은 여인을 붙잡을 때 마땅히 어머니와 같이 보고 자매와 같이 생각하고서 구하여 건져줄지니라."

구해준 사람이 물을 마시고 정신을 잃어 깨어나지 못하였다. 세존께서 말씀하셨다.

"모래 언덕 위에서 얼굴을 땅에 대고 눕혀 놓아라."

이때 필추들이 다만 얼굴을 땅에 대어 눕혀두고 떠나가서 마침내 까마귀와 독수리·야간(野干)에게 잡혀 먹혔다. 세존께서 말씀하셨다.

"버리고 떠나는 것은 옳지 않다. 마땅히 옆에서 지키도록 하라."

필추가 여인의 몸 근처에서 지키면서 곧 염심이 일어났다. 세존께서 말씀하셨다.

"근처에서 머무르는 것은 옳지 않다. 때에 따라서는 마음으로 지켜줄지니라."

필추가 지켜준 까닭으로 때가 지나서 공양을 하지 못하였다. 세존께서 말씀하셨다.

"필추가 지켜주다가 공양 때가 되면 소와 양을 치는 사람에게 알려 지키도록 하며 떠나가고 공양하고 반드시 되돌아와서 다시 지키면서 살아 있는가, 죽었는가를 알아보도록 할지니라."

이때 육중 필추가 아시다 강가에서 목욕을 하고 있었다. 어떤 다른 장자집의 소가 평소처럼 강을 건너가고 있었다. 이때 육중은 각자 젖소의 꼬리를 잡고서 강을 건너갔는데 이런 까닭으로 소들이 마침내 우유가 나오지 않게 되었다. 장자가 소치는 사람을 꾸중하였으며, 소치는 사람은 앞의 일을 자세히 설명하였고, 장자는 필추들을 비방하였다. 이때 여러 필추들이 이 인연으로 세존께 아뢰었다. 세존께서는 인연으로 여러 필추들을 모으시고 알려 말씀하셨다.

"그대들이 소의 꼬리를 잡고서 물을 건너는 것은 옳지 않다. 만약 범하는 사람은 월법죄를 얻느니라."

세존께서 학처를 제정하시어 소의 꼬리를 잡고 강을 건너는 것은 금지하셨다. 어느 때 많은 필추들이 강물을 건너려고 하였으나 강에 배와 뗏목이 없어서 건널 수 없었다. 이것을 인연으로 세존께 아뢰었다. 세존께서는 여러 필추들에게 알려 말씀하셨다.

"그대들은 마땅히 알지니라. 붙잡고 강을 건너갈 수 있는 것은 다섯 가지가 있다. 이를테면 코끼리·말·송아지·묘우(貓牛)3)와 부낭(浮囊)4) 등이다."

이때 육중 필추는 곧 여러 가지 장식으로 장부와 부인의 모습을 그린 부낭으로 강을 건너갔다. 범지와 거사가 함께 말하였다.

"이것은 무슨 도(道)의 이치입니까?"

대답하여 말하였다.

"세존께서 우리에게 허락하셨습니다."

이때 바라문과 거사들이 모두 비난하고 싫어하였다.

"이 대머리 사문들은 염욕으로 저렇게 하는구나."

이때 여러 필추들이 이 인연으로 세존께 아뢰었다. 세존께서 말씀하셨다.

3) 배를 멈추기 위하여 밧줄에 매달아 물속에 넣는 철로 만든 닻을 가리킨다.
4) 강물을 건너면서 물속에 빠지지 않도록 띄우는 큰 주머니를 가리킨다.

"그대들 여러 필추들은 여러 가지로 장부와 부인의 모습을 그린 부낭으로 강을 건너지 말지니라. 마땅히 두 가지 부낭을 허락하나니, 첫째는 갈색(褐色)이고, 둘째는 작은 부낭이니라."

세존께서 바른 법을 설할 때에 어떤 필추가 와서 길에서 검은 뱀을 보고서 말하였다.

"장자를 보았다."

세존께서 말씀하셨다.

"필추는 마땅히 나막신을 신어라."

인연은 실라벌성에 이루어졌다.

이때 급고독 장자는 좋은 새로운 집을 짓고서 여러 가지 그림으로 장식하였고 필추들을 초청하여 이곳에서 설법과 아울러 경전도 독송하도록 하였다. 공양 후에 편히 쉬는 때에는 옷을 수선하기를 청하고 또한 여러 가지의 사자좌(師子座)도 준비하였다. 그 설법하는 처소에서 이때 한 필추가 나막신을 신고 와서 그 땅위에 발자국을 만들어 구덩이가 생겼다. 급고독 장자는 날이 밝아 아침이 되어 세존께 예배를 올리려고 가서 땅을 보니 나막신이 밟아 구덩이가 생겨나 있었다. 물어 여쭈었다.

"성자시여. 왕과 4병(兵)이 이곳에 와서 머물렀습니까?"

대답하여 말씀하셨다.

"아닙니다. 어떤 필추가 나막신을 신고서 밟아 훼손시킨 것이오."

장자가 비난하고 싫어하니 세존께서 말씀하셨다.

"그대들은 나막신을 신으면 마침내 땅을 훼손하므로 지금 이후에는 마땅히 나막신을 저장하지 말라. 만약 저장하는 사람은 월법죄를 얻느니라."

필추가 석 달 동안 재가에서 안거하면서 가죽신이 많이 찢어져 신을 수 없었다. 이때 여러 필추들이 이 인연으로 세존께 아뢰었다. 세존께서 말씀하셨다.

"만약 재가에 있을 때는 나막신을 신어도 범하는 것이 없느니라."

이때 신심이 있는 장자와 바라문이 나막신을 여러 필추들에게 보시하였으나 필추들은 모두 즐거이 받지 않았다. 모두가 필추들에게 말하였다.

"세존께서 세상에 출현(出現)하시기 이전에는 외도가 복밭이 되었으나, 세존께서 출현하신 뒤부터는 당신들이 복밭이 되나니 우리를 불쌍히 생각하시고 받아주십시오."

이때 여러 필추가 이 인연으로 세존께 아뢰었다. 세존께서 말씀하셨다.

"마땅히 받으라. 받아 뒷간 옆에 두고 사용하라."

섭수하여 게송으로 말씀하셨다.

> 대나무 잎과 창포와 새끼줄의 신발을
> 구지이(俱胝耳)[5]를 보호하기 위하여 허락하노라.
> 일찍이 남의 가죽신을 빼앗아 꾸미고
> 몸에 장식하고 아울러 두르고 있구나.

세존께서 여러 필추에게 말씀하셨다.

"나막신은 신지 못하므로 마땅히 대나무 잎을 따서 신발을 만들라."

여러 필추가 대나무 잎으로 만든 신을 신어서 곧 걱정이 생겨났다. 세존께서 여러 필추에게 말씀하셨다.

"지금 이후부터 대나무 잎으로 만든 신을 저장하지 말라. 마땅히 창포 잎으로 만든 신발을 신을지니라."

창포 잎으로 만든 신발을 신으니 오히려 걱정이 생겨났다. 세존께서 여러 필추에게 말씀하셨다.

"창포 잎으로 만든 신발을 저장하지 말지니라. 그대들 필추들은 새끼줄로 만든 신발을 신을지니라."

새끼줄로 만든 신발을 신으니 오히려 걱정이 생겨났다. 세존께서 여러 필추들에게 말씀하셨다.

"새끼줄로 만든 신발도 저장할 수가 없는가?"

이때 여러 필추들이 풍종(風腫)[6]을 앓아 양쪽 넓적다리가 병을 얻어서

---

5) '억이(億耳)'를 다르게 부르는 이름이다.

고통이 심하였고, 고름이 흘러서 가죽신이 모두 썩어갔다. 이때 여러 필추들이 이 인연으로 세존께 아뢰었다. 세존께서 말씀하셨다.

"그대들 필추들이여. 만약 양쪽 넓적다리에 풍종을 앓고 있을 때는 마땅히 새끼줄로 만든 신발을 신으며 의심하지 말지니라."

이때 구지이 동자의 몸은 부드럽고 윤택하였으니 전생의 업보가 성숙하였던 까닭이고, 발바닥에 금색털이 있었고 길이가 손가락으로 네 뼘이었다. 이때 육중 필추가 보고서 서로에게 말하였다.

"이 동자는 오히려 생소(生酥)가 병에 가득한 것과 같은데 지금 세존의 가르침에 출가하여 능히 어떠한 물건이 될 수 있을까?"

동자가 듣고서 마음이 불편하여 곧 아난다의 처소로 가서 그의 발에 예배하고 알려 말하였다.

"존자여. 어떻게 한마음을 향하여 부지런히 구하면 삼마지(三摩地)를 행할 수 있습니까?"

대답하여 말하였다.

"구수여. 세존께서 말씀하신 것과 같이 경행(經行)하는 것이 가장 좋을 듯하네."

곧 심마사나(深摩舍那)[7]의 경행하는 땅으로 가서 경행을 하였으나, 경행을 많이 하는 까닭으로 발바닥의 네 뼘이 되는 털이 모두 벗어졌고, 두 발은 찢어졌으며, 피가 땅에 흘러내려 양을 죽인 것 같았고, 이곳저곳에서 까마귀가 뒤를 따르며 먹을 것을 찾았다. 모든 부처님의 상법(常法)에서는 아직 열반에 들지 않았으면 때때로 강가에 가서 유행하는 것을 보는 것은 앞에서 설명한 것과 같다. 이러한 까닭으로 세존께서도 이곳에 유행하셨고 나아가 억이의 주처에서도 유행하셨다. 세존께서는 억이가 유행한 곳을 보셨고 피를 흘린 것도 모두 아시면서도 일부러 아난다에게

---

6) 땀이 난 뒤에 바람을 쐬어 풍습(風濕)이 피부에 머물러 생긴 부종으로 온 몸에 바람이 들어오는 것 같고, 몸이 붓는다. 바람을 쐬고 차게 하면 더 심해지는 병이다.
7) 서다림의 다른 이름이다.

물어 말씀하셨다.

"이곳은 어느 필추가 한마음을 향하여 부지런히 삼마지를 구하였던 곳인가?"

이때 구수 아난다가 세존께 아뢰어 말하였다.

"이곳은 억이가 경행하던 곳입니다."

세존께서 말씀하셨다.

"아난다여. 나는 지금 억이에게 한 겹이 밑바닥인 가죽신을 신는 것을 허락한다. 두 겹이나 세 겹의 것은 신지 않을 것이고, 만약 밑바닥이 찢어지면 수선하여 신어라."

이때 구수 아난다는 곧 억이의 처소로 가서 알려 말하였다.

"구수여. 세존께서 한 겹의 가죽신을 신으라고 하셨네. 두 겹·세 겹의 것은 신지 않을 것이고, 만약 밑바닥이 찢어지면 마땅히 수선하여 편안하게 신고서 복덕을 수행하라고 하셨네."

알려 말하였다.

"성자여. 세존께서 모든 필추에게 신도록 허락하셨습니까? 아니면 내가 혼자 신도록 허락하셨습니까?"

이때 아난다가 알려 말하였다.

"세존께서는 그대가 경행을 할 때에 피가 흘러내리는 것을 보시고 혼자에게 신으라고 하셨네."

억이가 대답하여 말하였다.

"구수여. 누가 감히 세존의 가르침을 어길 수 있겠습니까? 그러나 나 혼자서 신으면 스스로 범행을 닦는 다른 필추들이 보고서 말할 것입니다.

'나는 부모와 모든 권속과 많은 재산과 보배·궁전 등의 모두를 버리고 출가하였는데, 저 홀로 가죽신을 신도록 허락하였는가?'

만약 세존께서 모든 필추승가도 신도록 허락하시면 나도 또한 가르침에 의거하여 신을 것이고, 만약 그렇지 않으면 나 혼자는 감히 신을 수 없습니다."

아난다가 세존의 처소로 나아가 이 일을 갖추어 아뢰었다. 세존께서는 아난다에게 말씀하셨다.

"지금부터 모든 필추승가에게 한 겹의 가죽신을 신는 것을 허락하노라. 두 겹·세 겹의 것은 신지 않을 것이고, 만약 찢어지면 수선하여 신을지니라."

이때 구수 아난다는 모든 필추승가를 모이게 하고서 알려 말하였다.

"세존께서 모든 필추에게 한 겹의 가죽신을 신는 것을 허락하셨습니다. 두 겹·세 겹의 것은 신지 않을 것이고, 만약 찢어지거든 수선하여 신으라고 하셨습니다."

대중 가운데에서 한 마하라(摩訶羅)[8]의 출가인이 가죽신을 신고 경행하는 곳으로 향하였다. 세존께서 말씀하셨다.

"나의 눈앞에서 떠나거라."

이 말을 마치시고는 곧 모든 필추 승가를 모으시고 말씀하셨다.

"만약 내가 재가에 있으면 가죽신을 신고 와서 나를 만날 수 있으나, 만약 내가 홀로 다른 처소에서 필추인 성문의 대중 가운데 있으면 가죽신을 신고 와서 나를 볼 수는 없느니라."

세존의 말씀과 같이 하였으나, 어떤 필추가 발을 씻을 때 그 물병이 파손되었다. 마침내 깨끗한 물을 담아놓은 그릇의 물로써 발을 씻고서 다시 입에 가득 물을 머금고 전갈처럼 걸어갔다. 이때 육중 필추가 보고서 이렇게 말하였다.

"음악소리가 들리지 않는데 춤을 추는 것인가?"

육중 필추가 곧 입으로 음악소리를 내니 다른 필추들이 이렇게 말하였다.

"그대들은 무슨 까닭으로 희롱하는 것인가?"

육중 필추가 대답하여 말하였다.

"그대들은 어찌 이 필추가 음악소리도 없이 춤추는 것을 보지 못하였는가?"

이때 여러 필추들이 이 인연으로 세존께 아뢰었다. 세존께서는 아시면서

---

8) 늙었거나 바보 같은 사람을 부르는 말이다.

일부러 물으시고는 나아가 마하라 필추에게 말씀하셨다.

"그대는 어떠한 생각으로 이러한 일을 지었는가?"

필추가 아뢰어 말하였다.

"와구를 더럽히지 않으려는 까닭이었습니다."

이때 세존께서 모든 필추에게 알려 말씀하셨다.

"만약 와구를 깨끗하게 보호하기 위한 까닭으로 이와 같이 지었으면 허물이 없느니라. 나는 지금 모든 필추들에게 와구를 깨끗이 보호하기 위하여 마땅히 한 겹의 가죽신을 신는 것을 허락한다. 그러나 두 겹·세 겹은 아니되고 찢어져 구멍이 생기면 마땅히 수선하여 신어라."

인연은 실라벌성에서 이루어졌다.

이때 한 명의 걸식하는 필추가 있었으며, 어떤 장자가 이 필추를 깊이 공경하며 믿었다. 이때 필추는 맨발로 새벽에 가사를 입고 발우를 지니고 실라벌성에 들어가 걸식하였는데 가죽신을 신지 아니하여 발이 찢어지고 갈라진 것을 장자가 보고 알려 말하였다.

"성자여. 가죽신이 없어 신지 않으셨습니까?"

대답하여 말하였다.

"현수여. 나는 가죽신이 없습니다."

다시 알려 말하였다.

"성자여. 함께 가죽신을 만드는 집에 가서 발의 크기를 재고 가죽신을 만들도록 하시지요."

그래서 이 필추와 함께 곧 가죽신을 만드는 집으로 가서 알려 말하였다.

"현수여. 이 출가인의 발을 재고 한 겹의 가죽신을 만들어 드리십시오."

그 가죽신을 만드는 사람은 곧 발을 재고서 문득 이렇게 생각하였다.

'이 사문인 석자는 말로써 값을 지불하니 만약 내가 만든다면 기간을 오래 잡아야겠구나. 신발값을 받을 수 없을 것이다.'

이때 여러 필추들은 모두 한 겹의 가죽신을 신었으나 그 걸식필추는 여러 번 가죽신을 만드는 집에 갔으나 신발을 찾지 못하여 다시는 가지 않았다. 뒤에 그 신심 있는 장자가 걸식필추를 보았으나 아직도 가죽신을 신지 아니하여서 필추에게 물어 말하였다.

"무슨 까닭으로 가죽신을 신지 않으셨습니까?"

대답하여 말하였다.

"아직 얻지 못하였습니다."

이때 장자는 그 필추와 함께 곧 가죽신을 만드는 집으로 가서 가죽신을 찾으려고 하니 그 사람이 대답하였다.

"한 겹으로 된 가죽신은 없고 여러 겹으로 된 가죽신은 많이 있으니 마음대로 골라 가져가십시오."

그 걸식필추가 대답하였다.

"세존께서 여러 겹의 가죽신을 신는 것을 허락하지 않으셨습니다."

장자가 알려 말하였다.

"일단 이 신을 가지고 처소로 가시어 한 겹을 잘라내십시오."

필추는 신발을 받고서 머무르는 처소에 이르러 잠시 앉아 신발을 자르고자 하였다. 이때 세존께서 오시어 보시고 모든 부처님의 상법을 아시면서도 일부러 물으시고 나아가 알려 말씀하셨다.

"그대는 무슨 일을 하고 있는가?"

필추가 곧 갖추어 대답하니 세존께서 말씀하셨다.

"이와 같이 하지 말라."

세존께서는 다시 이렇게 생각하셨다.

'이렇게 신심있는 바라문·장자·거사 등이 나의 성문제자들에게 여러 겹의 가죽신을 시주하니 나는 마땅히 열어서 허락해야겠구나.'

이렇게 생각하시고 여러 필추승가를 모으시고 알려 말씀하셨다.

"지금 어떤 장자가 필추에게 여러 겹의 가죽신을 시주하였으나 그 필추는 이것을 잘라서 한 겹으로 짓고자 한다. 나는 이 일을 인연하여 지금 필추들에게 허락하나니, 만약 어떤 장자가 여러 겹의 가죽신을 이미 신고 와서 필추에게 시주하면 받아 신을지니라."

이때 구수 오파리가 세존께 아뢰었다.

"대덕이시여. 세존께서 말하시기를 거사가 일찍이 신었던 여러 겹의 가죽신을 받는 것을 허락하셨으나, 어떤 것이 거사가 일찍이 수용한 것인가를 알지 못하고 있습니다."

세존께서 말씀하셨다.

"만약 거사가 일찍이 신고 다니면서 일곱 걸음이나 여덟 걸음을 걸었으면 이것을 일찍이 수용한 신발이라고 하느니라."

인연은 광엄성(廣嚴城)에서 이루어졌다.

이때 이 성 안에서는 여러 가지의 가죽신을 만들었다. 이때 혹은 '기기이이(棄棄爾爾)'의 소리가 나기도 하였고, 혹은 '시시이이(是是爾爾)' 소리가 나기도 하였으며, 그 가죽신의 모양도 혹은 양의 뿔과 같은 것도 있고, 혹은 보리수(菩提樹)와 같은 것도 있었으며, 여러 가지로 채색하고 장엄하여 값은 다섯 금전(金錢)이었다. 이때 육중 필추가 사람들이 신은 신발을 보고 곧 자기의 가죽신을 버리고서 다른 사람의 신을 밟고 그 사람을 넘어뜨리고 강제로 빼앗으면서 이렇게 말하였다.

"이 가죽신을 시주한 인연으로 원하건대 다음 세상에는 항상 보배의 신발을 신으며 천당(天堂)에 태어나 쾌락(快樂)을 얻으십시오."

이때 바라문과 거사들이 모두 싫어하고 부끄러운 마음을 일으켜 함께 비난하고 비웃었으며 사방의 먼 곳까지 사문인 석자가 강제로 다른 사람의 신발을 빼앗았다는 소문이 들렸다. 이때 어느 바라문이 곧 많은 값을 주고 가죽신 하나를 샀으며 이렇게 생각하였다.

'나의 사위가 오면 마땅히 신도록 주어야겠다.'

오래지 않아 사위가 왔으며, 먼 길에 피곤하여 쉬고서 먼저 목욕을 하고 몸에 향을 바르고 여러 가지 영락(瓔珞)9)을 매달고서 밥을 먹었다. 장자는 사위에게 가죽신을 주면서 알려 말하였다.

---

9) 범어(梵語)로는 mukta-ha-ra라고 하며, 구슬을 꿰어 몸에 달아 장엄하는 기구를 말한다. 인도의 귀인들은 남녀가 모두 영락을 두르며, 단장한다. 후세에는 불상이나 불상을 모시는 궁전을 장엄할 때에 꽃모양으로 만든 금속장식이나 주옥을 섞어 쓰는 것을 영락이라 하게 되었다. 영락의 종류는 손목 장식 영락(手瓔珞), 발을 장식하는 영락(脚瓔珞), 팔뚝 장식 영락(臂瓔珞), 목 장식 영락(咽瓔珞) 등 여러 유형이 있다.

"자네는 내가 큰 공덕으로 이 신발을 샀으니, 그대는 마땅히 잘 간직할 것이며 사문인 석자에게 빼앗기지 않도록 하게."

날이 밝아 그 사위는 가죽신을 신고 네거리로 나가서 곧 걸식필추가 이른 아침에 가사를 입고 발우를 지니고 차례로 걸식하는 것을 보았다. 그는 필추를 보고서 마음 속으로 의심을 품고 다른 집으로 피하여 들어갔으나 필추가 다시 걸식하기 위하여 그 집으로 들어오니 그 사람이 그 집에서 나와 다른 집으로 가려고 하면서 말하였다.

"성자시여. 어떠한 인연으로 나를 따라 오는 것입니까? 나는 절대로 가죽신을 주지 아니할 것입니다."

필추는 대답하여 말하였다.

"현수여. 나는 걸식하는 것이며, 그대의 가죽신을 구하는 것이 아닙니다."

이때 여러 필추가 이 인연으로 세존께 아뢰었다. 이때 세존께서는 이렇게 생각하셨다.

'지금의 잘못이 일어난 것은 장식한 가죽신 때문이구나.'

세존께서는 여러 필추를 모으시고 알려 말씀하셨다.

"육중 필추가 다른 사람이 신고 있는 좋은 가죽신을 보고 강제로 빼앗아 여러 바라문과 거사들이 모두 함께 비난하고 싫어한다. 이러한 까닭으로 필추는 마땅히 색깔로 장식한 가죽신을 신지 말지니라. 만약 신는 사람은 월법죄를 얻느니라."

인연은 실라벌성에서 이루어졌다.

가죽신을 신는 것을 허락하시어 이때 여러 필추들이 가죽신에 발이 마찰되어 발에 상처가 생겼다. 걸식할 때 바라문과 거사가 이러한 것을 보고 이렇게 말하였다.

"성자여. 발이 나쁜 까마귀에 공격당하여 상처를 입었습니까?"

대답하여 말하였다.

"그렇지 않습니다. 이것은 가죽신에 마찰되어 상처가 난 것입니다."

"어찌하여 가죽끈이 있는 신발을 신지 않습니까?"

　대답하여 말하였다.

　"세존께서 허락하지 않으셨습니다."

　이때 여러 필추들이 이 인연으로 세존께 아뢰었다. 세존께서는 모든
필추들에게 말씀하셨다.

　"가죽끈이 있는 신발을 신는 것을 허락하노라."

　인연은 왕사성에서 이루어졌다.

　이때 여러 필추들은 취봉산(鷲峰山)에 올라갔다. 이때 어느 필추가 엄지
발가락에 상처가 생겼으나 성 안에 들어가 걸식을 하였다. 바라문과
거사들이 앞에서와 같이 묻고 대답하였으며, 세존께서는 여러 겹의 가죽신
을 신는 것을 허락하셨다. 산을 내려올 때 또한 발꿈치가 상처가 생겨
나아가 세존께서는 양쪽의 신발 안에 덧대어 신는 것을 허락하셨다.

　섭수하여 게송으로 설한다.

　　암혜(菴鞋)10)와 가죽신(靴鞋)을 신고
　　부라(富羅)11)는 한설(寒雪)에서 신으며
　　사냥꾼이 베푸는 곰의 가죽은 받을 것이고
　　신발을 꿰매는 송곳과 칼은 저장하여라.

　인연은 실라벌성에서 이루어졌다.

　이때 장맛비(霖雨)가 내렸으나 여러 필추들이 풀로 엮은 신발을 신고
곧 걸식하였다. 필추들의 발에 모두 땀띠가 생겨나서 겨자씨와 같았다.
이때 바라문과 거사들이 모두 물었다.

　"성자여. 무슨 까닭으로 발에 이렇게 땀띠가 생겼습니까?"

　대답하여 말하였다.

　"풀로 만든 신발 때문에 마침내 이렇게 되었습니다."

　이때 바라문 등이 알려 말하였다.

---

10) 여러 가지의 풀로 만든 신발을 말한다.
11) 산스크리트어 pūla의 음사로서 목이 짧은 가죽신을 가리킨다.

"성자여. 어찌하여 옹두혜(罋頭鞋)12)를 신지 않으십니까?"

대답하여 말하였다.

"세존께서 아직 허락하지 않으셨습니다."

세존께서 필추들을 모으시고 알려 말씀하셨다.

"지금부터 모든 필추들에게 옹두혜를 신는 것을 허락하노라."

어느 때 실라벌성의 큰 길에 수풀이 무성하게 자라서 필추들이 지나갈 때 복사뼈에 상처를 입었다. 바라문과 거사들이,[이하 자세한 내용은 생략한다.] 세존께서 말씀하셨다.

"가죽신을 신는 것을 허락하노라."

악생태자(惡生太子)13)가 미혹되고 어리석은 까닭으로 겁비라성(劫比羅城)의 여러 석가종족들을 죽였다. 이때 성 안에서는 서쪽으로 달아나는 사람도 있었고, 혹은 니파라(泥婆羅)14)로 투항하였으며, 니파라로 들어간 사람들은 모두 구수 아난다의 권속이었다. 뒤에 실라벌성의 상인이 여러 재화와 물건을 가지고 니파라로 갔으며 석가의 종족들이 상인을 보고 물어 말하였다.

"우리가 지금 이러한 고통과 핍박을 만났으나, 아난다 성자는 어찌하여 이곳에 와서 우리를 돌보지 않습니까?"

이때 여러 상인들은 한마음으로 기억하고 교역을 마치고 실라벌성으로 돌아가서 아난다에게 갖추어 알렸다.

"성자의 권속들이 니파라에 있으며 이와 같이 말하였습니다."

성자 아난다는 여러 상인들로부터 이 말을 듣고 마음으로 슬퍼하며 곧 니파라국으로 떠났다. 그 나라는 매우 춥고 눈이 많아 아난다는 손과 발이 갈라져서 실라벌성으로 되돌아왔다. 여러 필추들이 보고 물어 말하였다.

---

12) 풀 등을 많이 섞어 엮은 신발을 가리킨다.
13) 코살라국의 왕자로 석가족의 하녀와 波斯匿王(Pasenadi)의 아들이다. 부왕인 波斯匿王을 王舍城으로 쫓아내고 왕위를 찬탈한 뒤 스스로 전륜성왕이 되려는 야심을 품고 북인도 통일에 나서 석가족이 사는 가비라위성을 정복하였다.
14) 지금의 네팔 지역을 가리킨다.

"아난다여, 그대의 손발은 부드럽고 유연한 것이 오히려 혀와 같았으나 어떤 인연으로 이렇게 갈라졌습니까?"

대답하여 말하였다.

"니파라국 가까이에 설산(雪山)이 있으며, 바람과 눈 때문에 지금 나의 손발이 이렇게 되었습니다."

다시 물었다.

"그대의 권속들은 어느 곳에서 어떻게 살고 있습니까?"

대답하여 말하였다.

"부라(富羅)를 신고 있습니다."

다시 물었다.

"그대는 무슨 까닭으로 부라를 신지 않았습니까?"

대답하여 말하였다.

"세존께서 아직 허락하지 않으셨습니다."

이때 여러 필추들이 이 인연으로 세존께 아뢰었다. 세존께서 말씀하셨다.

"추위와 눈이 있는 곳에서는 마땅히 부라를 신을지니라."

이때 구수 오파리가 세존께 아뢰었다.

"세존께서 말씀하신 것과 같이 눈과 추위가 있는 곳에서는 마땅히 부라를 신으라고 하셨는데 어느 곳이 눈과 추위가 있는 나라입니까?"

세존께서 말씀하셨다.

"그릇에 물을 가득 담아 놓아서 얼면 이곳은 추위나 눈이 있는 처소이니라."

다시 어느 한 사냥꾼이 필추의 처소에서 깊고 청정한 신심을 일으켰다. 이때 사냥꾼은 곰가죽을 하나 얻어서 곧 가서 받들어 시주하였으나 필추가 받지 아니하였다. 세존께서 이곳에 오시어 이미 아시면서도 일부러 아난다에게 물으셨다.

"사냥꾼이 무슨 까닭으로 필추를 따라다니는가?"

아난다가 다시 그 필추에게 물어서 이 인연을 알고서 세존께 아뢰었다.

세존께서 말씀하셨다.

"희유(稀有)한 사냥꾼이로다. 청정한 신심을 일으켰으나 천 가지의 종류로서 교화하여도 마침내 살생하는 업을 멈추게 할 수가 없을 것이다. 이러한 까닭으로 곰의 가죽을 받도록 허락하노라."

불당(佛堂)의 문짝을 밑에 깔고서 위에 편안히 앉기도 하였고, 혹은 다리의 곁에 두고서 눈에 밝게 보이도록 하였으며 아울러 치질병도 고쳤다. 이때 어느 한 필추가 가죽신이 찢어져 가죽신을 만드는 집으로 고치려고 갔으나 오래도록 돌아오지 않아 마침내 다시 찾고자 하였다. 다른 한 필추가 물어 말하였다.

"그대는 어찌하여 스스로 꿰매지 않는가?"

대답하여 말하였다.

"내가 비록 잘 꿰맬지라도 세존께서 아직 허락하지 않으셨습니다."

이때 여러 필추들이 이 인연으로 세존께 아뢰었다. 세존께서 말씀하셨다.

"만약 꿰맬 수 있다면 마땅히 가려진 곳으로 가서 스스로 꿰매어 신도록 하라."

이미 허락을 받고서 곧 그 필추가 있는 곳으로 가서 알려 말하였다.

"구수여. 세존께서 스스로 꿰매는 것을 허락하셨네."

대답하여 말하였다.

"반드시 송곳과 칼과 나아가 가죽끈이 있어야 합니다."

이때 여러 필추들이 이 인연으로 세존께 아뢰었다. 세존께서 말씀하셨다.

"모든 필추들에게 송곳·칼·가죽끈과 나아가 실을 갖는 것을 허락하노라. 아울러 이것은 범한 것이 없느니라."

근본설일체유부비나야갈치나의사
根本說一切有部毘奈耶羯恥那衣事

근본설일체유부비나야갈치나의사

이때 세존께서는 실라벌성의 서다림에 있는 급고독원에 머무르셨다.

이때에 많은 필추들이 자래성(自來城)에서 3개월의 우안거(雨安居)[1]를 마친 뒤에 각자 옷과 발우를 가지고 세존의 처소로 나아갔다. 길을 가는 중간에 진흙비(泥雨)를 맞았고, 더위에 지쳤으며, 들풀에 몸이 베였고, 온몸에 땀을 흘리면서 점차 유행하여 실라벌성에 도착하였다.

이때 여러 필추들은 옷과 발우를 잘 놓아두고 발을 씻고서 세존의 처소에 이르러 세존의 두 발에 이마를 대어 예배드리고 한쪽에 앉았다. 세존의 상법(常法)에는 객필추를 보면 서로 위로하여 묻게 되어 있었다.

"그대들은 어느 처소에서 안거를 하였고 이곳으로 왔는가?"

아뢰어 말하였다.

"세존이시여, 우리들은 자래성에서 3개월의 안거를 마치고 이곳에 왔습니다."

물어 말씀하셨다.

"그대들은 그곳에서 안거하는 세달 동안에 안락하게 머물렀으며, 음식을 걸식하며 구하는데 어려움은 없었는가?"

대답하여 말하였다.

"세존이시여. 우리들은 세달 동안 안락하게 머물렀으며 음식을 걸식하는 것도 어려움이 없었습니다. 우리들은 그곳에서 옷과 발우를 지니고 길을 오는 도중에 진흙 비에 고통을 받았고, 몸이 매우 피곤하였으나 점차로 이곳에 이르렀습니다."

---

1) 인도는 기후의 특성으로 우기에는 3개월 동안 비가 계속 내리기 때문에 이러한 이유로 계율을 범하므로 한곳에 머물러 수행하였다.

세존께서 들으시고는 이렇게 생각하셨다.

'나의 여러 제자들이 우안거를 마치고 세상을 유행하면서 옷과 발우를 지니고 다니면서 길에서 진흙 비를 만나 몹시 고통을 받았으니 몸이 매우 피곤하겠구나. 내가 지금부터 모든 필추들이 안락하게 머무르게 하고 아울러 모든 시주들의 복이 늘어나도록 하기 위하여 모든 필추들이 갈치나의(羯恥那衣)2)를 입도록 허락해야겠구나.

이 옷을 입을 때는 다섯 가지의 수승한 이익이 있으니, 첫째는 10일을 지나도 범하는 것이 없고, 둘째는 1개월을 지나도 범하는 것이 없으며, 셋째는 하룻밤 동안 옷을 떠나서 잠을 자더라도 범하는 것이 아니고, 넷째는 위·아래의 두 가지 옷을 입어도 세상을 유행할 수 있으며, 다섯째는 마음대로 여분의 옷을 저장할 수 있는 것이다.

다시 다섯 가지의 이익이 있으니, 첫째는 대중과 별도로 음식을 얻을 수 있고, 둘째는 자주 음식을 얻을 수 있으며, 셋째는 재가에서 청하지 않아도 가서 음식을 받을 수 있고, 넷째는 마음대로 많은 옷을 구할 수 있는 것이며, 다섯째는 8월 보름부터 정월 보름까지 5개월을 지내면서 얻은 재물은 모두 갈치나의에 이양이 되기 때문이다. 이와 같이 허락하여 모든 제자들이 안락하게 머무르도록 해야겠구나.'

곧 여러 필추들에게 알려 말씀하셨다.

"그대들에게 안락하게 머무르게 하고, 아울러 여러 시주들의 복을 증장하기 위한 까닭으로 우안거의 대중들에게 갈치나의를 허락한다. 얻으면 많은 이익이 있으며, 앞에서의 열 가지와 같으니라."

세존께서 말씀하신 것과 같이 갈치나의를 베풀었으나, 모든 필추들이 어떻게 입는가를 알지 못하였다.

세존께서 말씀하셨다.

"3달 안거에서 대중들이 얻은 옷과 물건을 가지고 마땅히 옷을 지어라. 먼저 말로써 아뢰어 대중들에게 알려야 한다.

2) 공덕의(功德衣)·견의(堅衣)라고도 하고, 안거가 끝난 뒤 일정한 기간 동안 입을 수 있는 일종의 평상복이다.

'대중들은 마땅히 아십시오. 지금 안거에서 필추대중이 이러한 옷을 얻었습니다. 만약 대중들이 원하시면 장차 이 물건으로 대중을 위하여 갈치나의를 짓고자 합니다.'

다음날이 되면 건치를 울려 승가를 모으고서 말로써 널리 알리고서 한 명의 필추에게 아뢰게 하라.

"대덕 승가께서는 들으십시오. 이 옷은 이곳에서 우안거의 승가가 얻은 이양물입니다. 승가시여. 지금 함께 이 옷으로 갈치나의를 짓고자 합니다. 이 옷은 마땅히 승가를 위하여 갈치나의를 지어야 합니다. 만약 갈치나의를 입으면 비록 결계를 벗어나도 지녔던 3의(衣)를 떠나 잠을 자더라도 오히려 허물이 없으니, 하물며 다른 옷이겠습니까? 만약 승가께서 때에 이르렀음을 인정하시면 승가께서는 마땅히 허락하십시오. 승가시여. 지금 이 옷으로 어느 필추에게 마땅히 승가를 위하여 갈치나의를 짓도록 하겠습니다. 만약 이 옷을 입는다면 비록 결계를 벗어나도 지니고 있는 3의를 떠나 잠을 자더라도 허물이 없으니, 하물며 다른 옷이겠습니까? 이와 같이 아룁니다.'

갈마는 아뢴 것에 의거하여 성립된다.

다음으로 마땅히 갈치나의를 만들 필추를 뽑아야 한다. 반드시 다섯 가지의 덕을 갖추었으면 마땅히 헤아려서 뽑아라. 이를테면, 욕심·애욕·성냄·어리석은 것이 없고, 베푸는 것과 베풀지 않는 것을 아는 것이다. 만약 이와 같지 않으면 뽑지 않아야 하고, 이와 같으면 마땅히 뽑아라. 앞에서의 방편(方便)으로 대중들을 바로 모으고서 마땅히 먼저 할 수 있는가? 없는가를 물어야 한다.

'그대 누구는 승가를 위하여 갈치나의를 짓는 사람이 될 수 있습니까?'
만약 할 수 있으면 말하기를 대답한다.
'나는 할 수 있습니다.'
다음은 한 필추에게 백갈마를 짓게 하고서 뽑는 것을 말한다.
'대덕 승가께서는 들으십시오. 이 필추 누구는 즐겁게 갈치나의를 짓는 사람이 되어 지금 승가를 위하여 갈치나의를 짓고자 합니다. 만약 승가께서 때에 이르렀음을 인정하시면 승가께서는 마땅히 허락하십시오. 승가시여. 지금 어느 필추를 갈치나의를 만드는 사람으로 뽑았고, 이 누구는 마땅히 승가를 위하여 갈치나의를 만들 것입니다. 이와 같이 아룁니다.'

'대덕 승가께서는 들으십시오. 이 필추 누구는 즐겁게 갈치나의를 짓는 사람이 되어 지금 승가를 위하여 갈치나의를 만들고자 합니다. 승가시여. 지금 필추 누구를 갈치나의를 만드는 사람으로 뽑았고, 이 필추 누구는 마땅히 승가를 위하여 갈치나의를 짓고자 합니다. 만약 모든 구수들께서 누구를 갈치나의를 만드는 사람으로 뽑았고, 이 누구는 마땅히 승가를 위하여 갈치나의를 짓는 것을 허락하신다면 묵연히 계시고, 허락하지 않으시면 말씀하십시오. 승가시여. 이미 이 누구를 갈치나의를 짓는 사람으로 허락하였으니, 이 누구를 마땅히 승가를 위하여 갈치나의를 짓는 사람으로 삼는 것을 마치겠습니다. 승가가 이미 허락하신 것은 묵연히 계셨기 때문입니다. 나는 지금부터 이와 같이 지니겠습니다.'"

다음은 갈치나의를 만드는 필추는 마땅히 백갈마를 짓고서, 마땅히 갈치나의를 지어라.

'대덕 승가께서는 들으십시오. 이 옷으로 마땅히 승가를 위하여 갈치나의를 짓고자 합니다. 이 필추 누구는 승가가 이미 갈치나의를 짓는 사람으로 뽑았습니다. 만약 승가께서 때에 이르렀음을 인정하시면 승가께서는 마땅히 허락하십시오. 승가시여. 지금 이 옷으로 필추 누구에게 갈치나의를 짓게 하겠습니다. 이와 같이 아룁니다.'

갈마는 아뢴 것에 의거하여 지어야 한다.

갈치나의를 만들어 짓는 필추의 행법과 옷 만드는 처소를 제정하겠노라. 마땅히 진실로 앞에서와 같이 빨고, 물들이며, 다듬고, 자르며, 나아가 자른 것을 세 번에 걸쳐 두 번을 함께 바느질해야 하고, 다시 반드시 두 번·세 번을 이와 같이 생각하여야 한다.

'이 옷은 마땅히 승가를 위하여 갈치나의를 짓는 것이고, 지금 갈치나의를 짓고 있으며, 이미 갈치나의를 지었다.'

이 세 가지 마음 중에서 다만 뒤의 두 가지를 하여도 또한 작법이 성립된다. 만약 이 작법을 짓지 않으면 악작죄(惡作罪)를 얻는다.

다음은 8월 15일이 되면 그 지사인(知事人)은 마땅히 대중에게 알려야 하고, 이와 같이 아뢴다.

'여러 대덕이시여. 내일은 내가 마땅히 대중을 위하여 갈치나의를 짓고자 합니다. 대중들은 각자 지니었던 헌옷을 버리고 어느 곳으로 모이십시오.'

그 갈치나의를 짓는 필추는 이 옷 위에 뛰어난 꽃을 펼쳐놓고 묘한 향을 피우며 건치를 울려 대중을 모으고서, 말하여 다시 널리 알리고서 옷을 가지고 상좌 앞에 서있으며 두 손으로 옷을 들고서 이와 같이 아뢴다.

'대덕 승가께서는 들으십시오. 이 옷은 승가께서 갈치나의를 짓도록 허락하셨습니다. 나 누구 필추는 승가께서 지금 갈치나의를 짓는 사람으로 뽑았고, 나 누구는 이 옷으로 갈치나의를 짓겠습니다. 나는 이 옷을 가지고 마땅히 승가를 위하여 갈치나의를 만들겠습니다.'

이와 같이 세 번을 아뢴다.

다음은 이 옷을 펼쳐놓고 상좌 앞에 서있으며 이와 같이 말하여야 한다.

'상좌시여. 항상 생각하여 주십시오. 이 옷은 승가께서 갈치나의를 짓도록 허락하셨고, 나 필추 누구는 옷을 짓는 사람입니다. 나는 지금 대중을 위하여 갈치나의를 짓겠습니다.'

상좌는 대답하여 말한다.

'옳도다. 베푸는 옷이여. 지극히 옳도다. 베푸는 옷이여. 이 가운데 있는 재물과 이익의 요익(饒益)을 내가 마땅히 얻을 것이다.'

이와 같이 세 번을 말하고, 나아가 끝에 모두 이렇게 말한다.

'옳도다. 베푸는 옷이여. 지극히 옳도다. 베푸는 옷이여. 이 가운데 있는 재물과 이익의 요익을 내가 마땅히 얻을 것이다.'

그 다음은 마땅히 옷을 지니는 사람의 법을 알아야 한다. 이 옷을 가지고 대소변을 보는 곳에 가지 않고, 부엌이나 연기가 나는 집에 들어가지 않으며, 땅바닥에 놓아두지 않고, 결계 밖에 옷을 버려두지 않으며,

설령 잠시 나가더라도 마땅히 잠을 자지 않아야 한다. 옷을 지닌 필추가 이 행법에 의지하지 않는다면 월법죄를 얻느니라.

옷을 가진 사람은 이미 정월 15일에 이르렀으면 마땅히 대중 가운데에서 이와 같이 아뢴다.

"대중들은 마땅히 아십시오. 내일은 마땅히 갈치나의를 내놓겠습니다. 대중들은 각각 자신의 옷을 지켜 지니십시오. 가지고 있는 이익이 되는 물건은 마땅히 대중들이 나누어야 합니다."

오파리가 세존께 청하여 말하였다.

"갈치나의를 입을 수 없는 사람은 몇 종류입니까?"

세존께서 말씀하셨다.

"다섯 종류의 사람이 있다. 이를테면, 우안거를 하지 않은 사람·우안거를 깨뜨린 사람·우안거를 마친 뒤에 온 사람·구적·옷을 나누는 때 그 자리에 없었던 사람이다. 다시 갈치나의를 입을 수 없는 다섯 종류의 사람이 있다. 이를테면, 두루 다니며 머무르는 사람·두루 다니며 머무르는 것을 마친 사람·6일 동안 별주(別住)를 행하는 사람·6일 별주를 마친 사람·가르치는 사람(授學人) 등이다."

"대덕이시여. 이익을 얻으나, 이익을 주지 않는 사람은 몇 종류입니까?"

세존께서 말씀하셨다.

"오파리여. 다섯 종류의 사람이 있다. 우안거를 하지 않은 사람·우안거를 깨뜨린 사람·우안거가 끝난 뒤에 온 사람·구적·자리에 없었던 사람이다. 다시 다섯 종류의 사람이 있다. 두루 다니며 머무는 사람·두루 다니며 머무르는 것을 마친 사람·6일의 별주를 행하는 사람·6일의 별주를 마친 사람·가르치는 사람 등이니, 이들을 이익을 얻기만 하고 널리 이롭게 하는 것이 없는 사람이라고 이름하느니라."

"대덕이시여. 이익이 갖추지 많은 사람은 몇 종류입니까?"

세존께서 말씀하셨다.

"오파리여. 다섯 종류의 사람이 있느니라. 이를테면 죄를 인정하지 않았으나 드러난 사람·중죄(重罪)를 범하여 드러난 사람·나쁜 견해를 버리지 않아서 드러난 사람·다른 처소에서 우안거를 마친 사람·승가가 깨진 뒤에 법과 율(律)에 벗어난 사람 등이다.”

이때 많은 대중의 필추들이 세상을 유행하다가 도둑을 만나 겁탈당하고 점차 실라벌성에 이르렀다. 여러 필추들이 보고 물어 말하였다.

“잘 오셨습니다. 구수여. 유행하면서 안락하셨습니까?”

대답하여 말하였다.

“어찌 안락하겠습니까? 지녔던 옷과 물건을 모두 도둑에게 약탈을 당하였습니다.”

대답하여 말하였다.

“구수여. 지금 이 처소에는 많은 옷과 이양이 있습니다. 만약 갈치나의를 지으면 구수들에게 함께 나누어 주겠습니다.”

이 인연으로 세존께 아뢰니, 세존께서 말씀하셨다.

“만약 필추가 도둑의 인연이 있으면 마땅히 갈치나의를 내어 주도록 할 것이며, 이와 같이 내어 주도록 하라. 일상적으로 앞에서와 같은 방편을 짓고서, 한 사람의 필추에게 백갈마를 짓게 하여야 한다.

‘대덕 승가께서는 들으십시오. 이 주처에서 화합승가는 함께 갈치나의를 베풀었습니다. 지금 여러 대중의 필추들이 도둑에게 겁탈을 당하여 옷도 없이 이곳에 이르렀습니다. 만약 승가께서 때에 이르렀음을 인정하시면 승가께서는 마땅히 허락하십시오. 승가시여. 지금 도둑들에게 겁탈을 당한 필추들에게 갈치나의를 주겠습니다. 이와 같이 아룁니다.’

갈마는 아뢴 것에 의거하여 성립되며, 나아가 끝을 맺는다.

작법이 끝나면 지녔던 이양의 물건들을 옷을 받을 필추에게 함께 공평하게 나누어주고, 그 얻었던 옷은 각자 자신의 뜻에 따라서 도둑에게 겁탈을 당하여 옷이 없는 필추에게 나누어 주어라.”

오파리가 세존께 청하여 아뢰었다.

“대덕이시여. 거칠고 얇은 옷·나쁜 옷·꿰맨 것이 많은 옷·모시옷·비틀어지고 얽힌 옷·찢어진 헌옷·사타(捨墮)를 범한 옷·죽은 사람의 옷 등은 모두 갈치나의를 짓는데 합당합니까?”

세존께서 말씀하셨다.

"합당하지 않느니라."

"대덕이시여. 석년의(石碾衣),3) 나아가 다른 사람에게 귀속되어 있는 3의(衣), 나아가 15주(肘)가 되지 않고, 혹은 잘라내지(割截) 않았으며, 혹은 청정하지 않고, 혹은 옷을 짓는 사람으로 뽑히지 않은 사람의 옷, 혹은 결계 밖에 있는 옷으로 갈치나의를 지을 수 있습니까?"

세존께서 말씀하셨다.

"합당하지 않느니라."

"하안거 3달 동안에 얻은 옷으로 갈치나의를 지을 수 있습니까?"

세존께서 말씀하셨다.

"할 수 있느니라."

"하안거의 세 달을 마친 뒤에 얻은 옷으로 갈치나의를 지을 수 있습니까?" 세존께서 말씀하셨다.

"할 수 있느니라. 만약 다시 대중들에게 법에 맞는 것과 법에 맞지 않는 것이 많을지라도, 앞의 문장의 뜻에 의거하여 마땅히 알지니라. 갈치나의를 만드는 모양에는 본래 여덟 종류가 있다. 무엇이 여덟 가지인가? 섭수하여 게송으로 말하겠다.

결거실(決去失)과 부정실(不定失)
결정실(決定失)과 실거실(失去失)
문출실(聞出失)과 출계의실(出界疑失)
망단실(望斷失)과 동심출(同心出)이다.

무엇을 결거실(決去失)이라 말하는가?

어느 필추가 함께 한 처소에서 갈치나의를 받았으나, 옷 짓기를 마치고 이 옷에 집착하는 마음이 없이 마침내 옷과 발우를 가지고 다른 곳으로 가고자 결계 밖으로 나가서 다시는 돌아오기를 생각하지 않고 마음으로

───────

3) 맷돌에 의하여 상한 옷을 가리킨다.

결정하고 나가는 것이다. 이것을 결거실이라 이름한다.

무엇을 부정실(不定失)이라 말하는가?

어느 필추가 함께 한 처소에서 갈치나의를 받았으나, 아직 옷을 짓지 아니하고 마침내 결계 밖으로 나가서 옷을 구하고, 혹은 아직 옷을 짓지 아니하였으며, 혹은 이미 반을 지었다. 이 이양물과 주처에 대하여 집착하는 마음이 있는 것도 있고, 없는 것도 있으며, 기대하는 마음이 있는 것도 있고 없는 것도 있으며, 다시 돌아와서 옷을 짓고자 하고, 혹은 의심하는 일으키는 것이다. 이것을 부정실이라 이름한다.

무엇을 결정실(決定失)이라 말하는가?

어느 필추가 함께 한 처소에서 갈치나의를 받았으나, 아직 옷을 짓지 아니하고 마침내 결계 밖으로 나가서 옷을 구하면서 이렇게 생각하였다

'다시 돌아와서 옷을 만들어야겠다.'

다시 이렇게 생각하였다.

'내가 지금 밖으로 나왔으므로 다시 돌아오지 못하고 또한 다시 지벌라를 능히 만들 수 없을 것이다.'

이것을 결정실이라 이름한다.

무엇을 실거실(失去失)이라 말하는가?

어느 필추가 함께 한 처소에서 갈치나의를 받았으나, 아직 옷을 짓지 아니하고 마침내 결계 밖으로 나가서 지벌라를 만들고 처음에 지었던 옷을 마침내 잃어버리는 것이다. 이것을 실거실이라 이름한다.

무엇을 문출실(聞出失)이라 말하는가?

어느 필추가 함께 한 처소에서 갈치나의를 받았으나, 아직 옷을 짓지 아니하고 마침내 결계 밖으로 나가서 옷을 구하면서 생각하여 말하였다.

'내가 다시 돌아가서 마땅히 옷을 지어야겠다.'

그가 떠난 뒤에 대중들이 마침내 곧 옷을 내놓았다. 갈치나의를 내놓았다는 말을 듣고서 마음속으로 기뻐하면서 생각하였다.

'옷을 내놓았으니 잘 되었구나.'

이것을 문출실이라고 이름한다.

무엇을 출계의실(出界疑失)이라 말하는가?

어느 필추가 함께 한 처소에서 갈치나의를 받았으나, 아직 옷을 짓지 아니하고 필추가 스스로 생각하였다.

'결계 밖으로 나가서 지벌라(支伐羅)를 지어야겠다.'

만약 지었거나 짓지 못하였으며, 혹은 다시 되돌아왔거나 되돌아오지 않았어도 이렇게 마음을 일으켰다. 이것을 출계의실이라고 이름한다.

무엇을 망단실(望斷失)이라 말하는가?

어느 필추가 함께 한 처소에서 갈치나의를 받았으나, 아직 옷을 짓는 것을 아직 마치지 않고, 결계 밖으로 나가서 구하고서, 되돌아와서 옷을 짓고자 생각하였다. 다른 지방에 이르러 옷을 구하였으나 얻지 못하여 바랐던 마음을 끊어버리는 것이다. 이것을 망단실이라고 이름한다.

무엇을 동심출(同心出)이라 말하는가?

어느 필추가 함께 한 처소에서 갈치나의를 받아서 옷을 만들고, 결계 밖으로 나가서 옷을 구하여, 뒤에 주처에 돌아와 대중과 함께 백이법을 짓고 옷을 내놓는 것이다. 이것을 동심출이라고 이름한다.